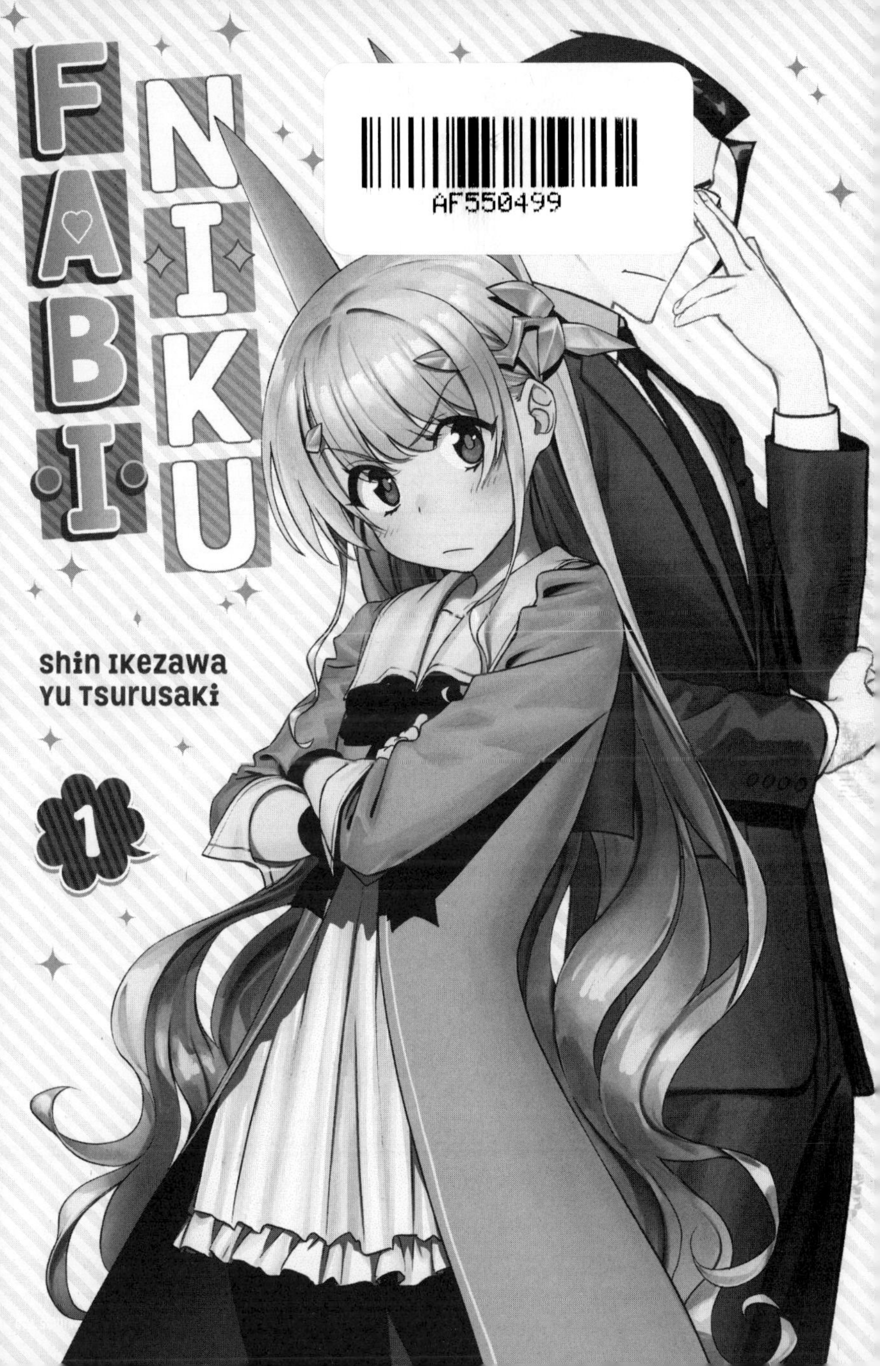
FABI NIKU
SHIN IKEZAWA
YU TSURUSAKI
1

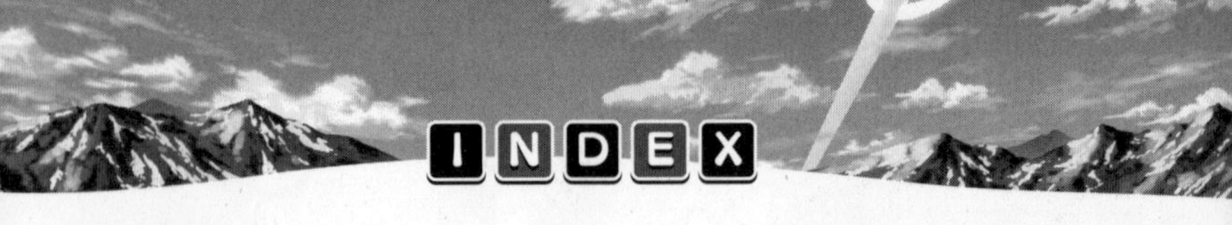

*Fabiniku-Typ: kurz für **FA**ntasy **BI**shojo ju**NIKU** ojisan (wortwörtlich: ›Der Typ, der als wunderschönes Fantasy-Mädchen wiedergeboren wurde‹)

#001

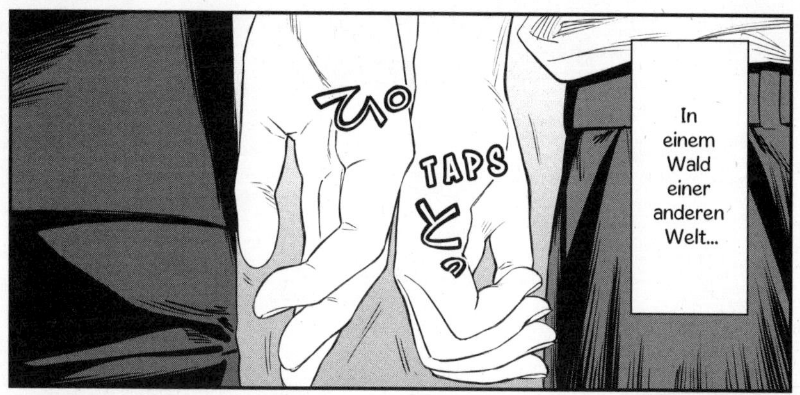
In einem Wald einer anderen Welt...
TAPS

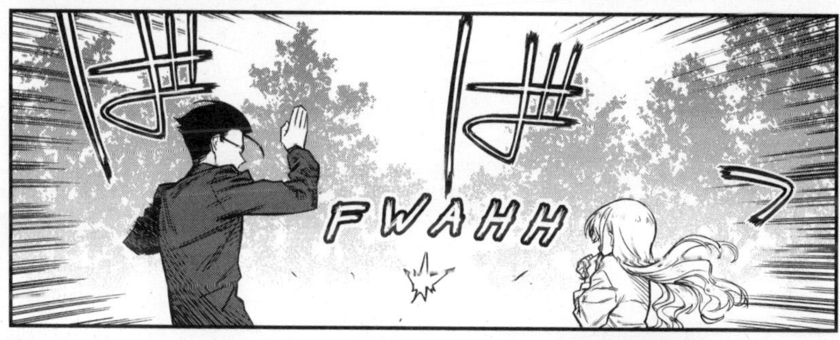
FWAHH

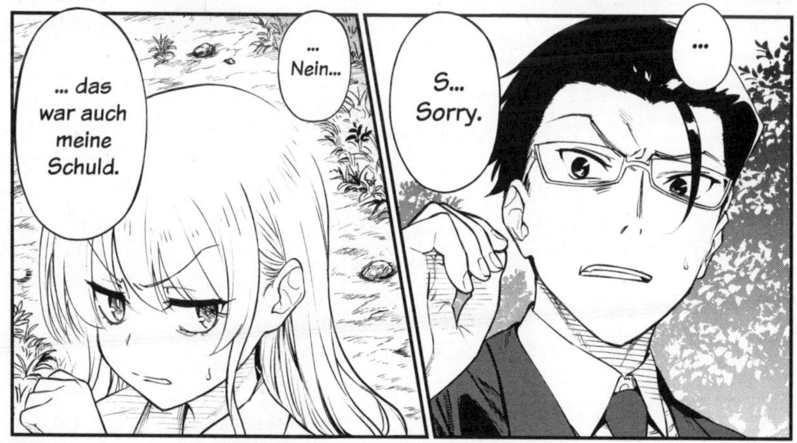
...
S... Sorry.
... Nein...
... das war auch meine Schuld.

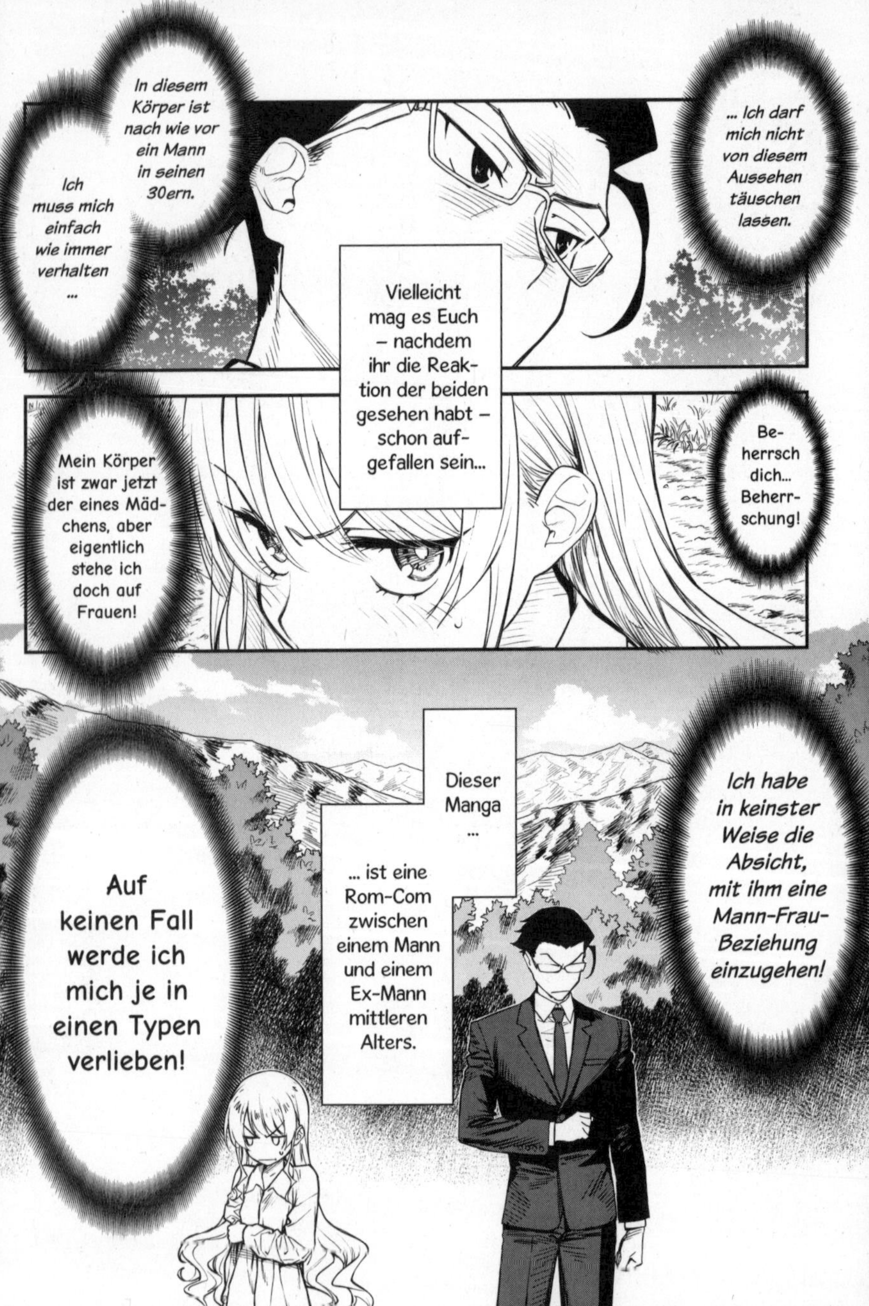
… Ich darf mich nicht von diesem Aussehen täuschen lassen.
In diesem Körper ist nach wie vor ein Mann in seinen 30ern.
Ich muss mich einfach wie immer verhalten …
Vielleicht mag es Euch – nachdem ihr die Reaktion der beiden gesehen habt – schon aufgefallen sein…
Be-herrsch dich… Beherr-schung!
Mein Körper ist zwar jetzt der eines Mädchens, aber eigentlich stehe ich doch auf Frauen!
Ich habe in keinster Weise die Absicht, mit ihm eine Mann-Frau-Beziehung einzugehen!
Dieser Manga …
… ist eine Rom-Com zwischen einem Mann und einem Ex-Mann mittleren Alters.
Auf keinen Fall werde ich mich je in einen Typen verlieben!

#001 ファ美肉おじさんとおじさん

FABINIKU

001 Der Fabiniku-Typ und der andere Typ

異世界(ファンタジー)美少女受肉おじさんと

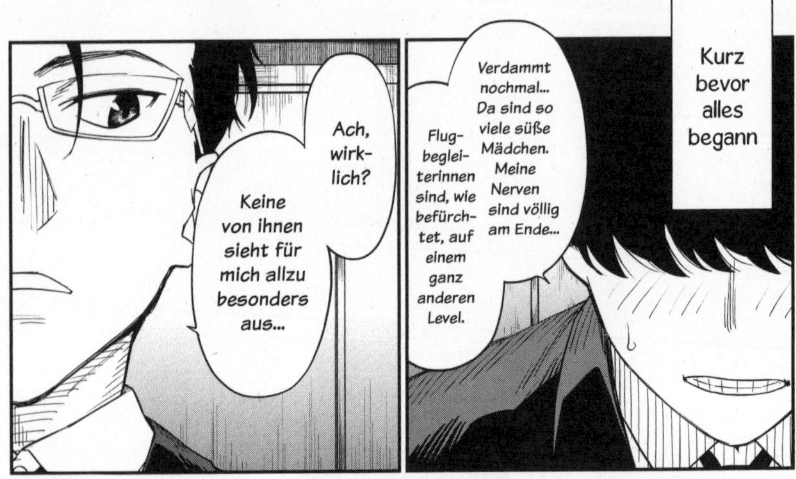

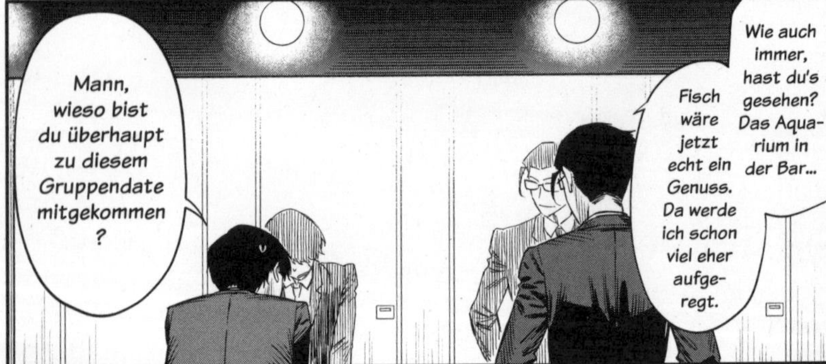

*Ginza ist ein Stadtviertel Tokios, in dem es viele teure Bars gibt.

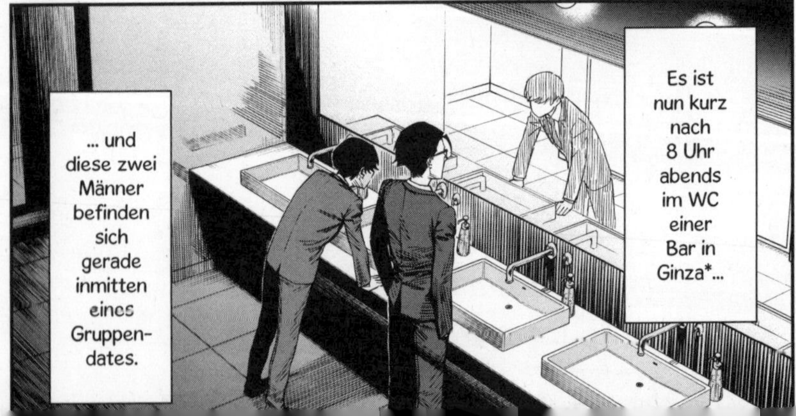

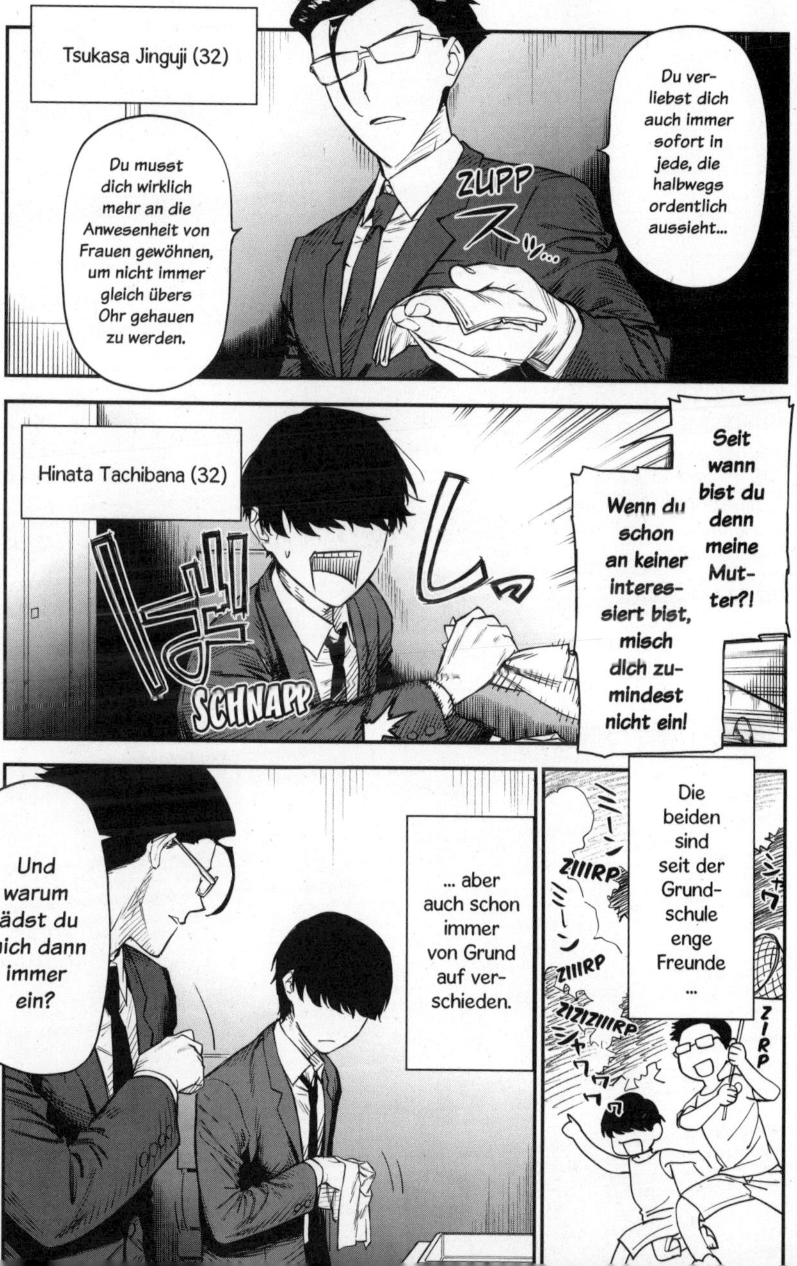

Tsukasa Jinguji (32)

Du verliebst dich auch immer sofort in jede, die halbwegs ordentlich aussieht...

ZUPP

Du musst dich wirklich mehr an die Anwesenheit von Frauen gewöhnen, um nicht immer gleich übers Ohr gehauen zu werden.

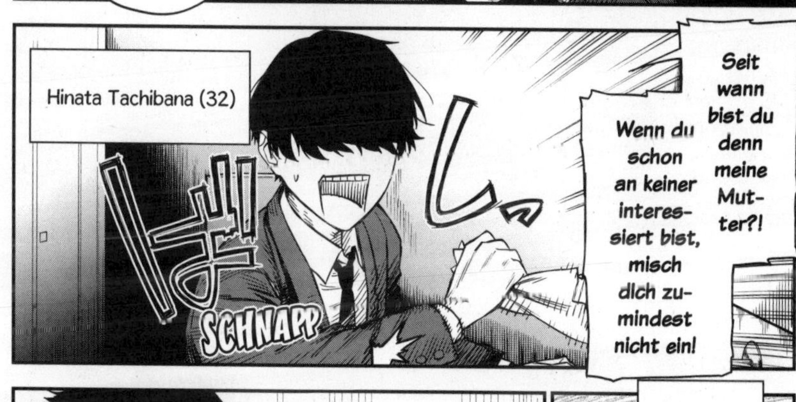

Die beiden sind seit der Grundschule enge Freunde ...

ZIIIRP

ZIIIRP

ZIZIZIIIRP

ZIRP

... aber auch schon immer von Grund auf verschieden.

Und warum lädst du mich dann immer ein?

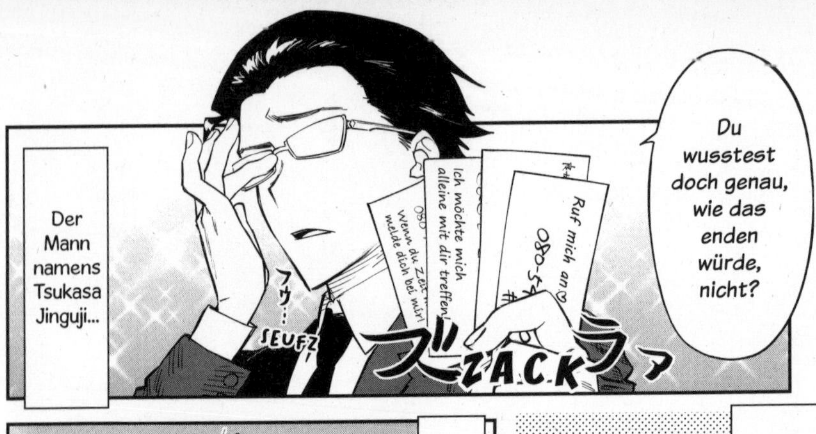

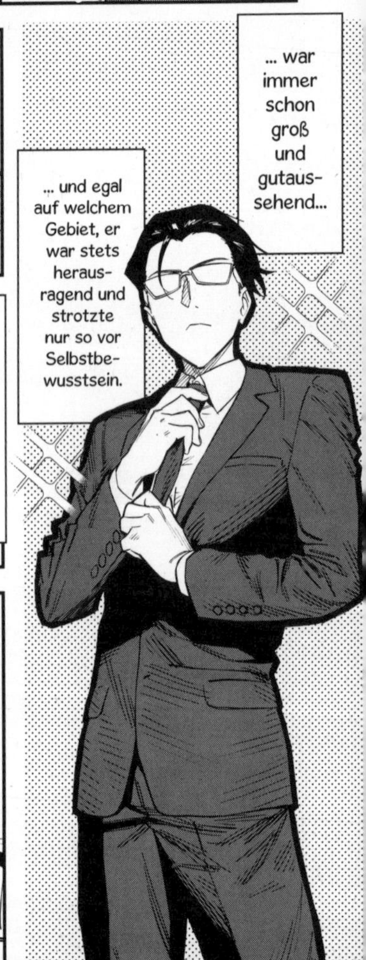

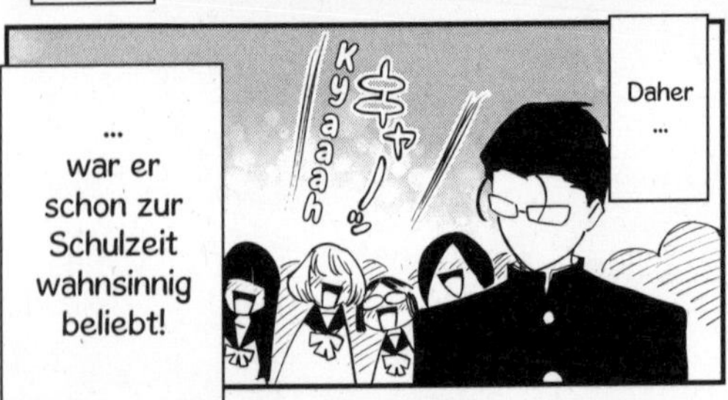

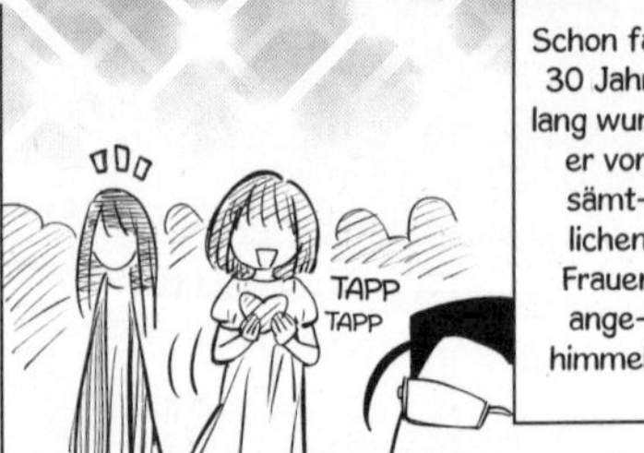

... ihm waren insbesondere die schlechten Seiten von Frauen stets ins Auge gefallen.

BÄH BÄH BÄH BÄH

Aufgrund dessen entwickelte er ein äußerst starkes Misstrauen gegenüber Frauen!

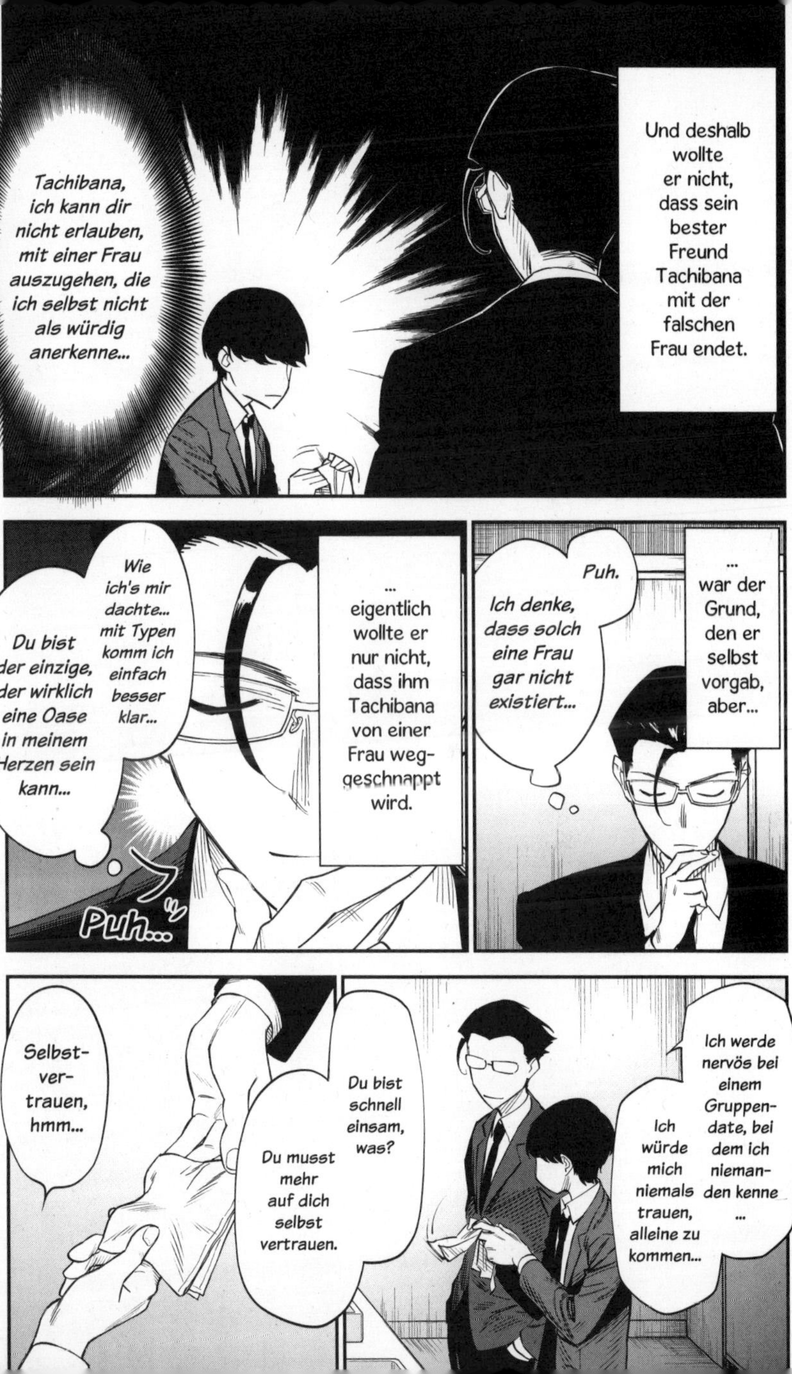

Und deshalb wollte er nicht, dass sein bester Freund Tachibana mit der falschen Frau endet.

Tachibana, ich kann dir nicht erlauben, mit einer Frau auszugehen, die ich selbst nicht als würdig anerkenne...

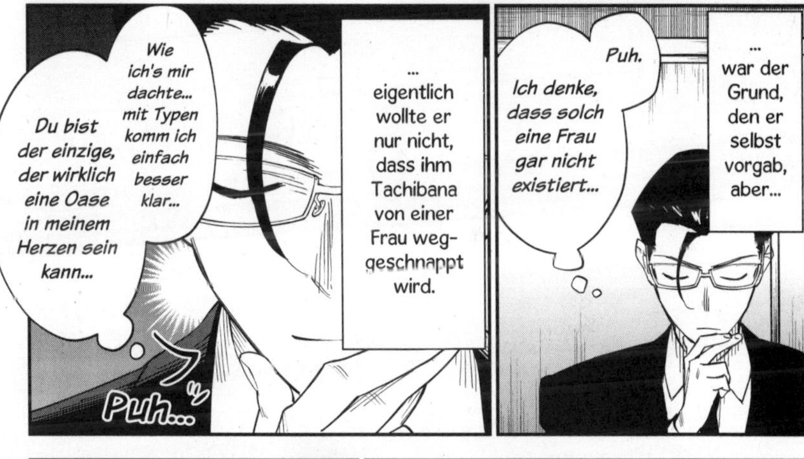

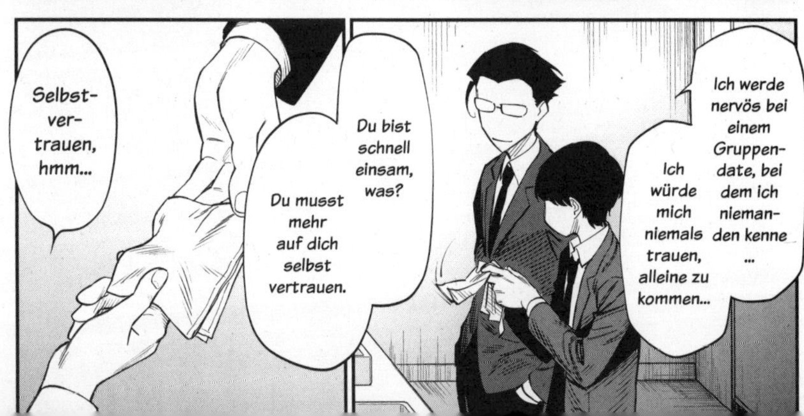

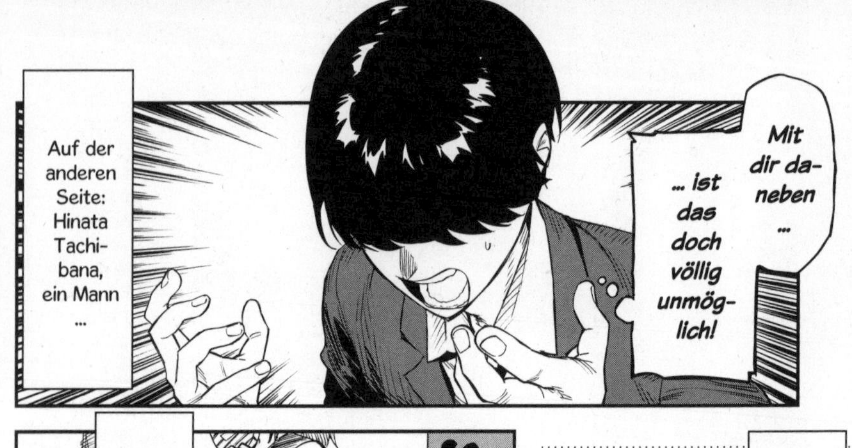
Mit dir daneben ...
... ist das doch völlig unmöglich!
Auf der anderen Seite: Hinata Tachibana, ein Mann ...

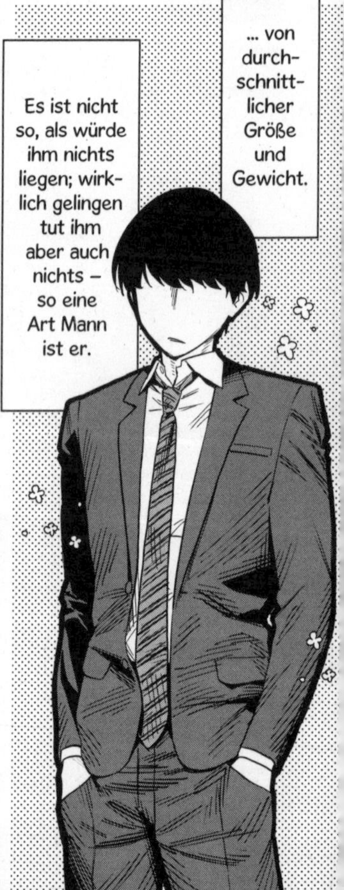
... von durchschnittlicher Größe und Gewicht.
Es ist nicht so, als würde ihm nichts liegen; wirklich gelingen tut ihm aber auch nichts – so eine Art Mann ist er.

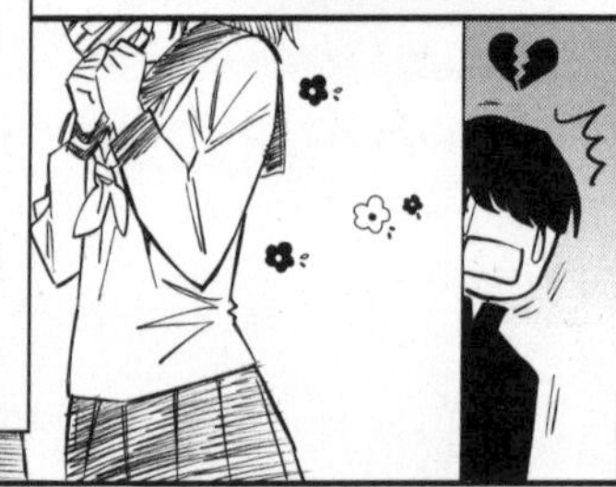
Alle Mädchen, in die er sich je verliebte...
... verliebten sich Hals über Kopf in Jinguji!

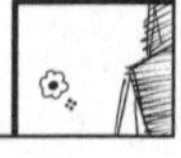

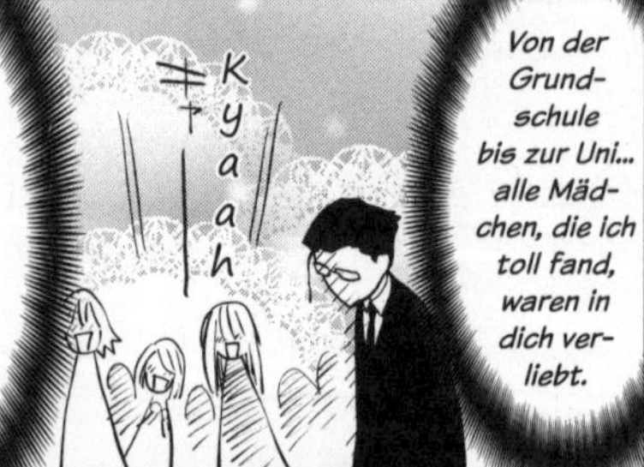
Von der Grundschule bis zur Uni... alle Mädchen, die ich toll fand, waren in dich verliebt.
Kyaah
Ich hätte nicht gedacht, dass dies auch im Berufsleben noch so weitergehen würde.

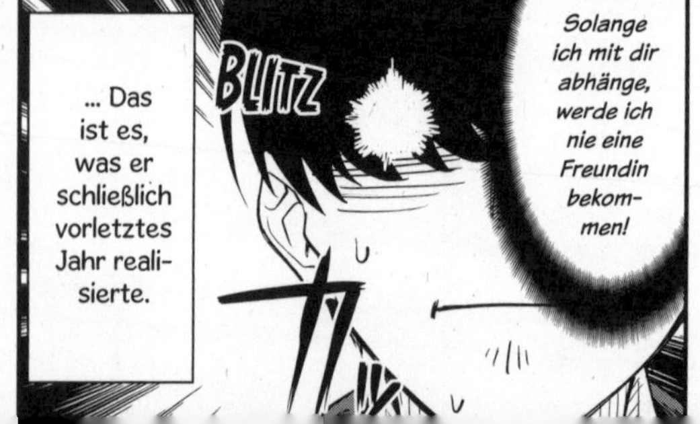
Solange ich mit dir abhänge, werde ich nie eine Freundin bekommen!
BLITZ
... Das ist es, was er schließlich vorletztes Jahr realisierte.

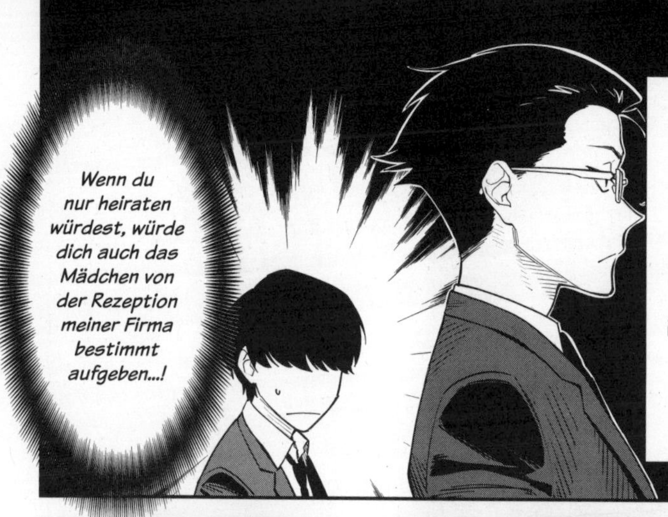
Der Grund, wieso er Jinguji immer zu den Gruppendates einlud, war, dass er ihn schnellstmöglich verheiraten wollte.
Wenn du nur heiraten würdest, würde dich auch das Mädchen von der Rezeption meiner Firma bestimmt aufgeben...!

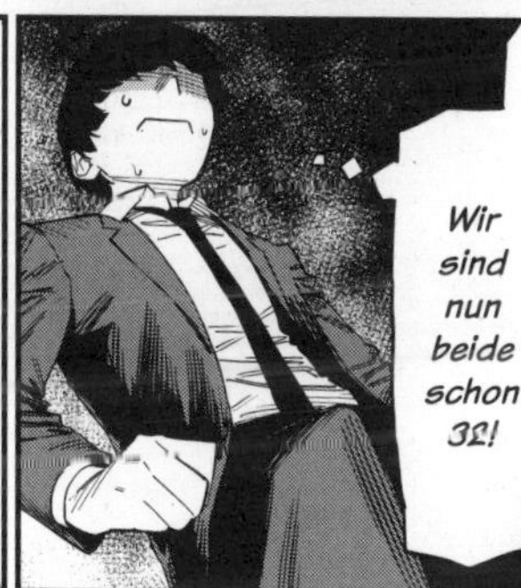
... Aber warum bist du nur immer so uninteressiert an Frauen...
Wir sind nun beide schon 32!

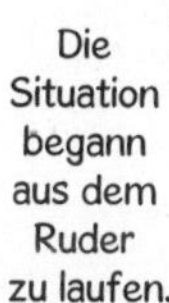
Sag bloß, die Person, die er mag, bin ich?!
Die Situation begann aus dem Ruder zu laufen.

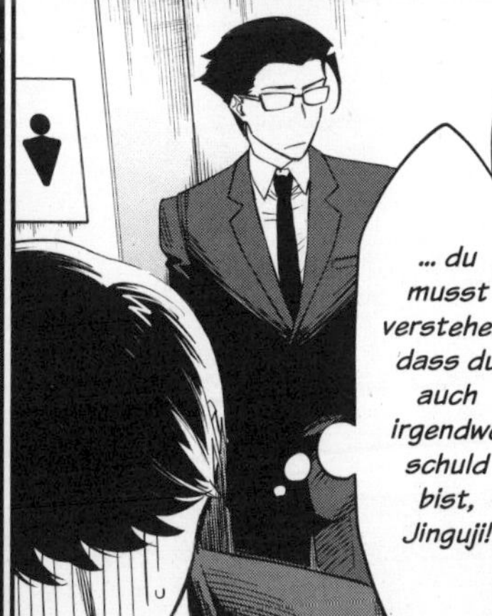
Ich bin ja selbst schuld, da ich ihn nicht nach seinen wahren Gefühlen frage, aber...
... du musst verstehen, dass du auch irgendwo schuld bist, Jinguji!

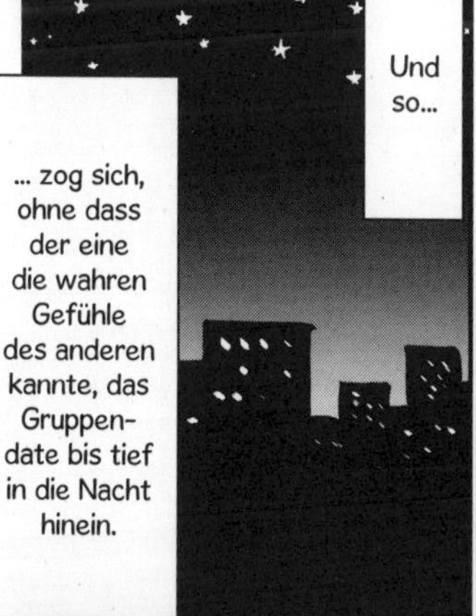
Und so...

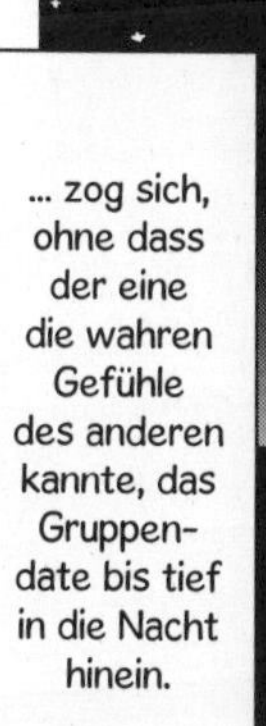
... zog sich, ohne dass der eine die wahren Gefühle des anderen kannte, das Gruppendate bis tief in die Nacht hinein.

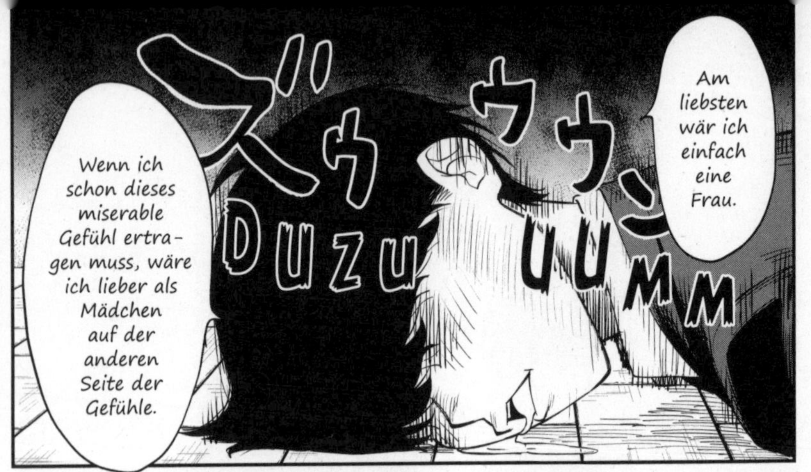
Am liebsten wär ich einfach eine Frau.
ズゥウゥ
DUZUUUMM
Wenn ich schon dieses miserable Gefühl ertragen muss, wäre ich lieber als Mädchen auf der anderen Seite der Gefühle.

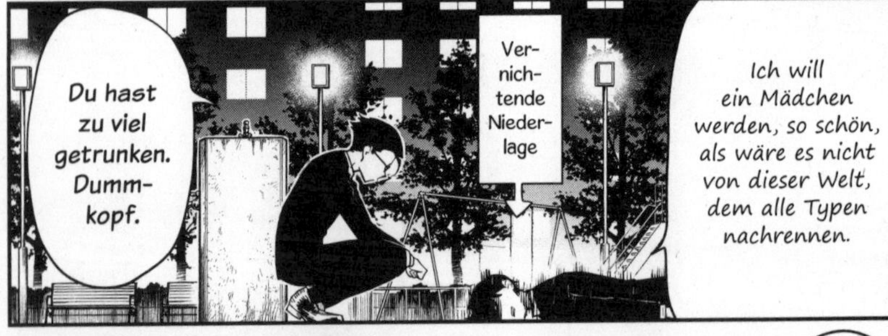
Ich will ein Mädchen werden, so schön, als wäre es nicht von dieser Welt, dem alle Typen nachrennen.
Vernichtende Niederlage
Du hast zu viel getrunken. Dummkopf.

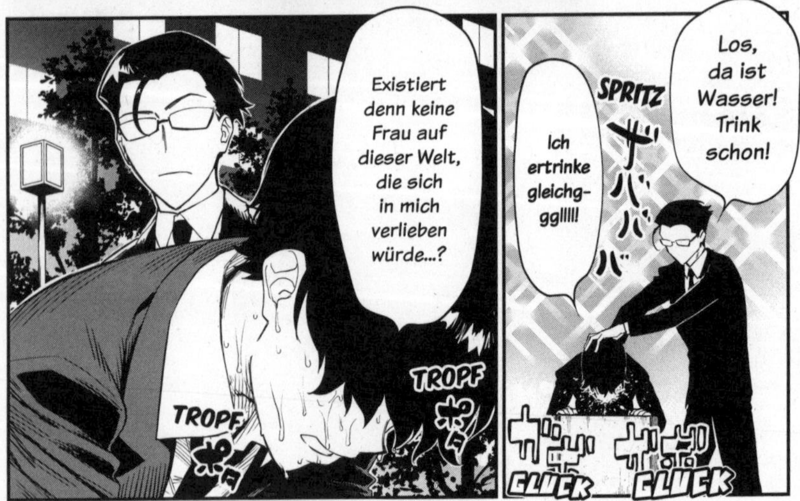
Los, da ist Wasser! Trink schon!
SPRITZ
ザババババ
Ich ertrinke gleichg-ggl!!!!
ガボ ガボ
GLUCK GLUCK
Existiert denn keine Frau auf dieser Welt, die sich in mich verlieben würde...?
TROPF
TROPF

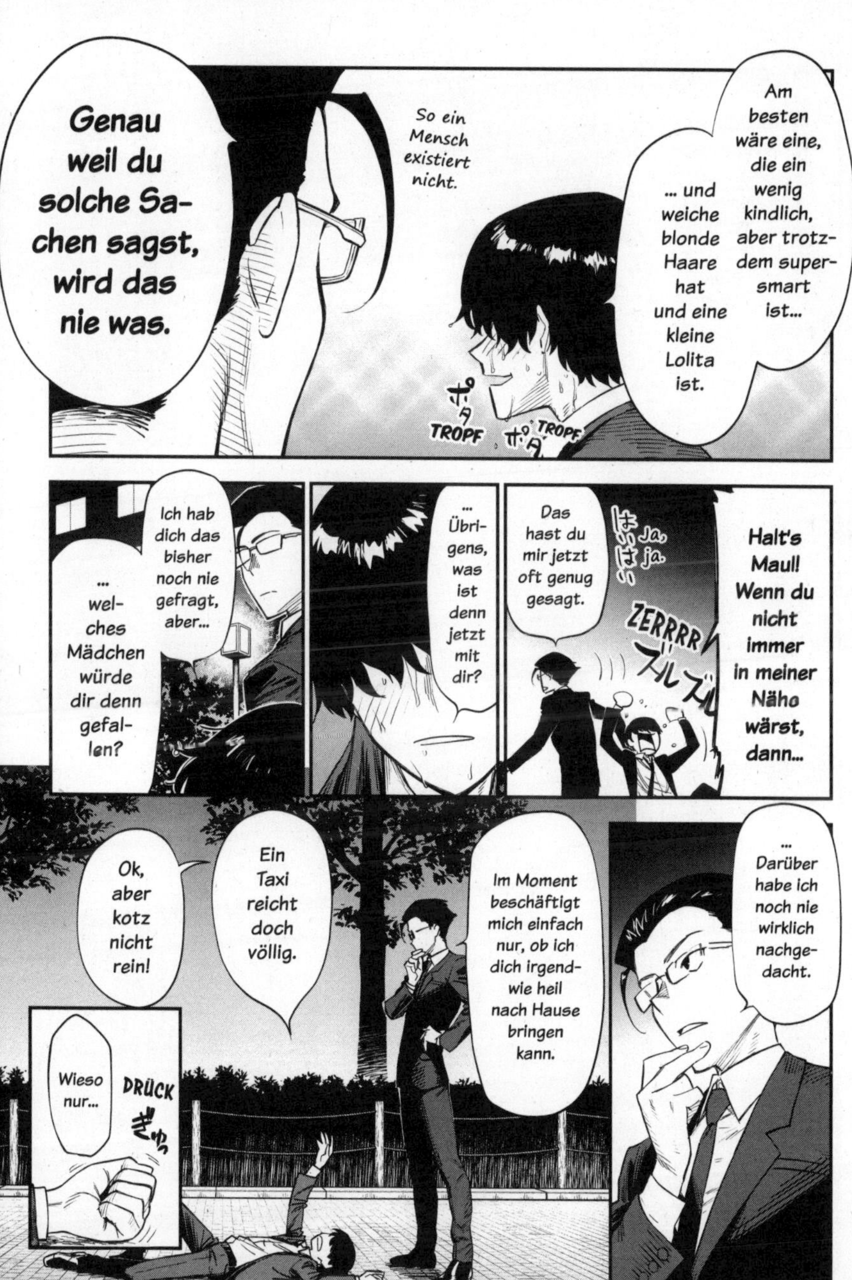
Am besten wäre eine, die ein wenig kindlich, aber trotzdem supersmart ist...
... und weiche blonde Haare hat und eine kleine Lolita ist.
So ein Mensch existiert nicht.
TROPF
TROPF
Genau weil du solche Sachen sagst, wird das nie was.
Halt's Maul! Wenn du nicht immer in meiner Nähe wärst, dann...
ZERRRR
Ja, ja.
Das hast du mir jetzt oft genug gesagt.
... Übrigens, was ist denn jetzt mit dir?
Ich hab dich das bisher noch nie gefragt, aber...
... welches Mädchen würde dir denn gefallen?
... Darüber habe ich noch nie wirklich nachgedacht.
Im Moment beschäftigt mich einfach nur, ob ich dich irgendwie heil nach Hause bringen kann.
Ein Taxi reicht doch völlig.
Ok, aber kotz nicht rein!
DRÜCK
Wieso nur...

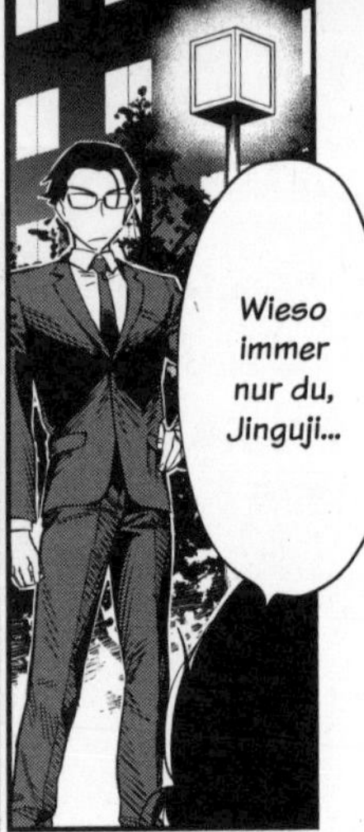
Wieso immer nur du, Jinguji...

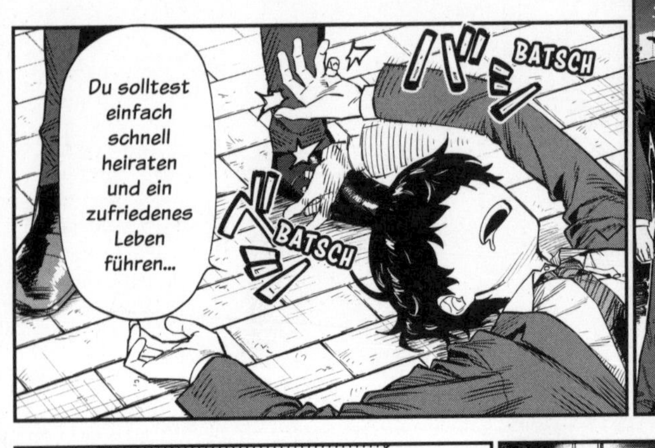
BATSCH
Du solltest einfach schnell heiraten und ein zufriedenes Leben führen...
BATSCH

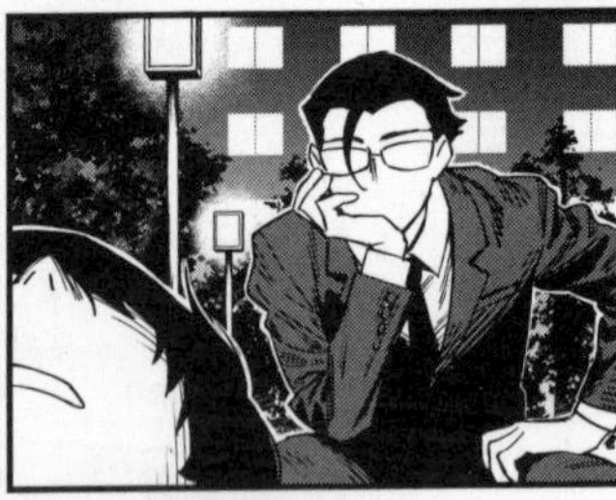

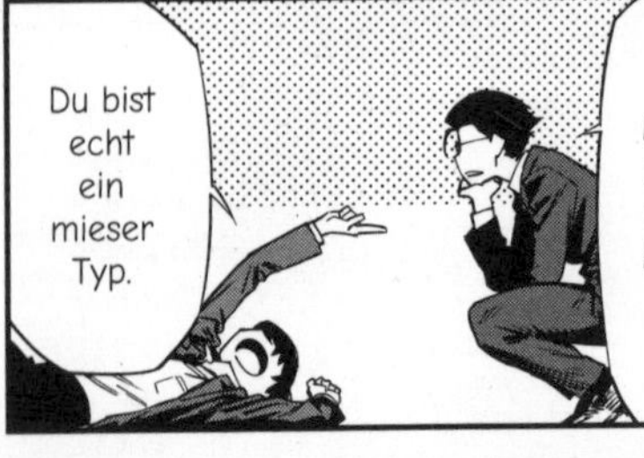
Ich halte nicht so viel vom Eheleben.
Du bist echt ein mieser Typ.

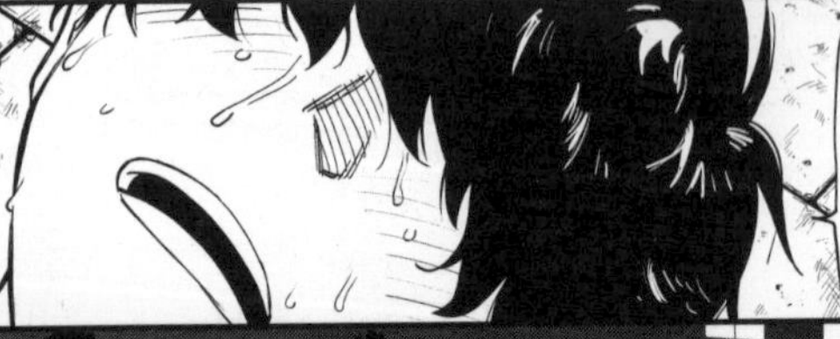
Du bist so beliebt... und so cool...

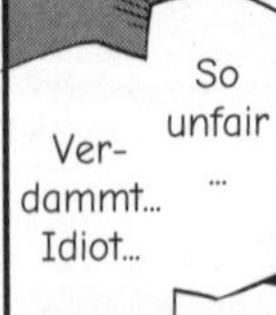
So unfair ...
Ver-dammt... Idiot...

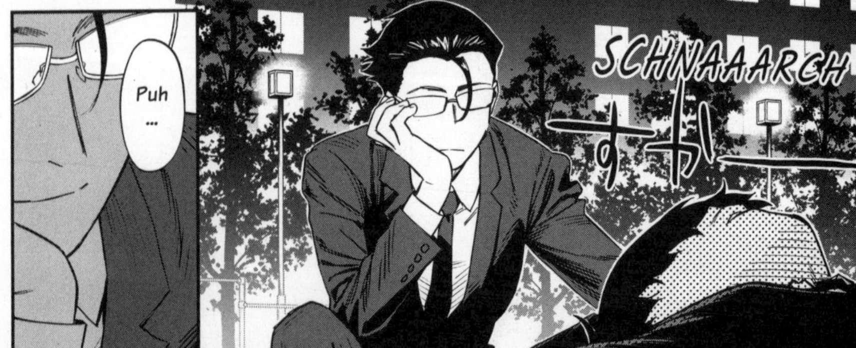
SCHNAAARCH
Puh ...

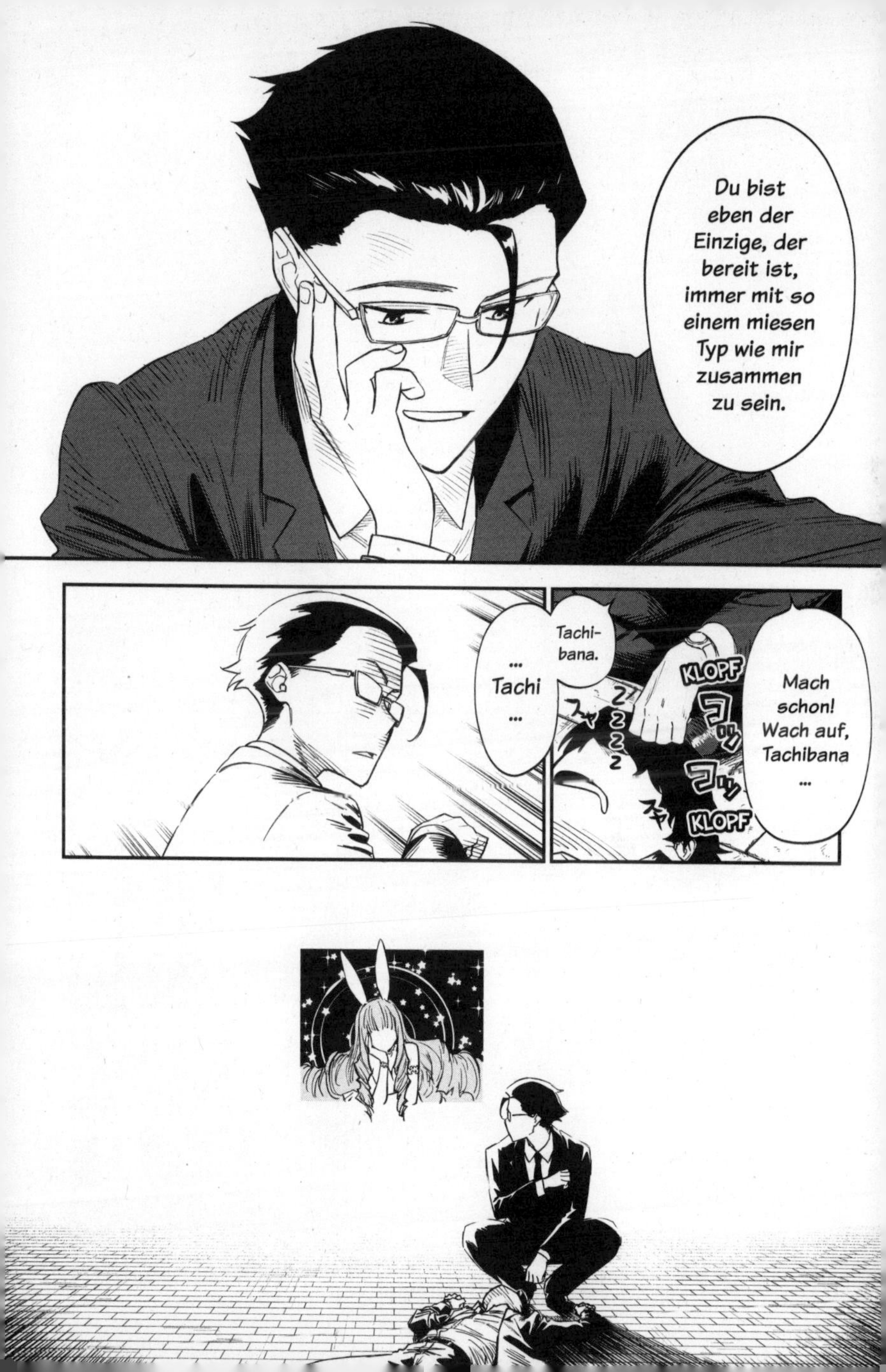

Du bist eben der Einzige, der bereit ist, immer mit so einem miesen Typ wie mir zusammen zu sein.

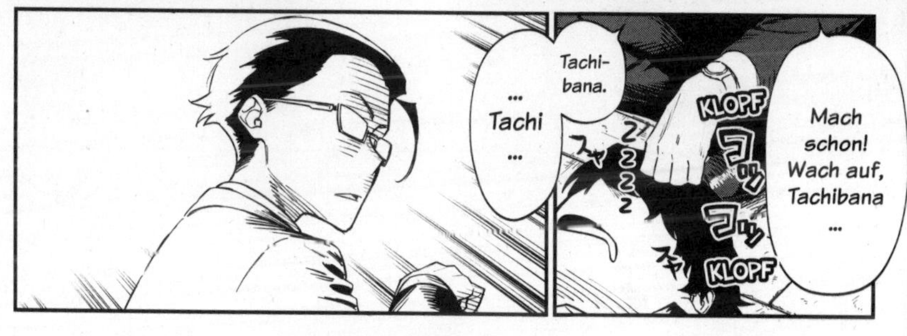

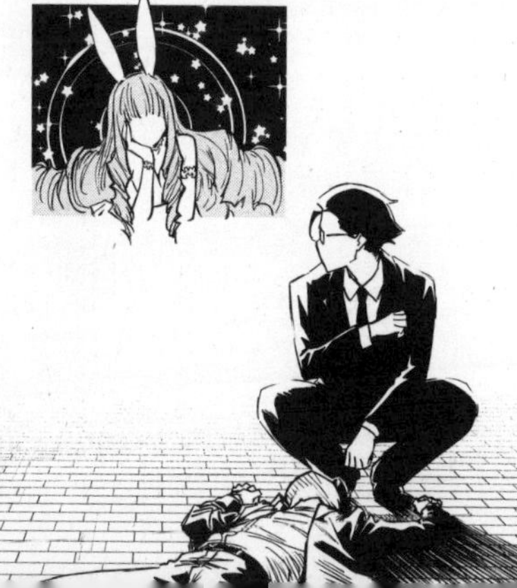

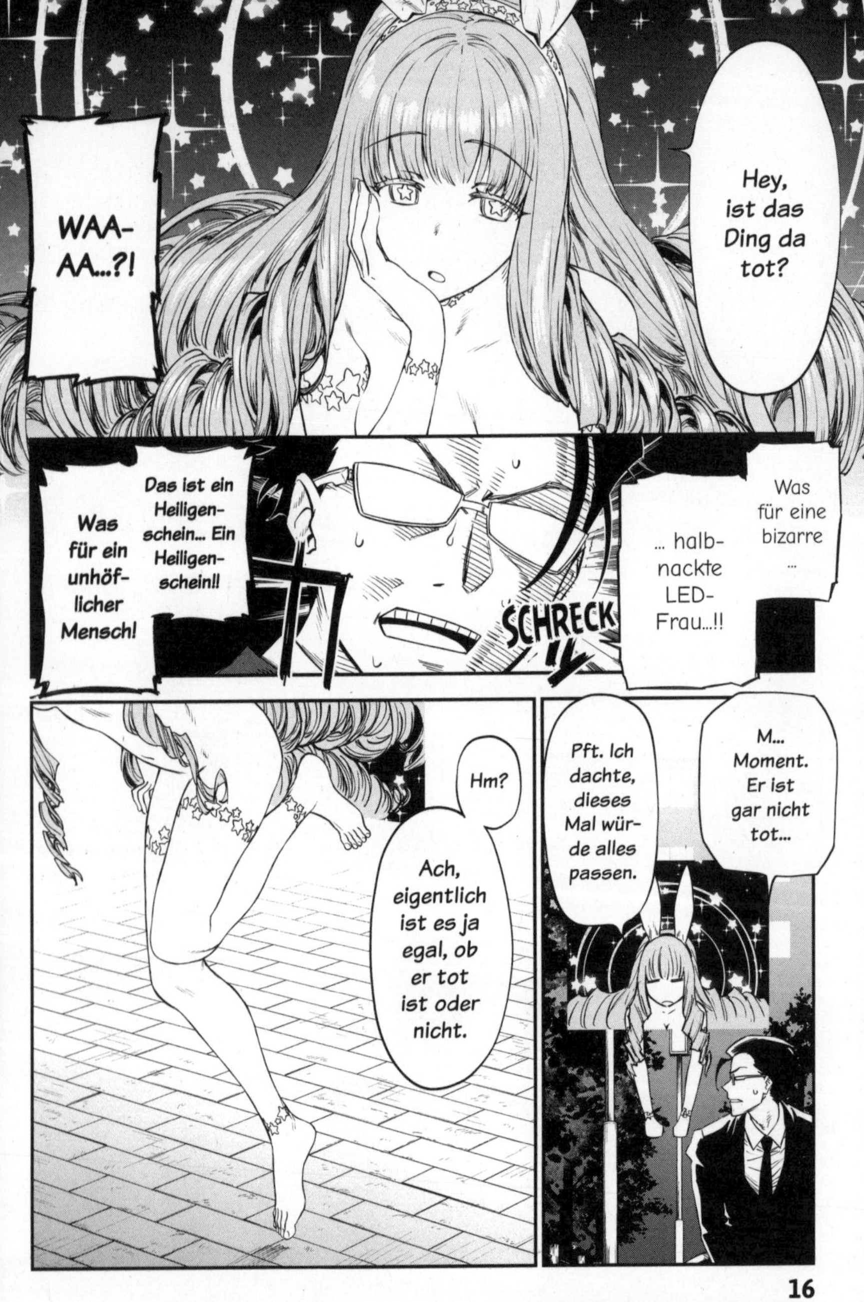
Hey, ist das Ding da tot?
WAA-AA...?!
Was für eine bizarre ...
... halbnackte LED-Frau...!!
SCHRECK
Das ist ein Heiligenschein... Ein Heiligenschein!!
Was für ein unhöflicher Mensch!
M... Moment. Er ist gar nicht tot...
Pft. Ich dachte, dieses Mal würde alles passen.
Hm?
Ach, eigentlich ist es ja egal, ob er tot ist oder nicht.

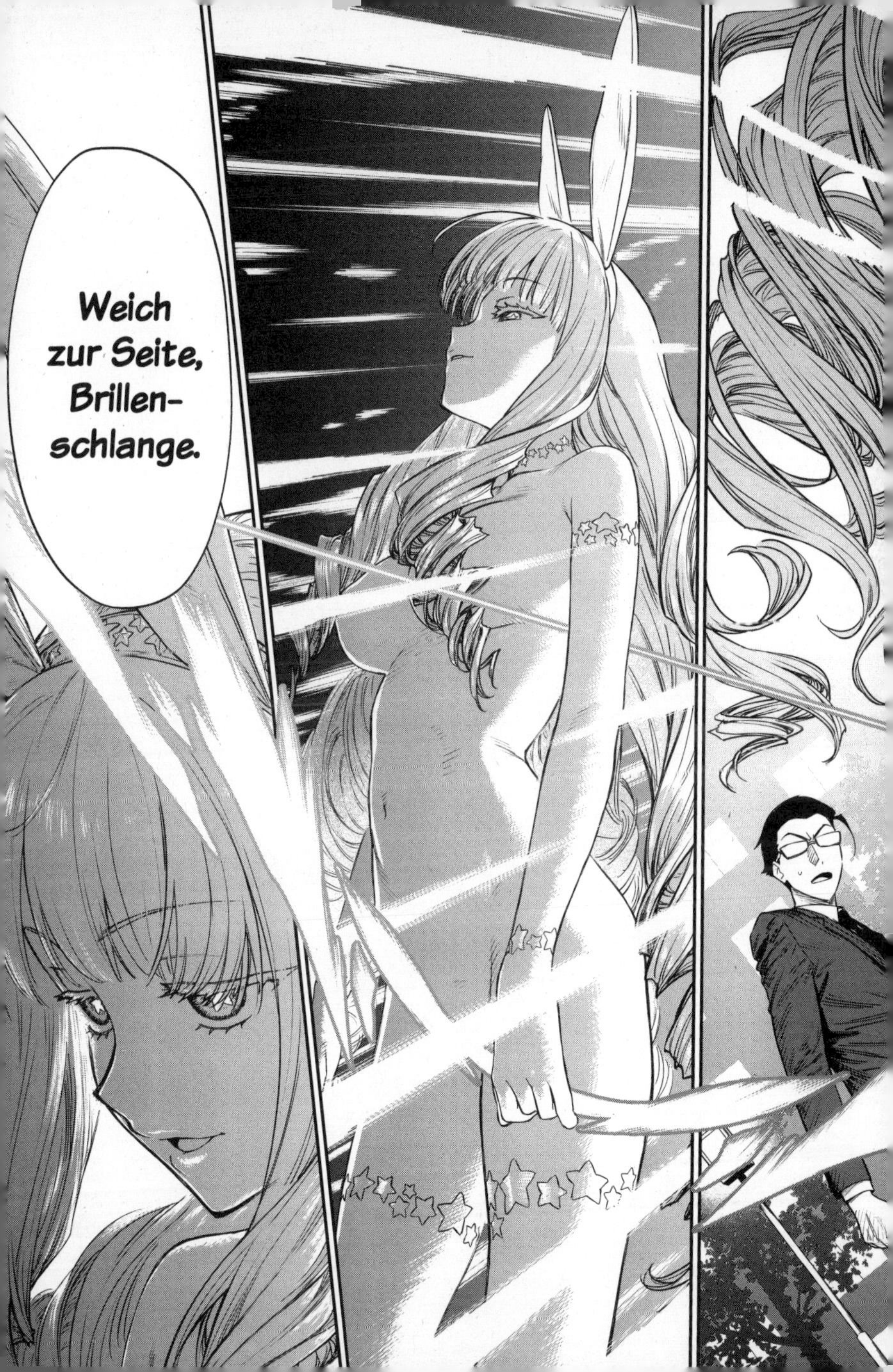
Weich zur Seite, Brillen-schlange.

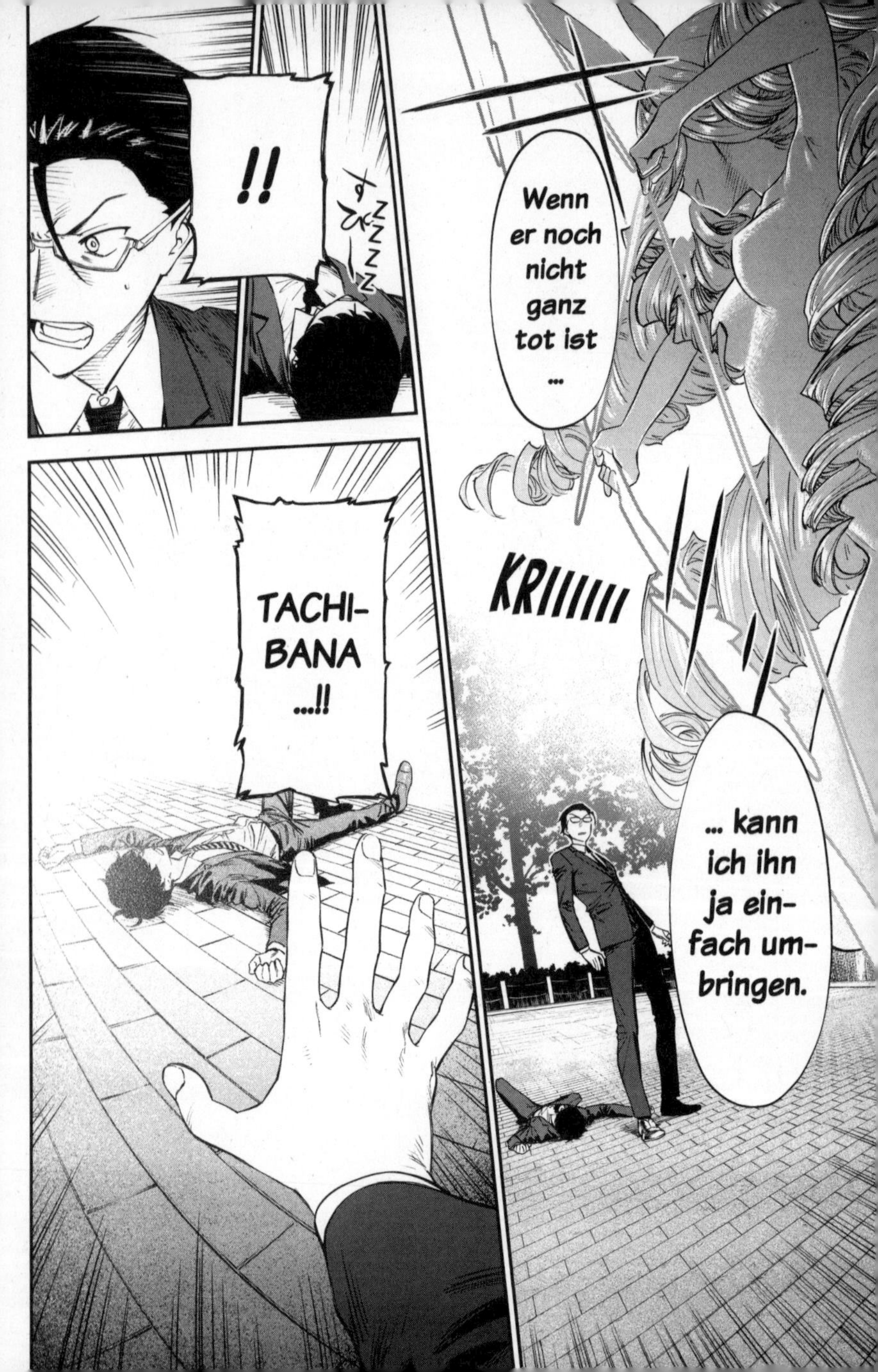
Wenn er noch nicht ganz tot ist ...
KRIIIIIII
... kann ich ihn ja einfach umbringen.
!!
TACHIBANA ...!!

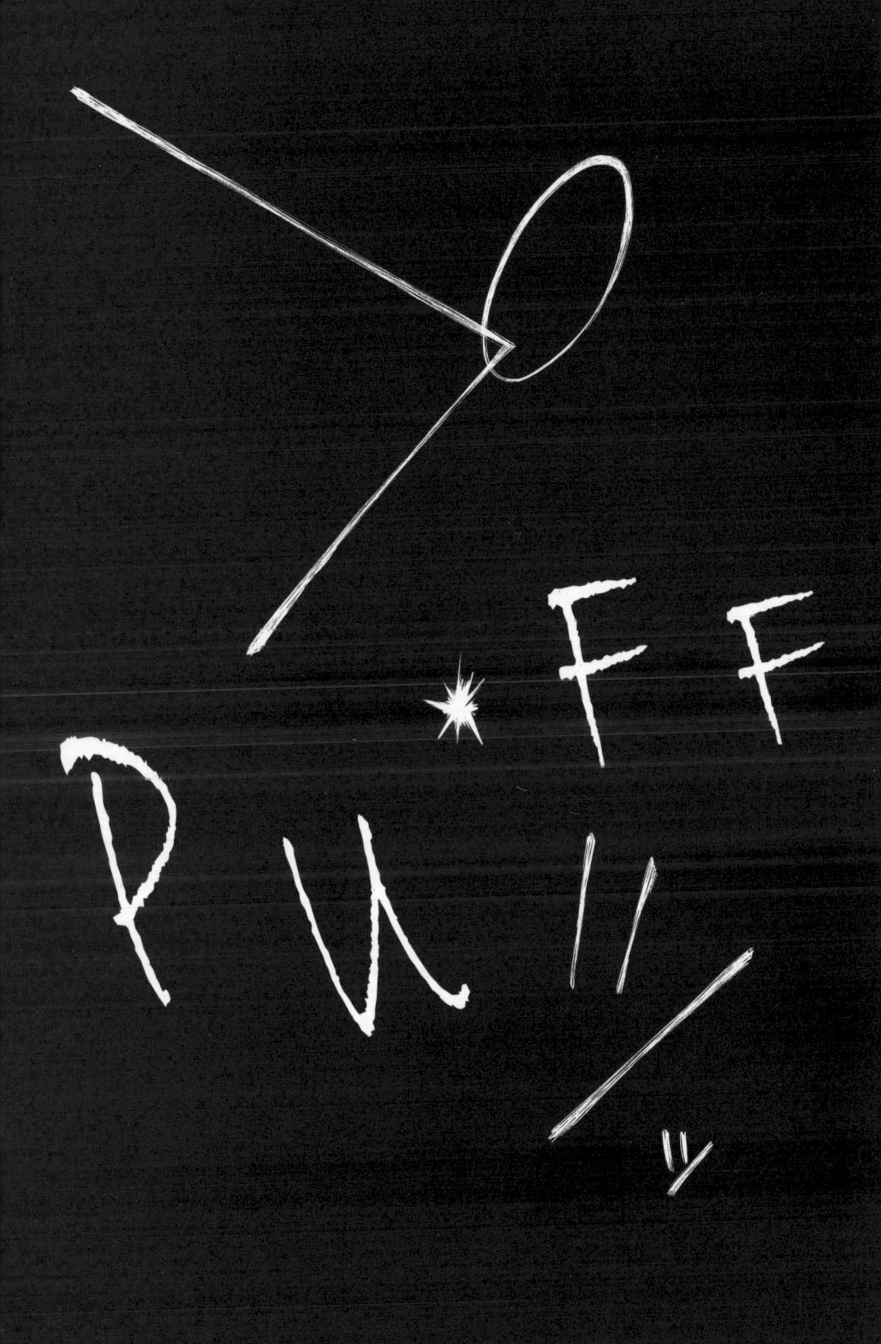
PUFF

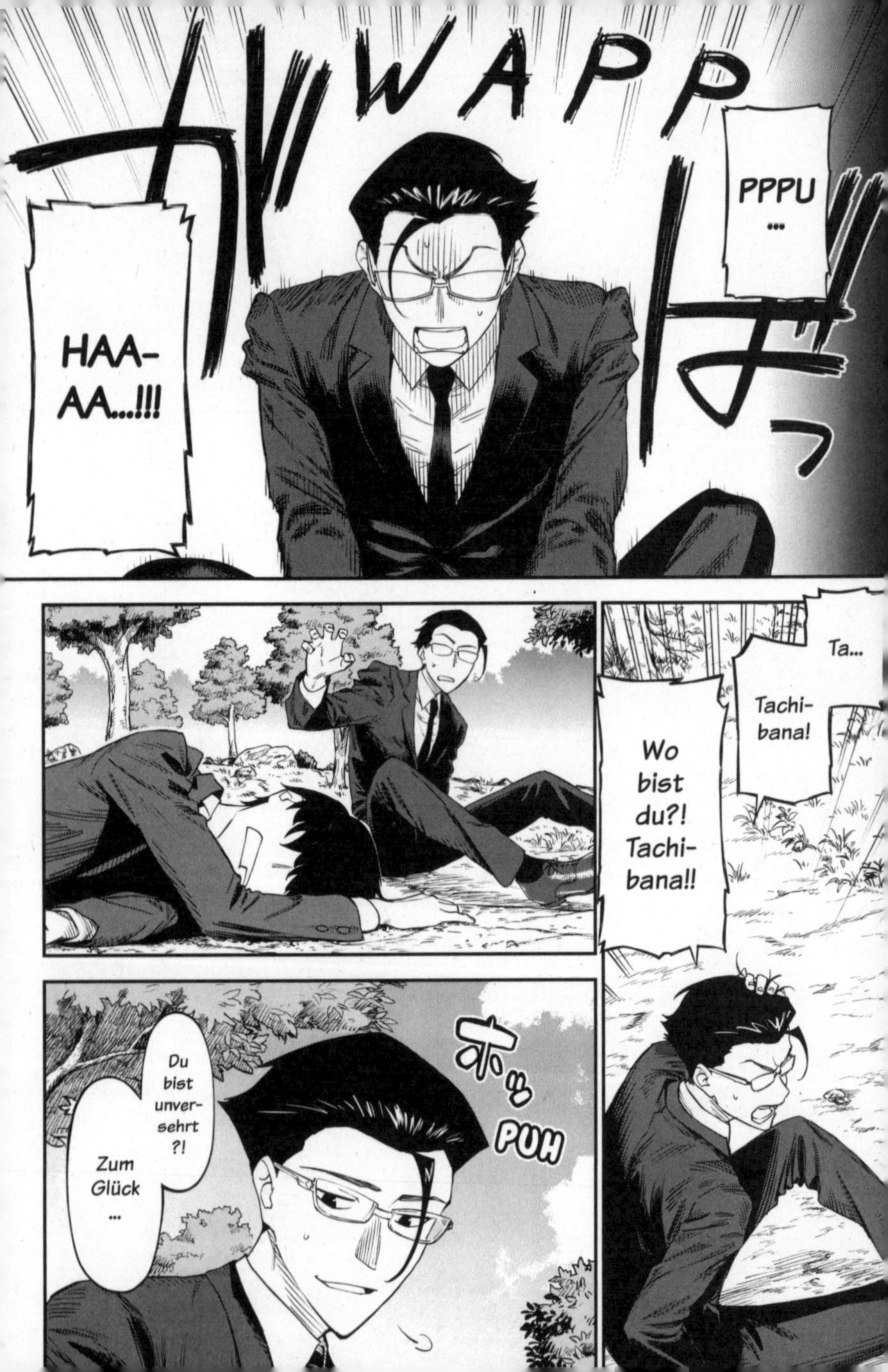

WAPP
PPPU ...
HAAA-AA...!!!
Ta... Tachibana!
Wo bist du?! Tachibana!!
PUH
Du bist unversehrt?!
Zum Glück ...

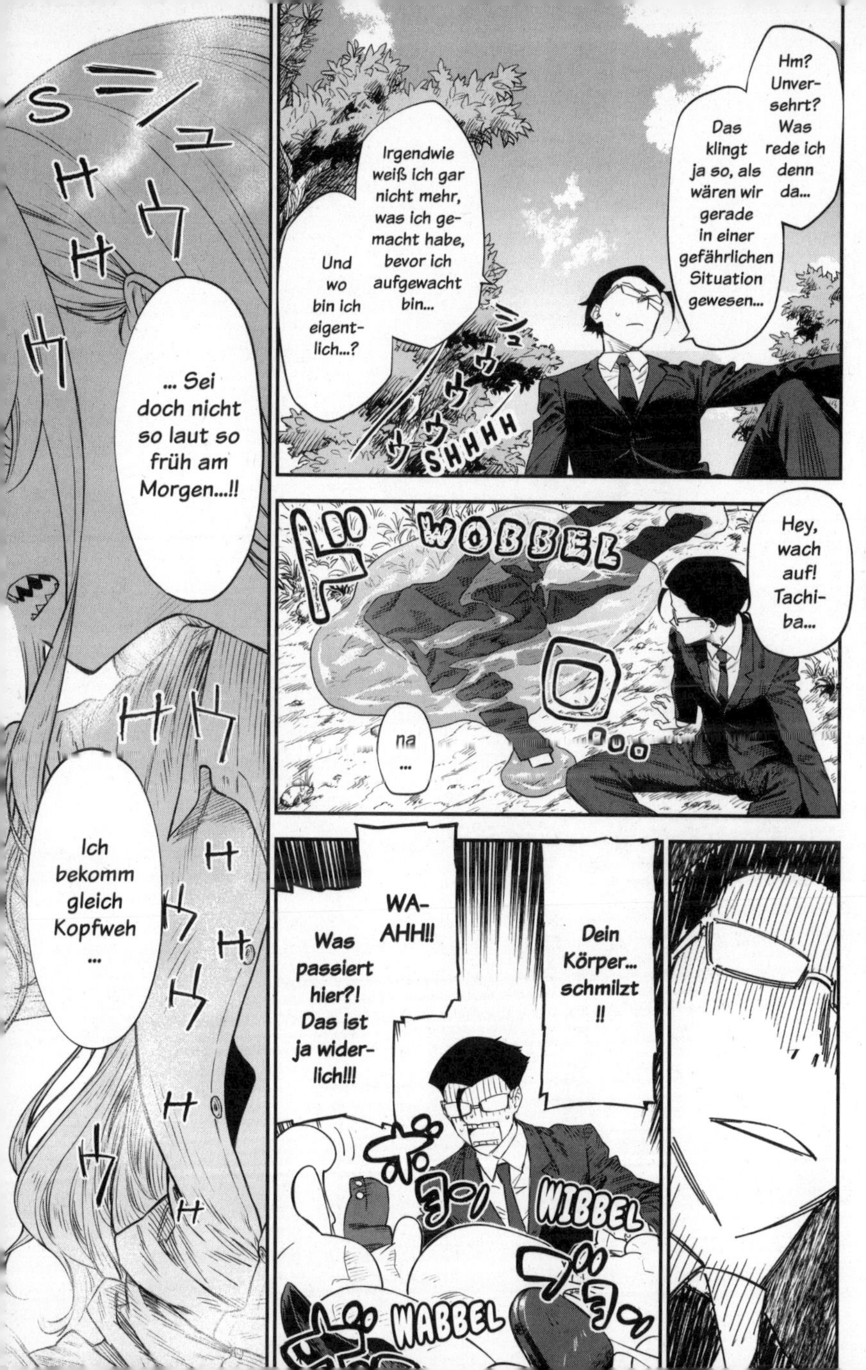
Hm? Unversehrt? Was rede ich denn da...
Das klingt ja so, als wären wir gerade in einer gefährlichen Situation gewesen...
Irgendwie weiß ich gar nicht mehr, was ich gemacht habe, bevor ich aufgewacht bin...
Und wo bin ich eigentlich...?
SHHHH
Hey, wach auf! Tachiba...
WOBBEL
na ...
Dein Körper... schmilzt !!
WA-AHH!!
Was passiert hier?! Das ist ja widerlich!!!
WIBBEL
WABBEL
... Sei doch nicht so laut so früh am Morgen...!!
Ich bekomm gleich Kopfweh ...

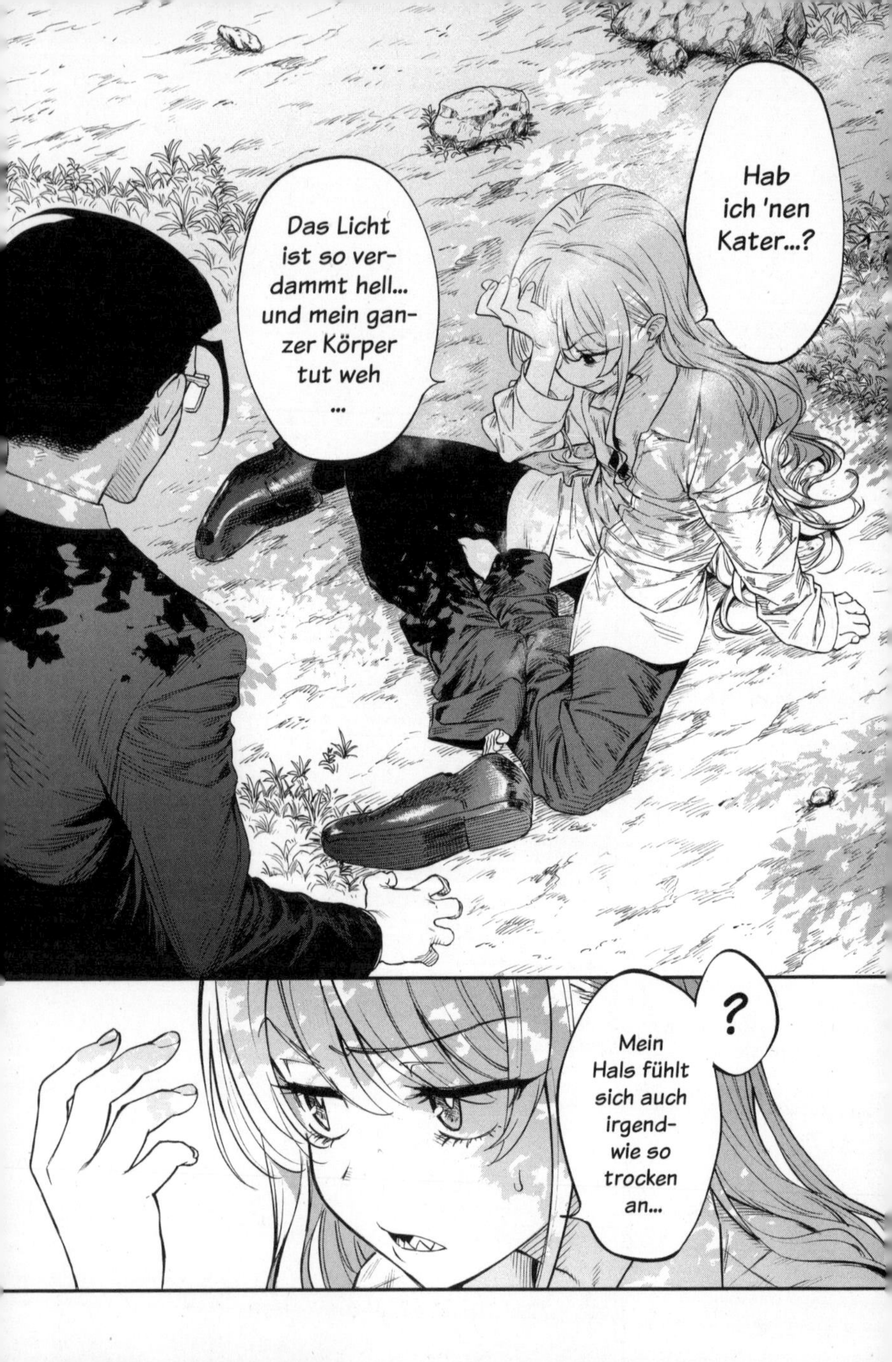

Hab ich 'nen Kater...?
Das Licht ist so verdammt hell... und mein ganzer Körper tut weh ...
?
Mein Hals fühlt sich auch irgendwie so trocken an...

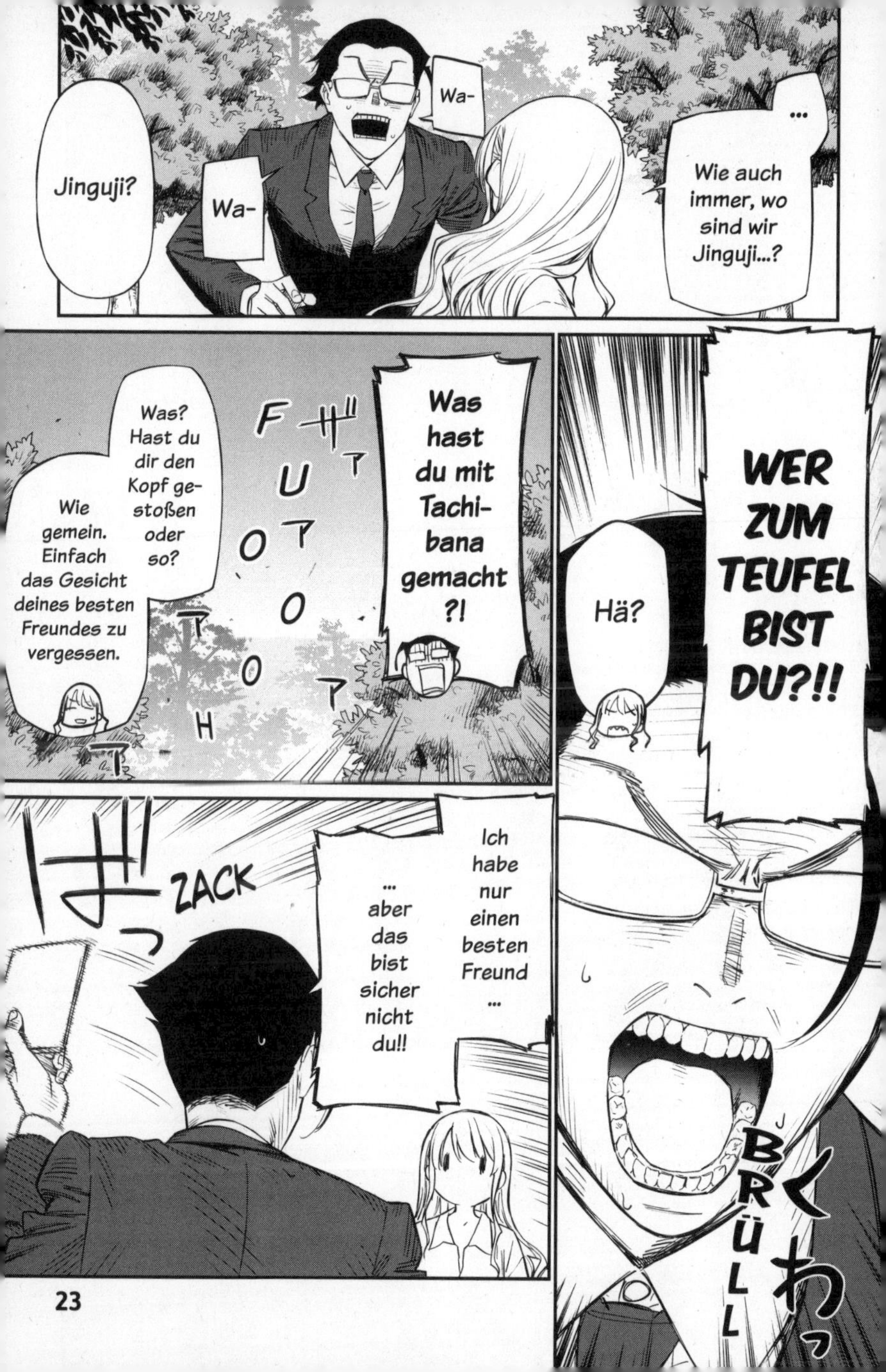

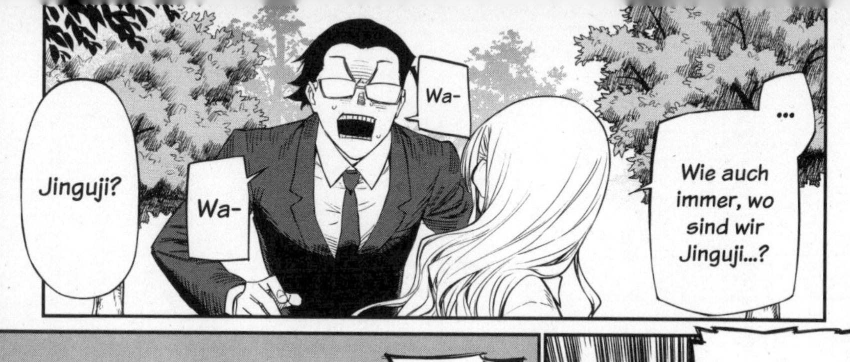

WER ZUM TEUFEL BIST DU?!!

Hä?

Was hast du mit Tachibana gemacht?!

FUTOOOH

Was? Hast du dir den Kopf gestoßen oder so?

Wie gemein. Einfach das Gesicht deines besten Freundes zu vergessen.

BRÜLL

Ich habe nur einen besten Freund ...

... aber das bist sicher nicht du!!

ZACK

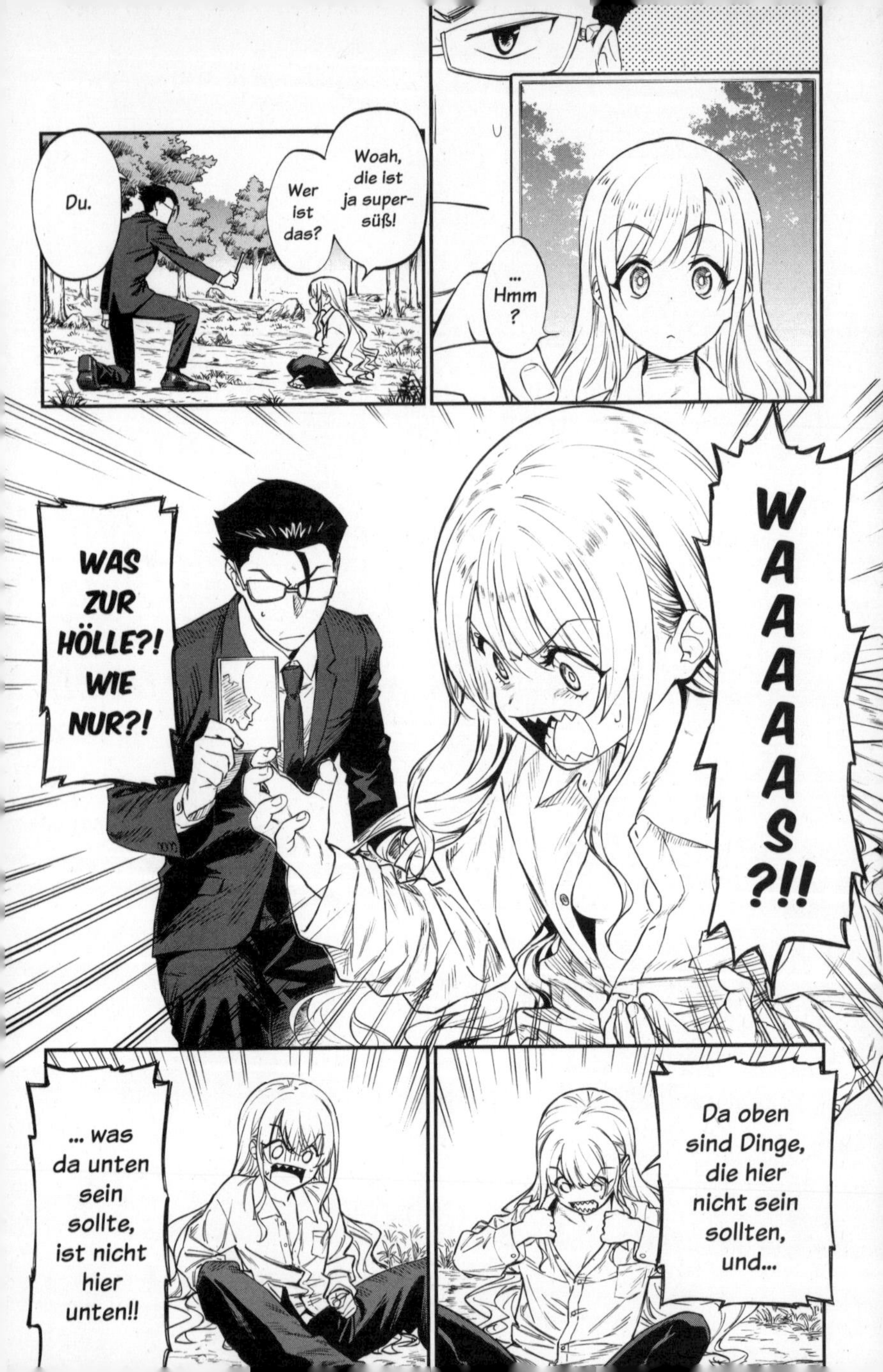
... Hmm ?
Woah, die ist ja super-süß!
Wer ist das?
Du.
WAAAAAS?!!
WAS ZUR HÖLLE?! WIE NUR?!
Da oben sind Dinge, die hier nicht sein sollten, und...
... was da unten sein sollte, ist nicht hier unten!!

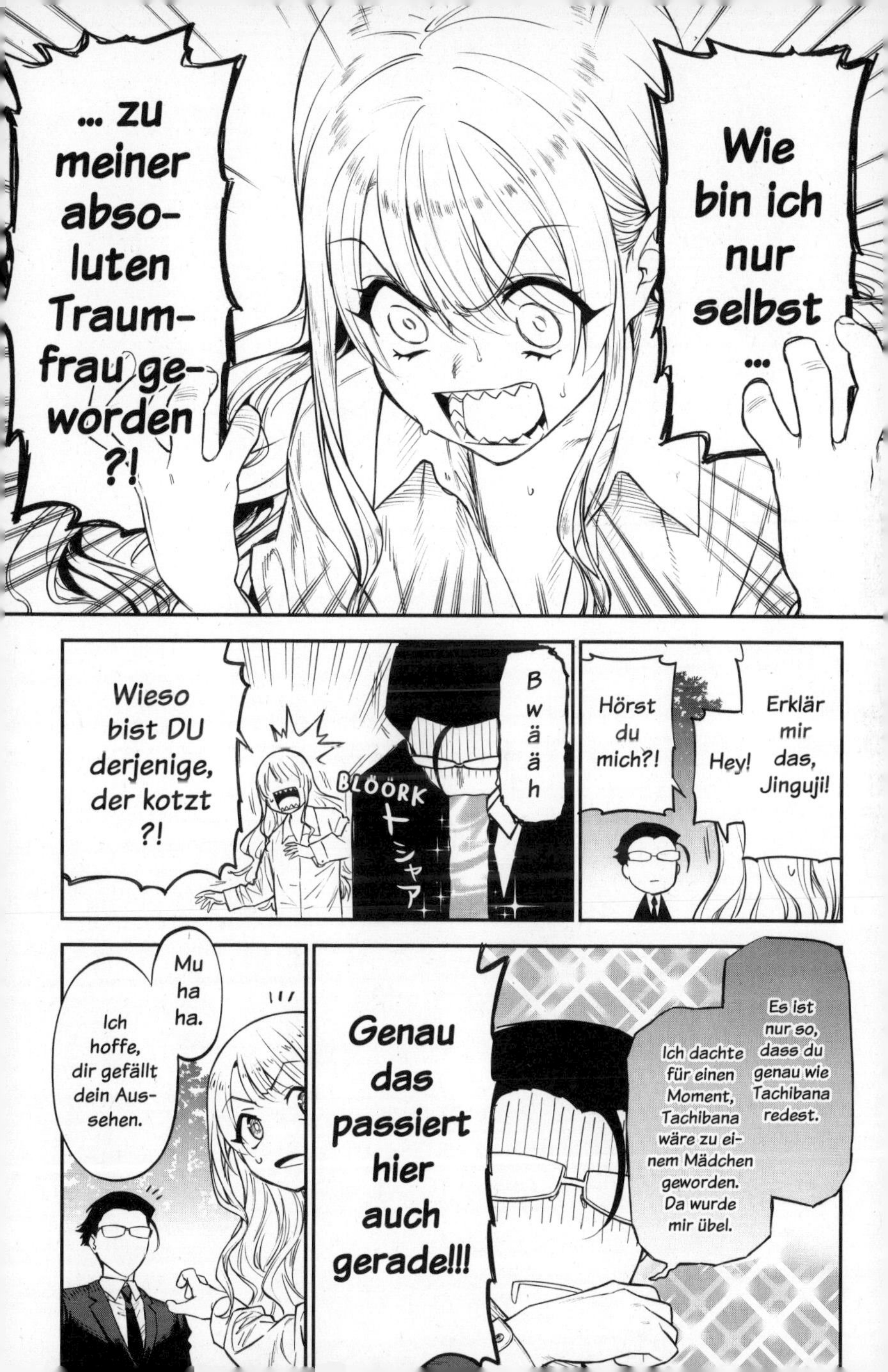

Wie bin ich nur selbst ...

... zu meiner absoluten Traumfrau geworden ?!

Erklär mir das, Jinguji!

Hey!

Hörst du mich?!

Bwääh

BLÖÖRK

Wieso bist DU derjenige, der kotzt ?!

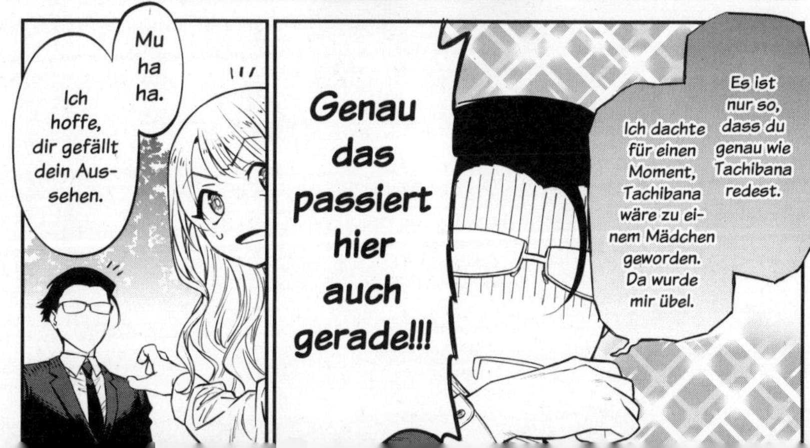

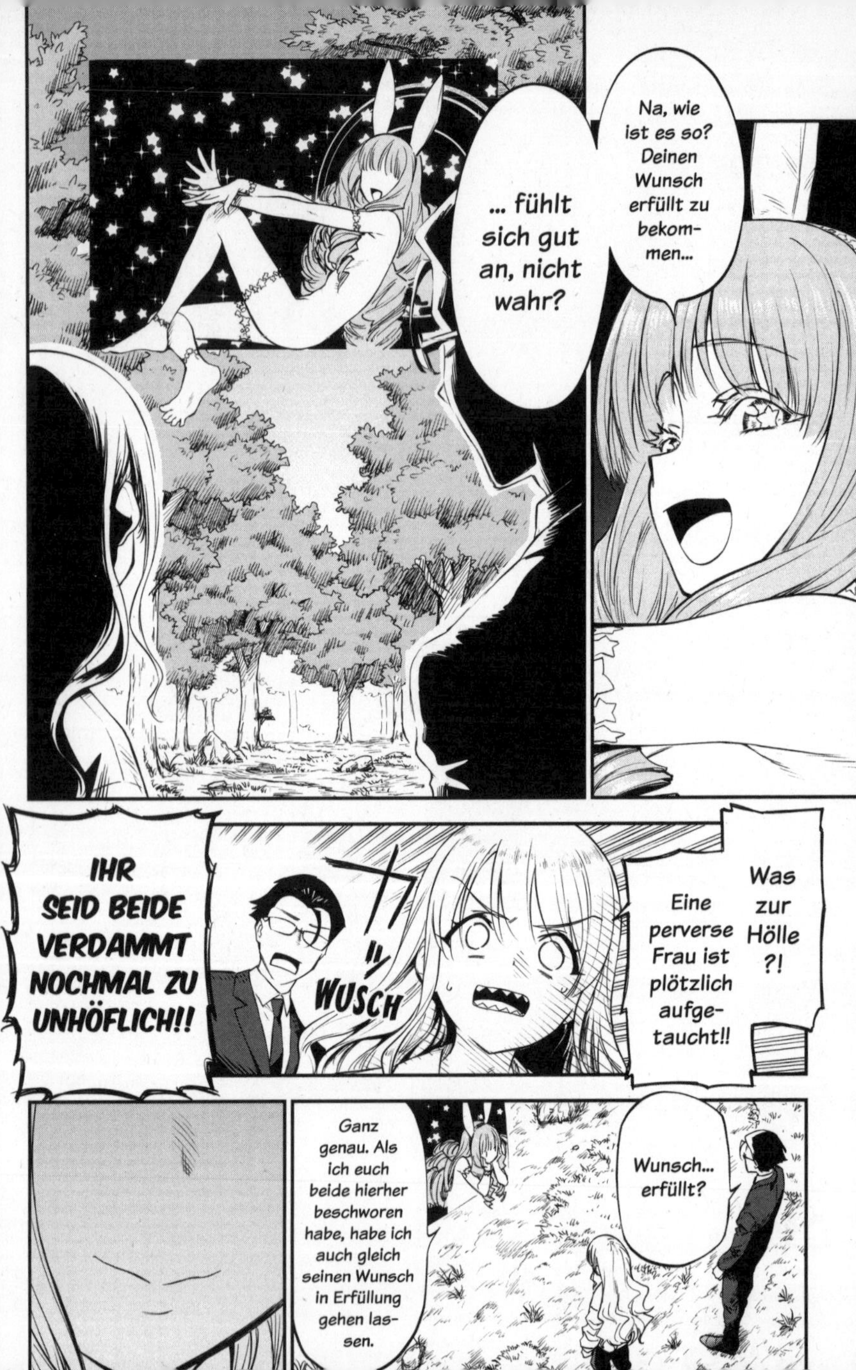
Na, wie ist es so? Deinen Wunsch erfüllt zu bekommen...
... fühlt sich gut an, nicht wahr?
Was zur Hölle ?!
Eine perverse Frau ist plötzlich aufgetaucht!!
WUSCH
IHR SEID BEIDE VERDAMMT NOCHMAL ZU UNHÖFLICH!!
Wunsch... erfüllt?
Ganz genau. Als ich euch beide hierher beschworen habe, habe ich auch gleich seinen Wunsch in Erfüllung gehen lassen.

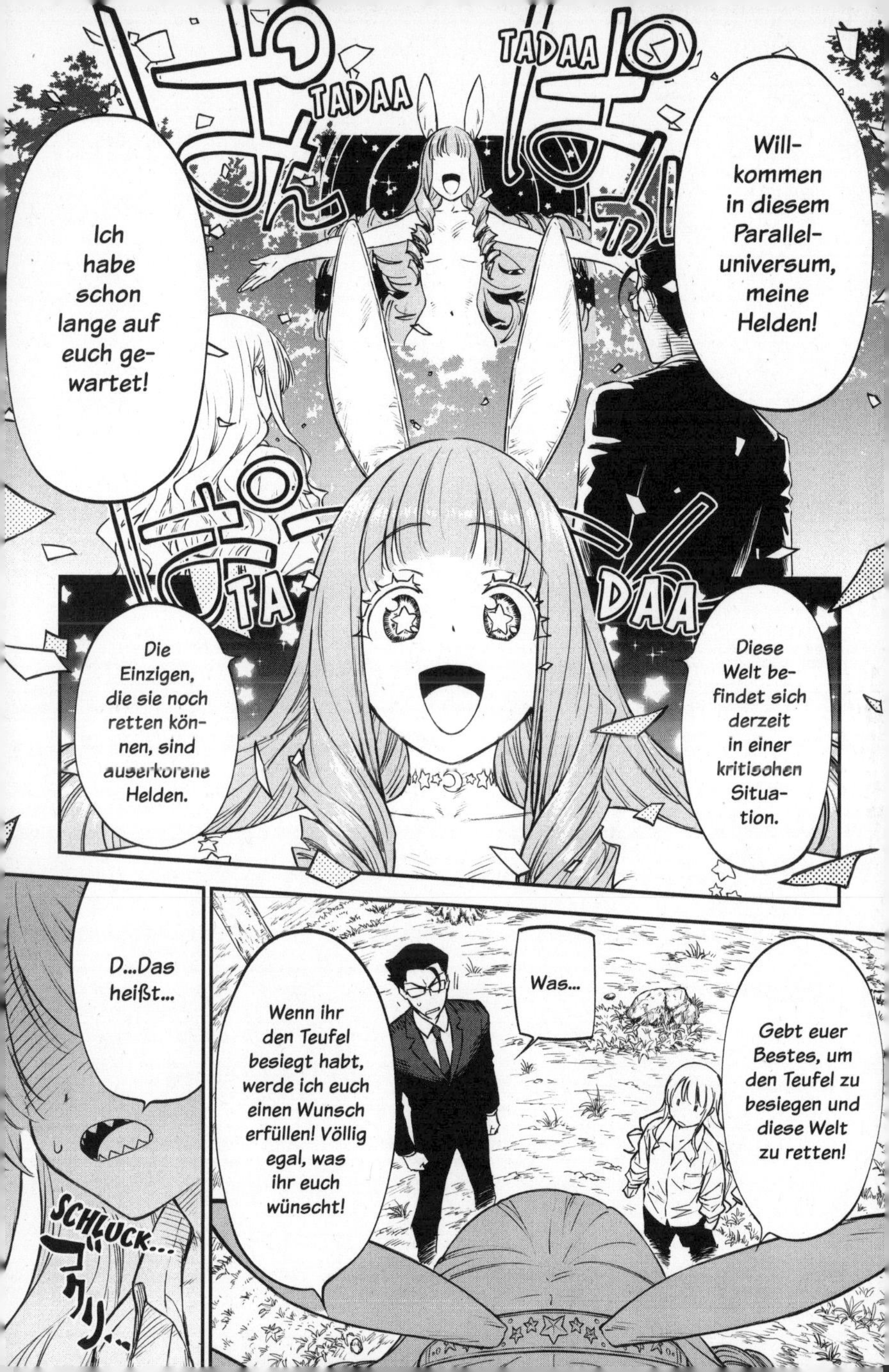
TADAA
TADAA
Willkommen in diesem Paralleluniversum, meine Helden!
Ich habe schon lange auf euch gewartet!
TA
DAA
Diese Welt befindet sich derzeit in einer kritischen Situation.
Die Einzigen, die sie noch retten können, sind auserkorene Helden.
Gebt euer Bestes, um den Teufel zu besiegen und diese Welt zu retten!
Was...
Wenn ihr den Teufel besiegt habt, werde ich euch einen Wunsch erfüllen! Völlig egal, was ihr euch wünscht!
D...Das heißt...
SCHLUCK...

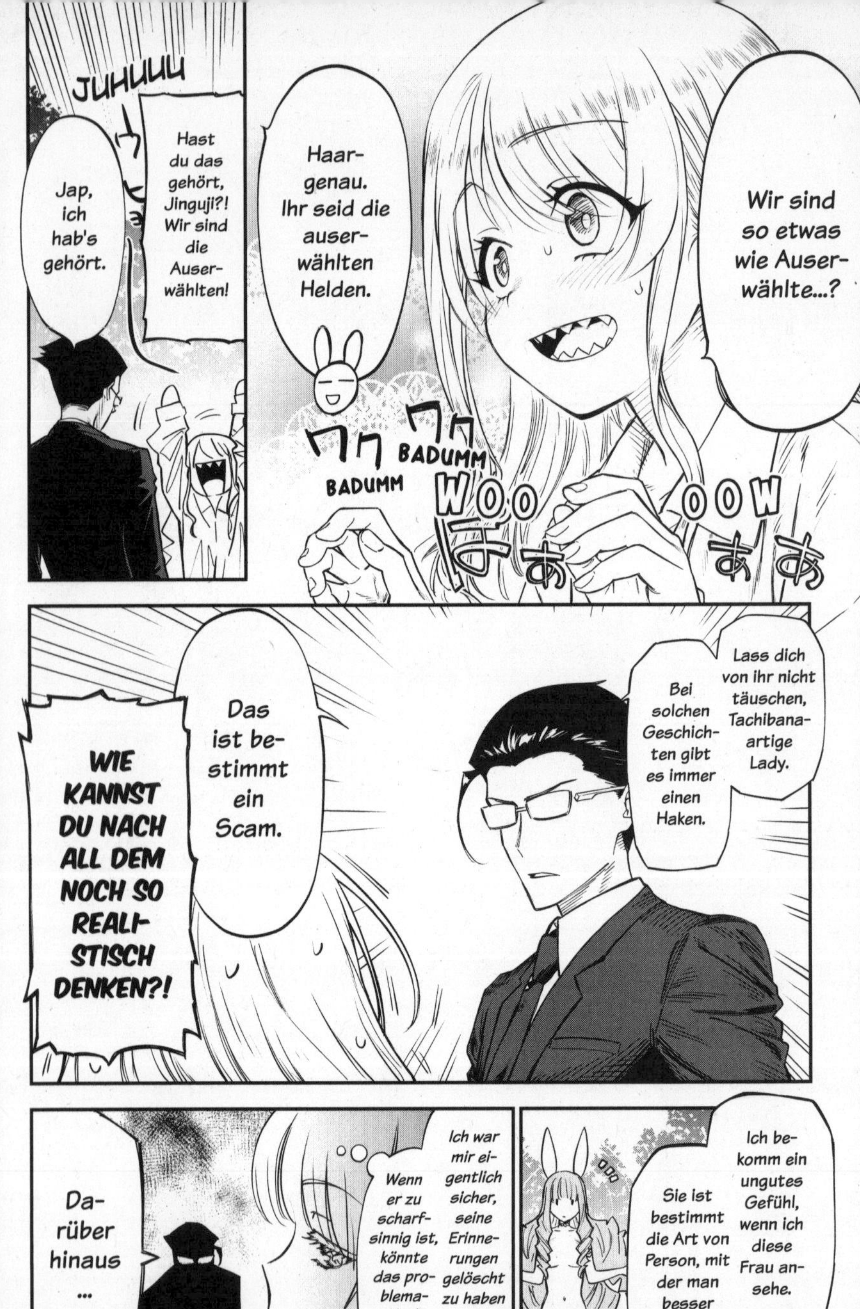
Wir sind so etwas wie Auser-wählte...?
Haar-genau. Ihr seid die auser-wählten Helden.
BADUMM
BADUMM
WOO
OOW
ほぁ
ああ
ワク ワク
Hast du das gehört, Jinguji?! Wir sind die Auser-wählten!
JUHUUU
Jap, ich hab's gehört.
Lass dich von ihr nicht täuschen, Tachibana-artige Lady.
Bei solchen Geschich-ten gibt es immer einen Haken.
Das ist be-stimmt ein Scam.
WIE KANNST DU NACH ALL DEM NOCH SO REALI-STISCH DENKEN?!
Ich be-komm ein ungutes Gefühl, wenn ich diese Frau an-sehe.
Sie ist bestimmt die Art von Person, mit der man besser nichts zu tun hat.
Ich war mir ei-gentlich sicher, seine Erinne-rungen gelöscht zu haben ...
Wenn er zu scharf-sinnig ist, könnte das pro-blema-tisch werden.
Da-rüber hinaus ...

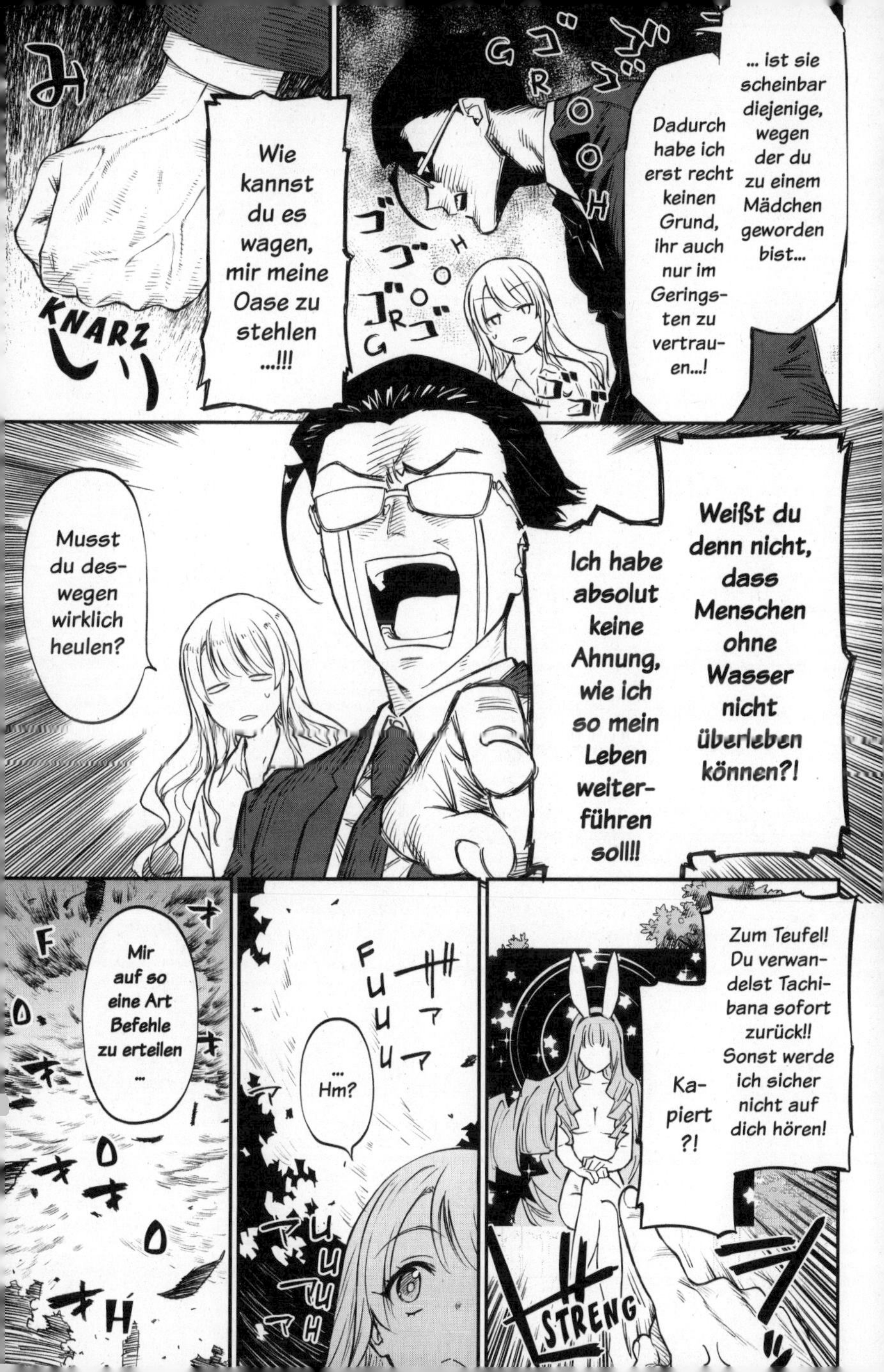

... ist sie scheinbar diejenige, wegen der du zu einem Mädchen geworden bist...
Dadurch habe ich erst recht keinen Grund, ihr auch nur im Geringsten zu vertrauen...!
GROOOH
Wie kannst du es wagen, mir meine Oase zu stehlen ...!!!
KNARZ
Weißt du denn nicht, dass Menschen ohne Wasser nicht überleben können?!
Ich habe absolut keine Ahnung, wie ich so mein Leben weiterführen soll!!
Musst du deswegen wirklich heulen?
Zum Teufel! Du verwandelst Tachibana sofort zurück!! Sonst werde ich sicher nicht auf dich hören!
Kapiert?!
STRENG
FUUUUUUH
... Hm?
Mir auf so eine Art Befehle zu erteilen ...
FOOOOH

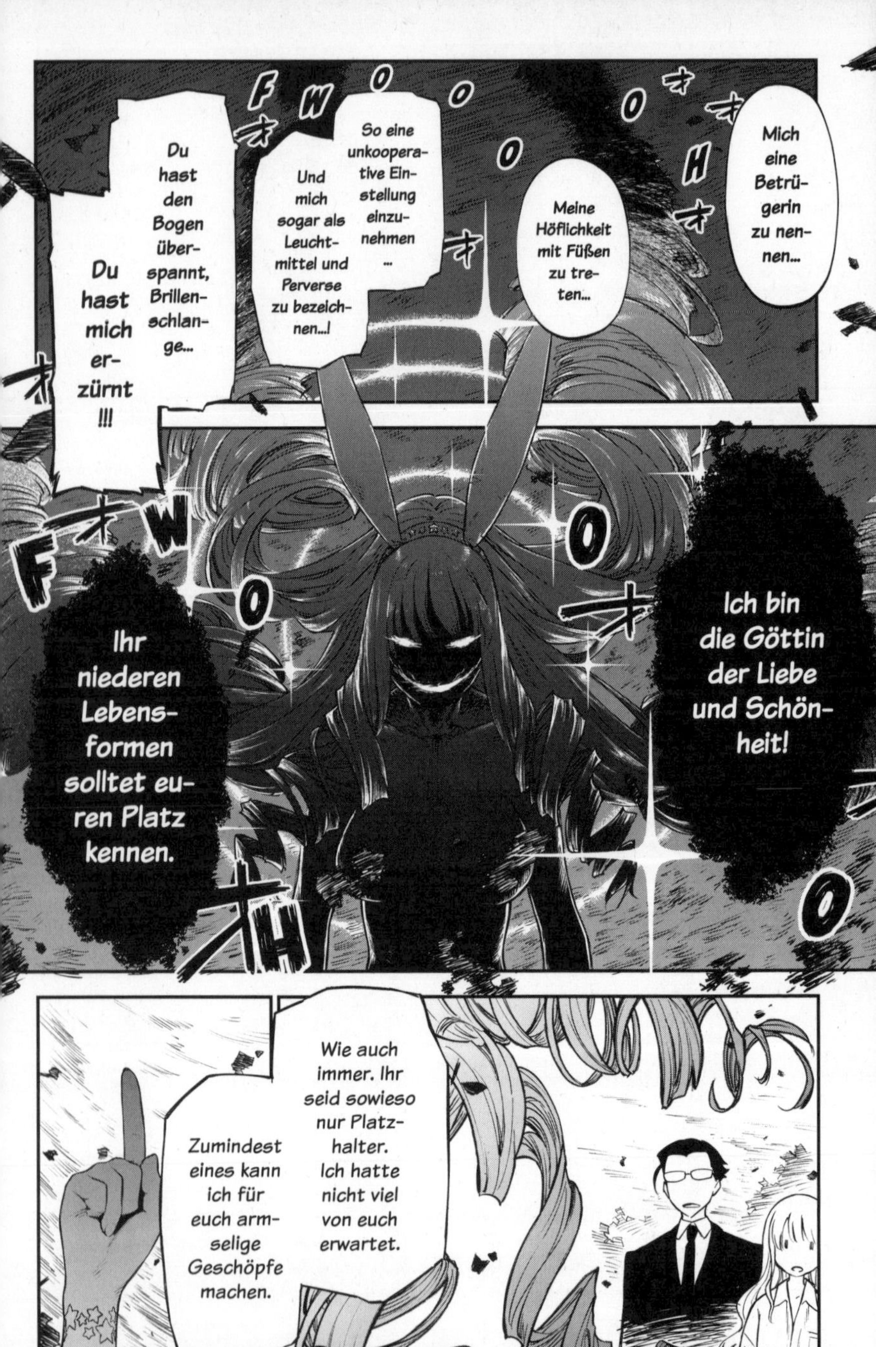

FWOOOOOOH
Mich eine Betrügerin zu nennen...
Meine Höflichkeit mit Füßen zu treten...
So eine unkooperative Einstellung einzunehmen ...
Und mich sogar als Leuchtmittel und Perverse zu bezeichnen...!
Du hast den Bogen überspannt, Brillenschlange...
Du hast mich erzürnt !!!
FWOOOH
Ich bin die Göttin der Liebe und Schönheit!
Ihr niederen Lebensformen solltet euren Platz kennen.
Wie auch immer. Ihr seid sowieso nur Platzhalter. Ich hatte nicht viel von euch erwartet.
Zumindest eines kann ich für euch armselige Geschöpfe machen.

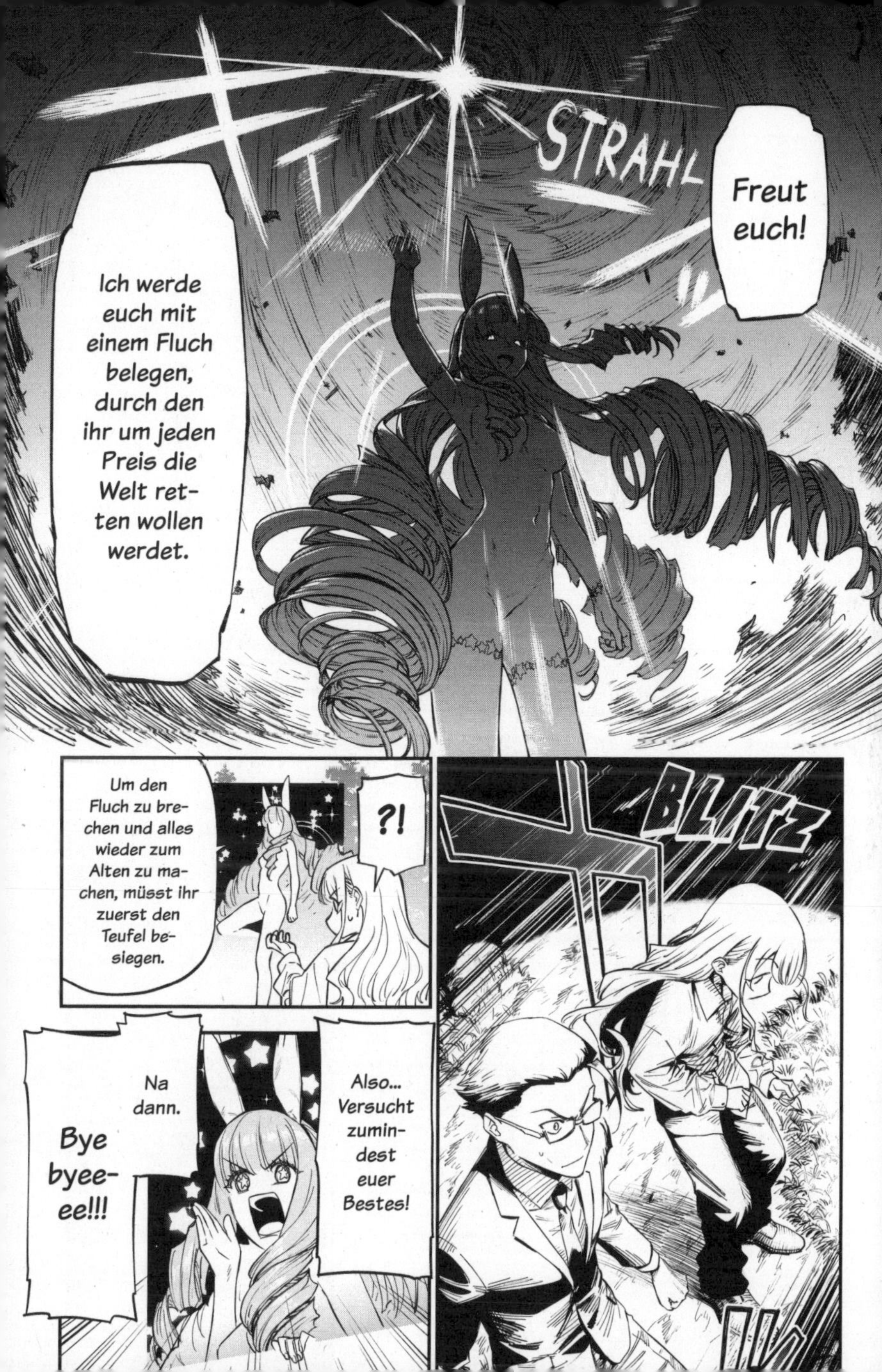
STRAHL
Freut euch!
Ich werde euch mit einem Fluch belegen, durch den ihr um jeden Preis die Welt ret-ten wollen werdet.
?!
Um den Fluch zu bre-chen und alles wieder zum Alten zu ma-chen, müsst ihr zuerst den Teufel be-siegen.
BLITZ
Also... Versucht zumin-dest euer Bestes!
Na dann.
Bye byee-ee!!!

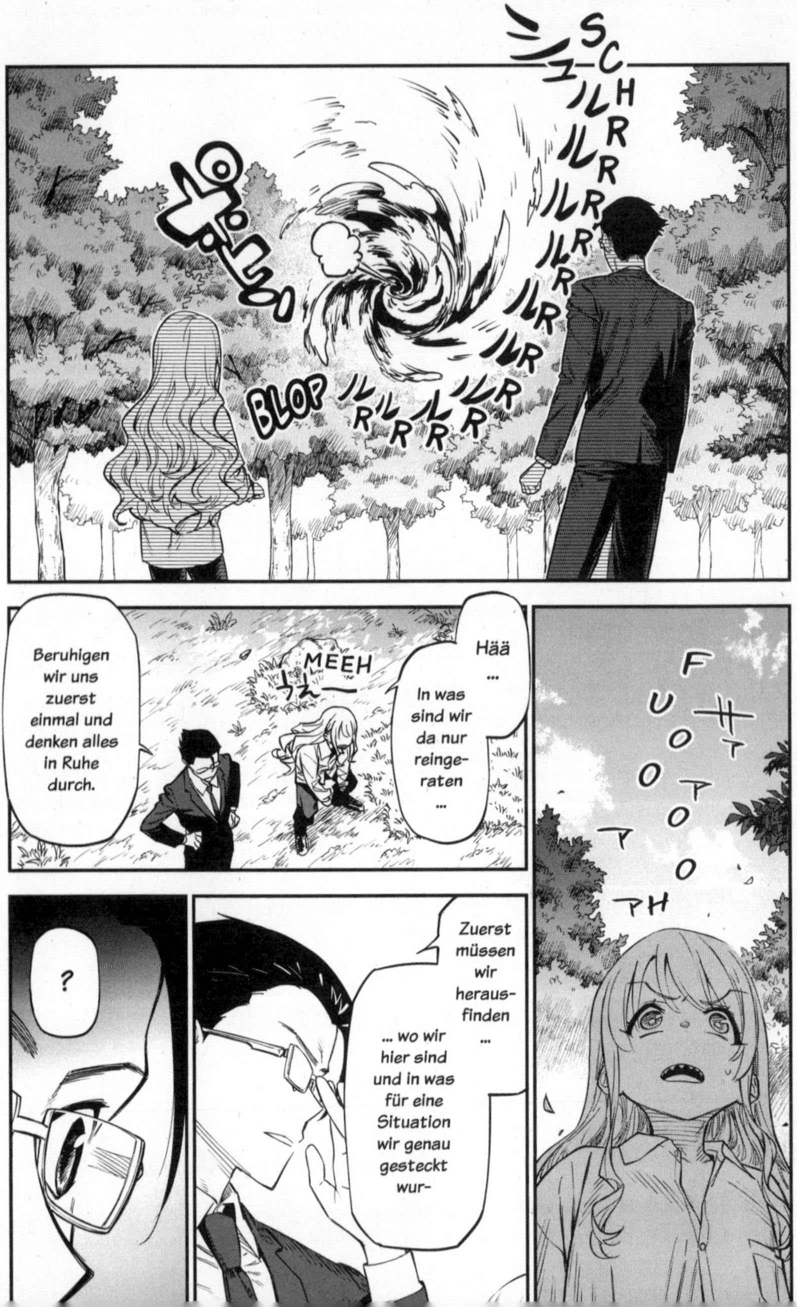

SCHRRRRRRRRRRRRR
BLOP

FUOOOOH

Hää ... In was sind wir da nur reingeraten ...
MEEH
Beruhigen wir uns zuerst einmal und denken alles in Ruhe durch.

Zuerst müssen wir herausfinden ...
... wo wir hier sind und in was für eine Situation wir genau gesteckt wur-
?

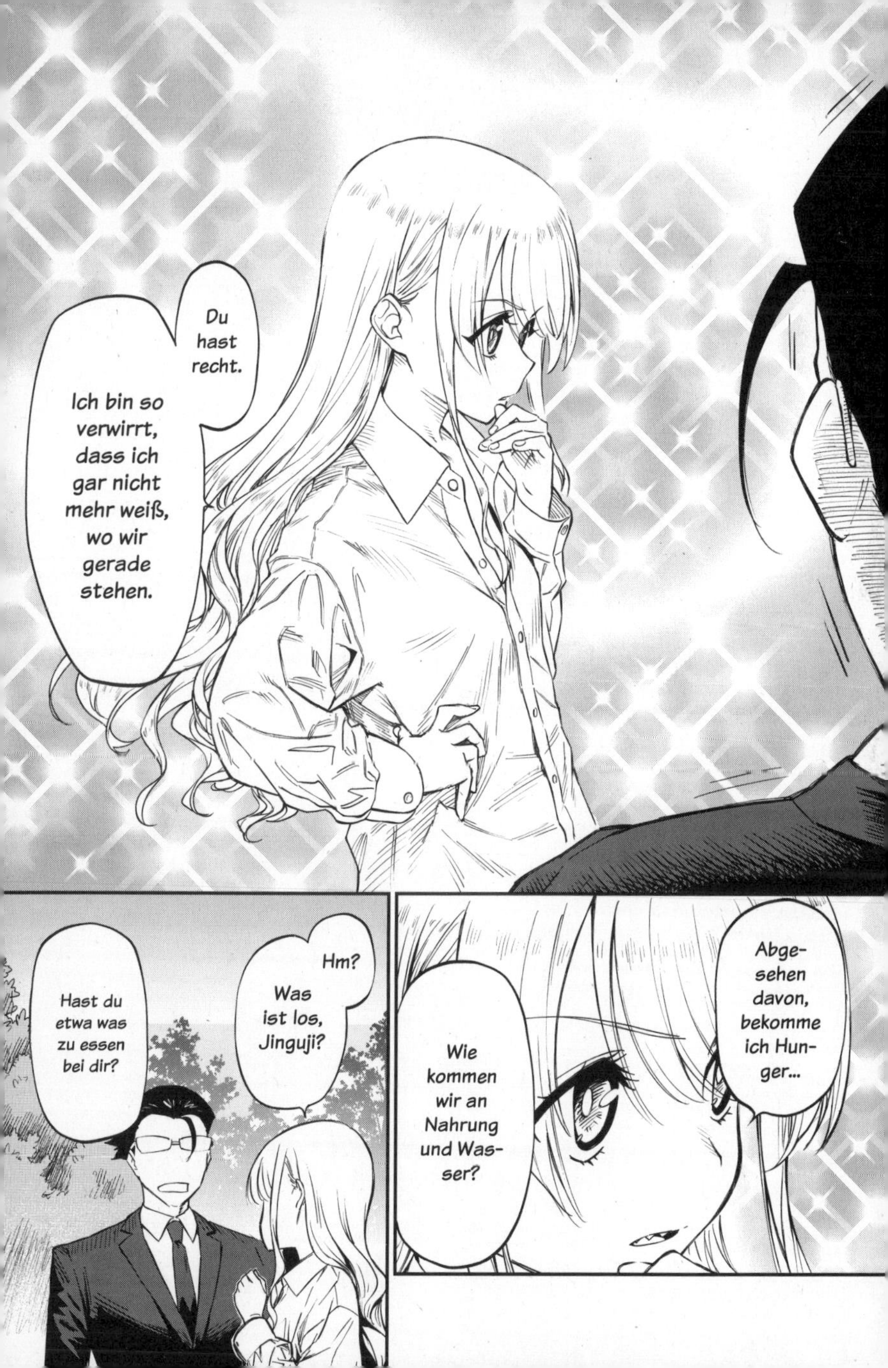
Du hast recht.
Ich bin so verwirrt, dass ich gar nicht mehr weiß, wo wir gerade stehen.
Abgesehen davon, bekomme ich Hunger...
Wie kommen wir an Nahrung und Wasser?
Hm? Was ist los, Jinguji?
Hast du etwa was zu essen bei dir?

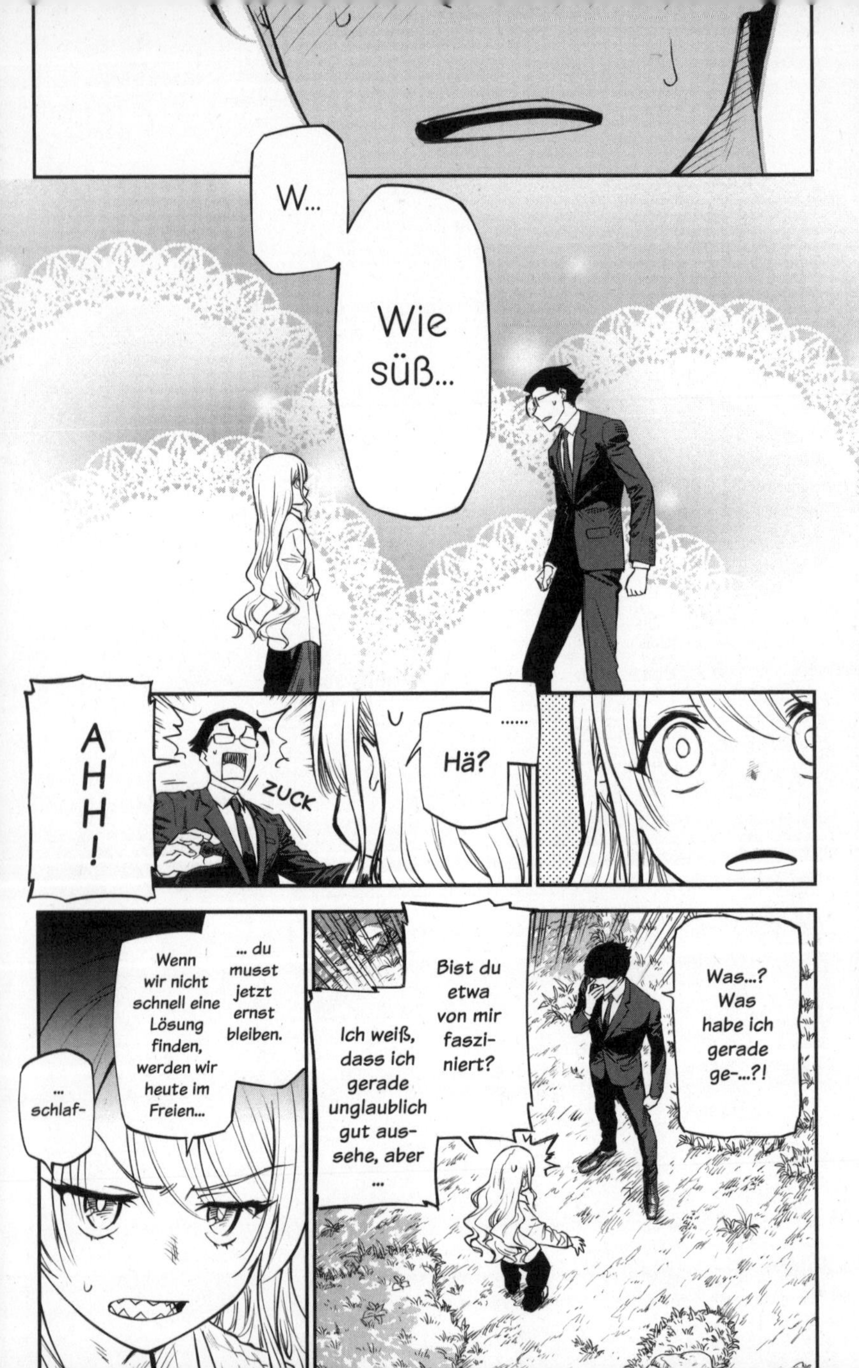

W...
Wie süß...
......
Hä?
AHH!
ZUCK
Was...? Was habe ich gerade ge-...?!
Bist du etwa von mir fasziniert?
Ich weiß, dass ich gerade unglaublich gut aussehe, aber ...
... du musst jetzt ernst bleiben.
Wenn wir nicht schnell eine Lösung finden, werden wir heute im Freien...
... schlaf-

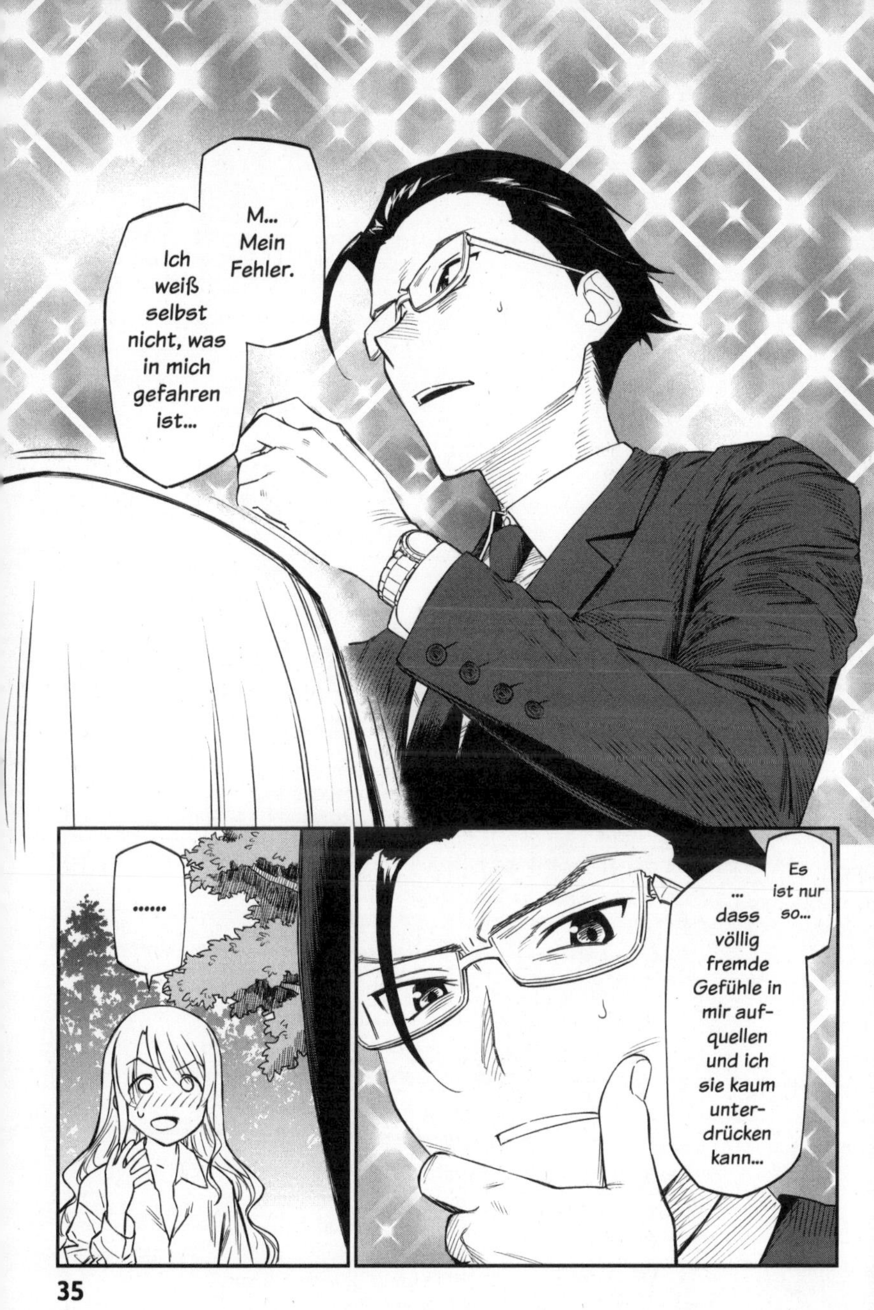
M... Mein Fehler.
Ich weiß selbst nicht, was in mich gefahren ist...
Es ist nur so...
... dass völlig fremde Gefühle in mir auf-quellen und ich sie kaum unter-drücken kann...
......

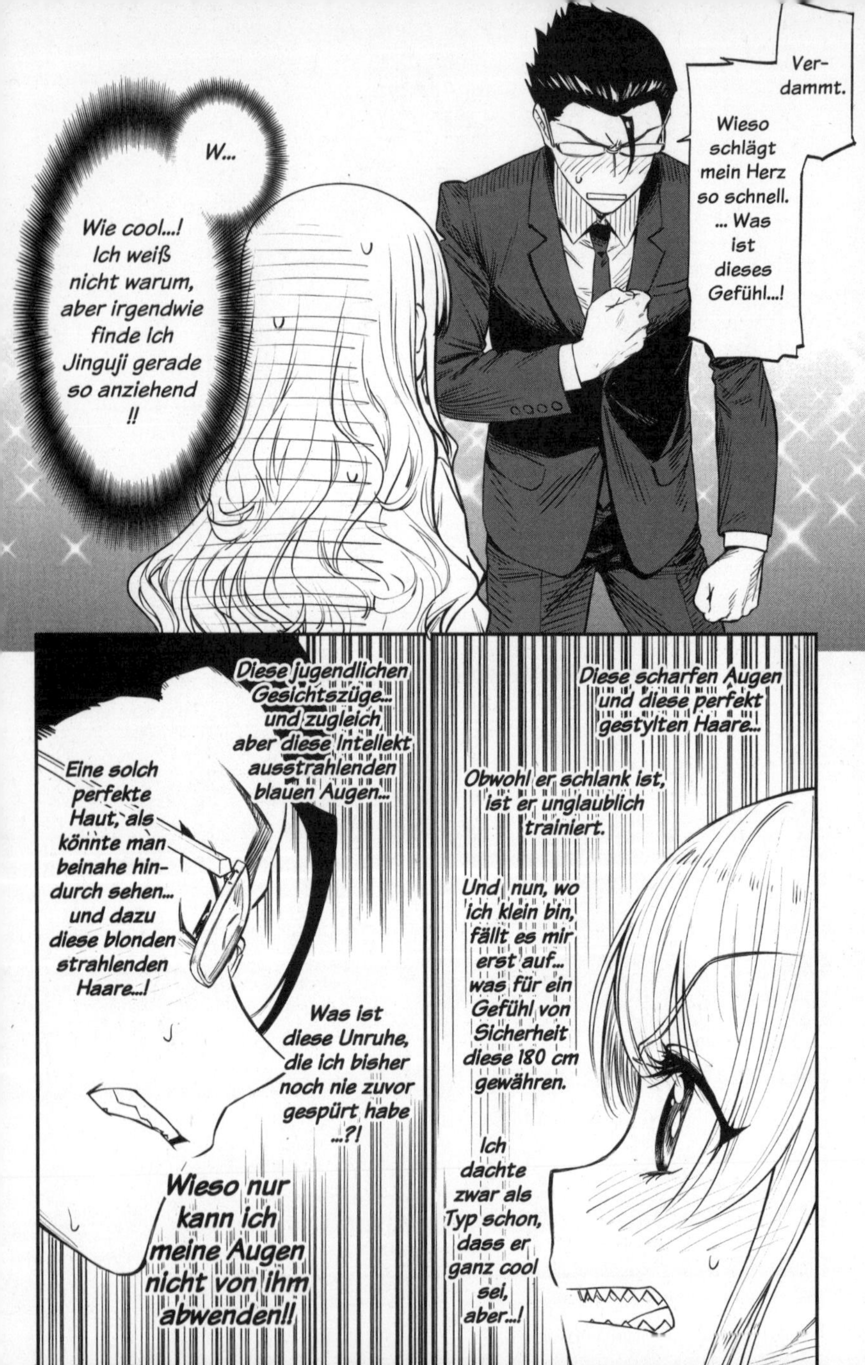
Verdammt.
Wieso schlägt mein Herz so schnell. ... Was ist dieses Gefühl...!
W...
Wie cool...! Ich weiß nicht warum, aber irgendwie finde Ich Jinguji gerade so anziehend !!
Diese scharfen Augen und diese perfekt gestylten Haare...
Obwohl er schlank ist, ist er unglaublich trainiert.
Und nun, wo ich klein bin, fällt es mir erst auf... was für ein Gefühl von Sicherheit diese 180 cm gewähren.
Ich dachte zwar als Typ schon, dass er ganz cool sei, aber...!
Diese jugendlichen Gesichtszüge... und zugleich aber diese Intellekt ausstrahlenden blauen Augen...
Eine solch perfekte Haut, als könnte man beinahe hindurch sehen... und dazu diese blonden strahlenden Haare...!
Was ist diese Unruhe, die ich bisher noch nie zuvor gespürt habe ...?!
Wieso nur kann ich meine Augen nicht von ihm abwenden!!

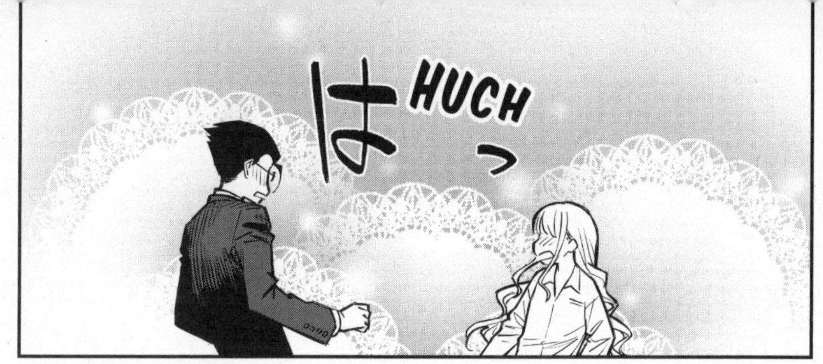
はっ
HUCH
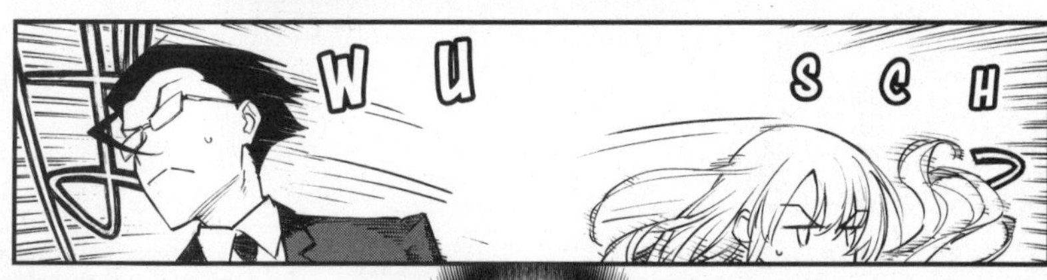
WU
SCH
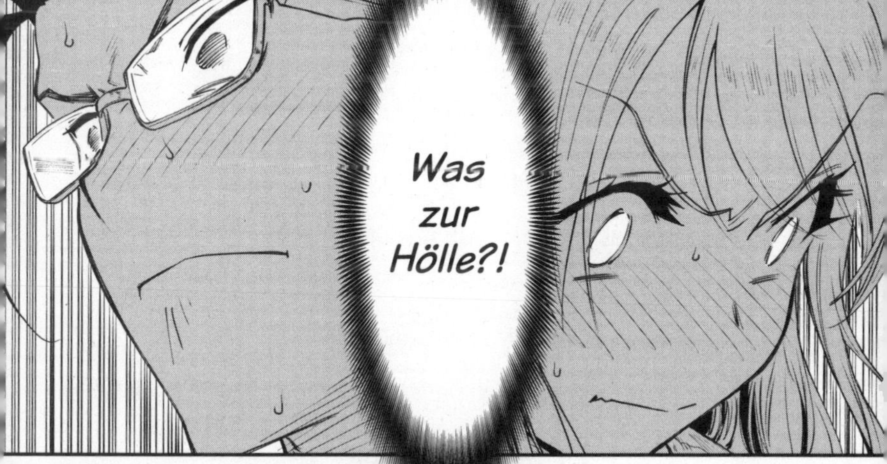
Was zur Hölle?!
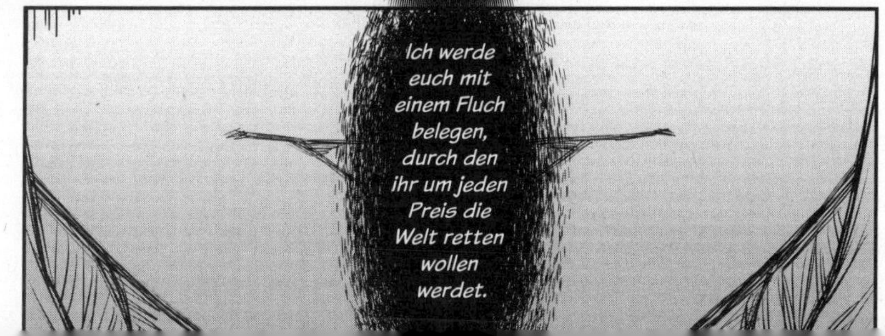
Ich werde euch mit einem Fluch belegen, durch den ihr um jeden Preis die Welt retten wollen werdet.

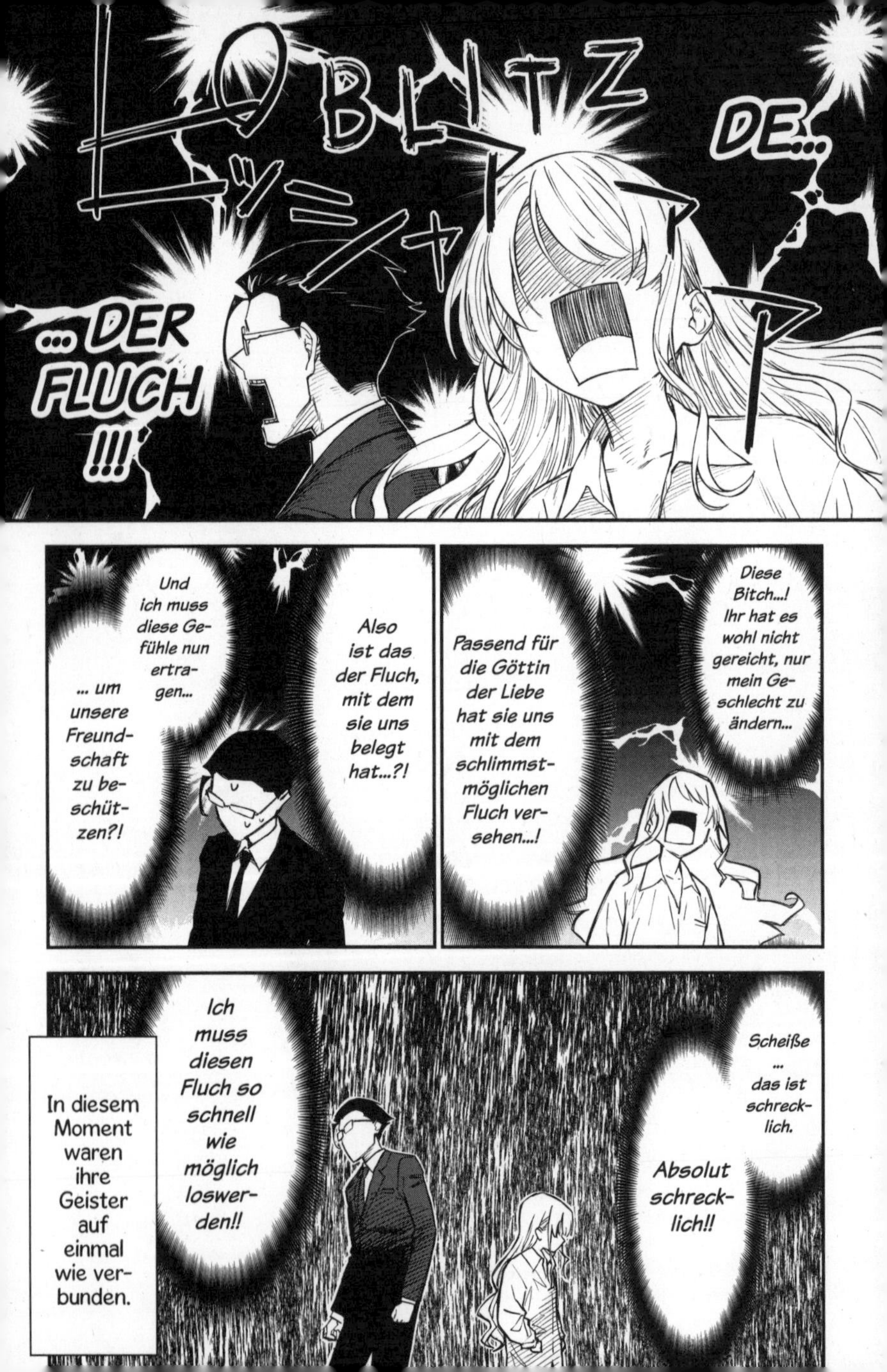

BLITZ

DE...

... DER FLUCH!!!

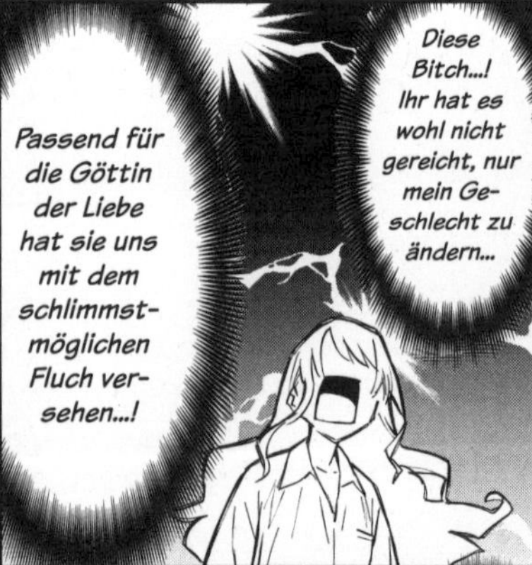

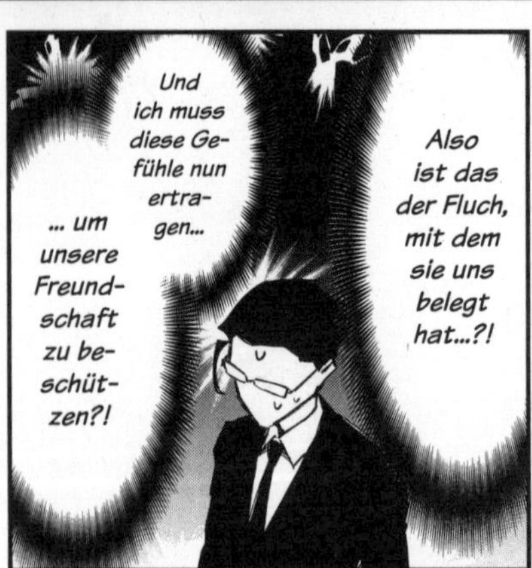

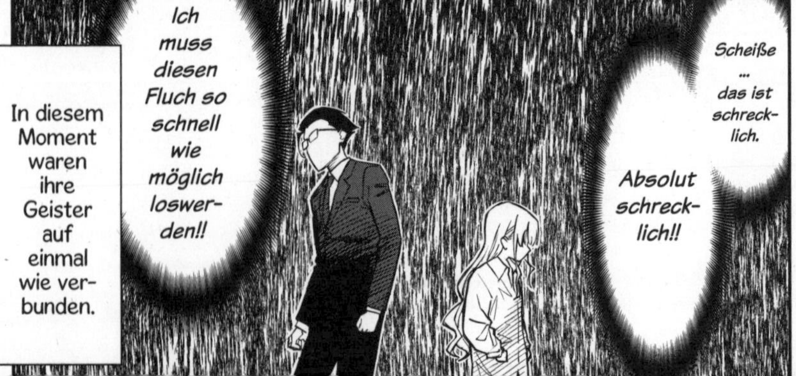

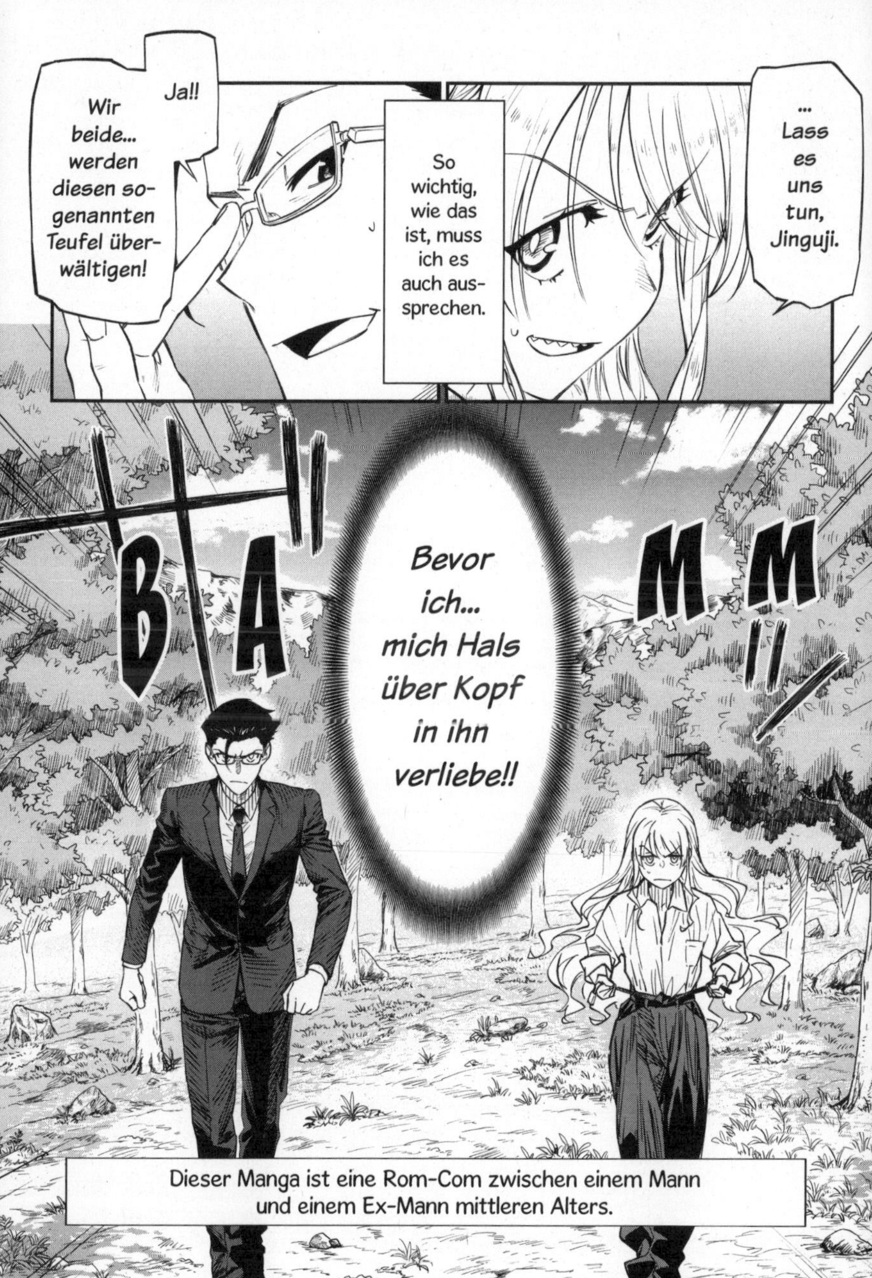

... Lass es uns tun, Jinguji.
So wichtig, wie das ist, muss ich es auch aussprechen.
Ja!!
Wir beide... werden diesen sogenannten Teufel überwältigen!
BA
MM
Bevor ich... mich Hals über Kopf in ihn verliebe!!
Dieser Manga ist eine Rom-Com zwischen einem Mann und einem Ex-Mann mittleren Alters.

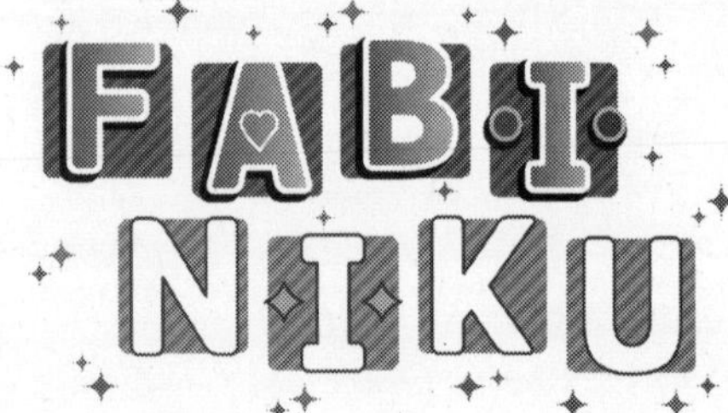
FABI
NIKU

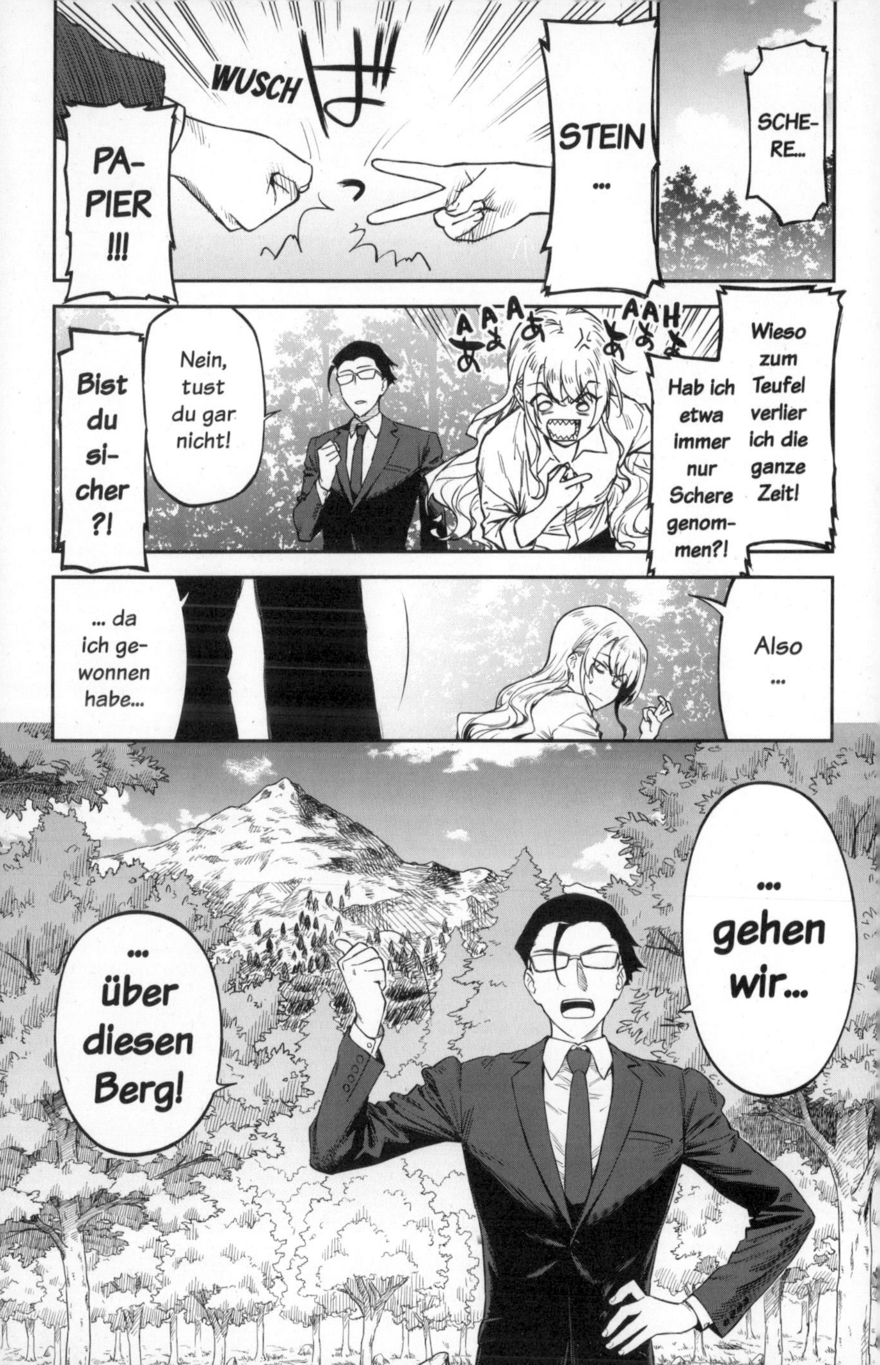
SCHERE...
STEIN ...
WUSCH
PAPIER !!!
Wieso zum Teufel verlier ich die ganze Zeit!
AAH
Hab ich etwa immer nur Schere genommen?!
AAA
Nein, tust du gar nicht!
Bist du sicher?!
Also ...
... da ich gewonnen habe...
... gehen wir...
... über diesen Berg!

002 Der Fabiniku-Typ und der Fluch der Göttin

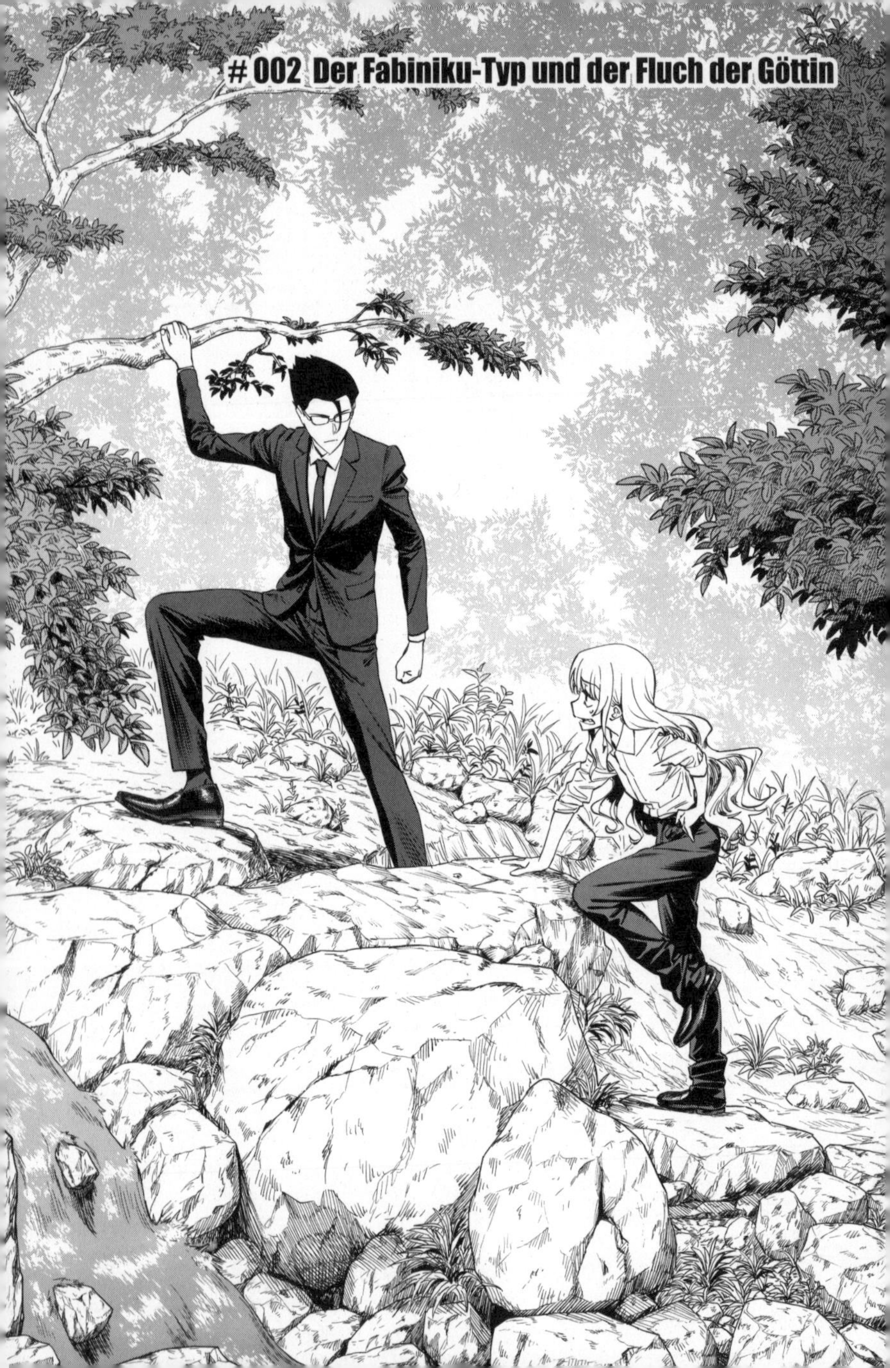

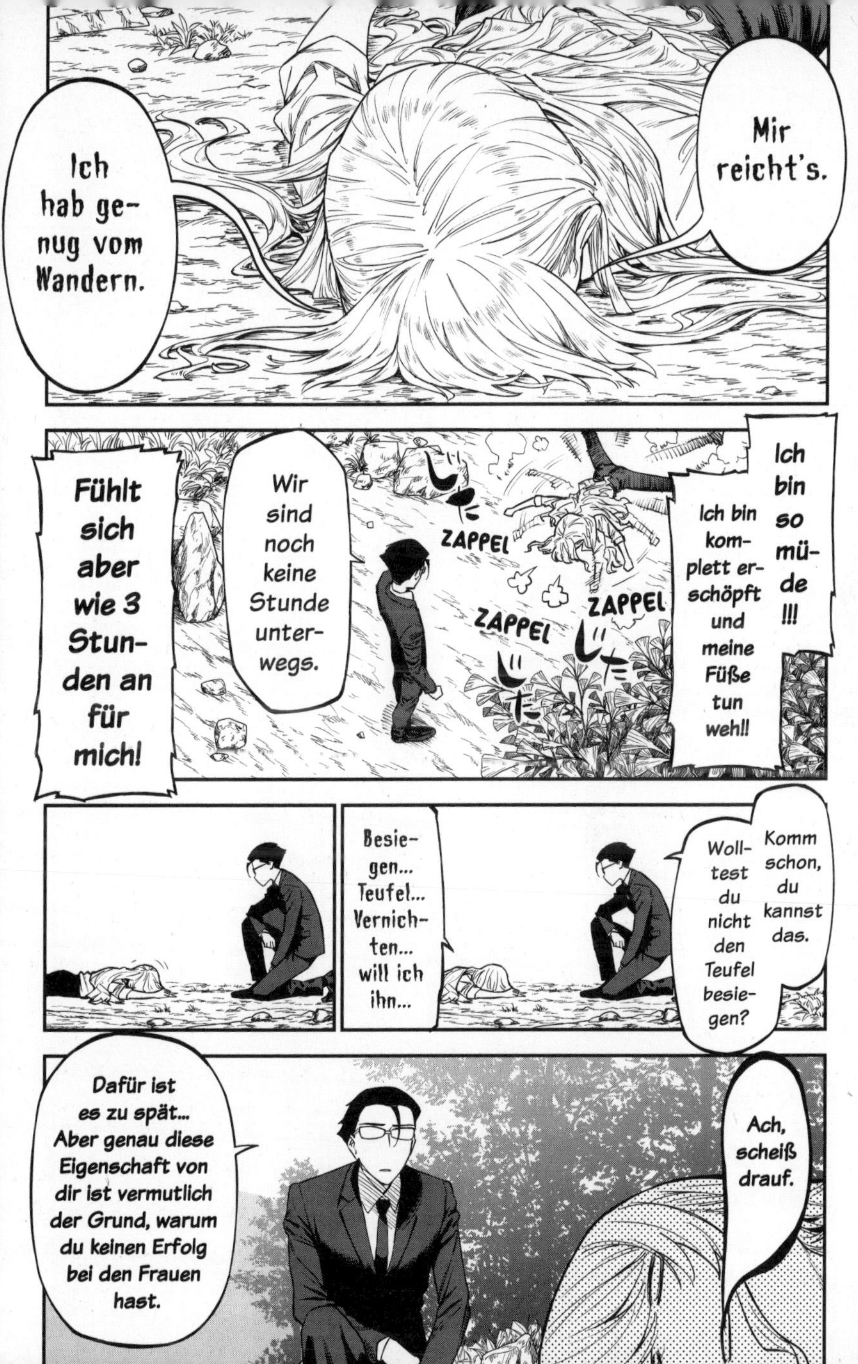

Mir reicht's.
Ich hab genug vom Wandern.
Ich bin so müde!!!
Ich bin komplett erschöpft und meine Füße tun weh!!
ZAPPEL
ZAPPEL
ZAPPEL
Wir sind noch keine Stunde unterwegs.
Fühlt sich aber wie 3 Stunden an für mich!
Komm schon, du kannst das.
Wolltest du nicht den Teufel besiegen?
Besiegen... Teufel... Vernichten... will ich ihn...
Ach, scheiß drauf.
Dafür ist es zu spät... Aber genau diese Eigenschaft von dir ist vermutlich der Grund, warum du keinen Erfolg bei den Frauen hast.

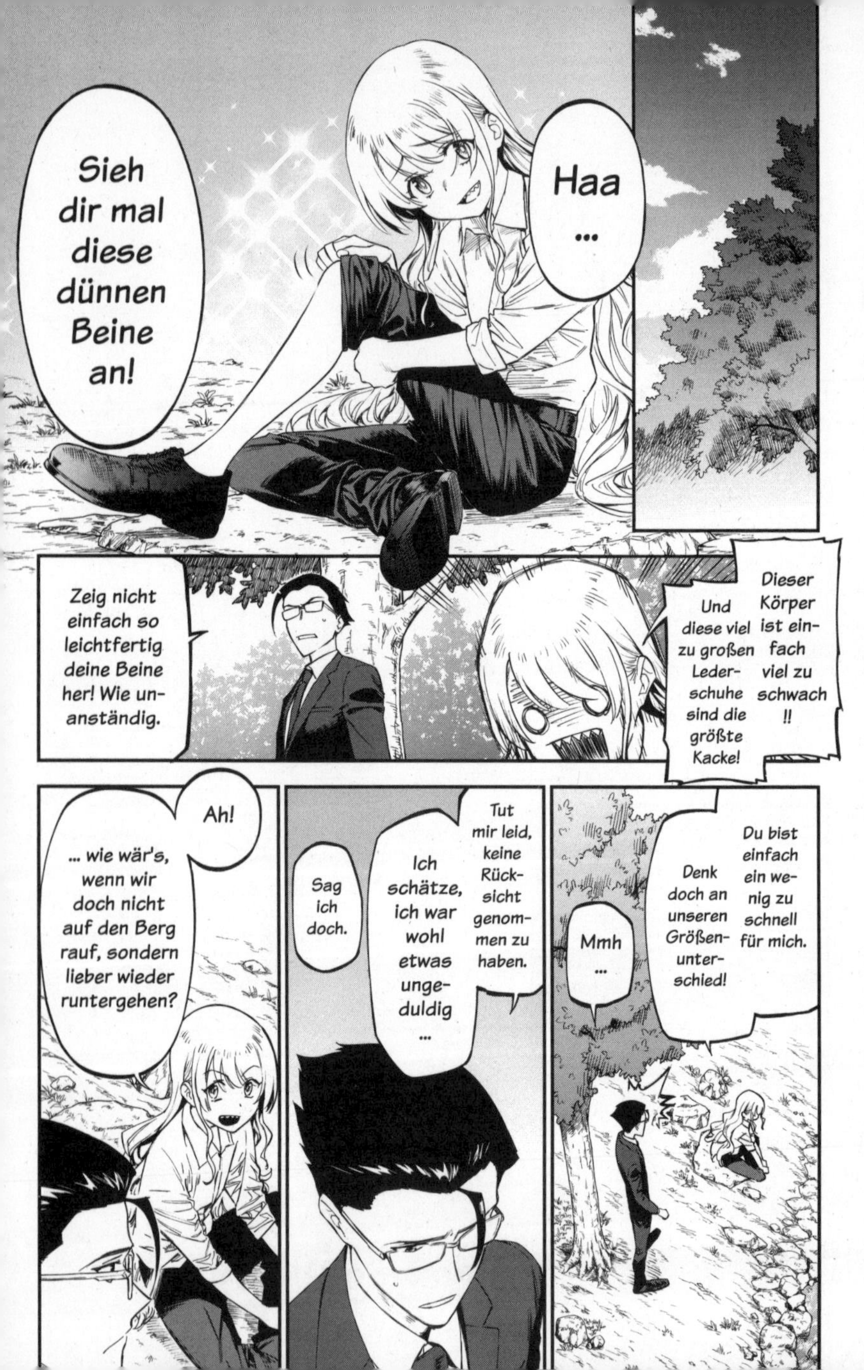
Haa …
Sieh dir mal diese dünnen Beine an!
Dieser Körper ist ein-fach viel zu schwach !!
Und diese viel zu großen Leder-schuhe sind die größte Kacke!
Zeig nicht einfach so leichtfertig deine Beine her! Wie un-anständig.
Mmh …
Du bist einfach ein we-nig zu schnell für mich.
Denk doch an unseren Größen-unter-schied!
Tut mir leid, keine Rück-sicht genom-men zu haben.
Ich schätze, ich war wohl etwas unge-duldig …
Sag ich doch.
Ah!
… wie wär's, wenn wir doch nicht auf den Berg rauf, sondern lieber wieder runtergehen?

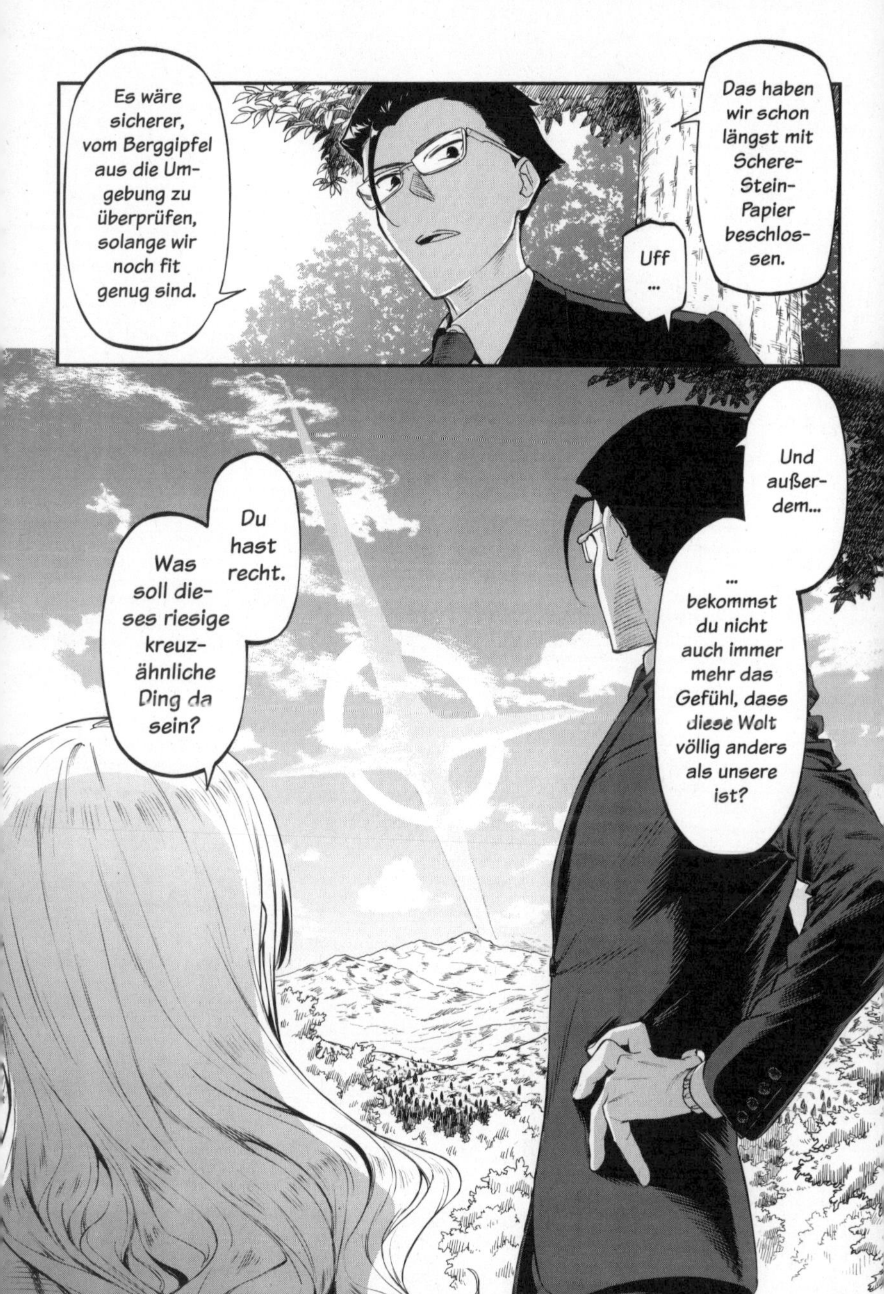
Das haben wir schon längst mit Schere-Stein-Papier beschlossen.
Uff ...
Es wäre sicherer, vom Berggipfel aus die Umgebung zu überprüfen, solange wir noch fit genug sind.
Und außerdem...
... bekommst du nicht auch immer mehr das Gefühl, dass diese Welt völlig anders als unsere ist?
Du hast recht.
Was soll dieses riesige kreuzähnliche Ding da sein?

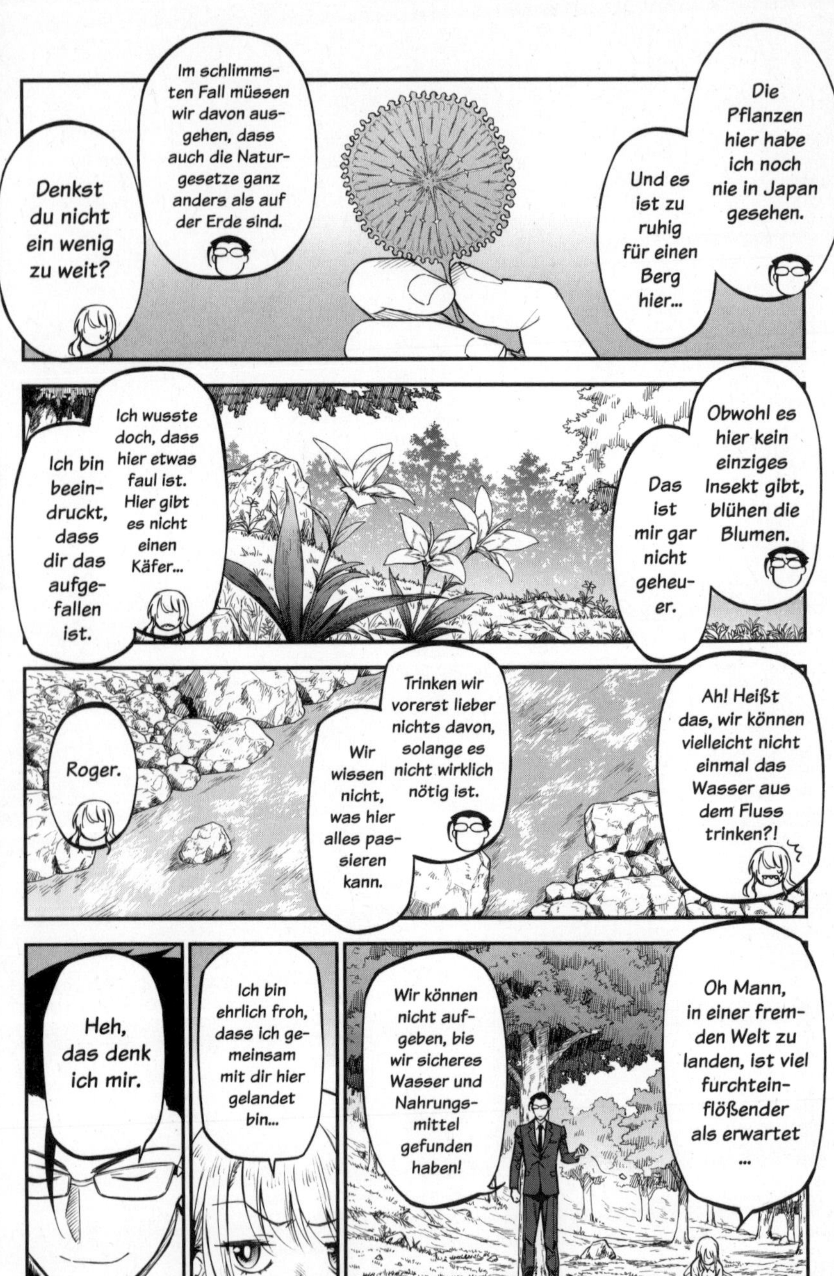

Die Pflanzen hier habe ich noch nie in Japan gesehen.
Und es ist zu ruhig für einen Berg hier...
Im schlimmsten Fall müssen wir davon ausgehen, dass auch die Naturgesetze ganz anders als auf der Erde sind.
Denkst du nicht ein wenig zu weit?
Obwohl es hier kein einziges Insekt gibt, blühen die Blumen.
Das ist mir gar nicht geheuer.
Ich wusste doch, dass hier etwas faul ist. Hier gibt es nicht einen Käfer...
Ich bin beeindruckt, dass dir das aufgefallen ist.
Ah! Heißt das, wir können vielleicht nicht einmal das Wasser aus dem Fluss trinken?!
Trinken wir vorerst lieber nichts davon, solange es nicht wirklich nötig ist.
Wir wissen nicht, was hier alles passieren kann.
Roger.
Oh Mann, in einer fremden Welt zu landen, ist viel furchteinflößender als erwartet ...
Wir können nicht aufgeben, bis wir sicheres Wasser und Nahrungsmittel gefunden haben!
Ich bin ehrlich froh, dass ich gemeinsam mit dir hier gelandet bin...
Heh, das denk ich mir.

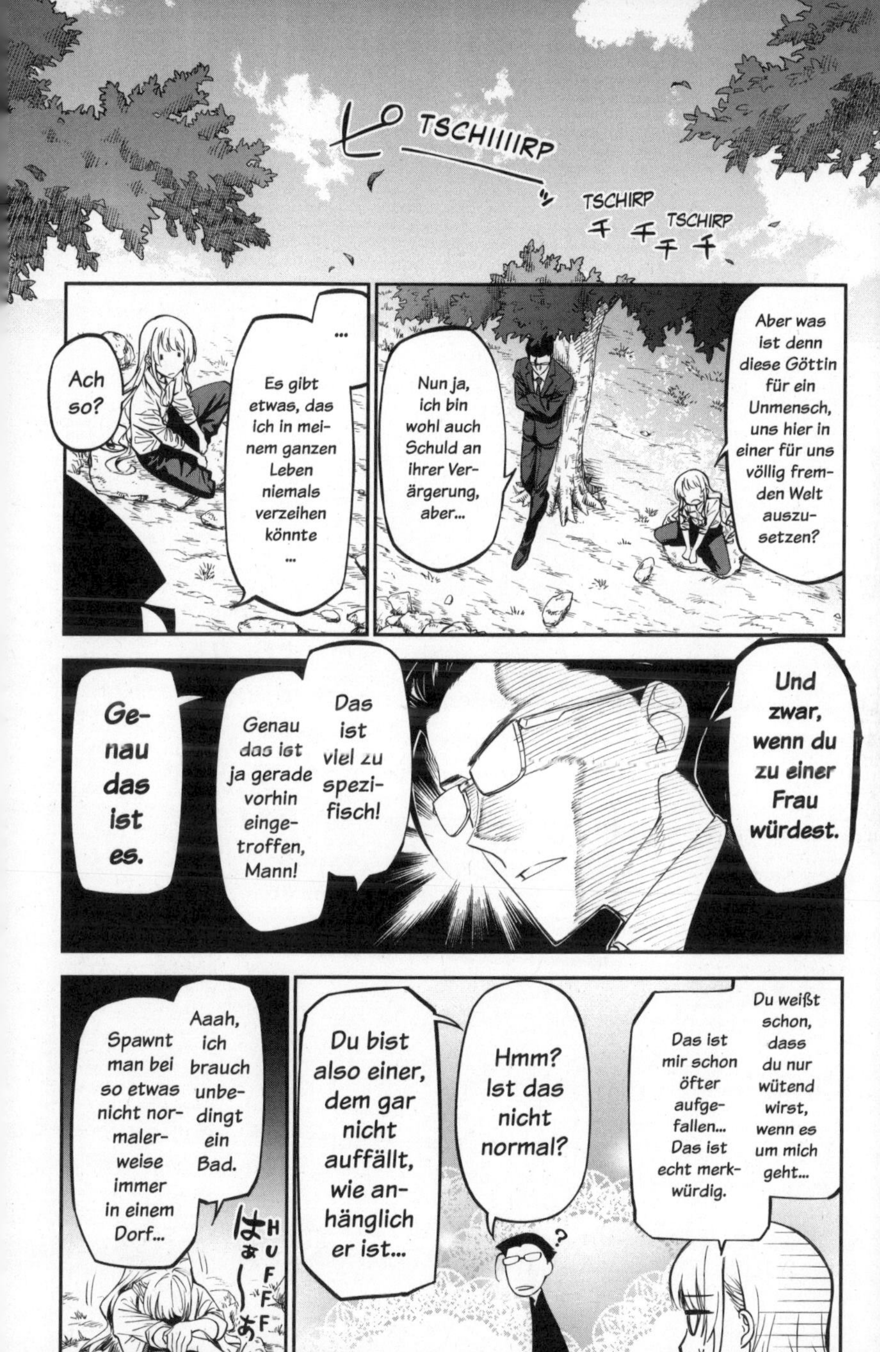

TSCHIIIIRP
TSCHIRP
TSCHIRP
Aber was ist denn diese Göttin für ein Unmensch, uns hier in einer für uns völlig fremden Welt auszusetzen?
Nun ja, ich bin wohl auch Schuld an ihrer Verärgerung, aber…
…
Es gibt etwas, das ich in meinem ganzen Leben niemals verzeihen könnte …
Ach so?
Und zwar, wenn du zu einer Frau würdest.
Das ist viel zu spezifisch!
Genau das ist ja gerade vorhin eingetroffen, Mann!
Genau das ist es.
Du weißt schon, dass du nur wütend wirst, wenn es um mich geht…
Das ist mir schon öfter aufgefallen… Das ist echt merkwürdig.
Hmm? Ist das nicht normal?
Du bist also einer, dem gar nicht auffällt, wie anhänglich er ist…
Aaah, ich brauch unbedingt ein Bad.
Spawnt man bei so etwas nicht normalerweise immer in einem Dorf…
HUFFF

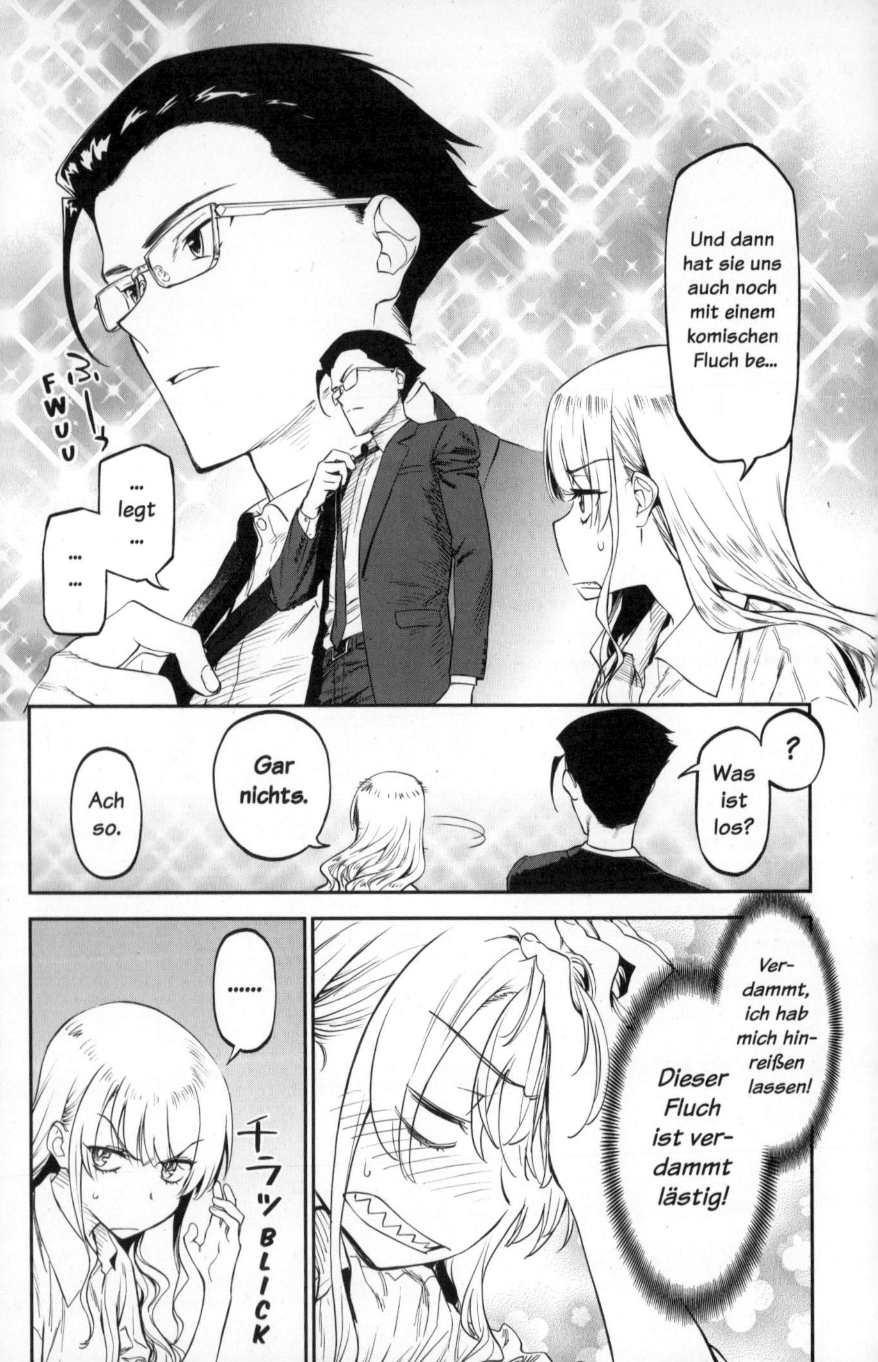
Und dann hat sie uns auch noch mit einem komischen Fluch be...
ふぃー FWUU
... legt ...
... ...
?
Was ist los?
Gar nichts.
Ach so.
Ver-dammt, ich hab mich hin-reißen lassen!
Dieser Fluch ist ver-dammt lästig!
......
チラッ BLICK

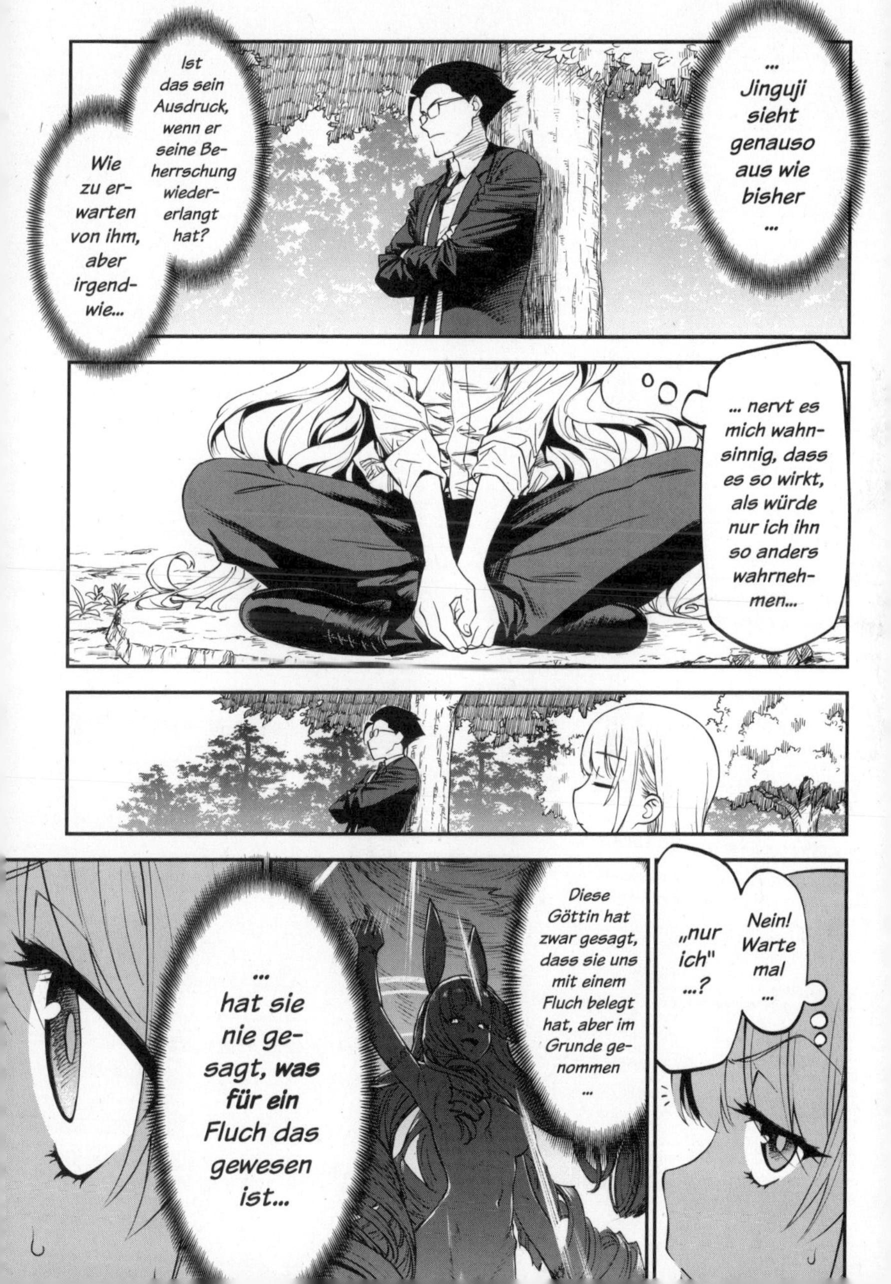

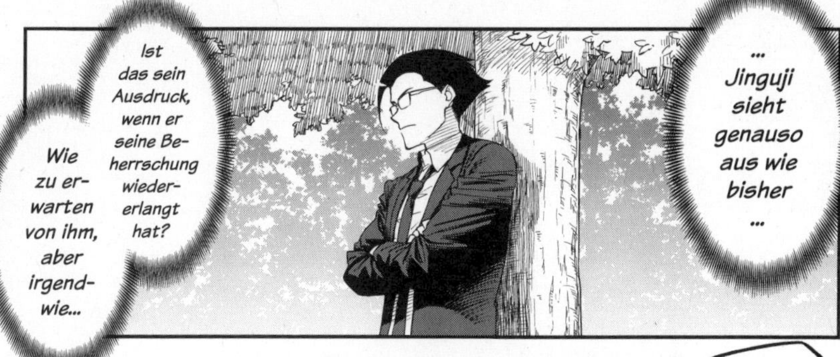

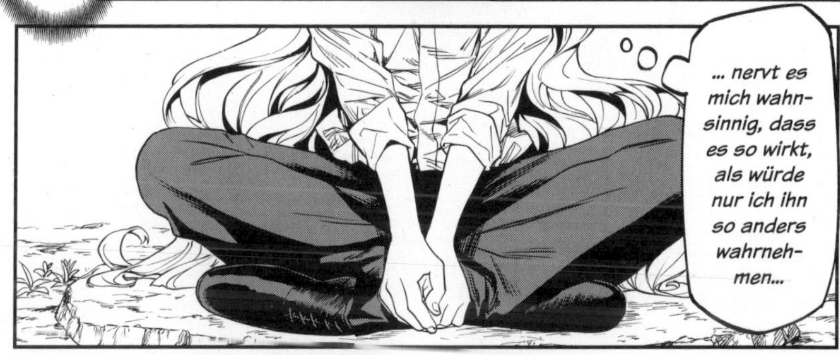

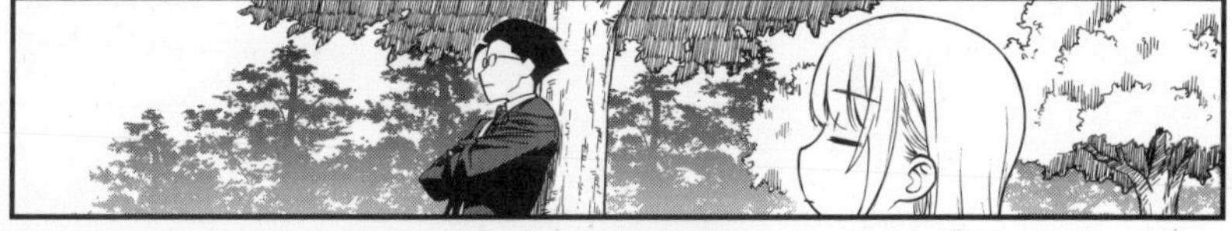

Nein! Warte mal ...

„nur ich" ...?

Diese Göttin hat zwar gesagt, dass sie uns mit einem Fluch belegt hat, aber im Grunde genommen ...

... hat sie nie gesagt, was für ein Fluch das gewesen ist...

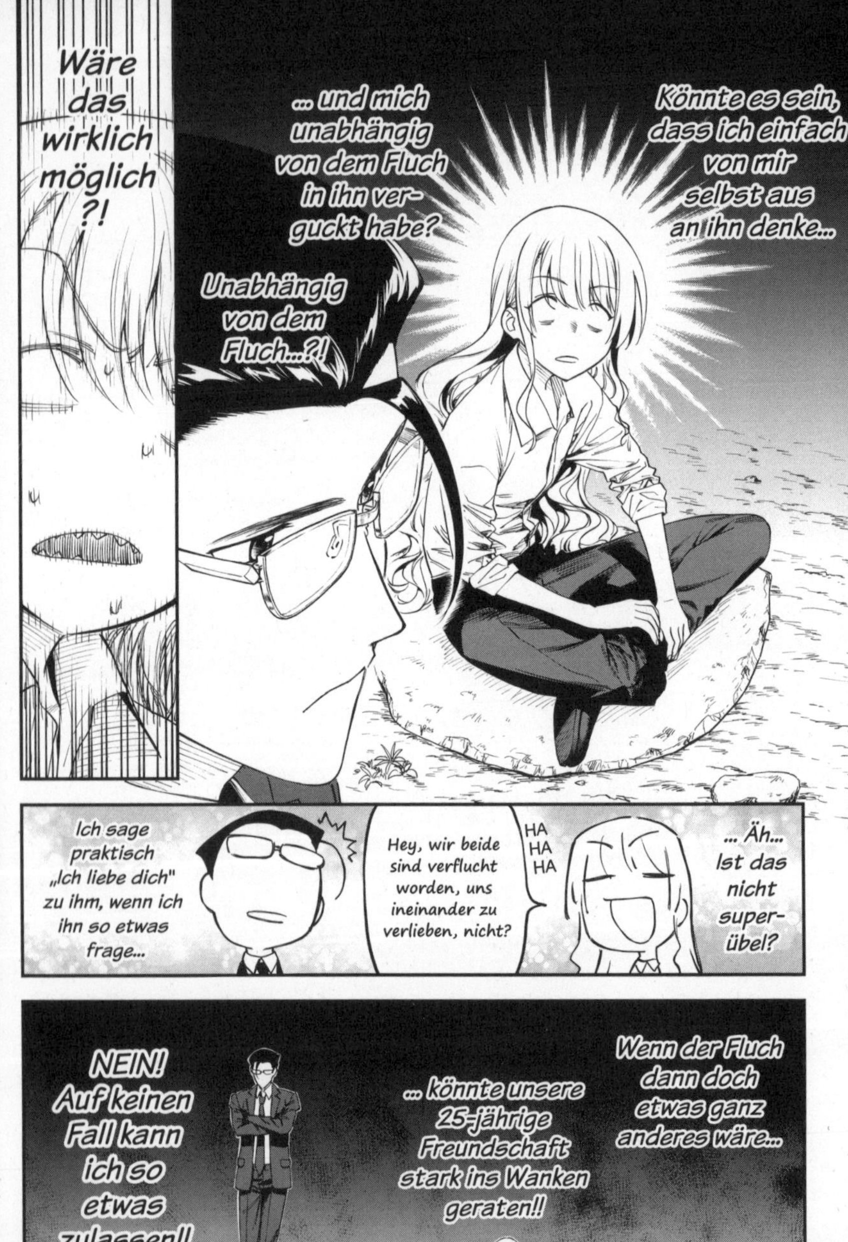
Könnte es sein, dass ich einfach von mir selbst aus an ihn denke...
... und mich unabhängig von dem Fluch in ihn verguckt habe?
Unabhängig von dem Fluch...?!
Wäre das wirklich möglich?!
... Äh... Ist das nicht superübel?
HA HA HA
Hey, wir beide sind verflucht worden, uns ineinander zu verlieben, nicht?
Ich sage praktisch „Ich liebe dich" zu ihm, wenn ich ihn so etwas frage...
Wenn der Fluch dann doch etwas ganz anderes wäre...
... könnte unsere 25-jährige Freundschaft stark ins Wanken geraten!!
NEIN! Auf keinen Fall kann ich so etwas zulassen!!

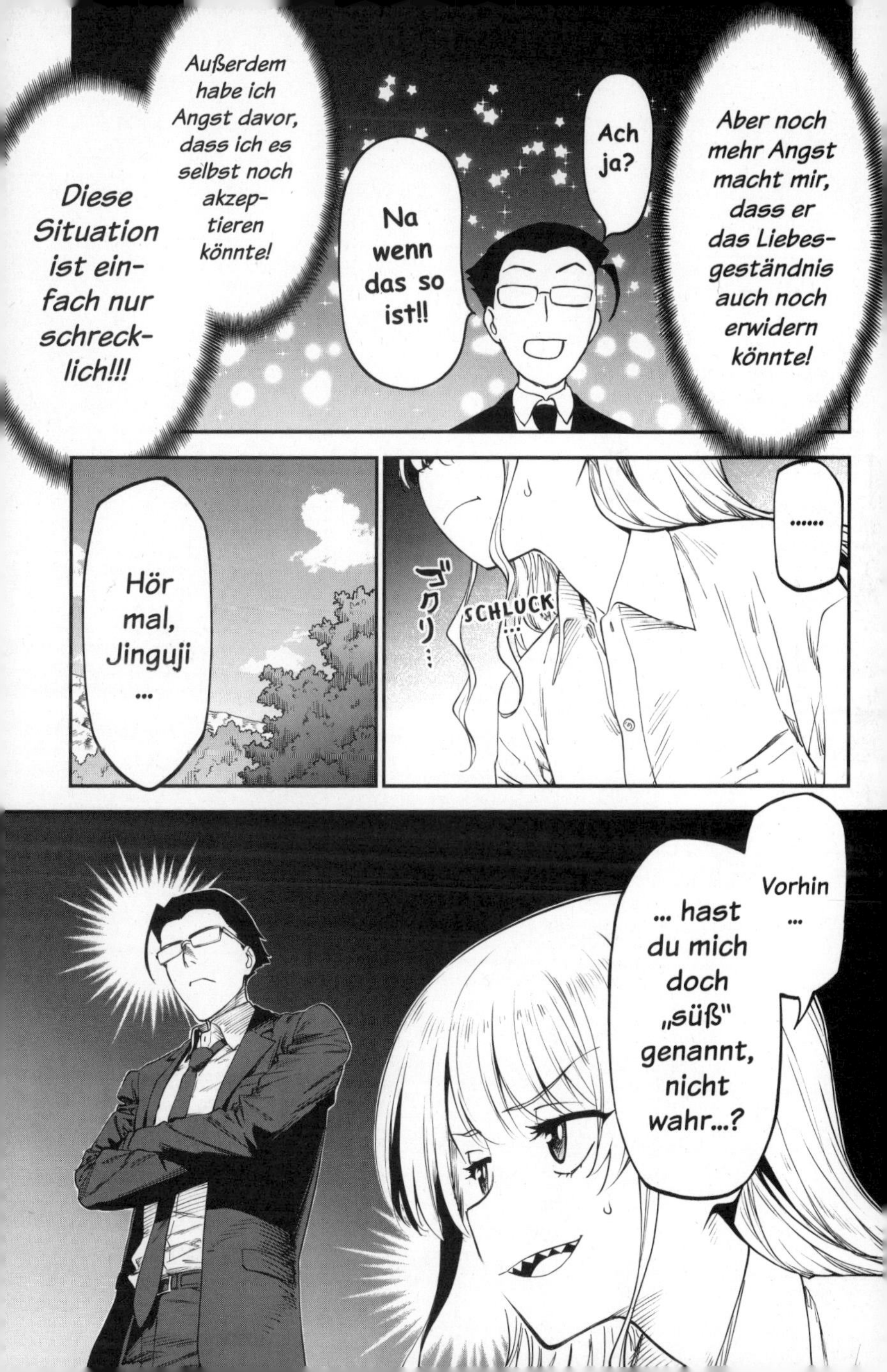

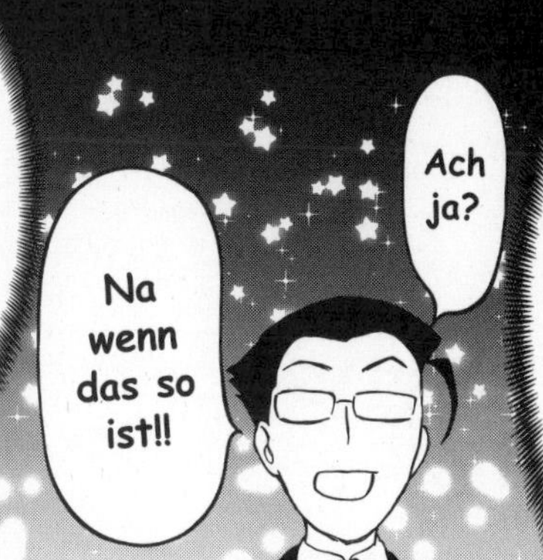

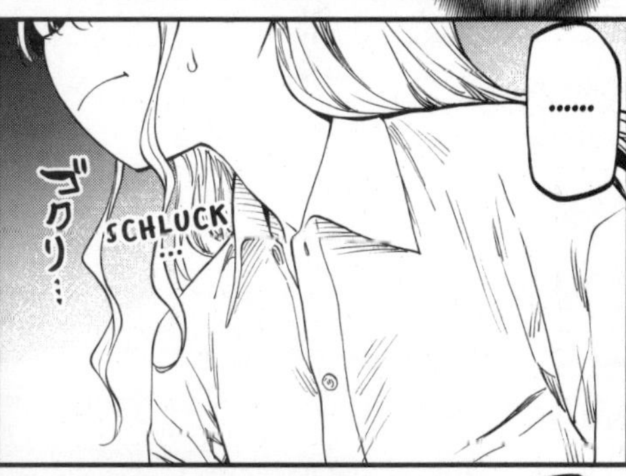

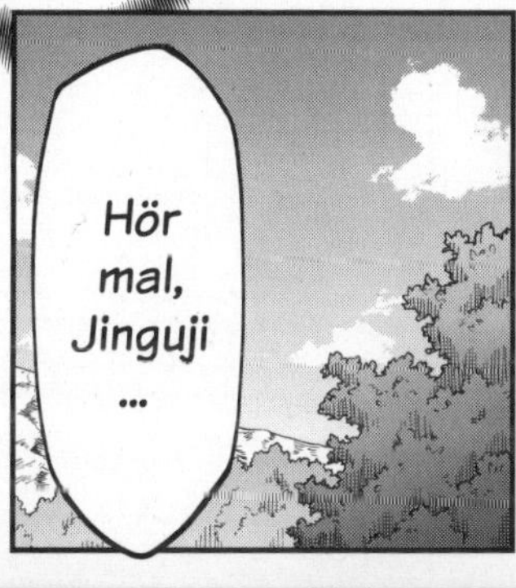

Vorhin …

… hast du mich doch „süß" genannt, nicht wahr…?

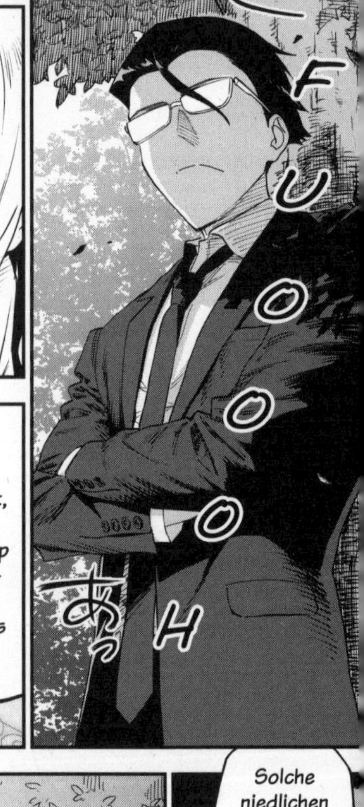
FUOOOH

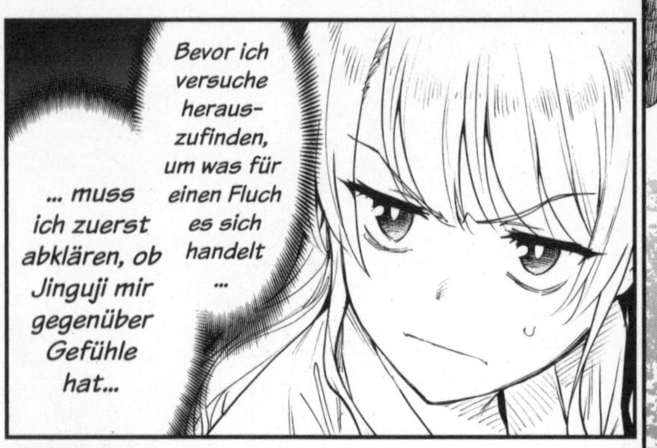
Bevor ich versuche heraus-zufinden, um was für einen Fluch es sich handelt ...
... muss ich zuerst abklären, ob Jinguji mir gegenüber Gefühle hat...

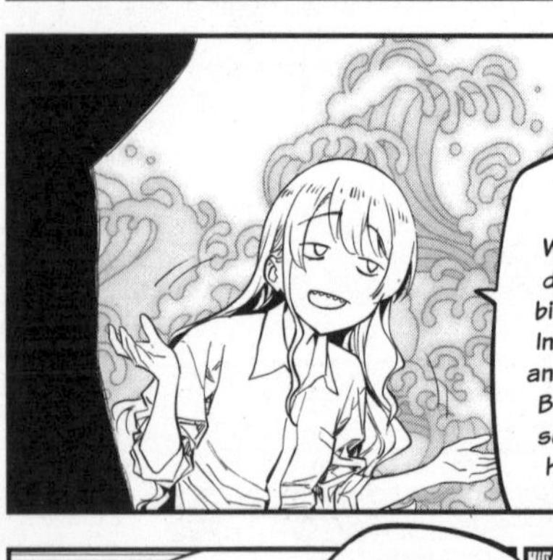
Ich wuss-te nicht, dass dein Typ west-liche Lolitas sind.
Kein Wunder, dass du bisher nie Interesse an unseren Bekannt-schaften hattest.

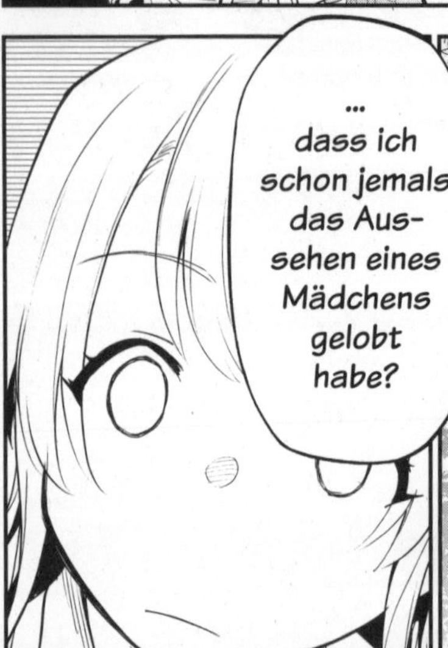
Solche niedlichen blonden Mädchen gibt es in Japan einfach nicht, nicht wahr...?
Bis gerade vorhin war ich gespannt, was du sagst...
Denkst du wirk-lich ...
... dass ich schon jemals das Aus-sehen eines Mädchens gelobt habe?

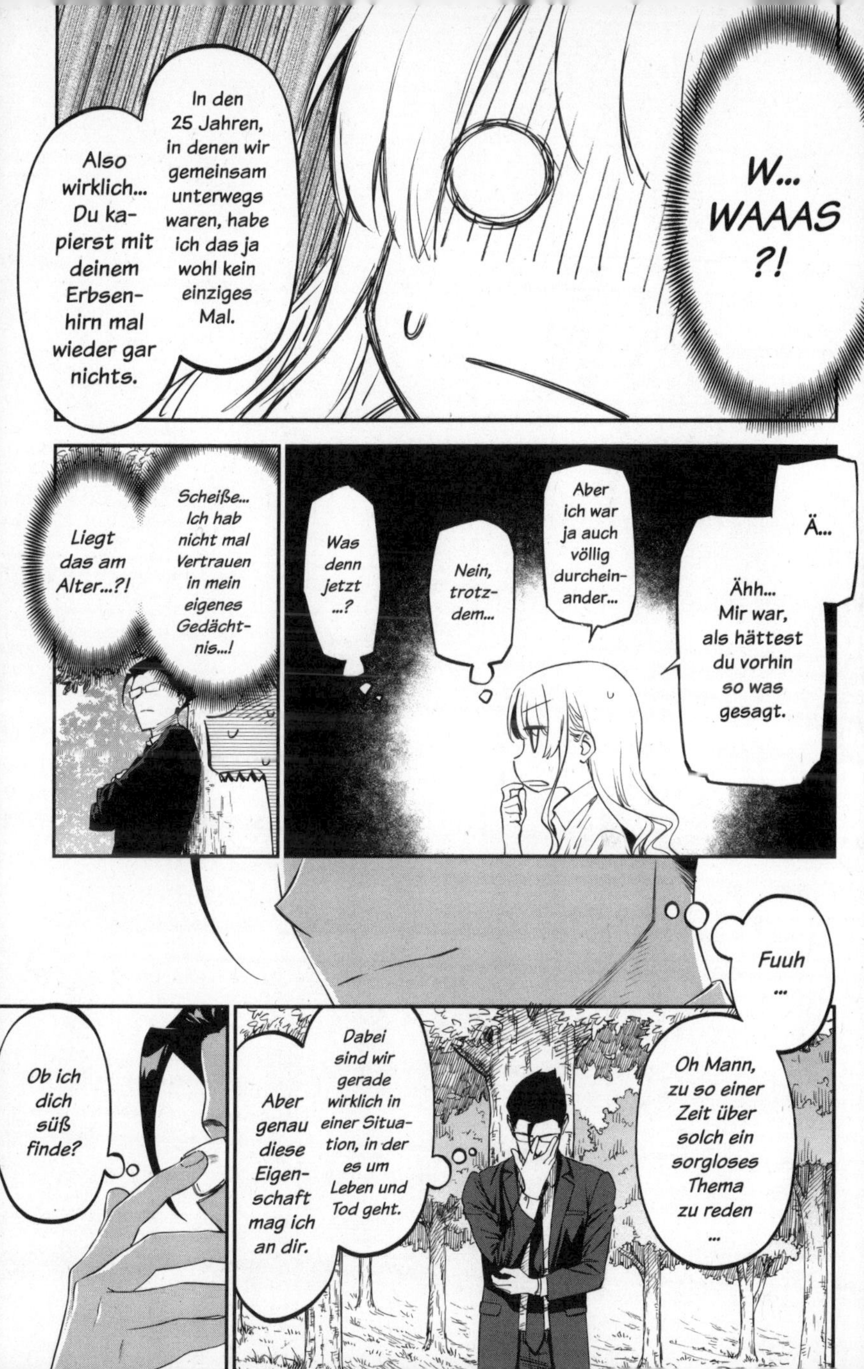
W... WAAAS ?!
In den 25 Jahren, in denen wir gemeinsam unterwegs waren, habe ich das ja wohl kein einziges Mal.
Also wirklich... Du kapierst mit deinem Erbsenhirn mal wieder gar nichts.
Ä...
Ähh... Mir war, als hättest du vorhin so was gesagt.
Aber ich war ja auch völlig durcheinander...
Nein, trotzdem...
Was denn jetzt ...?
Scheiße... Ich hab nicht mal Vertrauen in mein eigenes Gedächtnis...!
Liegt das am Alter...?!
Fuuh ...
Oh Mann, zu so einer Zeit über solch ein sorgloses Thema zu reden ...
Dabei sind wir gerade wirklich in einer Situation, in der es um Leben und Tod geht.
Aber genau diese Eigenschaft mag ich an dir.
Ob ich dich süß finde?

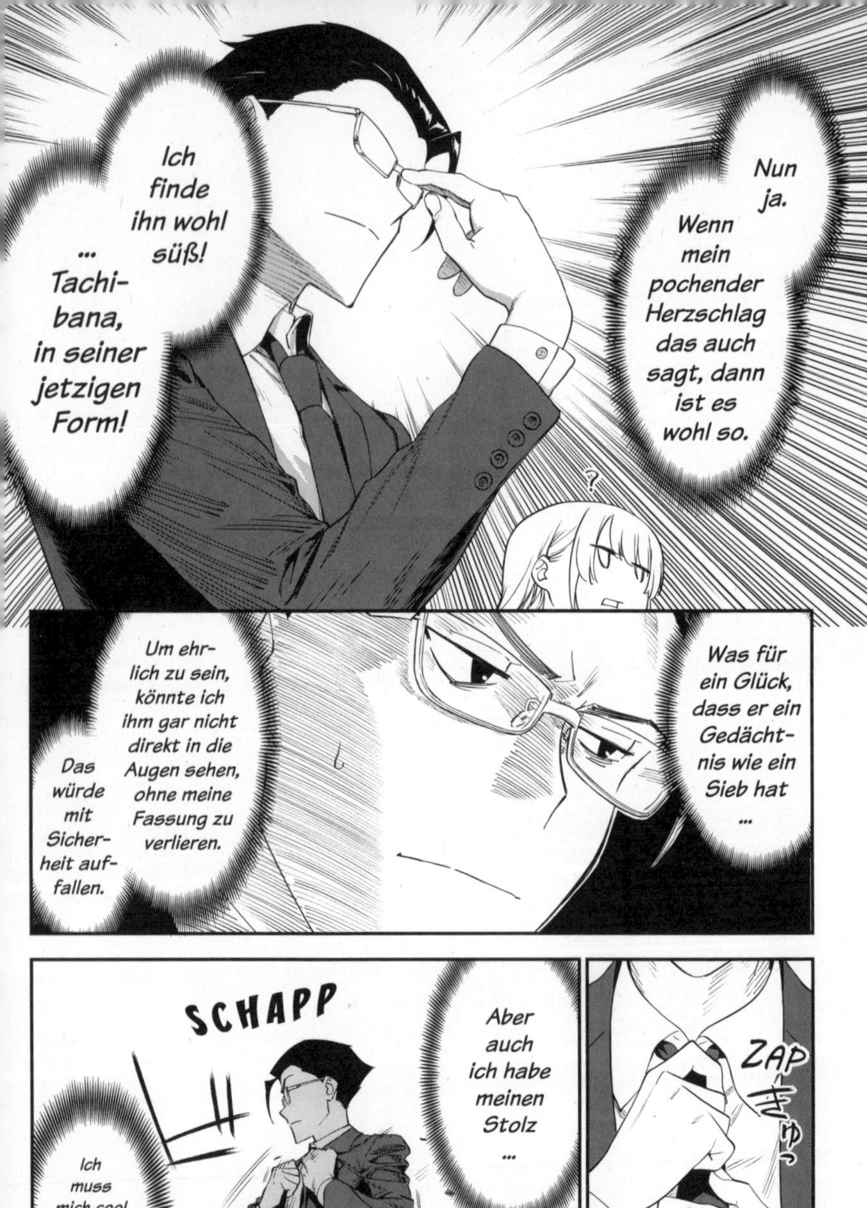
Nun ja. Wenn mein pochender Herzschlag das auch sagt, dann ist es wohl so.
Ich finde ihn wohl süß!
... Tachibana, in seiner jetzigen Form!
?
Was für ein Glück, dass er ein Gedächtnis wie ein Sieb hat ...
Um ehrlich zu sein, könnte ich ihm gar nicht direkt in die Augen sehen, ohne meine Fassung zu verlieren.
Das würde mit Sicherheit auffallen.
ZAP
きゅっ
Aber auch ich habe meinen Stolz ...
SCHAPP
Ich muss mich cool geben. Ganz egal vor wem.

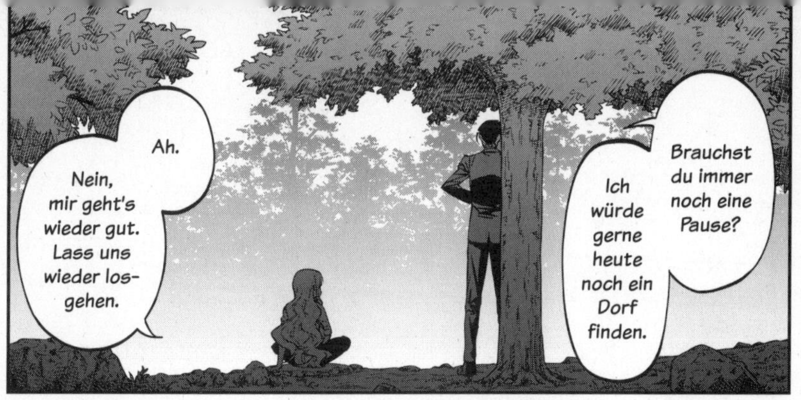

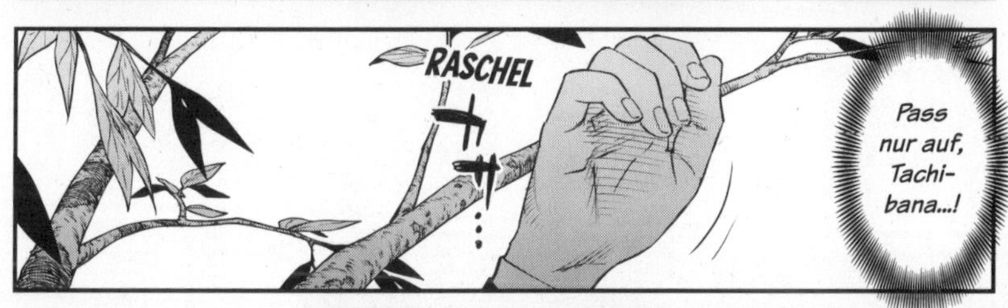

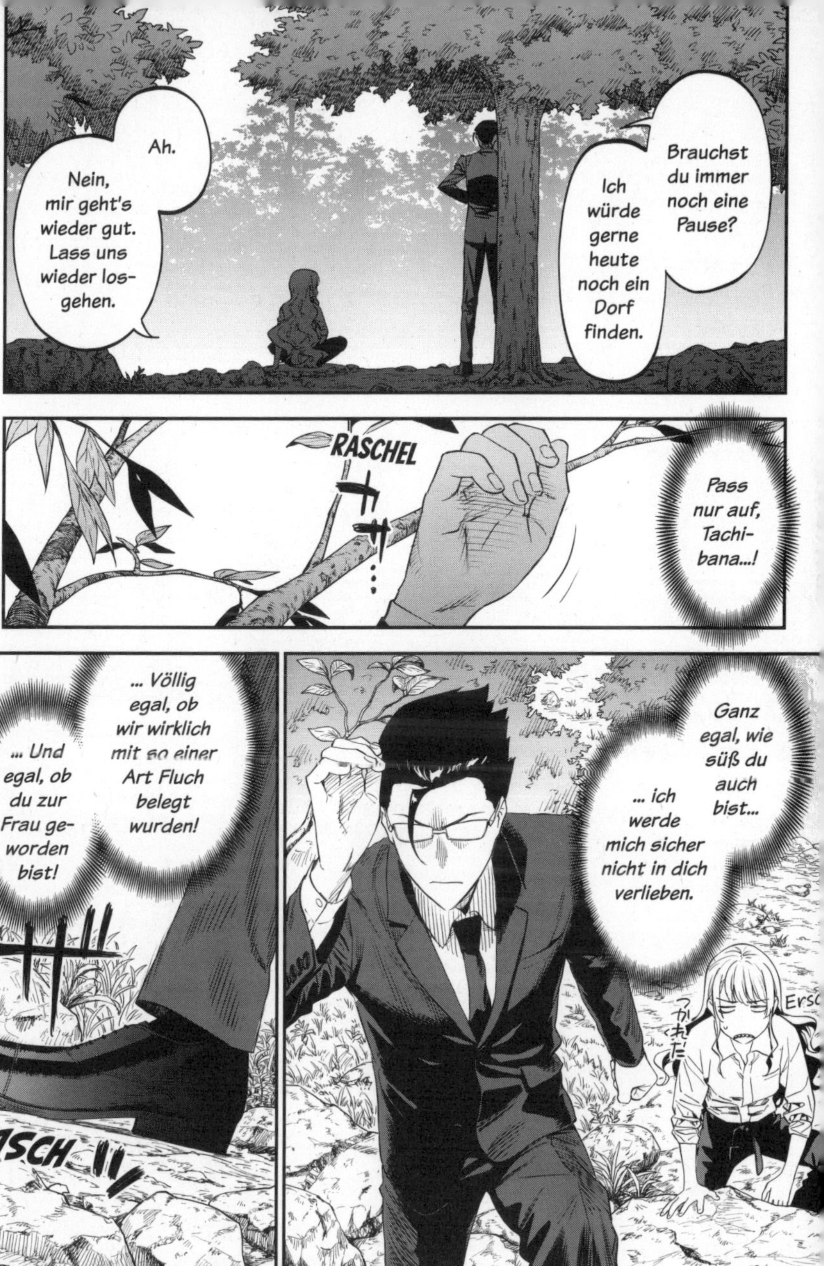

Ganz egal, wie süß du auch bist...

... ich werde mich sicher nicht in dich verlieben.

... Völlig egal, ob wir wirklich mit so einer Art Fluch belegt wurden!

... Und egal, ob du zur Frau geworden bist!

ZASCH

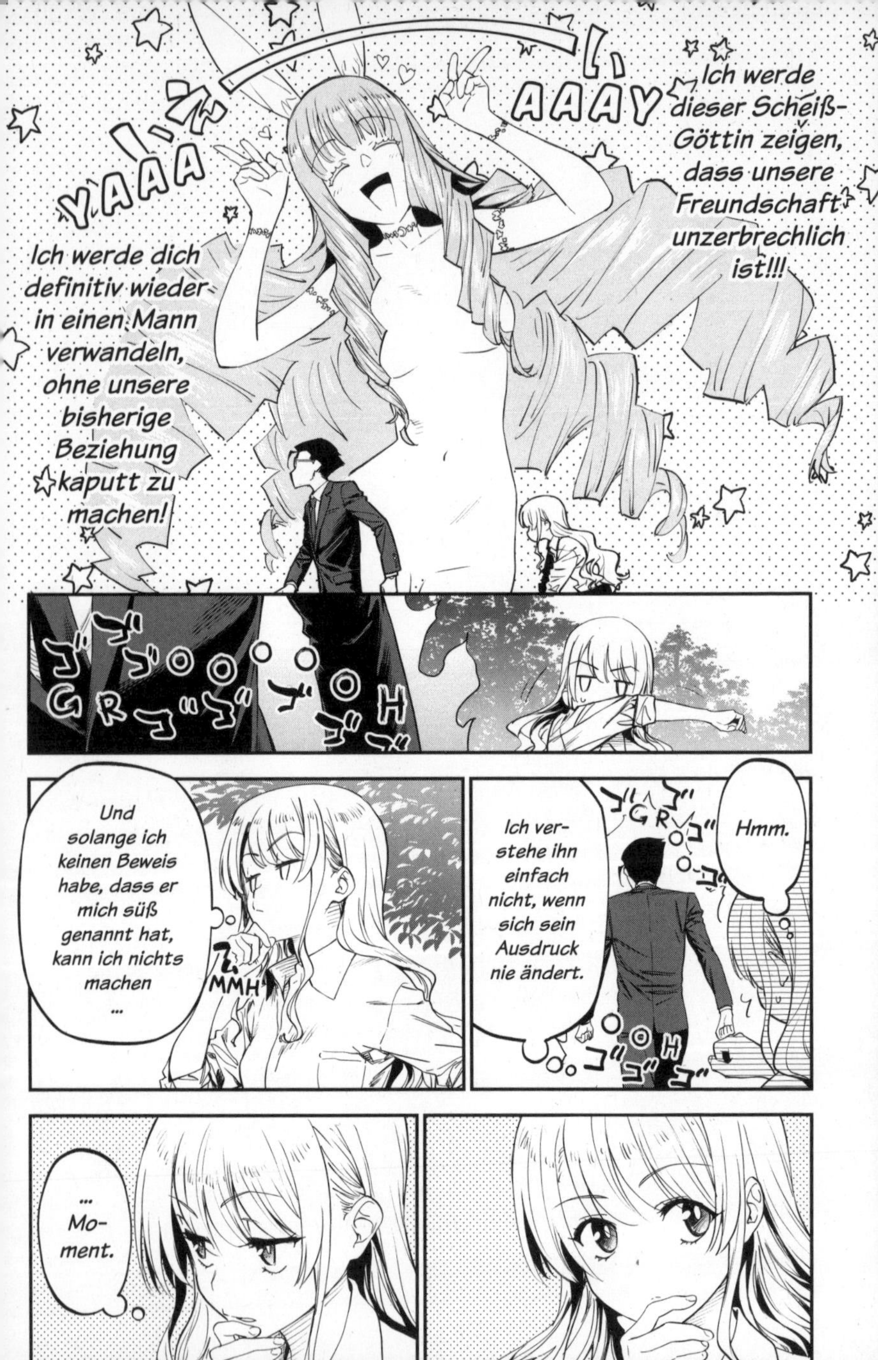
YAAAA————AAAY
Ich werde dieser Scheiß-Göttin zeigen, dass unsere Freundschaft unzerbrechlich ist!!!
Ich werde dich definitiv wieder in einen Mann verwandeln, ohne unsere bisherige Beziehung kaputt zu machen!
GROOOOH
Hmm.
Ich verstehe ihn einfach nicht, wenn sich sein Ausdruck nie ändert.
GROOH
Und solange ich keinen Beweis habe, dass er mich süß genannt hat, kann ich nichts machen ...
MMH
... Moment.

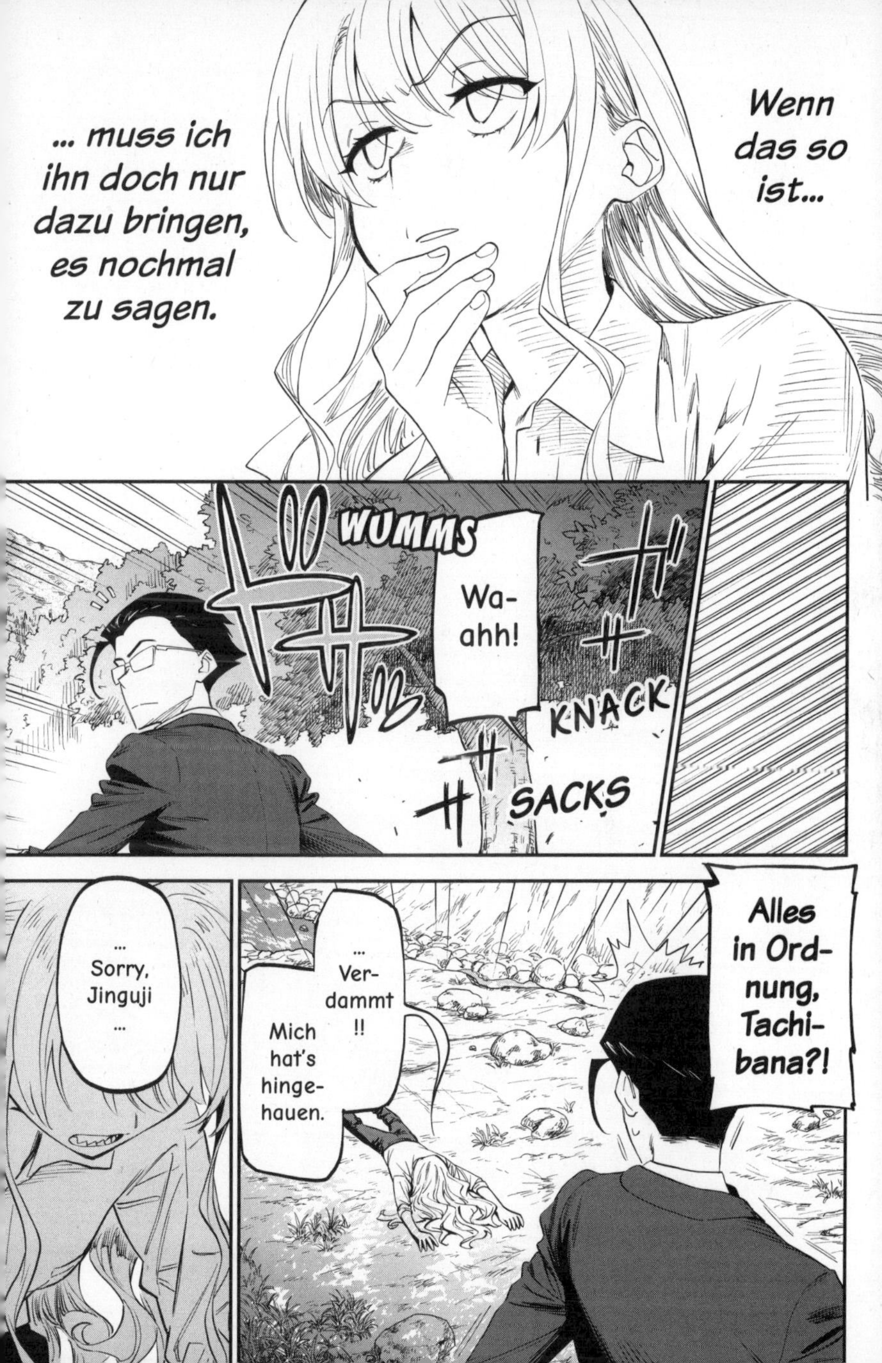
Wenn das so ist...
... muss ich ihn doch nur dazu bringen, es nochmal zu sagen.
WUMMS
Wa-ahh!
KNACK
SACKS
Alles in Ord-nung, Tachi-bana?!
... Ver-dammt !!
Mich hat's hinge-hauen.
... Sorry, Jinguji ...

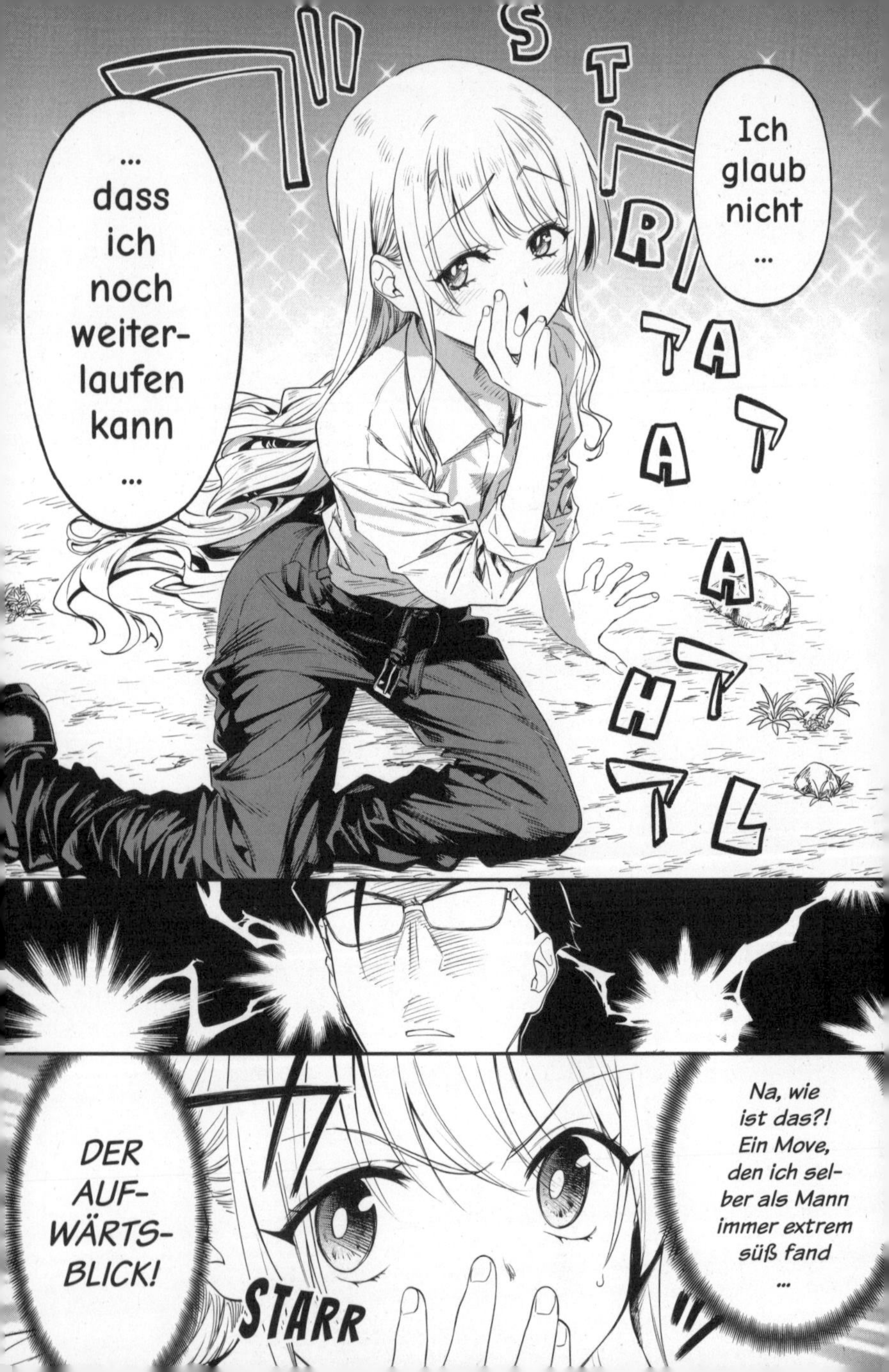
STRAAAHL
Ich glaub nicht ...
... dass ich noch weiter-laufen kann ...
Na, wie ist das?! Ein Move, den ich sel-ber als Mann immer extrem süß fand ...
DER AUF-WÄRTS-BLICK!
STARR

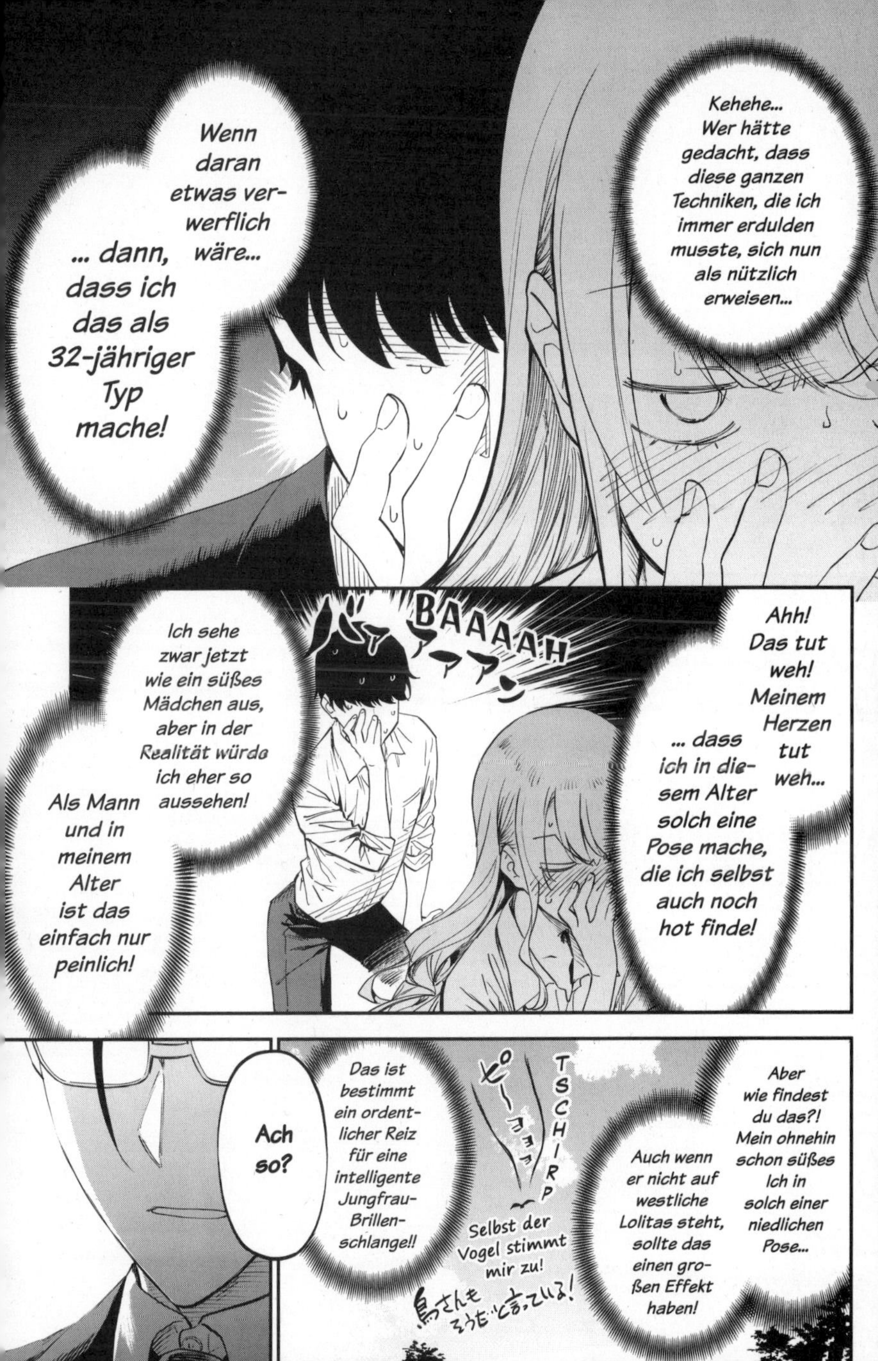
Kehehe... Wer hätte gedacht, dass diese ganzen Techniken, die ich immer erdulden musste, sich nun als nützlich erweisen...
Wenn daran etwas verwerflich wäre...
... dann, dass ich das als 32-jähriger Typ mache!
BAAAAAH
Ahh! Das tut weh! Meinem Herzen tut weh...
... dass ich in diesem Alter solch eine Pose mache, die ich selbst auch noch hot finde!
Ich sehe zwar jetzt wie ein süßes Mädchen aus, aber in der Realität würde ich eher so aussehen!
Als Mann und in meinem Alter ist das einfach nur peinlich!
Aber wie findest du das?! Mein ohnehin schon süßes Ich in solch einer niedlichen Pose...
Auch wenn er nicht auf westliche Lolitas steht, sollte das einen großen Effekt haben!
TSCHIRP
Selbst der Vogel stimmt mir zu!
鳥さんもそうだと言ってる!
Das ist bestimmt ein ordentlicher Reiz für eine intelligente Jungfrau-Brillenschlange!!
Ach so?

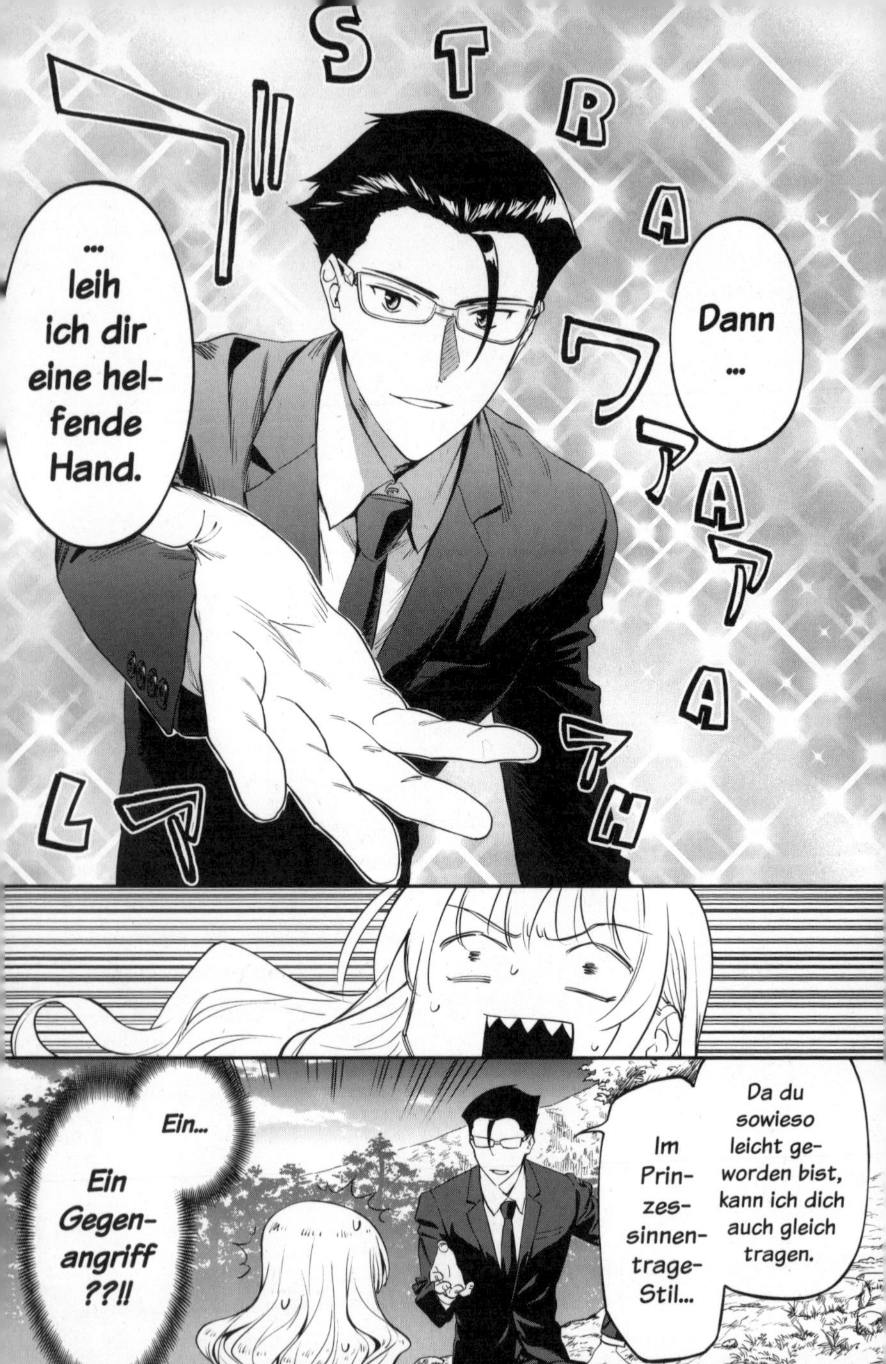
Dann ...
... leih ich dir eine helfende Hand.
STRAAAHL
Da du sowieso leicht geworden bist, kann ich dich auch gleich tragen.
Im Prinzessinnentrage-Stil...
Ein...
Ein Gegenangriff ??!!

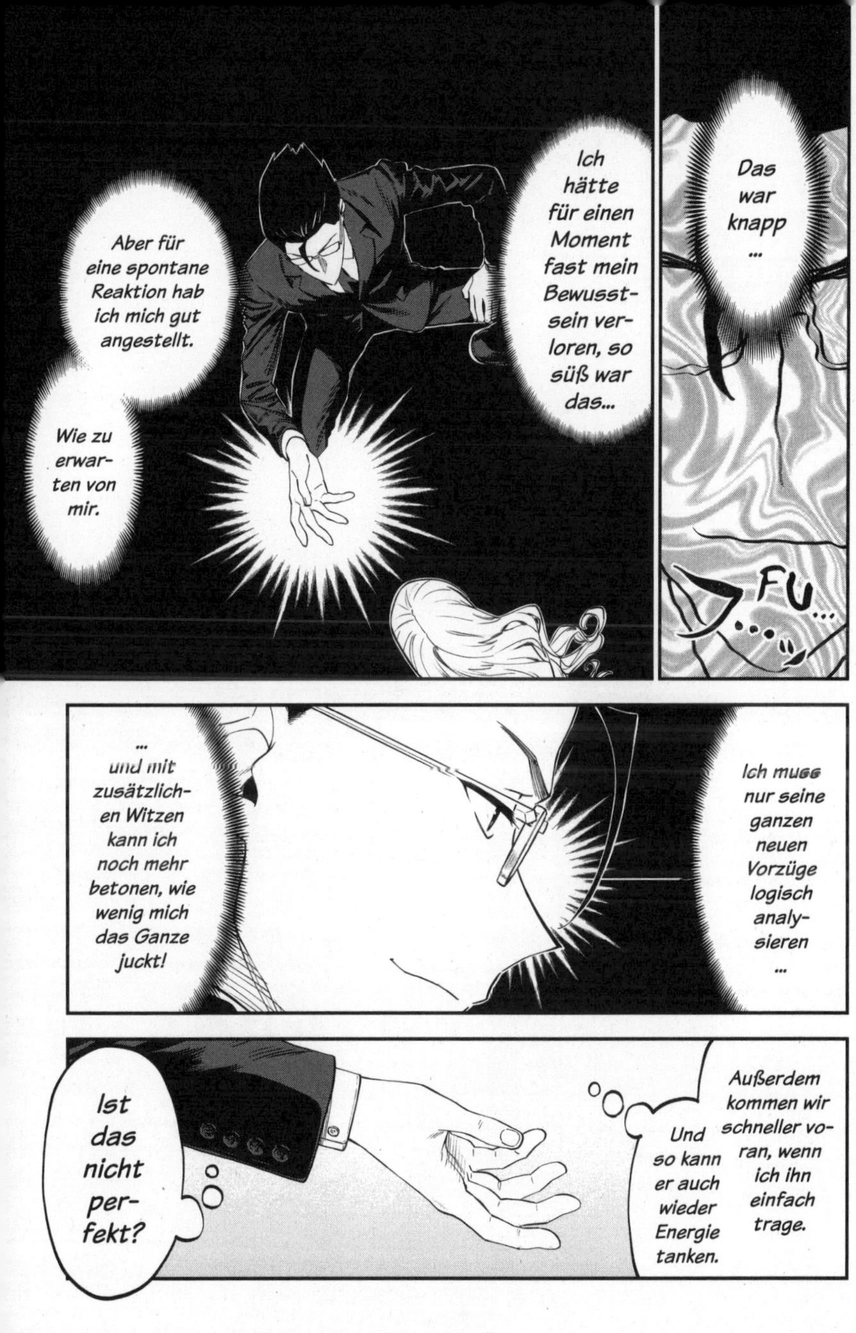

Das war knapp ...
FU...
Ich hätte für einen Moment fast mein Bewusstsein verloren, so süß war das...
Aber für eine spontane Reaktion hab ich mich gut angestellt.
Wie zu erwarten von mir.

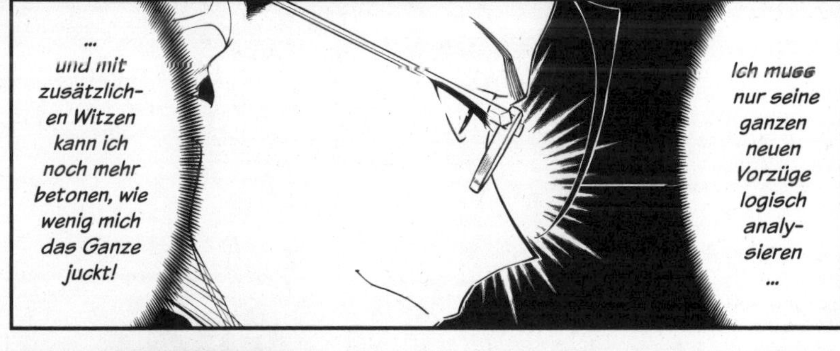

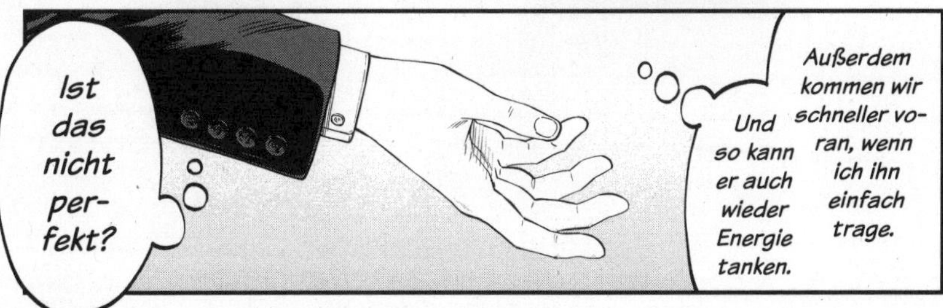

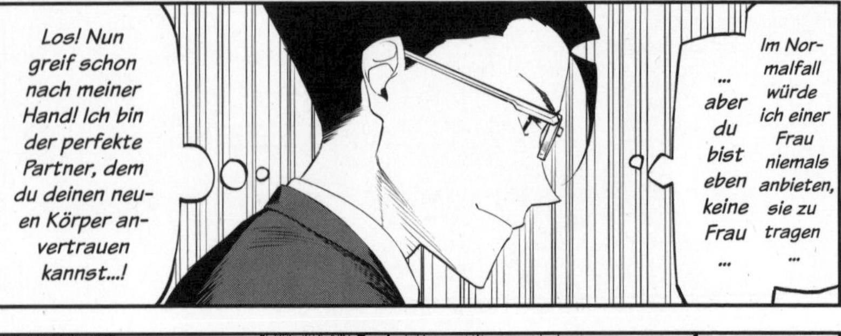

Verdammt...! Ich hätte nie gedacht, dass er den Spieß umdrehen könnte...!

Ich habe mich aber sowieso schon längst in eine peinliche Situation begeben...

Jetzt gibt es kein Zurück mehr. Ich gebe sicher nicht nach...!

Mm... Warte, warte, warte ...

Wenn er sich an mich hängt, während ich ihn trage, heißt das nicht...

... dass Tachibana und ich regelrecht aneinanderkleben werden?

... Aneinanderkleben? Das bedeutet, wenn ich ihn schultere, wird seine Brust auf meinen Rücken drücken. Und wenn ich ihn wie eine Prinzessin trage, werden unsere Gesichter völlig nahe zueinander kommen

WUOOOOOOO

Also schön! Trag mich schon, Jinguji!!

An diesem Punkt ist es auch schon egal, wenn ich meine Brust auf deinen Rücken quetsche oder so!!

Wenn dein Geschmack tatsächlich westliche Lolitas sind, hätte ich noch einige Asse im

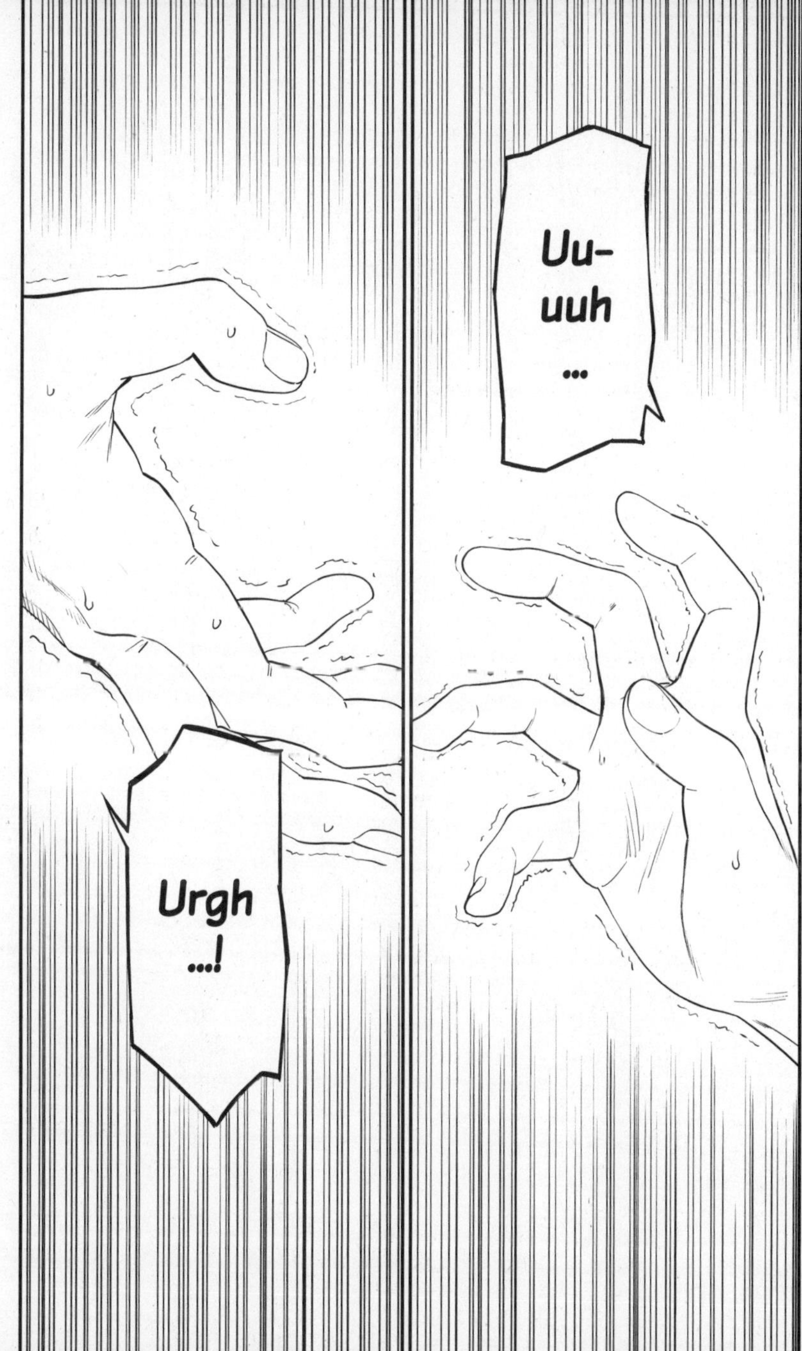
Uu-uuh ...
Urgh ...!

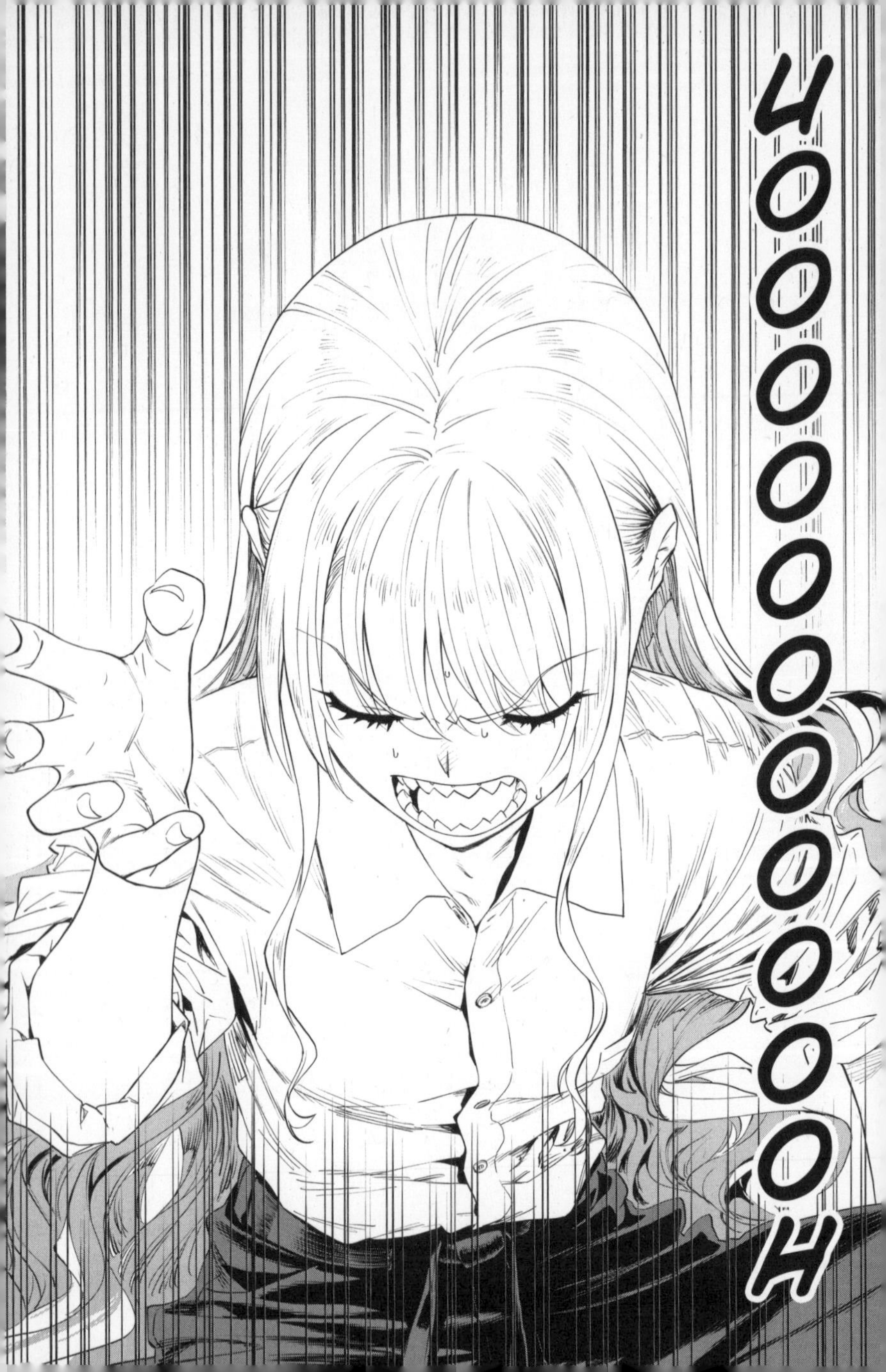
UOOOOOOOOOOOOH

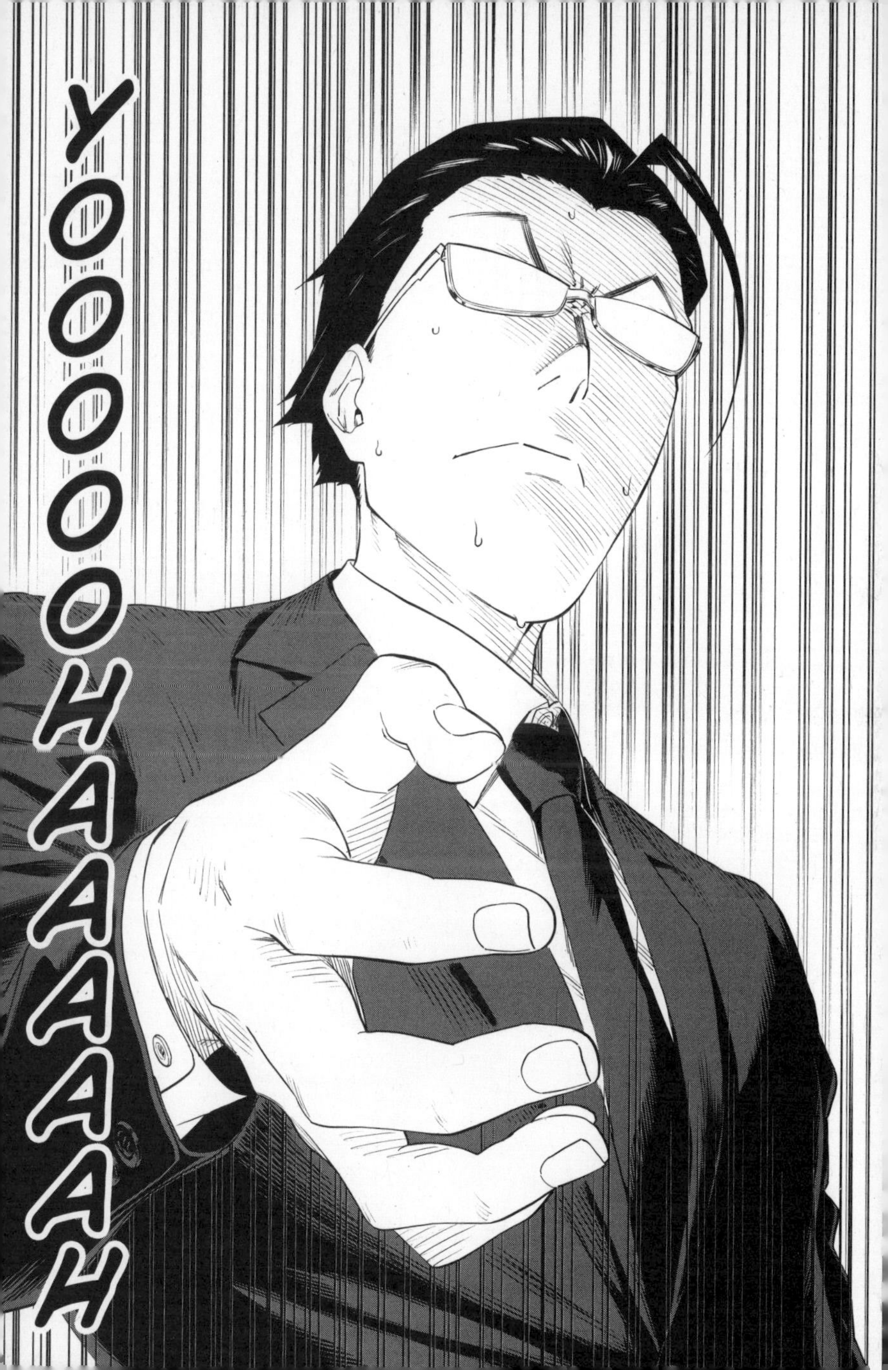
YOOOOOHAAAAAH

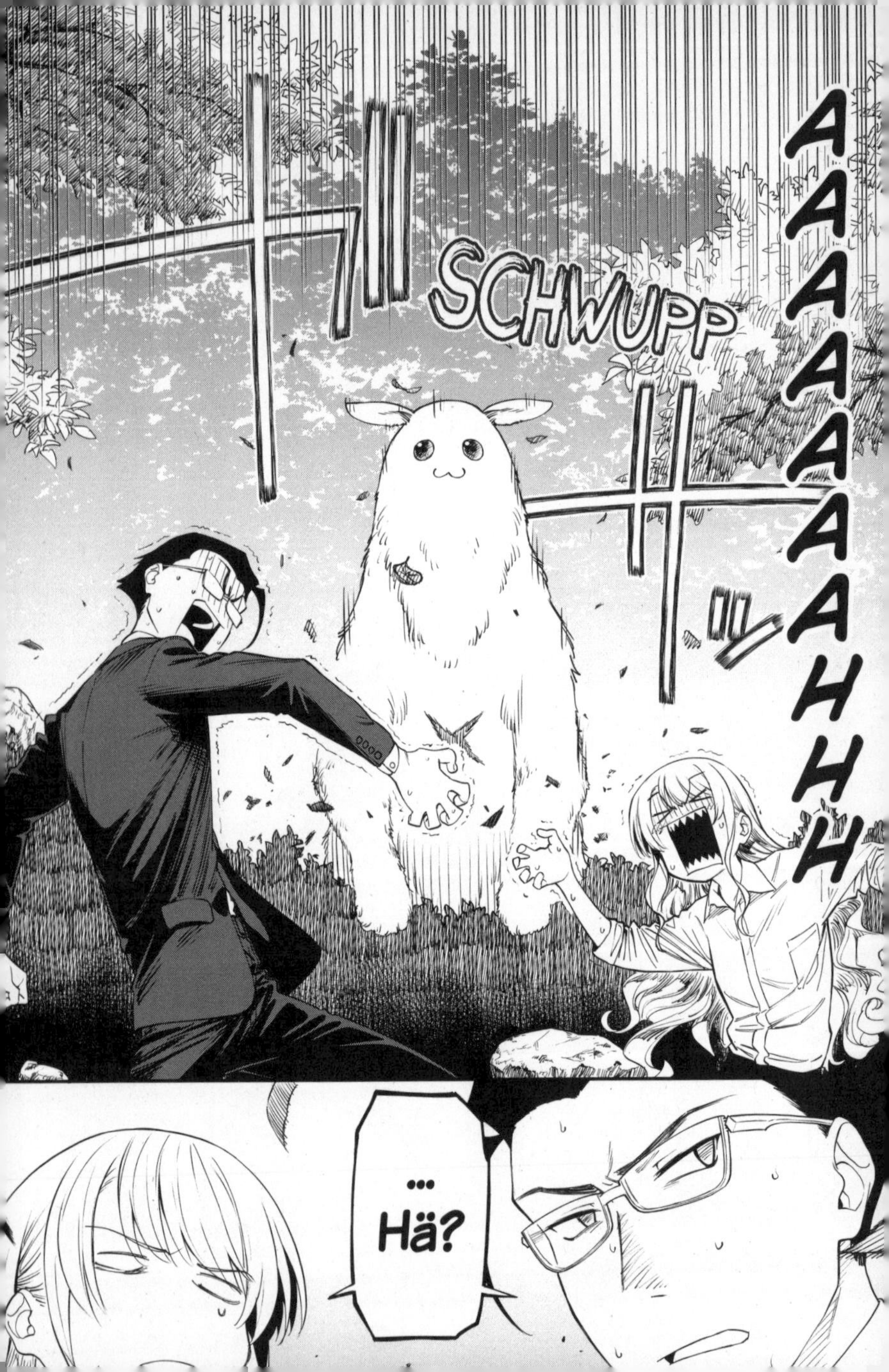
SCHWUPP
AAAAAAAAHHHH
... Hä?

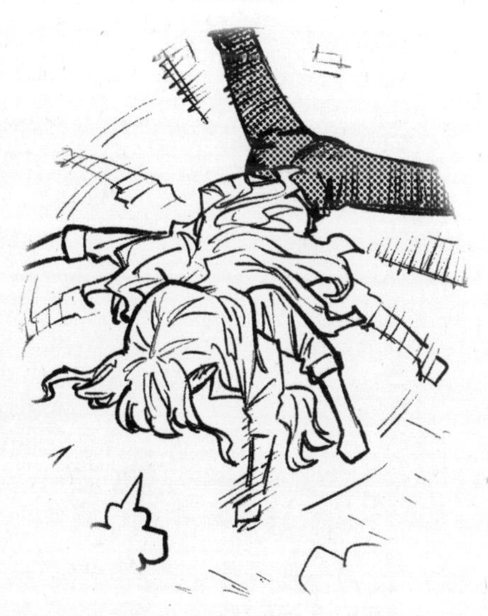

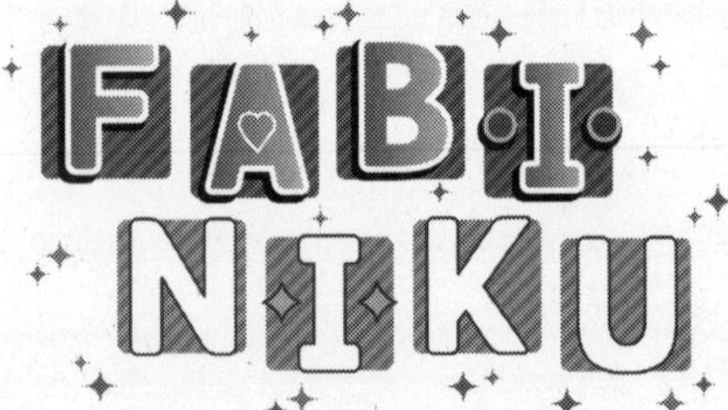
FABI
NIKU

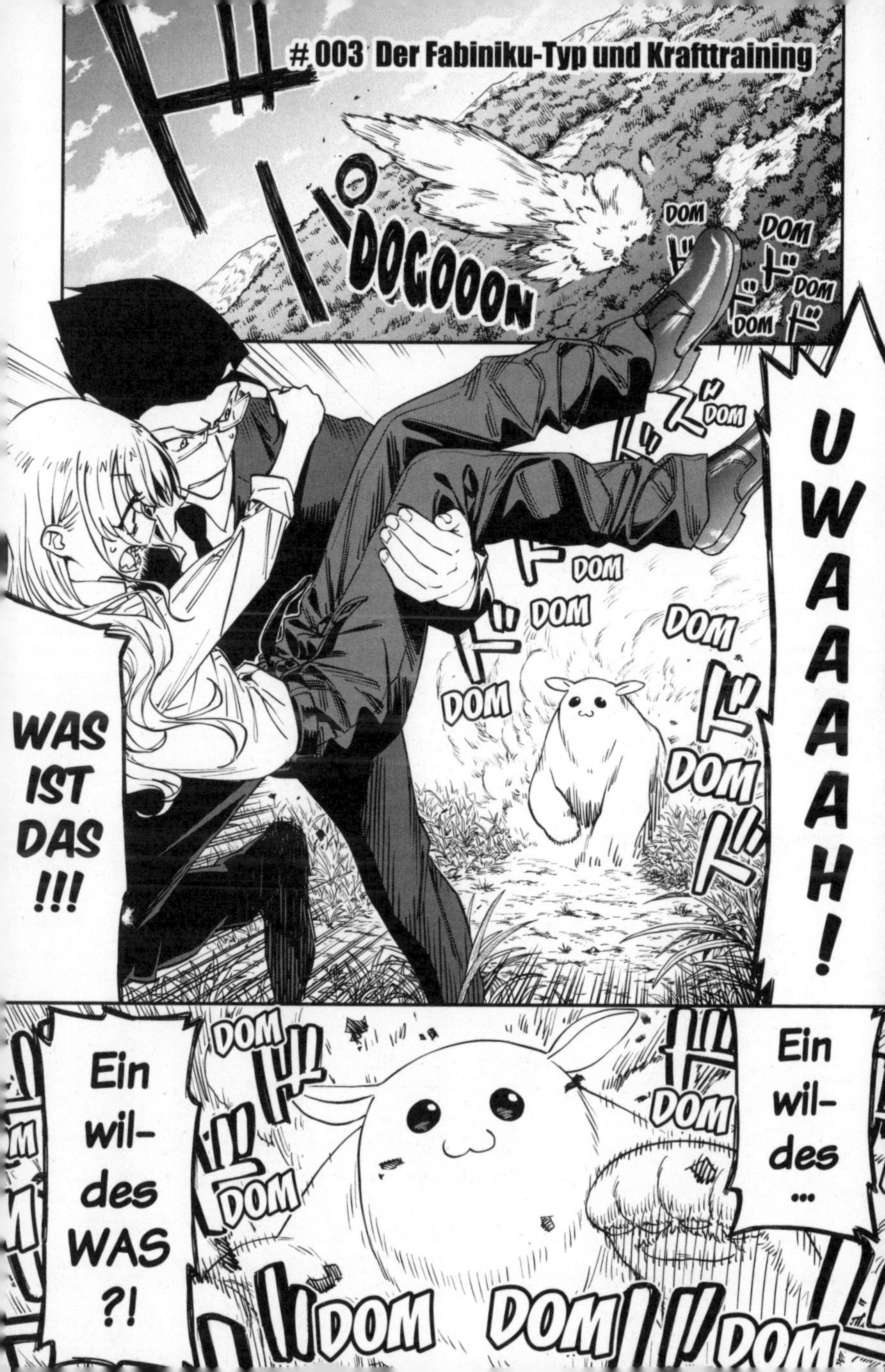
003 Der Fabiniku-Typ und Krafttraining
DOGOOON
DOM
DOM
DOM
DOM
DOM
UWAAAAAH!
DOM
DOM
DOM
DOM
DOM
DOM
WAS IST DAS !!!
Ein wil-des ...
Ein wil-des WAS ?!
DOM
DOM
DOM
DOM
DOM
DOM

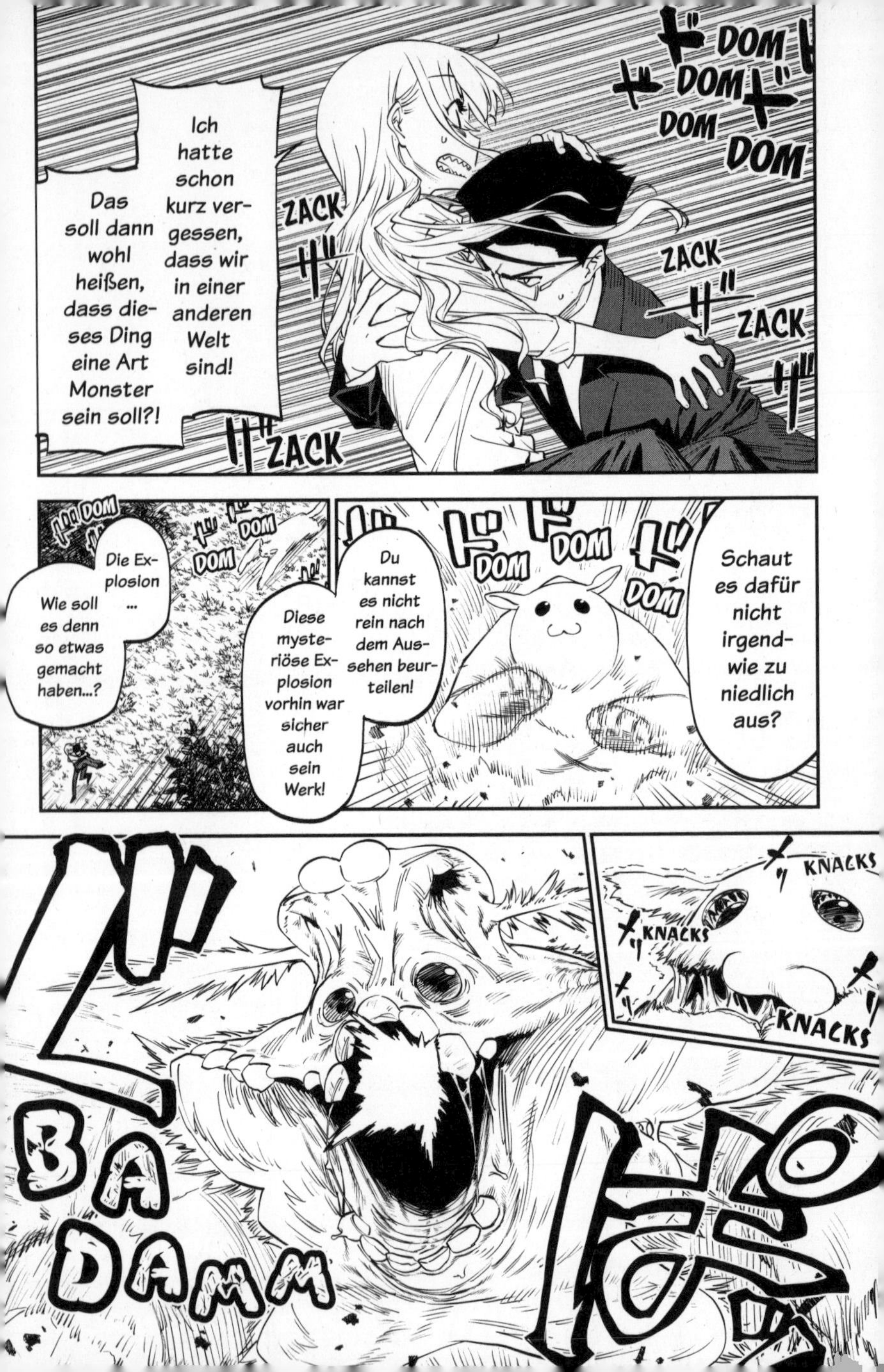

DOM DOM DOM DOM
ZACK ZACK ZACK ZACK
Ich hatte schon kurz vergessen, dass wir in einer anderen Welt sind!
Das soll dann wohl heißen, dass dieses Ding eine Art Monster sein soll?!
DOM DOM DOM
Schaut es dafür nicht irgendwie zu niedlich aus?
Du kannst es nicht rein nach dem Aussehen beurteilen!
Diese mysteriöse Explosion vorhin war sicher auch sein Werk!
DOM DOM DOM
Die Explosion ...
Wie soll es denn so etwas gemacht haben...?
KNACKS KNACKS KNACKS
BADAMM

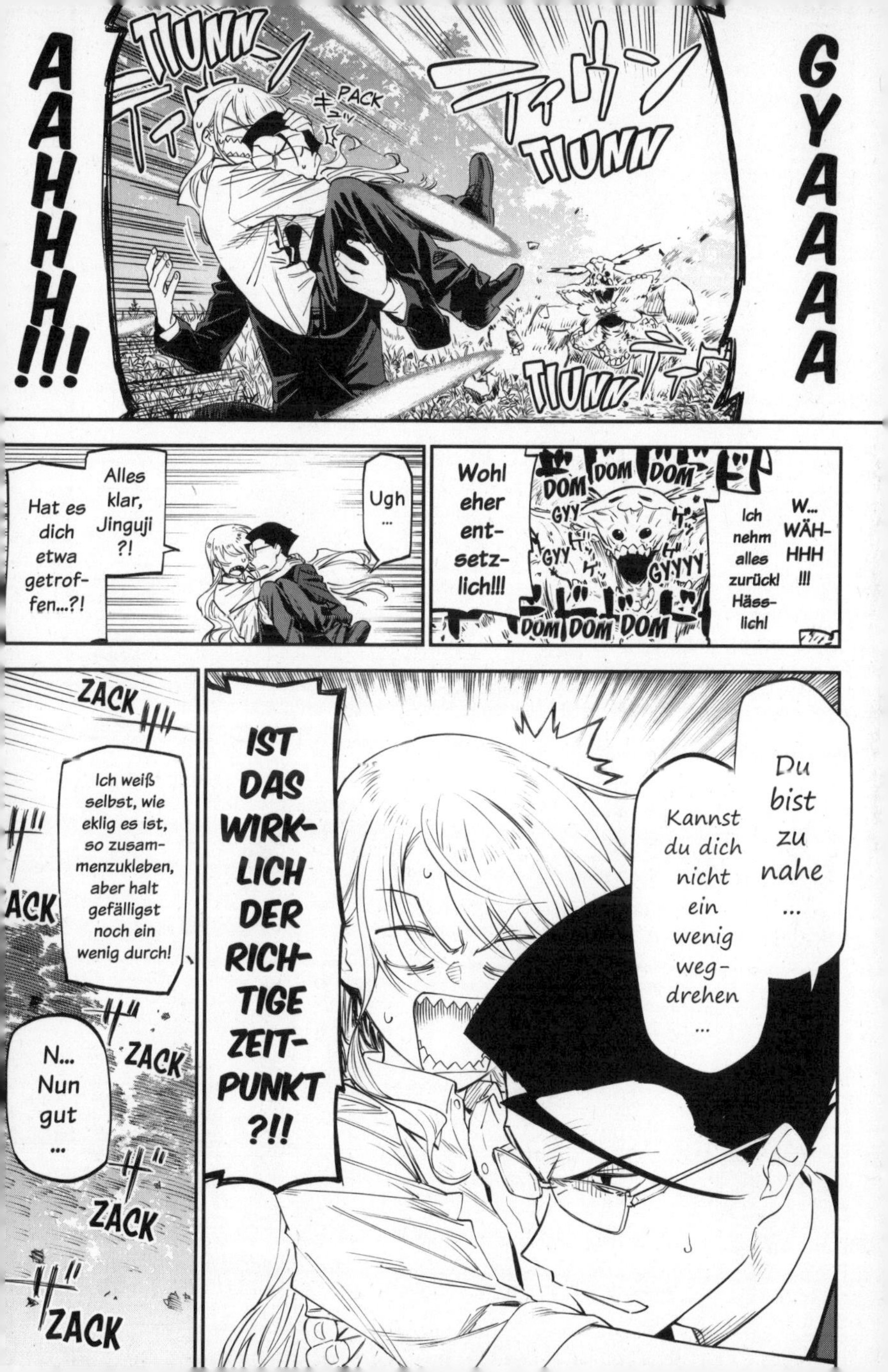

GYAAAA
TIUNN
PACK
TIUNN
TIUNN
AAHHHH!!!

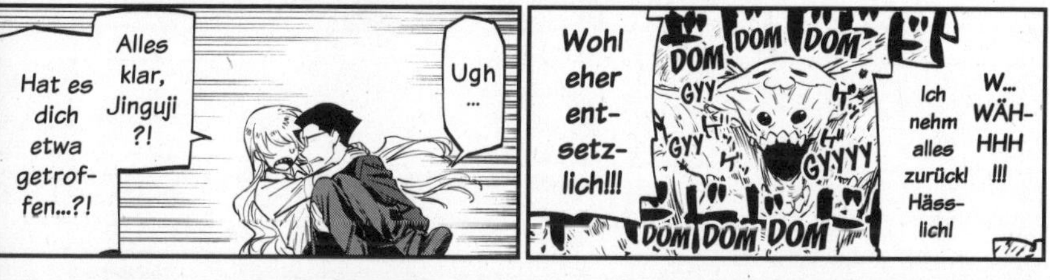

Du bist zu nahe ...
Kannst du dich nicht ein wenig wegdrehen ...
IST DAS WIRKLICH DER RICHTIGE ZEITPUNKT?!!
ZACK
Ich weiß selbst, wie eklig es ist, so zusammenzukleben, aber halt gefälligst noch ein wenig durch!
ZACK
ZACK
N... Nun gut ...
ZACK
ZACK

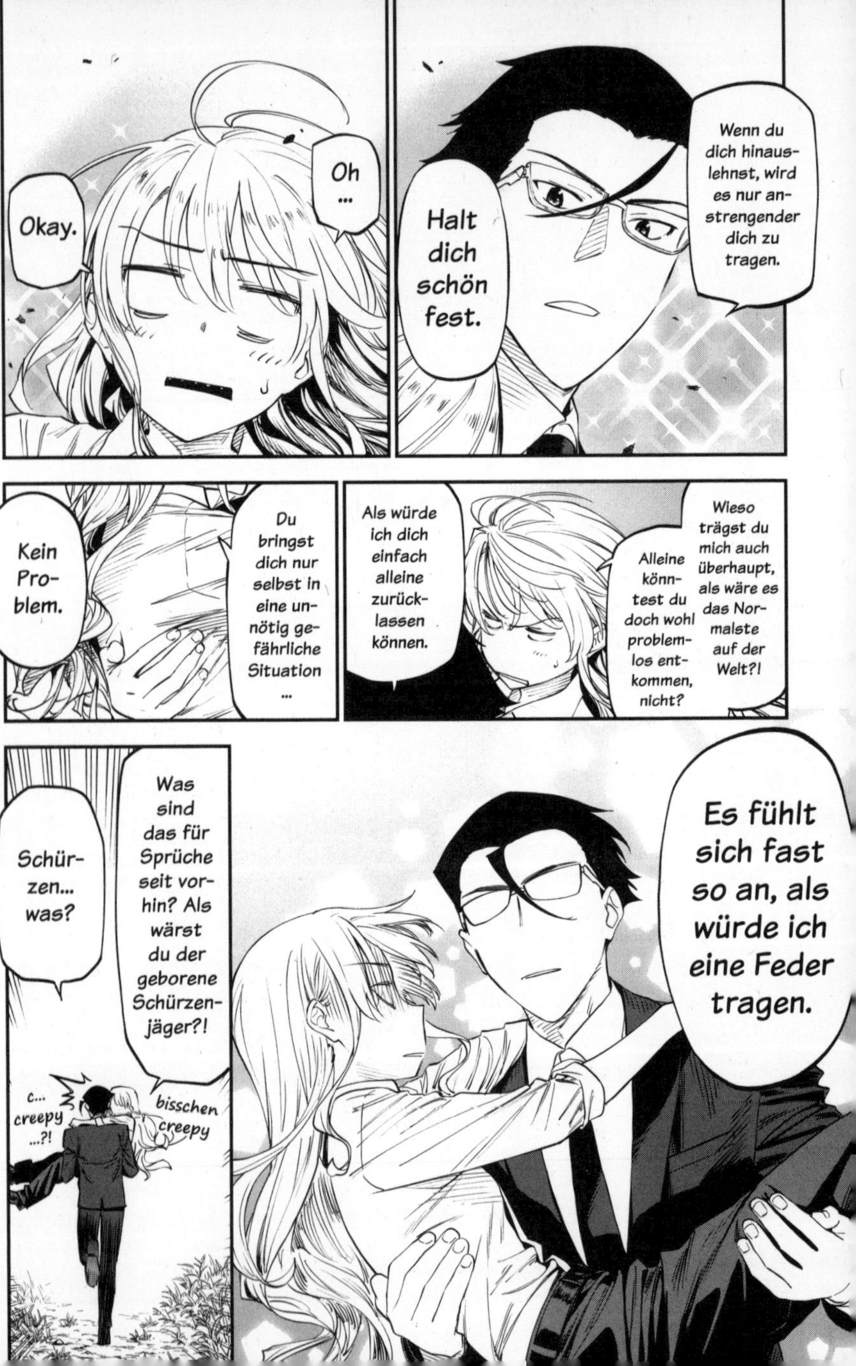

Wenn du dich hinauslehnst, wird es nur anstrengender dich zu tragen.

Halt dich schön fest.

Oh ...

Okay.

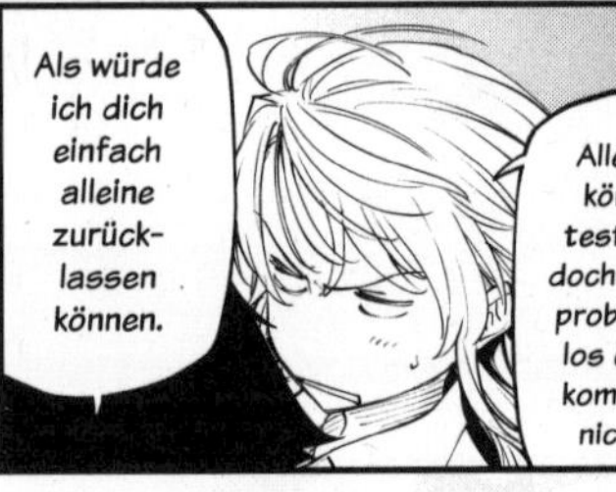

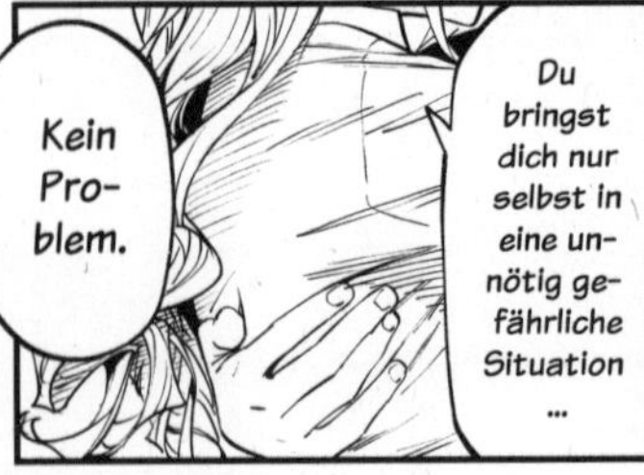

Es fühlt sich fast so an, als würde ich eine Feder tragen.

Was sind das für Sprüche seit vorhin? Als wärst du der geborene Schürzenjäger?!

Schürzen... was?

bisschen creepy

c... creepy ...?!

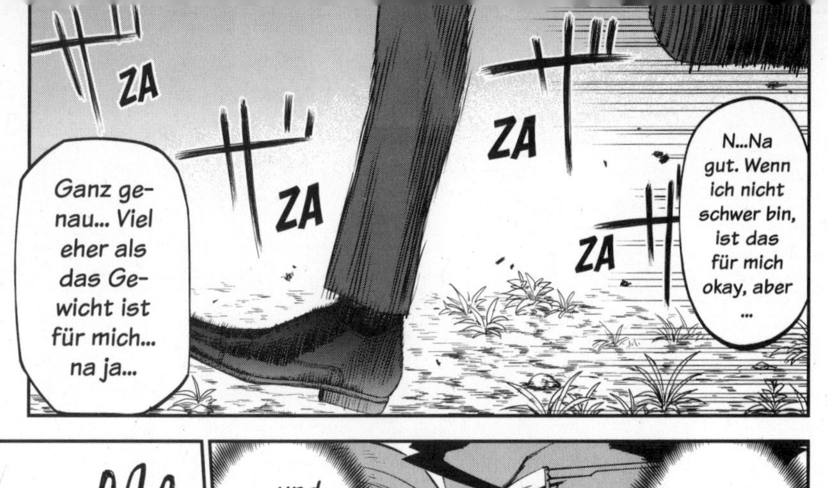

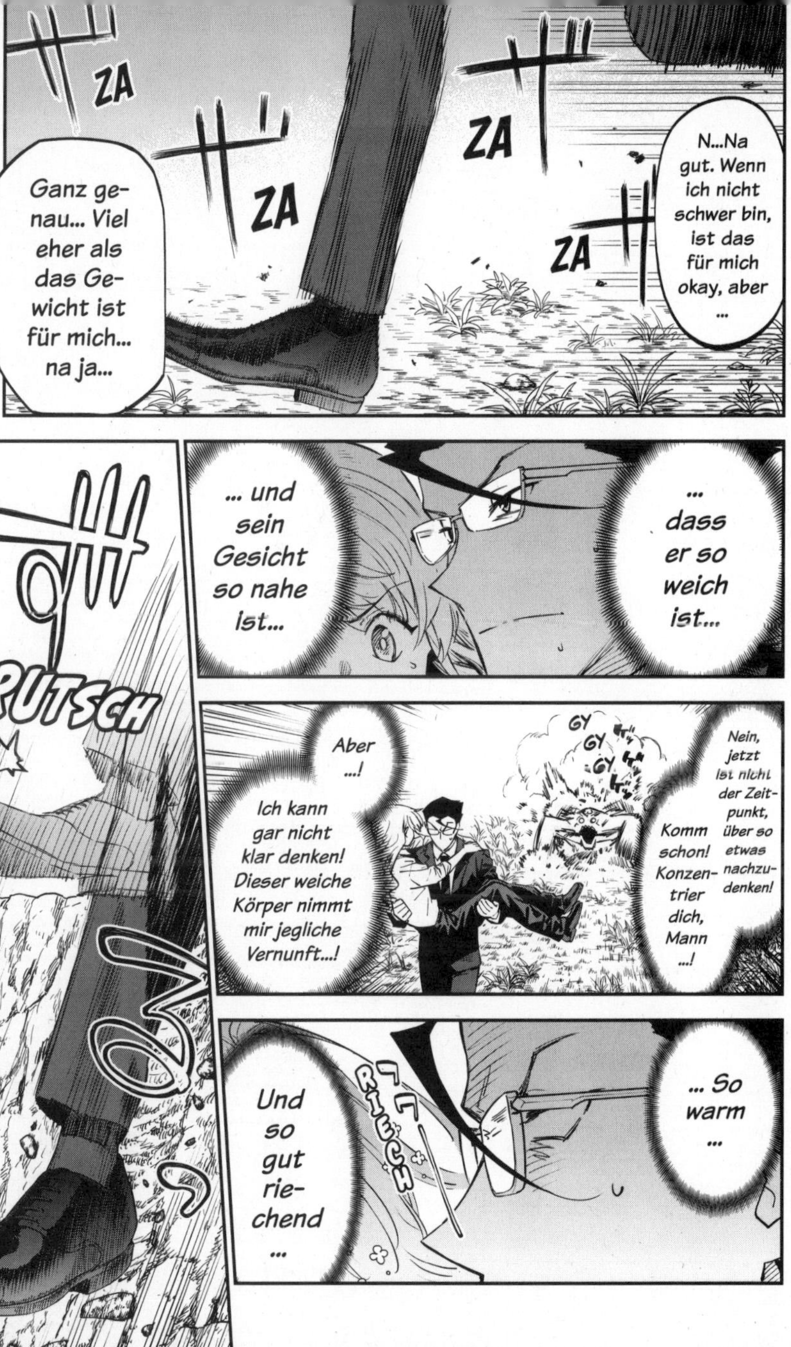

... dass er so weich ist...

... und sein Gesicht so nahe ist...

Nein, jetzt ist nicht der Zeitpunkt, über so etwas nachzudenken!

Komm schon! Konzentrier dich, Mann ...!

GY GY GY

Aber ...!

Ich kann gar nicht klar denken! Dieser weiche Körper nimmt mir jegliche Vernunft...!

... So warm ...

RIECH

Und so gut riechend ...

RUTSCH

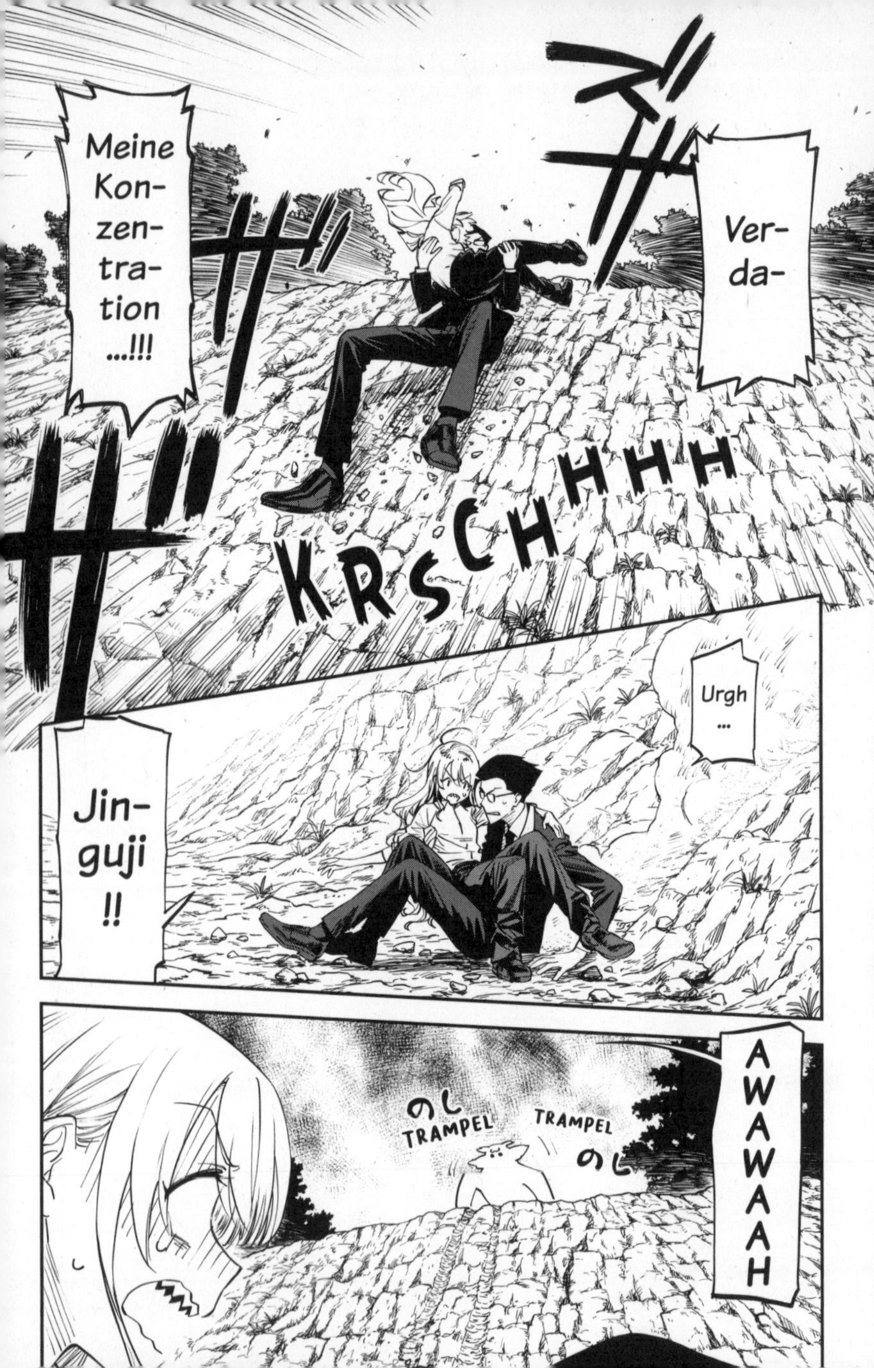
Verda-
Meine Konzentration ...!!!
KRSCHHHHH
Urgh ...
Jinguji !!
AWAWAAH
のし
TRAMPEL
TRAMPEL
のし

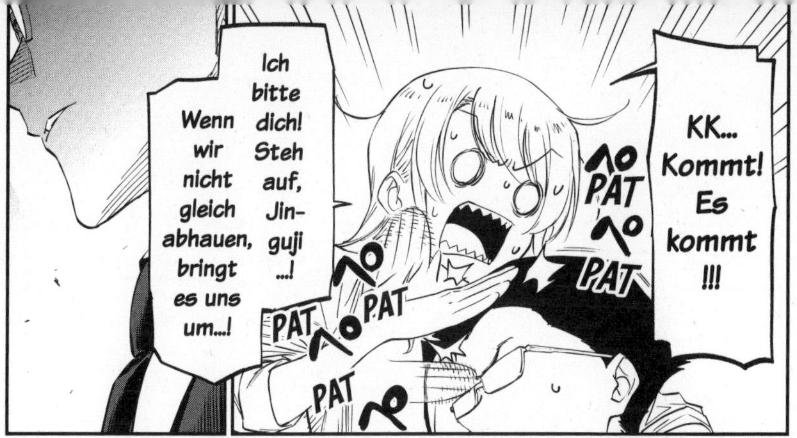
KK... Kommt! Es kommt !!!
PAT PAT PAT PAT
Ich bitte dich! Steh auf, Jinguji ...!
Wenn wir nicht gleich abhauen, bringt es uns um...!

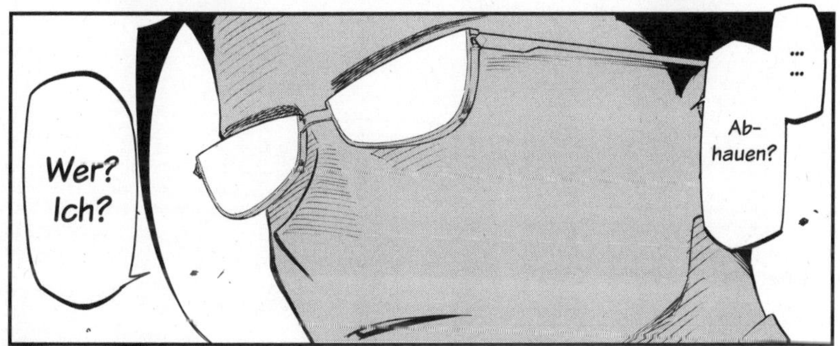
...
...
Abhauen?
Wer? Ich?

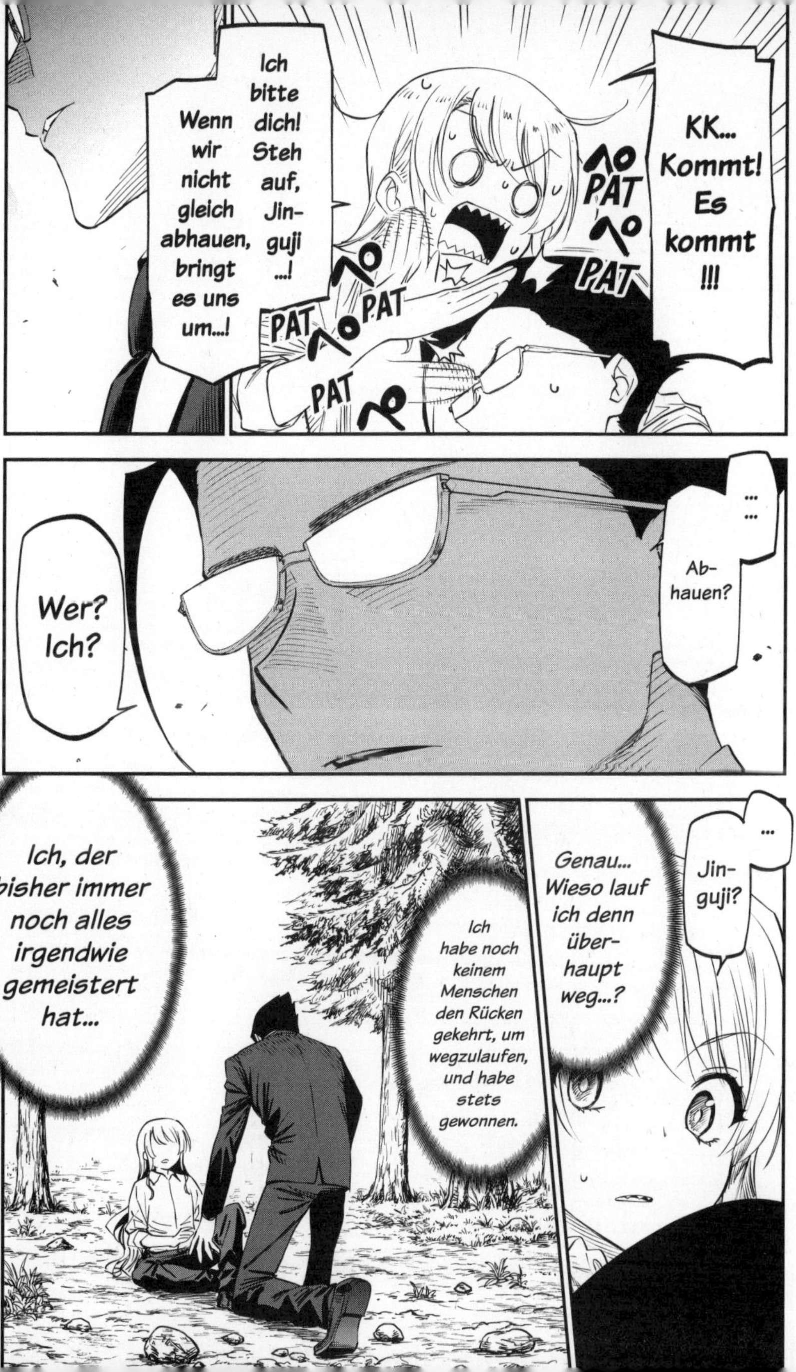

...
Jinguji?
Genau... Wieso lauf ich denn überhaupt weg...?
Ich habe noch keinem Menschen den Rücken gekehrt, um wegzulaufen, und habe stets gewonnen.
Ich, der bisher immer noch alles irgendwie gemeistert hat...

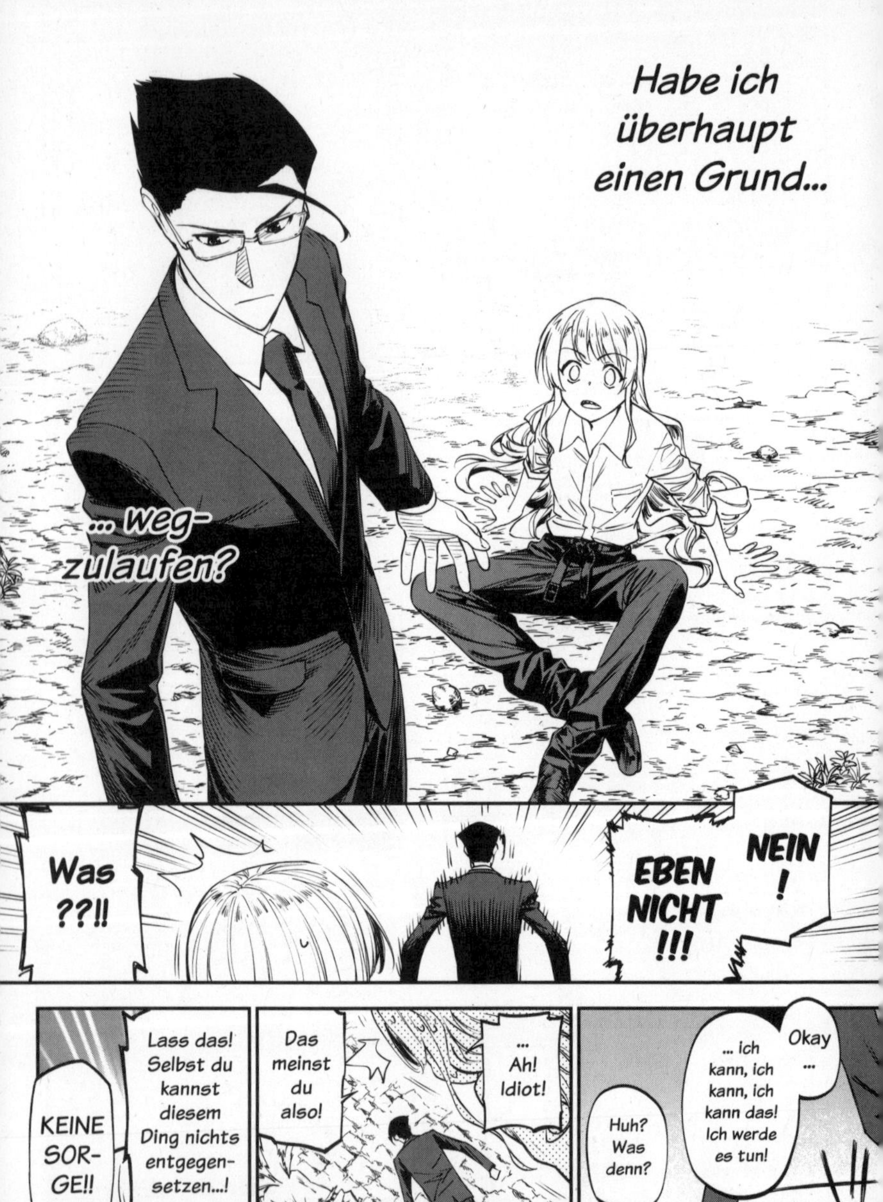

Habe ich überhaupt einen Grund...
... weg-zulaufen?
NEIN!
EBEN NICHT!!!
Was??!!
Okay ...
... ich kann, ich kann, ich kann das! Ich werde es tun!
Huh? Was denn?
ZACK
... Ah! Idiot!
Das meinst du also!
Lass das! Selbst du kannst diesem Ding nichts entgegen-setzen...!
KEINE SOR-GE!!

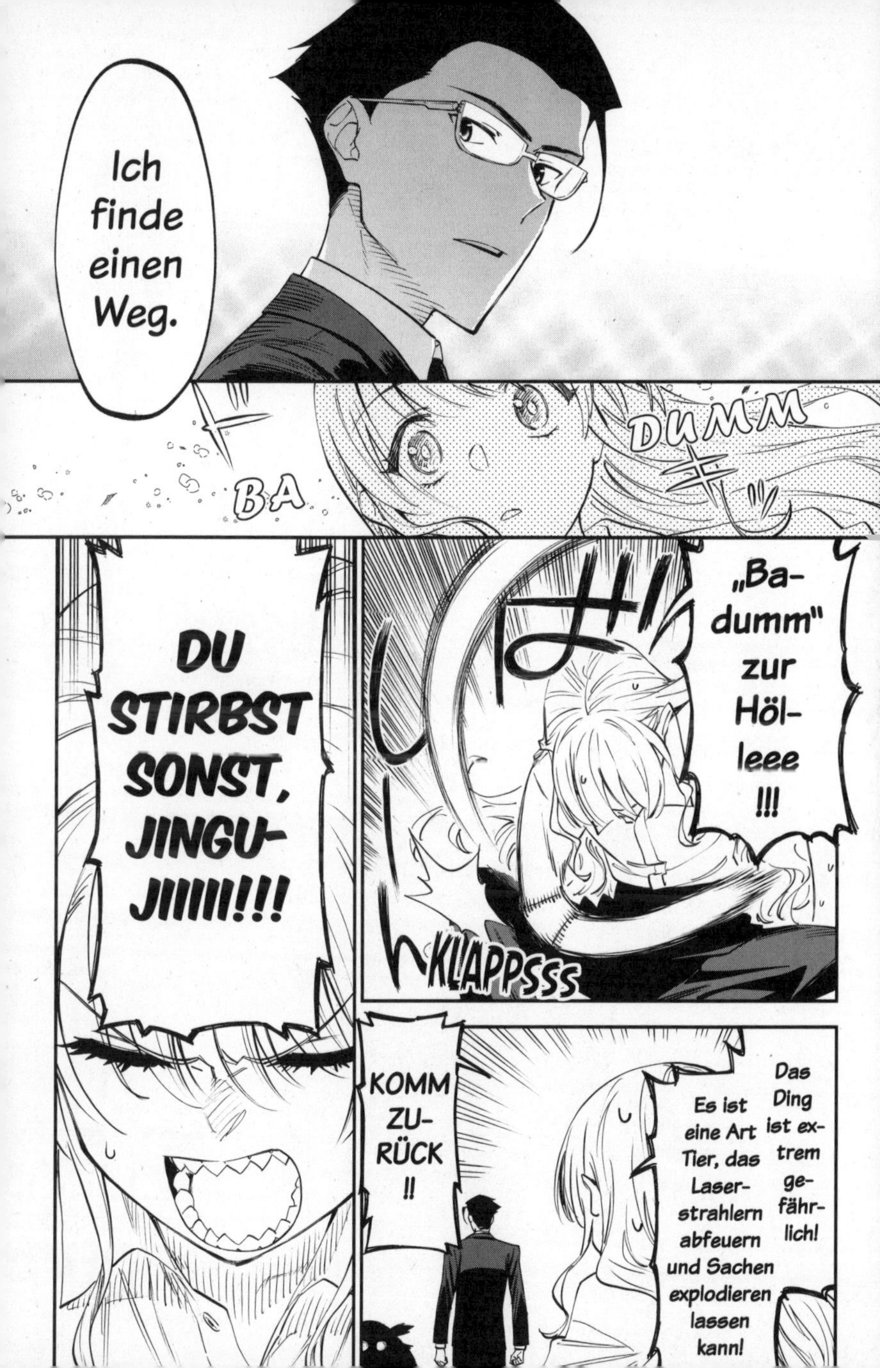
Ich finde einen Weg.
BA
DUMM
„Ba-dumm" zur Hölleee!!!
KLAPPSSS
DU STIRBST SONST, JINGUJIIIII!!!
Das Ding ist extrem gefährlich!
Es ist eine Art Tier, das Laserstrahlern abfeuern und Sachen explodieren lassen kann!
KOMM ZURÜCK!!

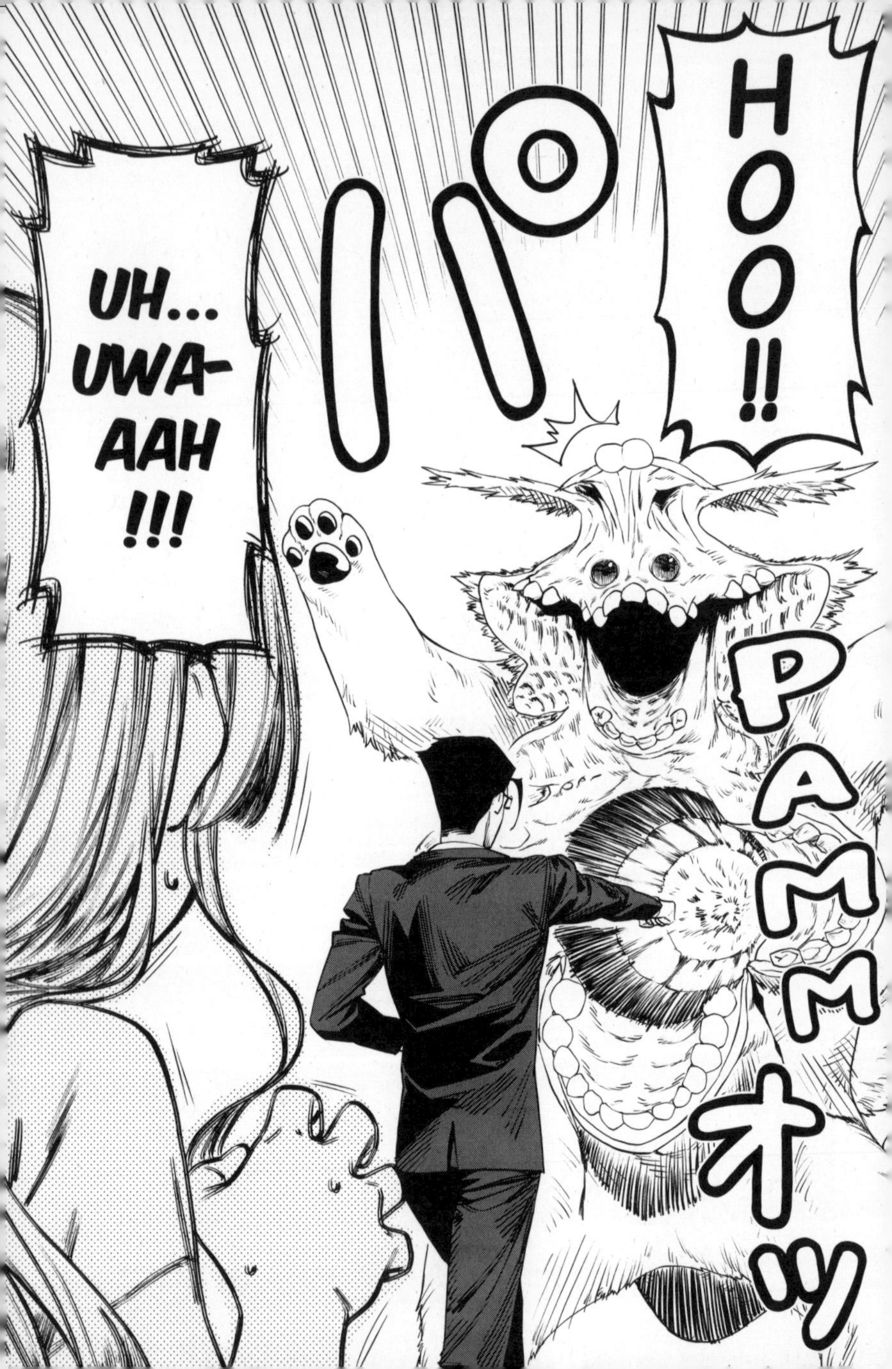
HOOO!!
PAMMオッ
UH... UWA-AAH !!!

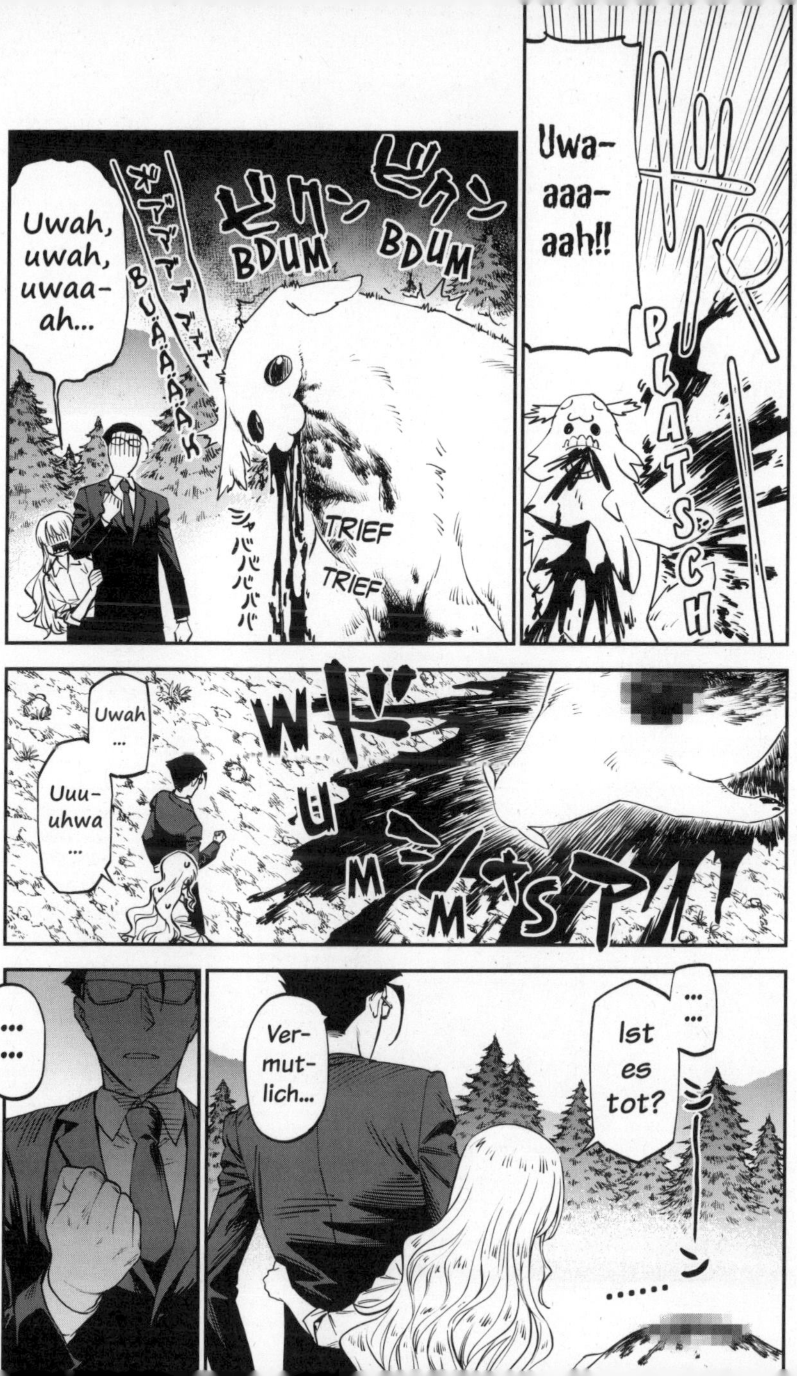

Uwa-aaa-aah!!
PLATSCH
BDUM BDUM
BUÄÄÄÄÄH
Uwah, uwah, uwaa-ah...
TRIEF TRIEF

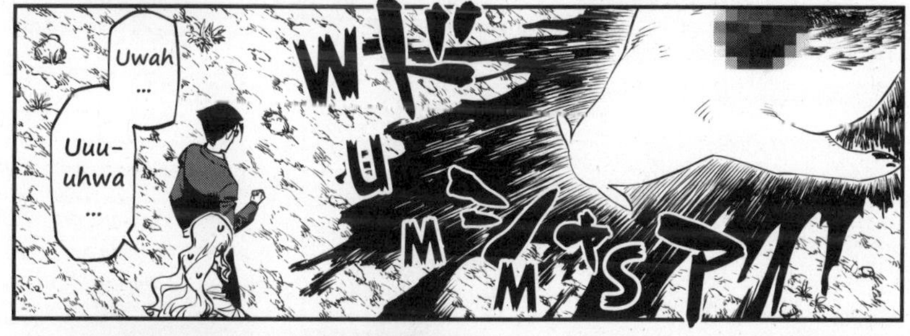

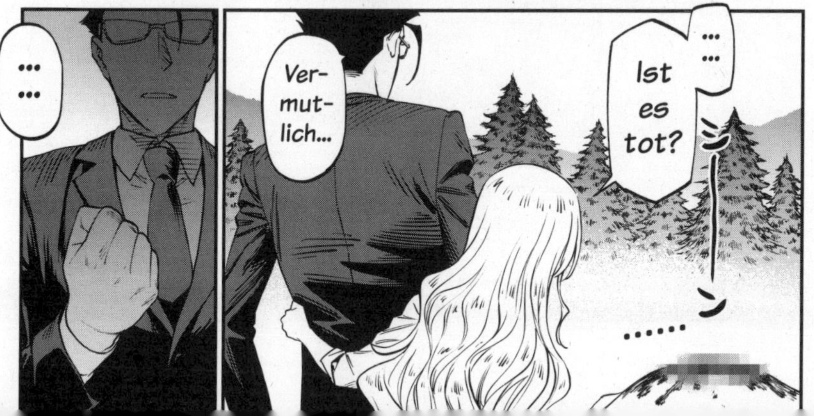

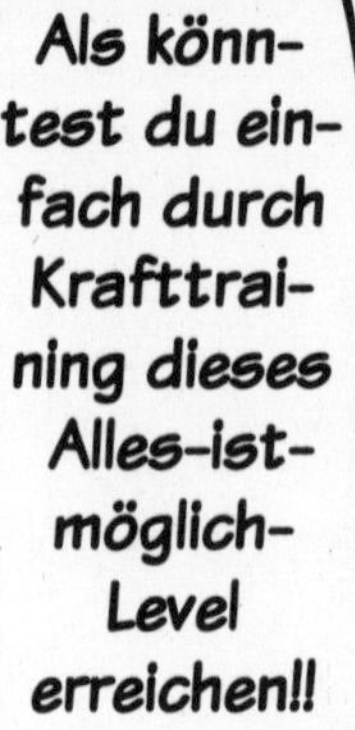
Als könntest du einfach durch Krafttraining dieses Alles-ist-möglich-Level erreichen!!

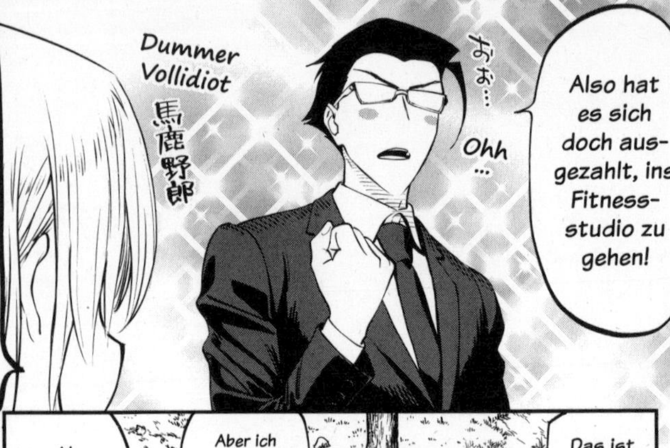
Also hat es sich doch ausgezahlt, ins Fitnessstudio zu gehen!
おぉ…
Ohh …
Dummer Vollidiot
馬鹿野郎

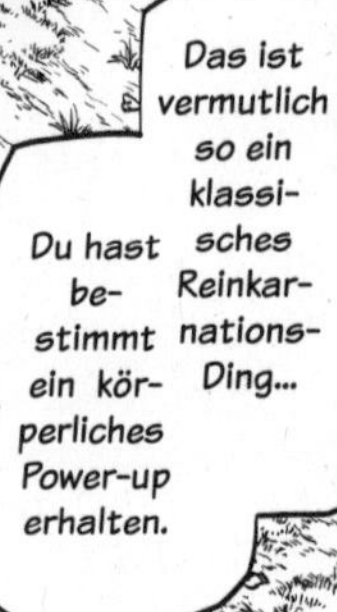
Das ist vermutlich so ein klassisches Reinkarnations-Ding...
Du hast bestimmt ein körperliches Power-up erhalten.

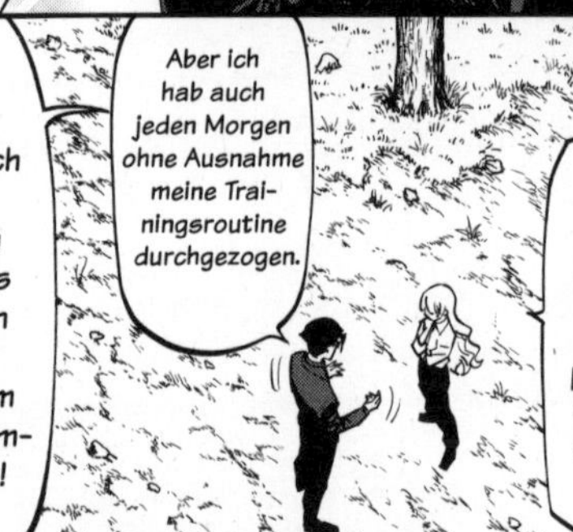
Aber ich hab auch jeden Morgen ohne Ausnahme meine Trainingsroutine durchgezogen.

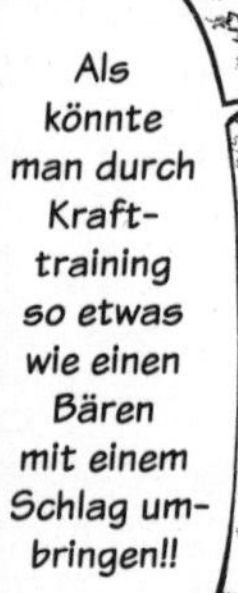
Als könnte man durch Krafttraining so etwas wie einen Bären mit einem Schlag umbringen!!

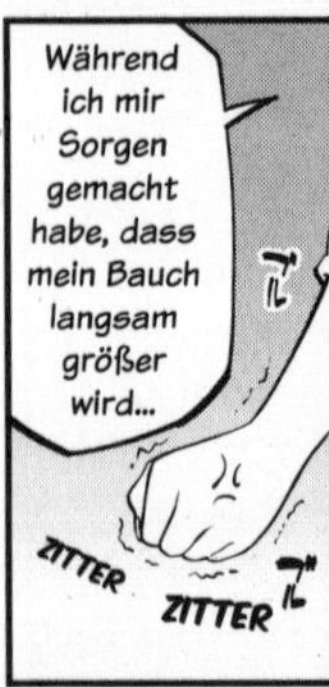
Während ich mir Sorgen gemacht habe, dass mein Bauch langsam größer wird...
ZITTER ZITTER

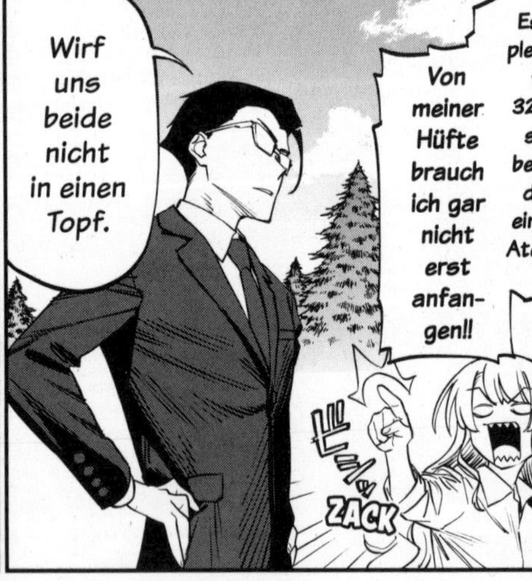
Es ist komplett verrückt für einen 32-Jährigen, sich so zu bewegen und dann nicht einmal außer Atem zu sein!!
Von meiner Hüfte brauch ich gar nicht erst anfangen!!
ッーなワケがない
Du bist nicht normal!
ZACK
Wirf uns beide nicht in einen Topf.

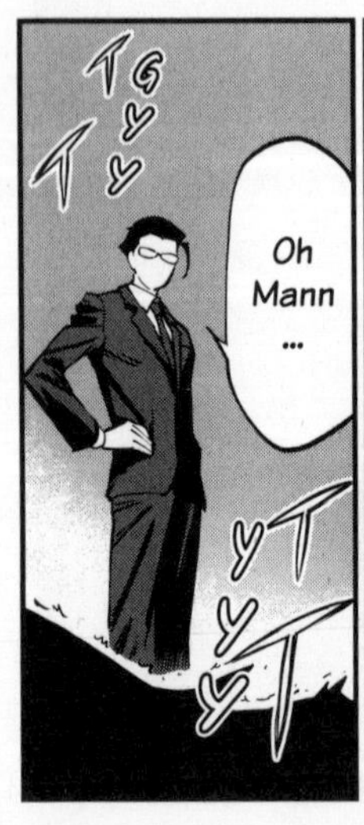
Oh Mann ...

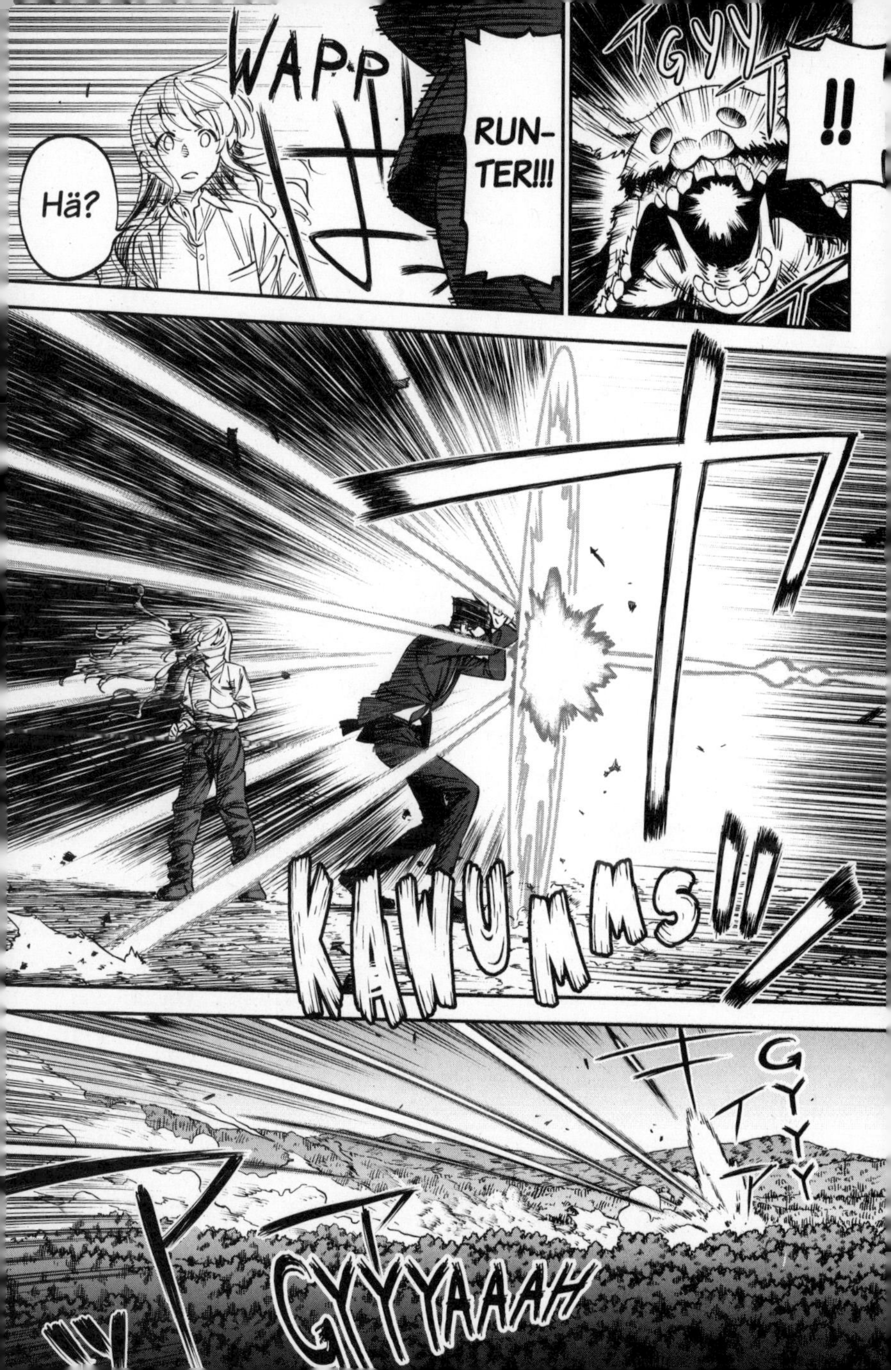

GYYYT
!!
WAPP
RUN-
TER!!!
Hä?
KAWUMMS!!
GYYYY
GYYYAAAH

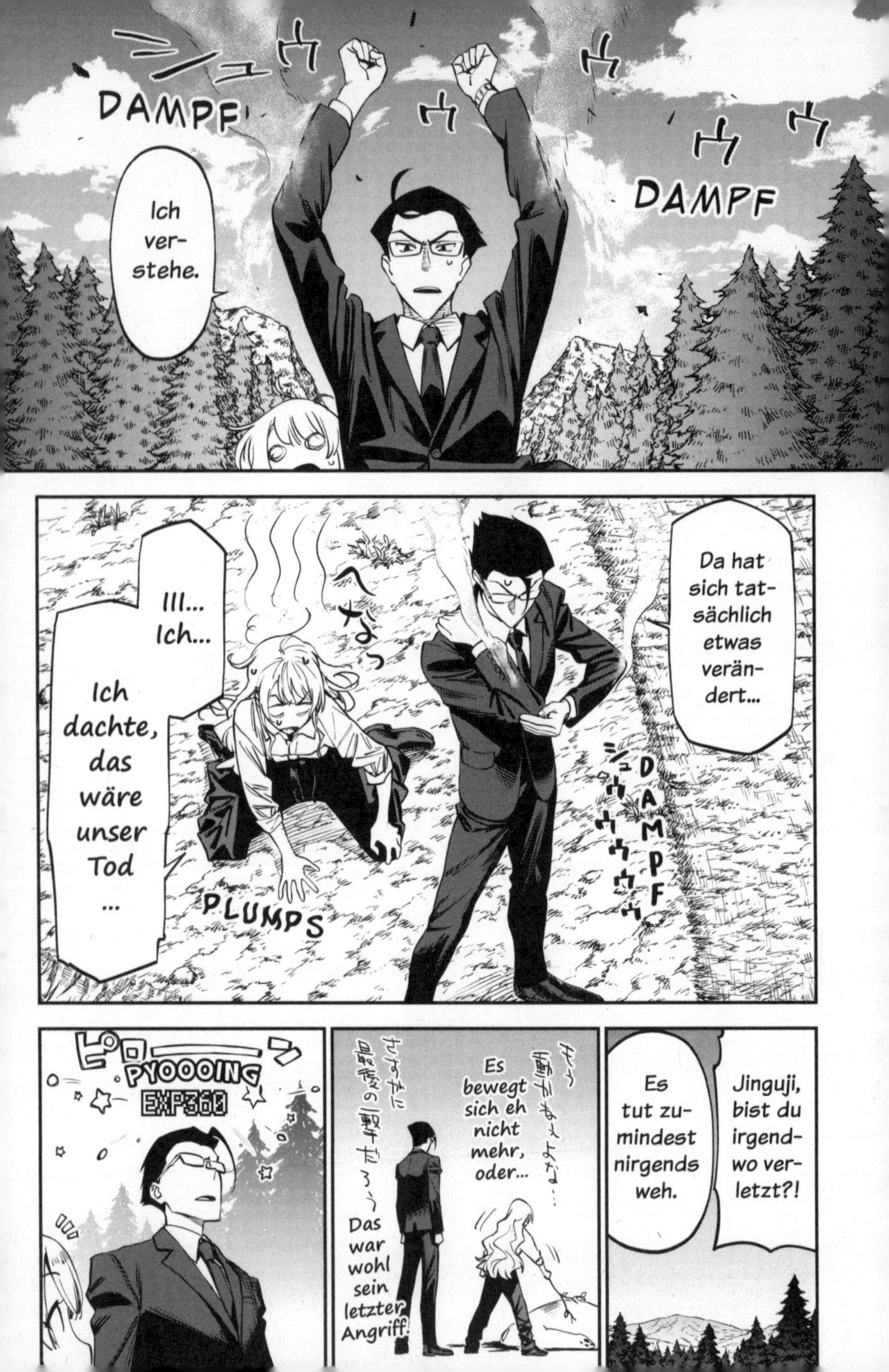

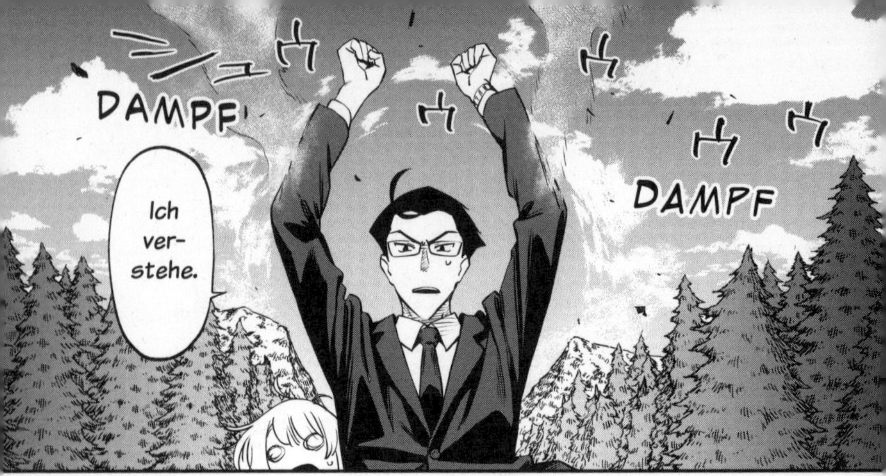
シュウウウウウウ
DAMPF
DAMPF
Ich verstehe.

Da hat sich tatsächlich etwas verändert...
シュウウウウウ
DAMPF
へなっ
III... Ich...
Ich dachte, das wäre unser Tod ...
PLUMPS

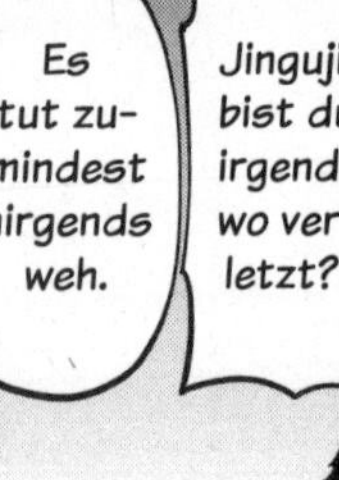
Jinguji, bist du irgendwo verletzt?!
Es tut zumindest nirgends weh.

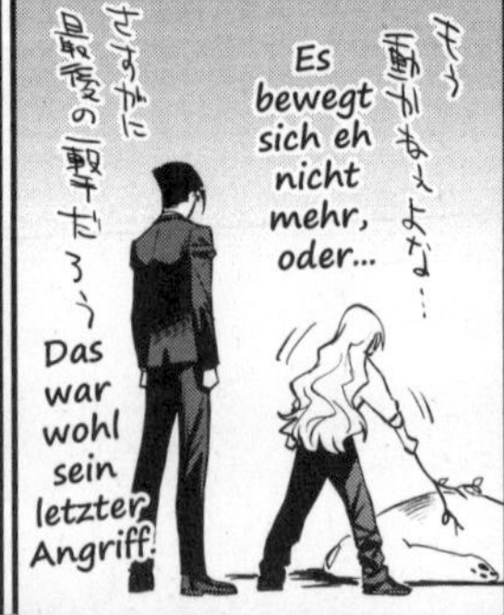
もう動かねえよな…
Es bewegt sich eh nicht mehr, oder...
さすがに最後の一撃だろう
Das war wohl sein letzter Angriff.

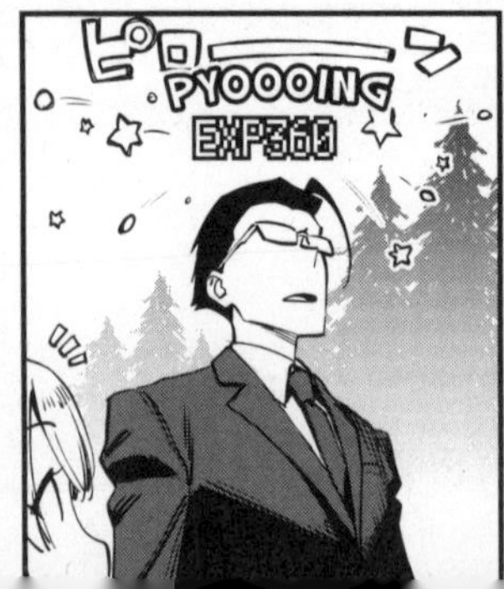
ピロ────ン
PYOOOING
EXP360

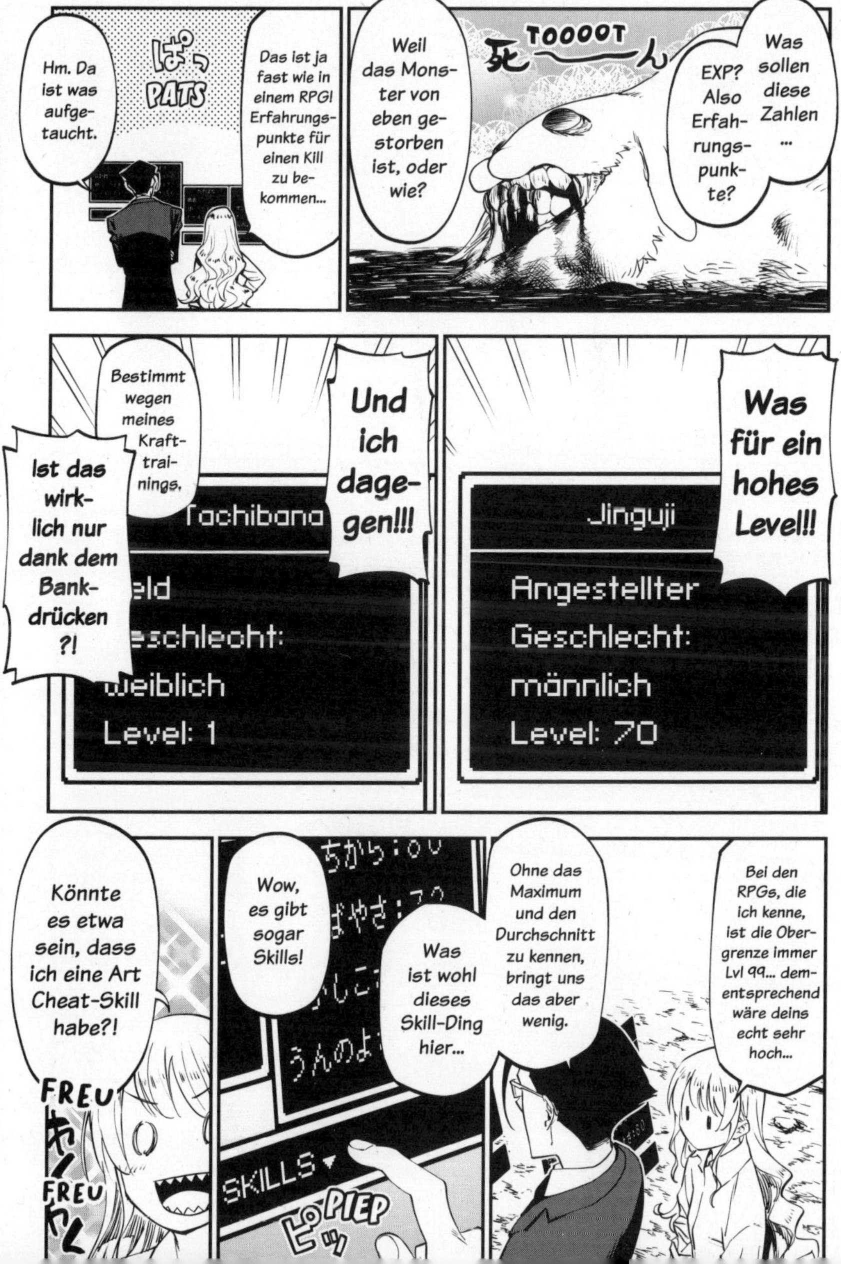

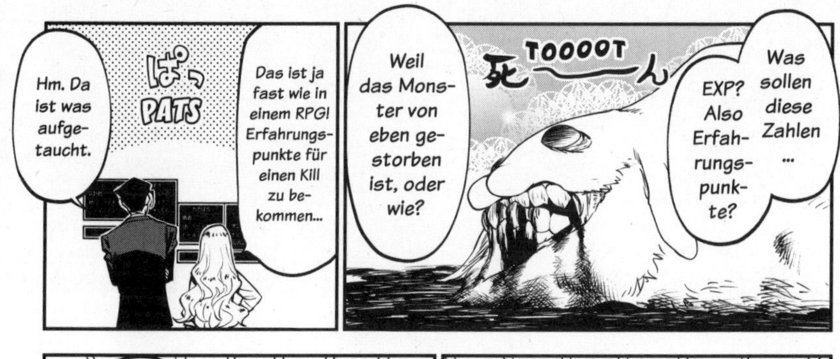
Was sollen diese Zahlen ...
EXP? Also Erfahrungspunkte?
死ーーん TOOOOT
Weil das Monster von eben gestorben ist, oder wie?
Das ist ja fast wie in einem RPG! Erfahrungspunkte für einen Kill zu bekommen...
ぱっ PATS
Hm. Da ist was aufgetaucht.

Was für ein hohes Level!!!
Jinguji
Angestellter
Geschlecht: männlich
Level: 70
Und ich dagegen!!!
Bestimmt wegen meines Krafttrainings.
Ist das wirklich nur dank dem Bankdrücken?!
Tachibana
eld
eschlecht:
weiblich
Level: 1

Bei den RPGs, die ich kenne, ist die Obergrenze immer Lvl 99... dementsprechend wäre deins echt sehr hoch...
Ohne das Maximum und den Durchschnitt zu kennen, bringt uns das aber wenig.
Was ist wohl dieses Skill-Ding hier...
Wow, es gibt sogar Skills!
SKILLS▼
ピッ PIEP
Könnte es etwa sein, dass ich eine Art Cheat-Skill habe?!
FREU FREU

SKILL

PASSIV

- Beispiellose Schönhei
- Trouble-Maker
- Schutz der Liebesgöttin: MAX
- Fluch der Liebesgött

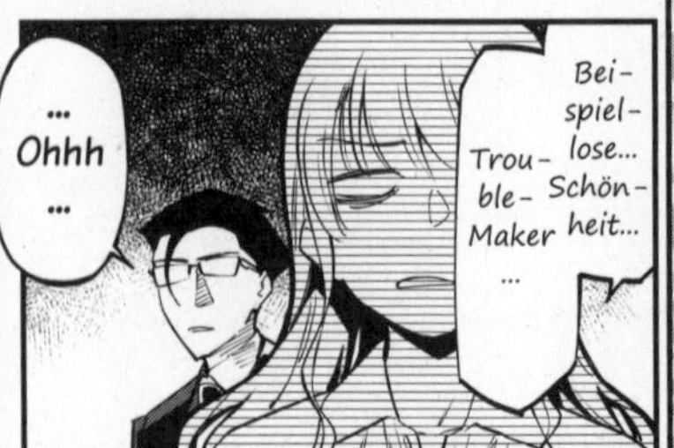

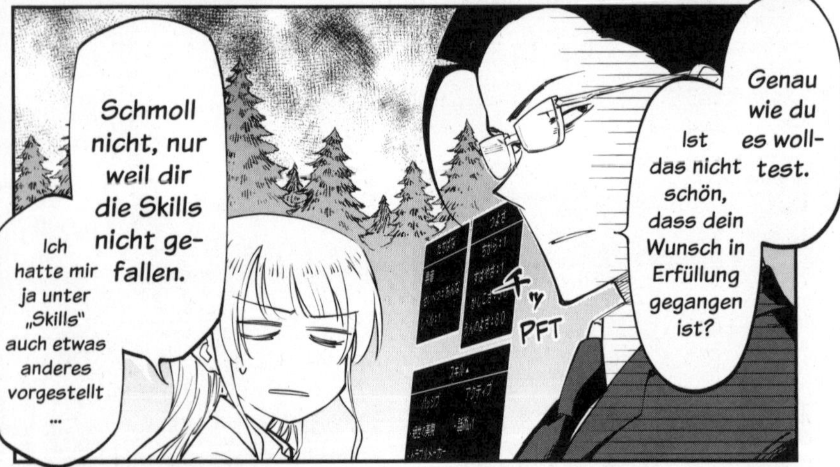

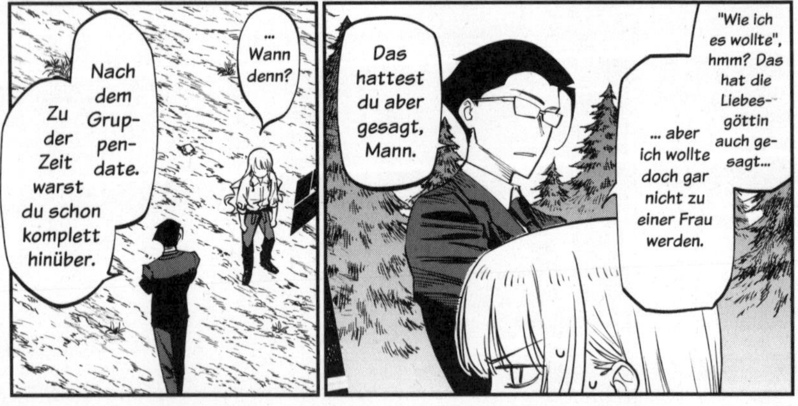

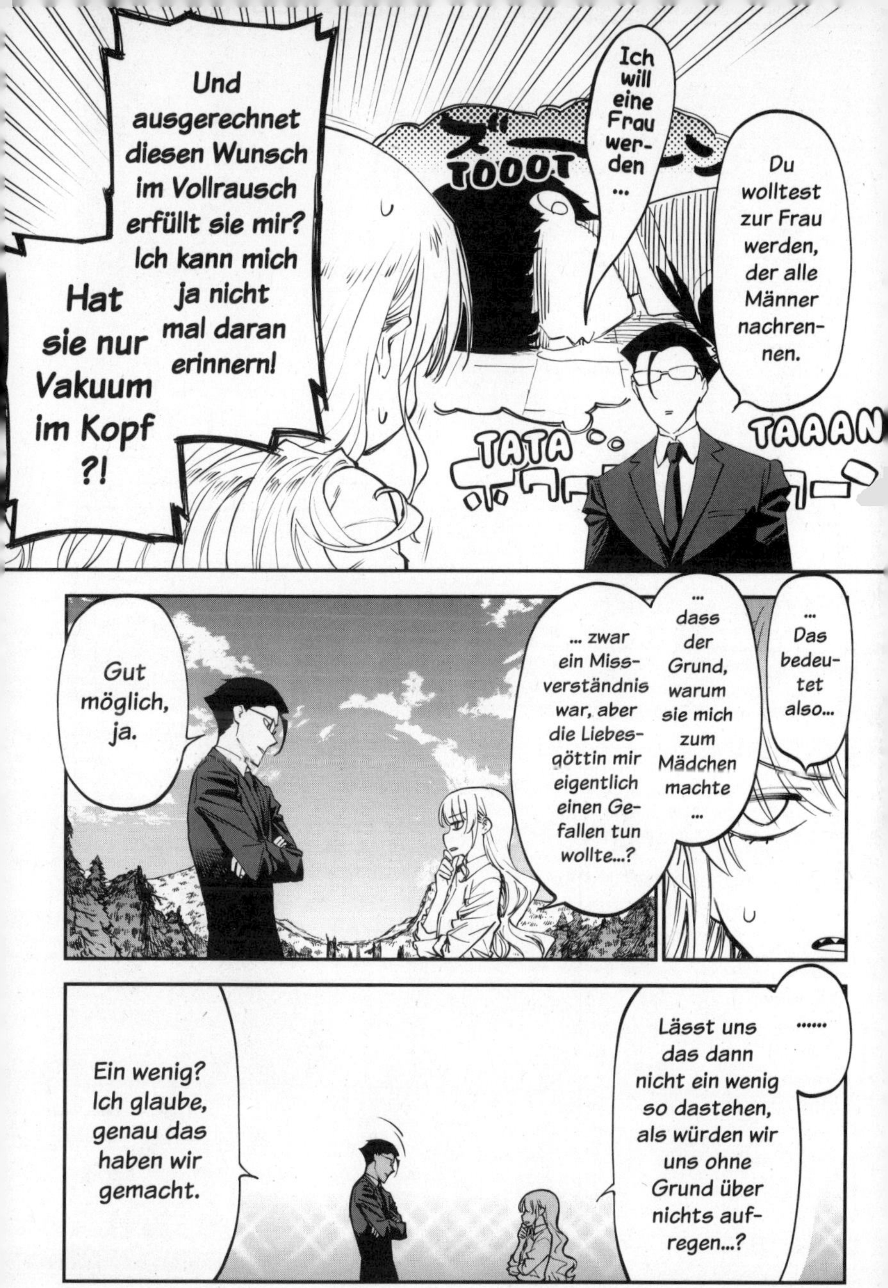

TOOOT

Ich will eine Frau werden ...

Du wolltest zur Frau werden, der alle Männer nachrennen.

TATA TAAAN

Und ausgerechnet diesen Wunsch im Vollrausch erfüllt sie mir? Ich kann mich ja nicht mal daran erinnern!

Hat sie nur Vakuum im Kopf ?!

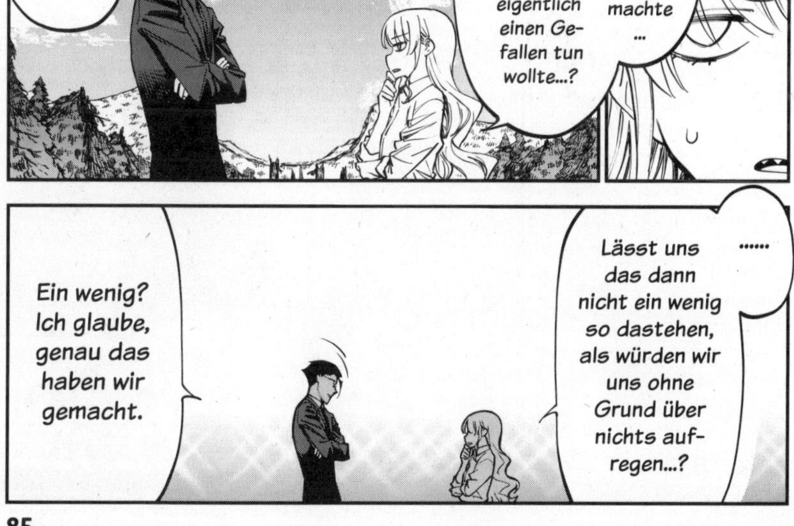

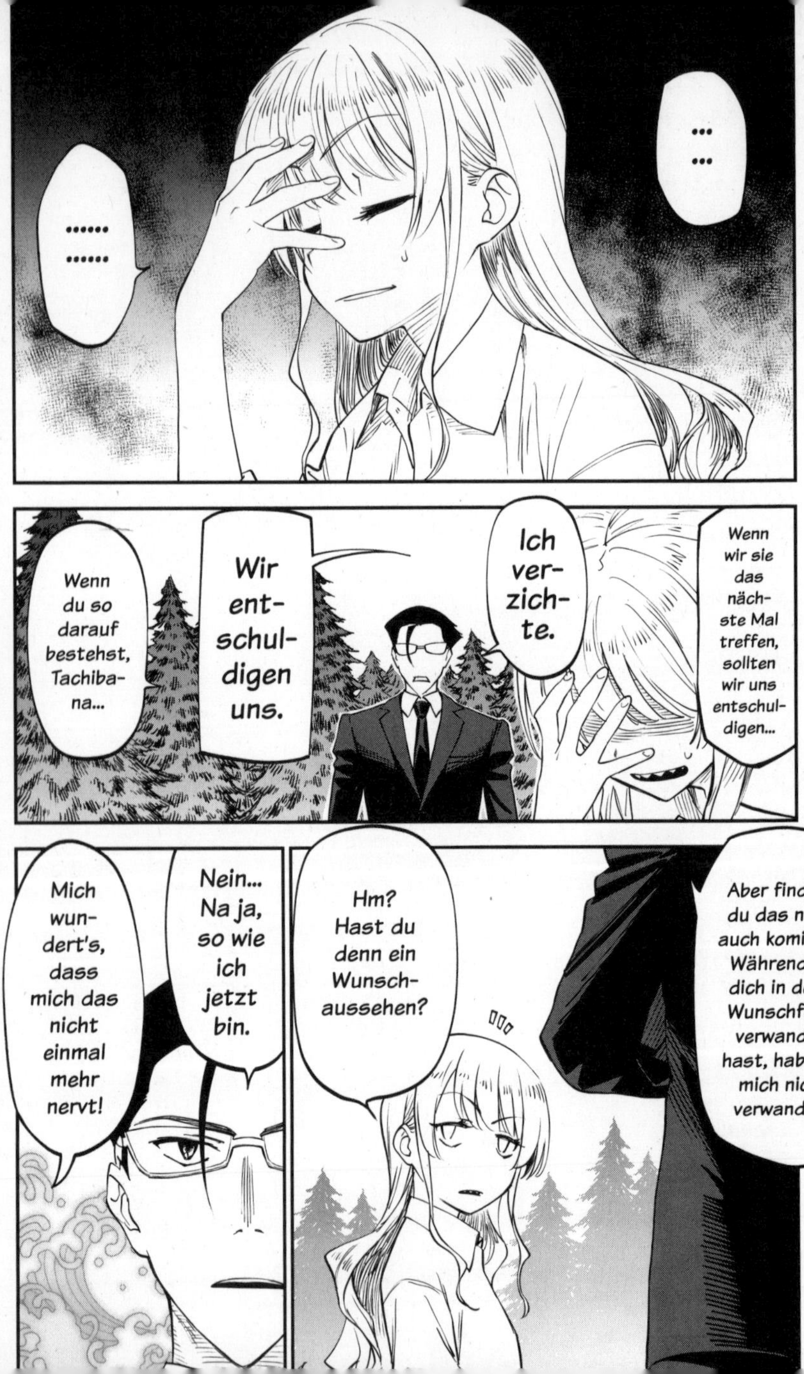

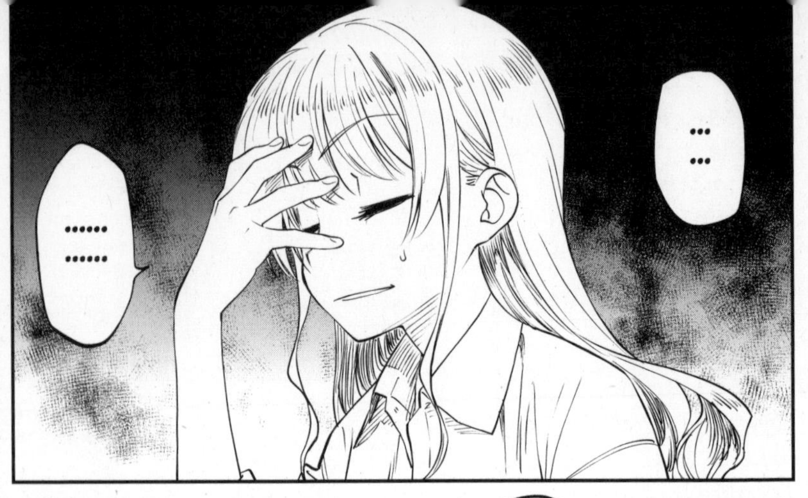

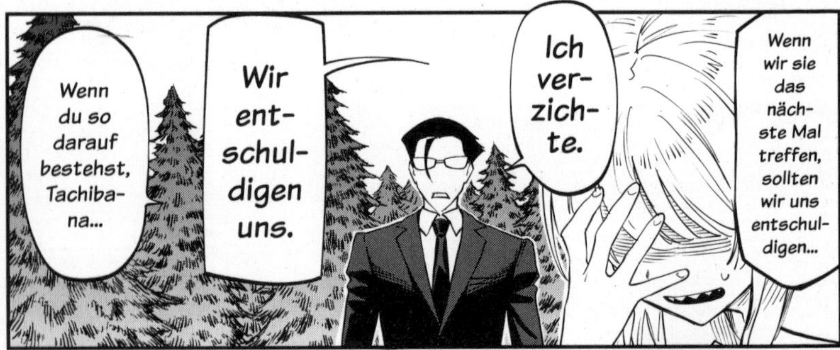

Aber findest du das nicht auch komisch? Während du dich in deine Wunschform verwandelt hast, habe ich mich nicht verwandelt.

Hm? Hast du denn ein Wunschaussehen?

Nein… Na ja, so wie ich jetzt bin.

Mich wundert's, dass mich das nicht einmal mehr nervt!

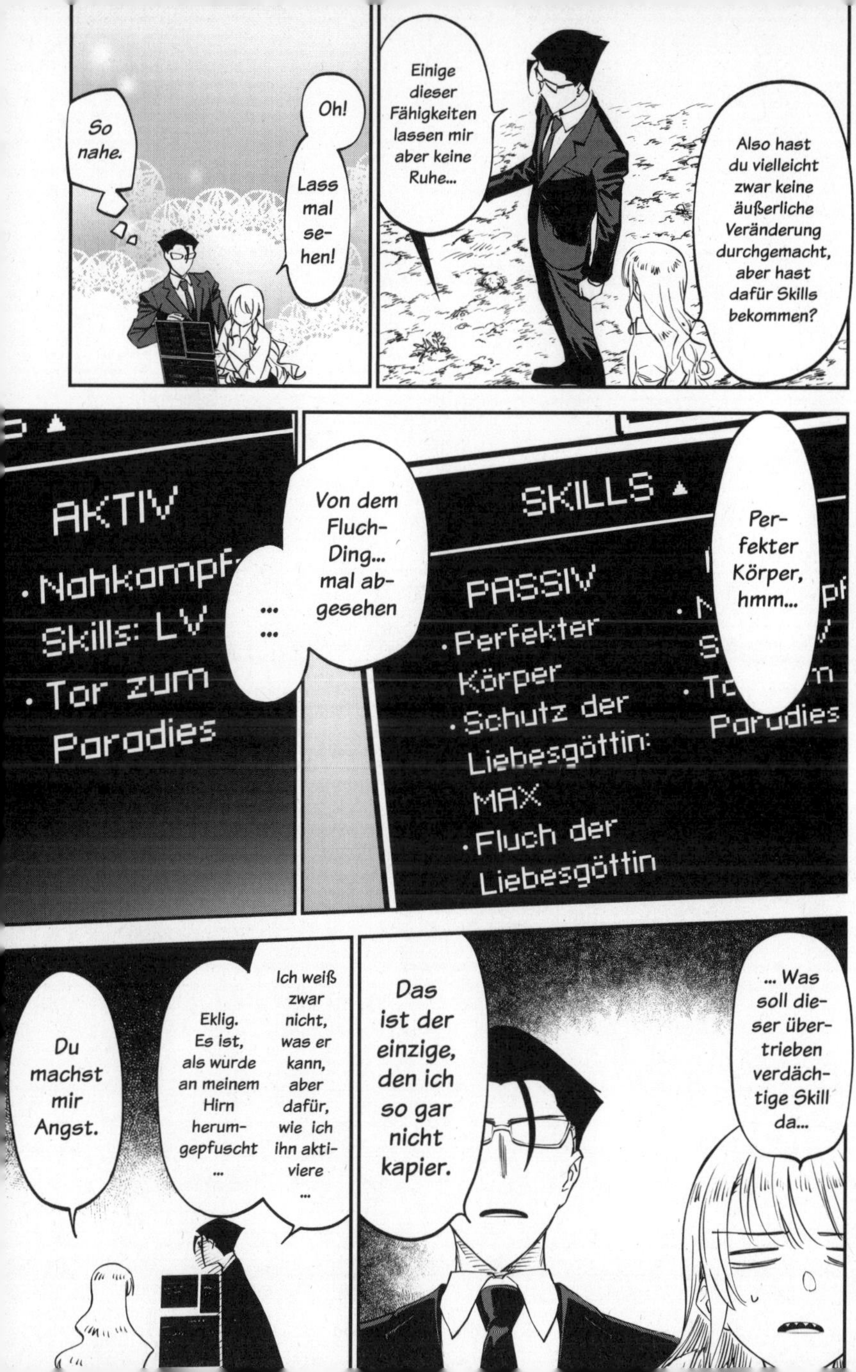

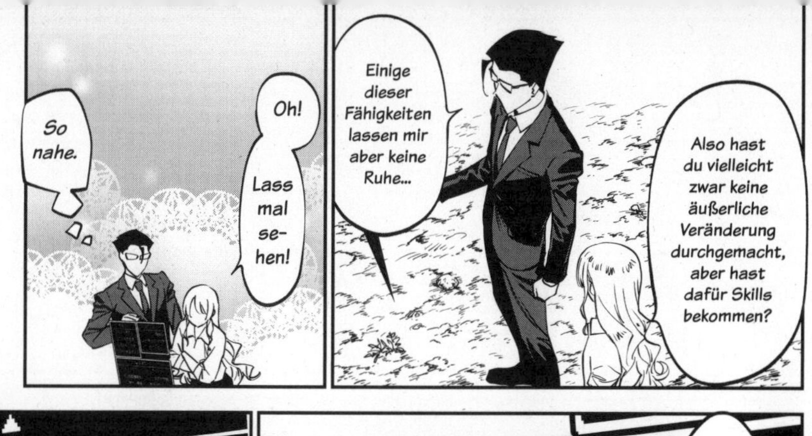

Per-fekter Körper, hmm...

SKILLS ▲

PASSIV

· Perfekter Körper

· Schutz der Liebesgöttin: MAX

· Fluch der Liebesgöttin

Von dem Fluch-Ding... mal ab-gesehen

......

AKTIV

· Nahkampf-Skills: LV

· Tor zum Paradies

... Was soll die-ser über-trieben verdäch-tige Skill da...

Das ist der einzige, den ich so gar nicht kapier.

Ich weiß zwar nicht, was er kann, aber dafür, wie ich ihn akti-viere ...

Eklig. Es ist, als würde an meinem Hirn herum-gepfuscht ...

Du machst mir Angst.

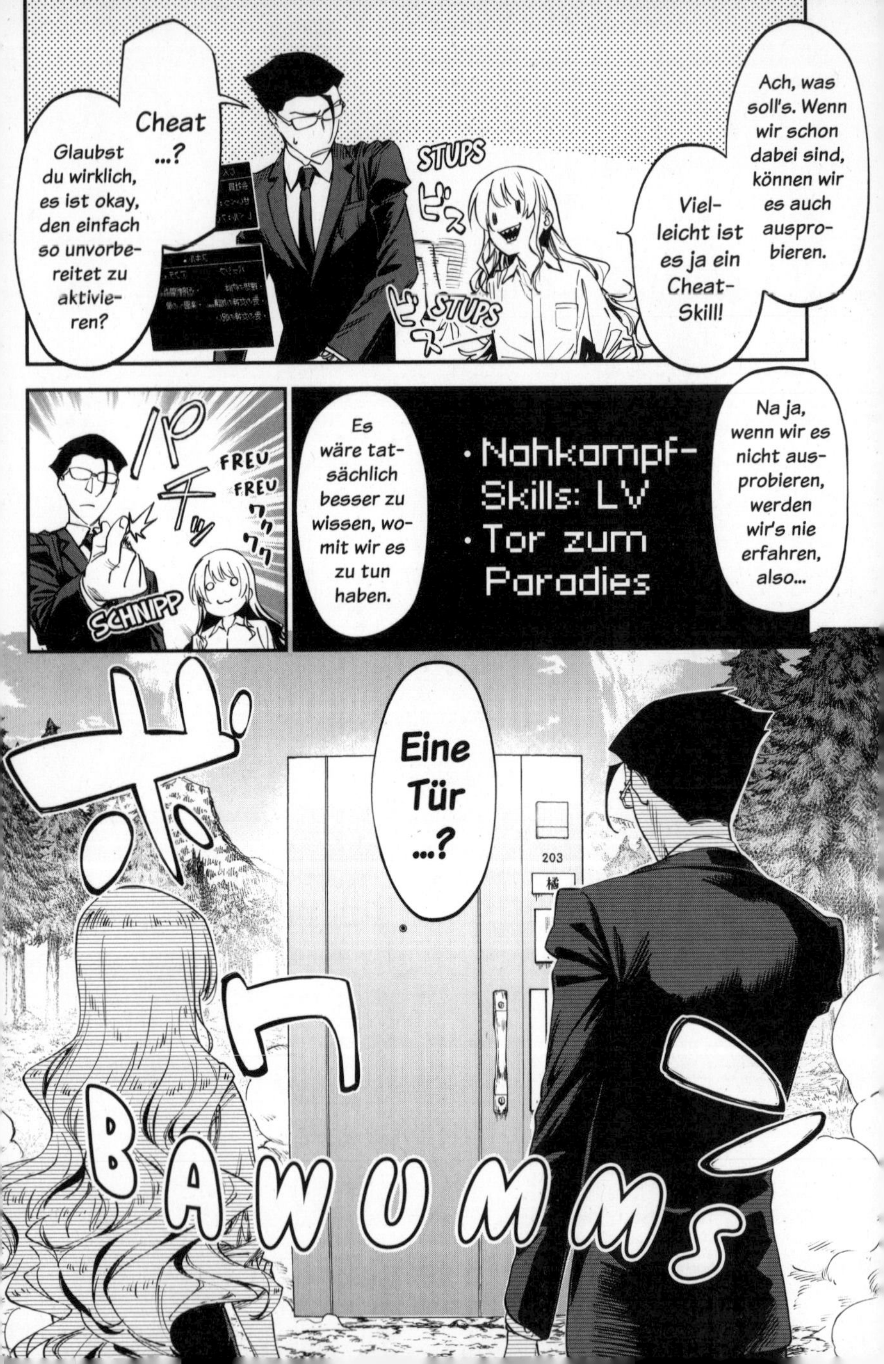
Ach, was soll's. Wenn wir schon dabei sind, können wir es auch ausprobieren.
Vielleicht ist es ja ein Cheat-Skill!
STUPS
STUPS
Cheat ...?
Glaubst du wirklich, es ist okay, den einfach so unvorbereitet zu aktivieren?
Na ja, wenn wir es nicht ausprobieren, werden wir's nie erfahren, also...
• Nahkampf-Skills: LV
• Tor zum Paradies
Es wäre tatsächlich besser zu wissen, womit wir es zu tun haben.
FREU
FREU
SCHNIPP
Eine Tür ...?
203
BAWUMMS

004 Der Fabiniku-Typ und das Tor zum Paradies

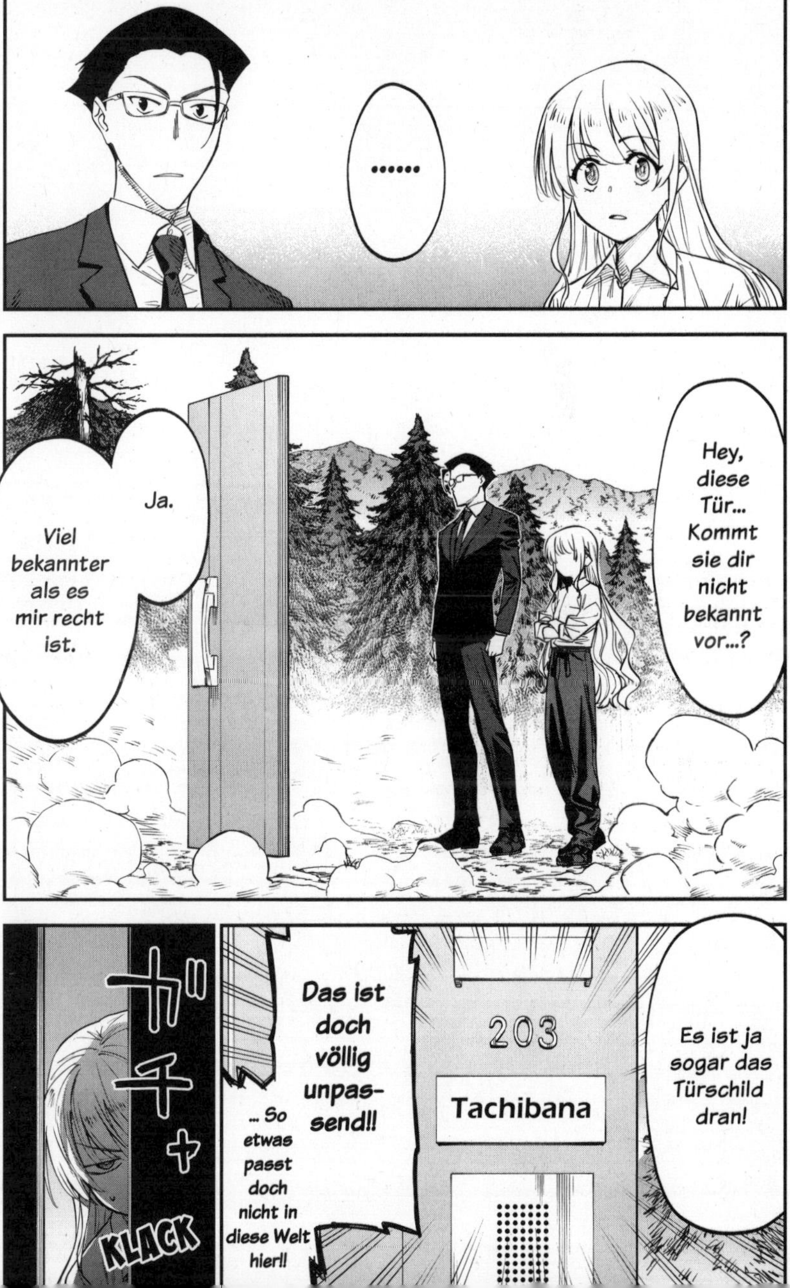

……

Hey, diese Tür… Kommt sie dir nicht bekannt vor…?

Ja.

Viel bekannter als es mir recht ist.

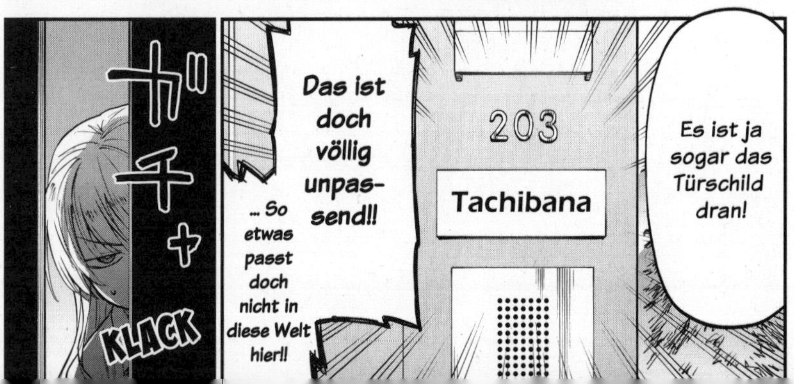

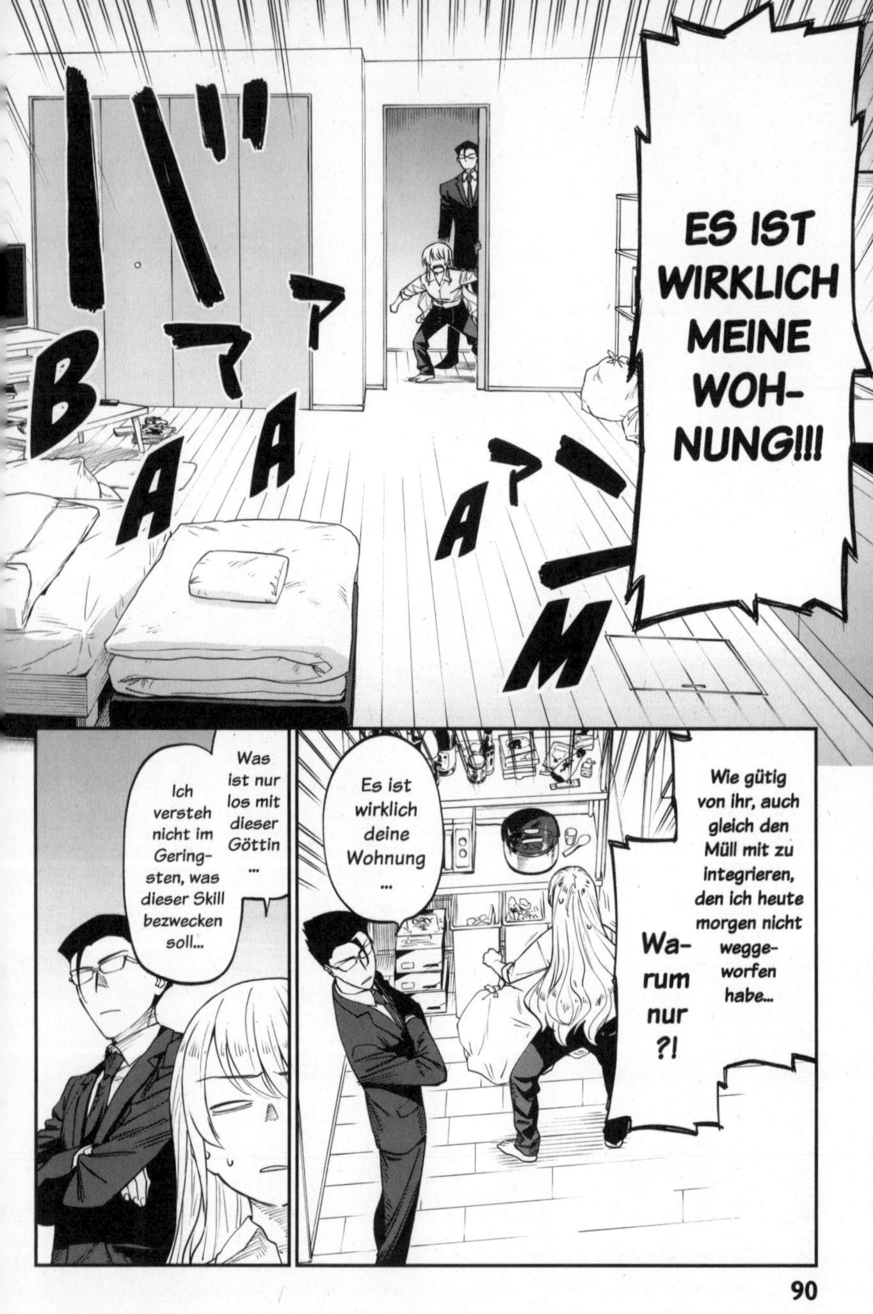
BAAAAAM
ES IST WIRKLICH MEINE WOH-NUNG!!!
Es ist wirklich deine Wohnung ...
Wie gütig von ihr, auch gleich den Müll mit zu integrieren, den ich heute morgen nicht wegge-worfen habe...
Wa-rum nur ?!
Was ist nur los mit dieser Göttin ...
Ich versteh nicht im Gering-sten, was dieser Skill bezwecken soll...

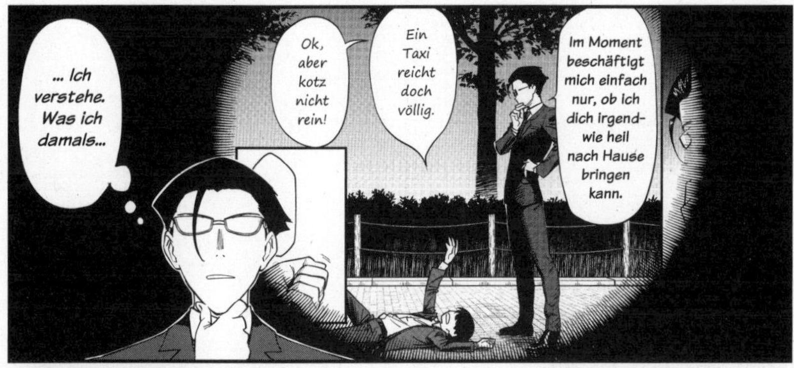
Im Moment beschäftigt mich einfach nur, ob ich dich irgendwie heil nach Hause bringen kann.
Ein Taxi reicht doch völlig.
Ok, aber kotz nicht rein!
... Ich verstehe. Was ich damals...

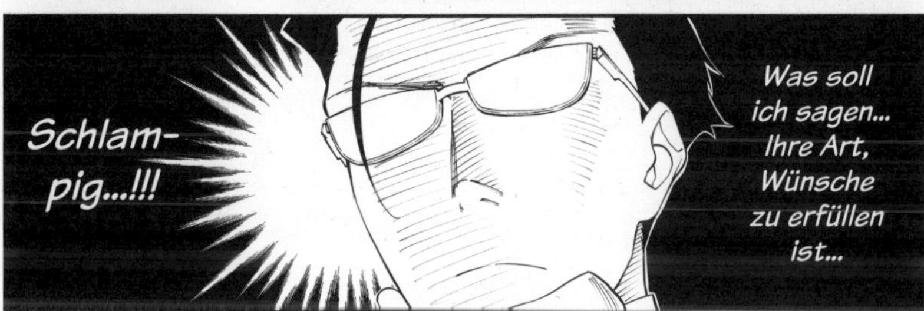
Was soll ich sagen... Ihre Art, Wünsche zu erfüllen ist...
Schlampig...!!!

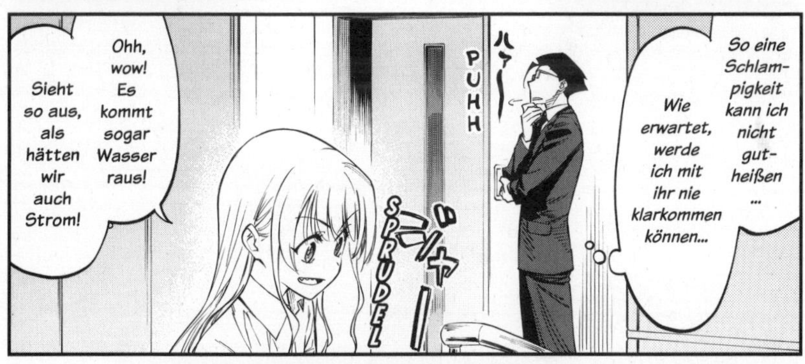
So eine Schlampigkeit kann ich nicht gutheißen ...
Wie erwartet, werde ich mit ihr nie klarkommen können...
PUHH
SPRUDEL
Ohh, wow! Es kommt sogar Wasser raus!
Sieht so aus, als hätten wir auch Strom!

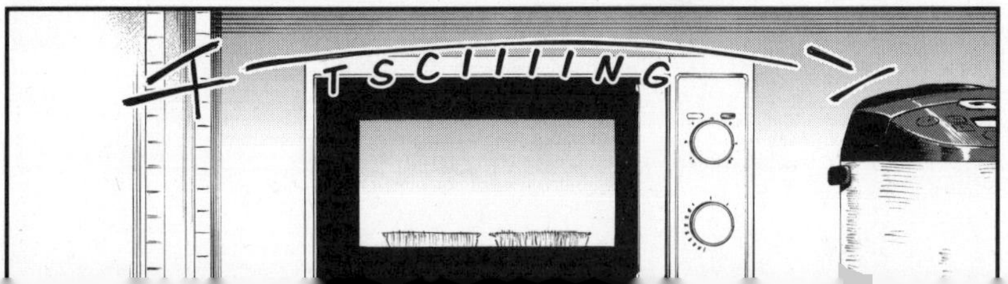
TSCIIIING

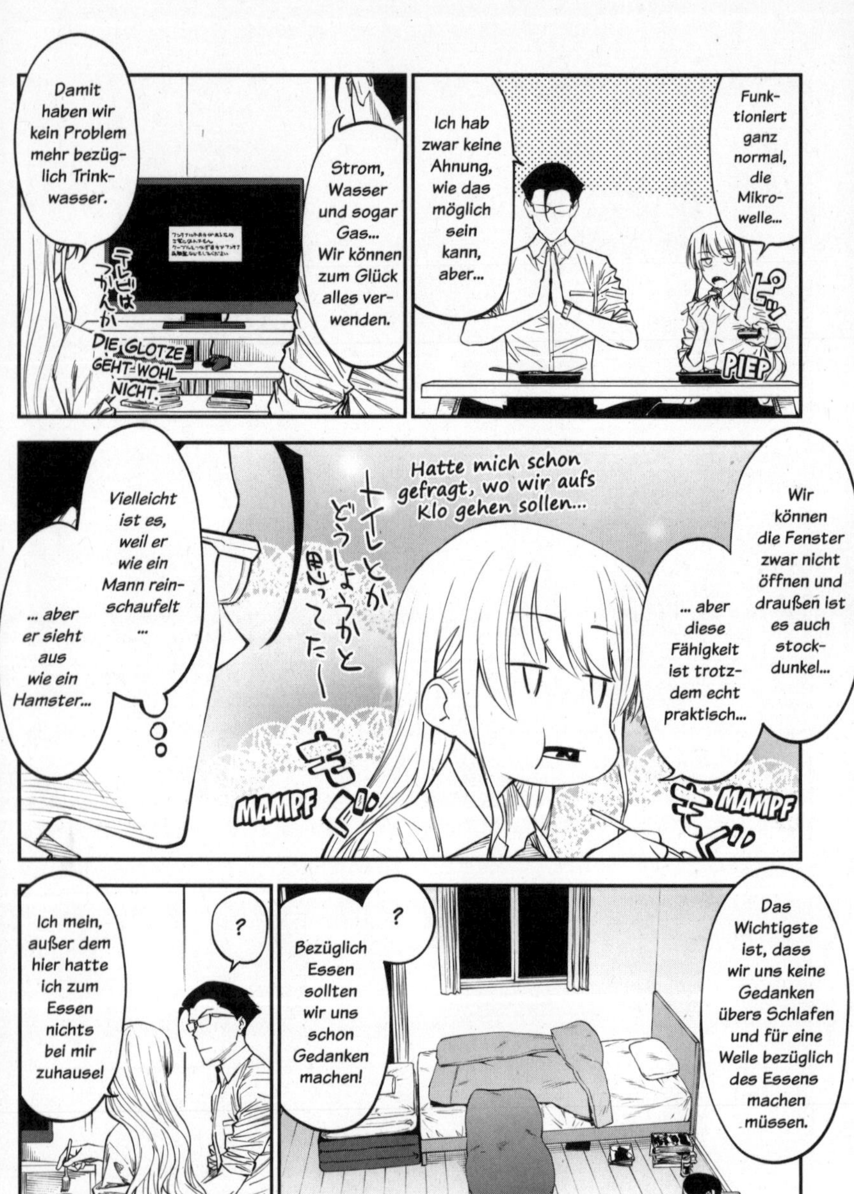
Funktioniert ganz normal, die Mikrowelle...
ピッ
PIEP
Ich hab zwar keine Ahnung, wie das möglich sein kann, aber...
Strom, Wasser und sogar Gas... Wir können zum Glück alles verwenden.
Damit haben wir kein Problem mehr bezüglich Trinkwasser.
テレビはつかんか
DIE GLOTZE GEHT WOHL NICHT.
Wir können die Fenster zwar nicht öffnen und draußen ist es auch stockdunkel...
... aber diese Fähigkeit ist trotzdem echt praktisch...
もぐ
MAMPF
トイレとかどうしようかと思ってたー
Hatte mich schon gefragt, wo wir aufs Klo gehen sollen...
もぐ
MAMPF
Vielleicht ist es, weil er wie ein Mann reinschaufelt ...
... aber er sieht aus wie ein Hamster...
Das Wichtigste ist, dass wir uns keine Gedanken übers Schlafen und für eine Weile bezüglich des Essens machen müssen.
?
Bezüglich Essen sollten wir uns schon Gedanken machen!
?
Ich mein, außer dem hier hatte ich zum Essen nichts bei mir zuhause!

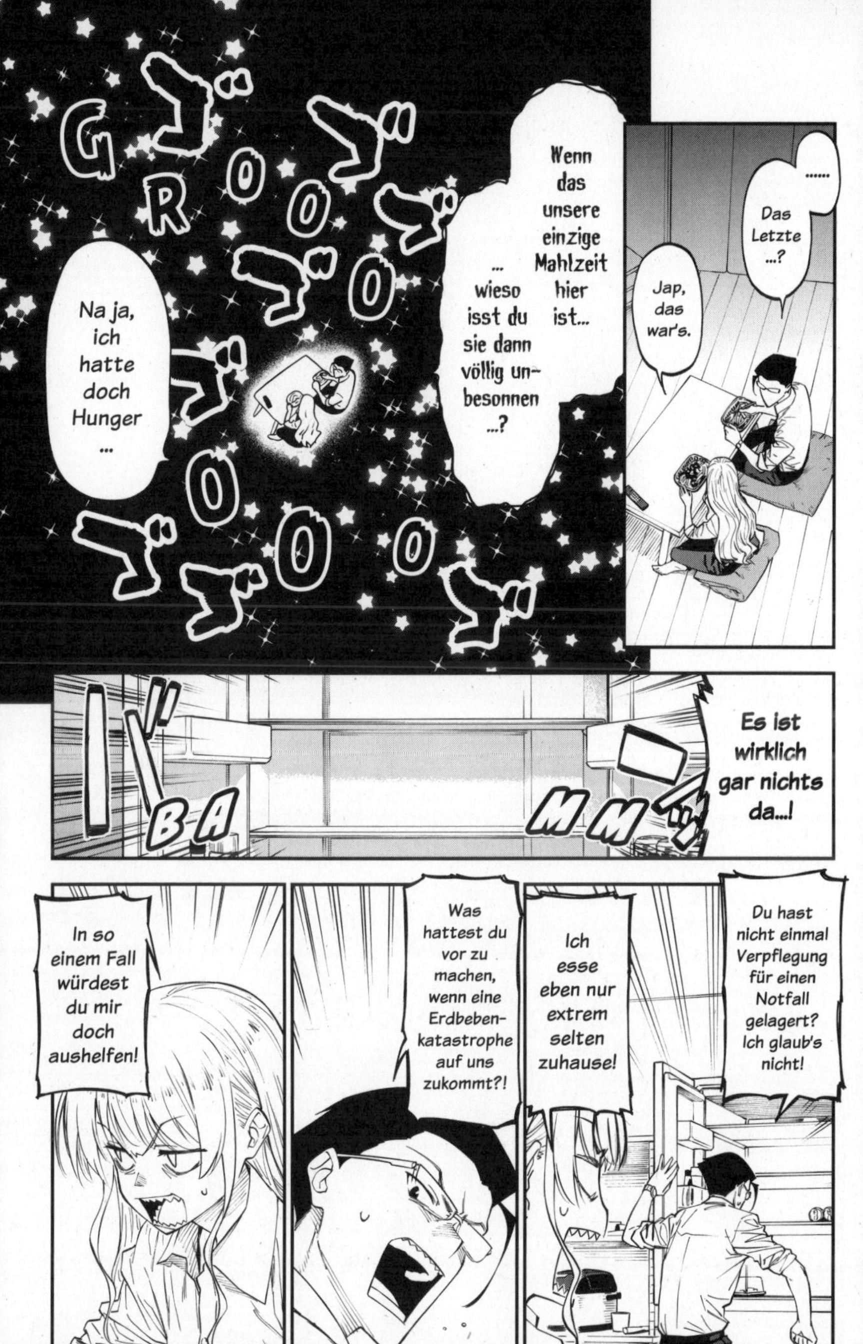
......
Das Letzte ...?
Jap, das war's.
Wenn das unsere einzige Mahlzeit hier ist...
... wieso isst du sie dann völlig unbesonnen ...?
Na ja, ich hatte doch Hunger ...
BAMM
Es ist wirklich gar nichts da...!
Du hast nicht einmal Verpflegung für einen Notfall gelagert? Ich glaub's nicht!
Ich esse eben nur extrem selten zuhause!
Was hattest du vor zu machen, wenn eine Erdbebenkatastrophe auf uns zukommt?!
In so einem Fall würdest du mir doch aushelfen!

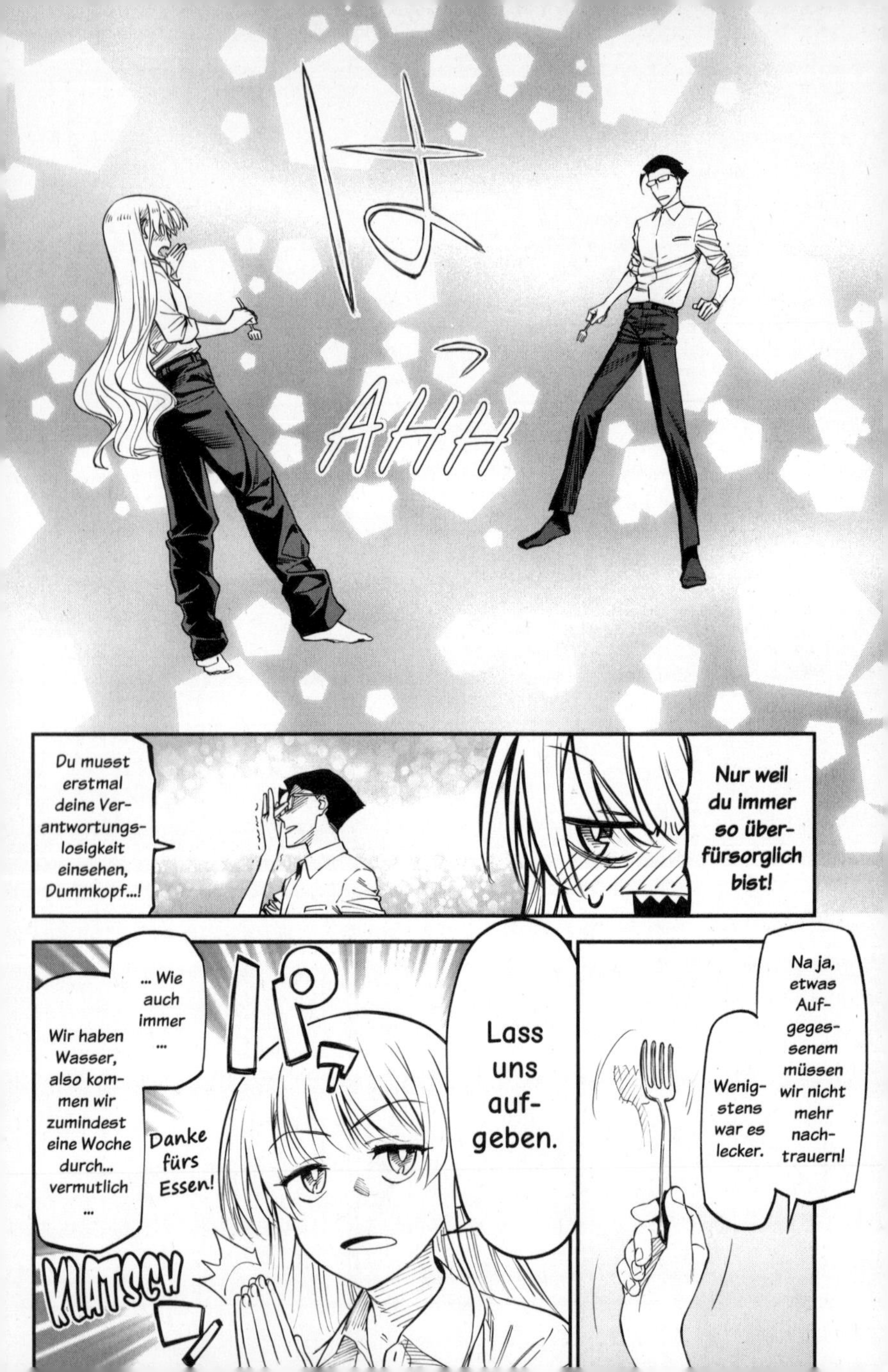

AHH

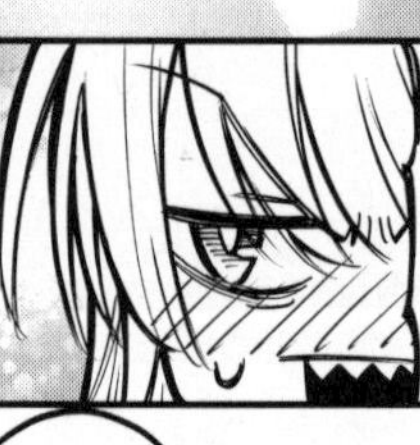

Nur weil du immer so überfürsorglich bist!

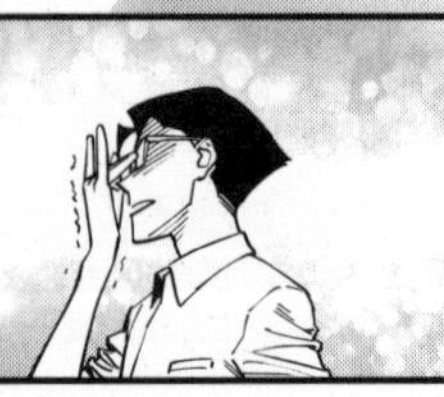

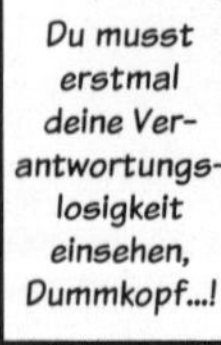

Du musst erstmal deine Verantwortungslosigkeit einsehen, Dummkopf...!

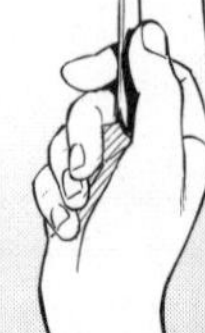

Na ja, etwas Aufgegessenem müssen wir nicht mehr nachtrauern!
Wenigstens war es lecker.

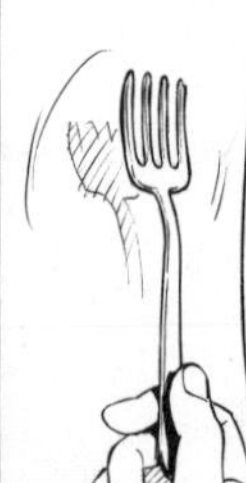

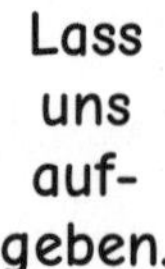

Lass uns aufgeben.

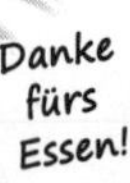

Danke fürs Essen!

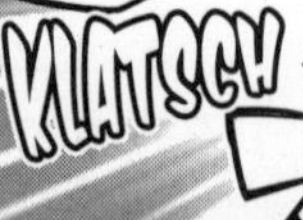

KLATSCH

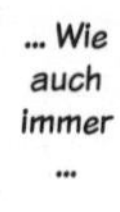

... Wie auch immer ...
Wir haben Wasser, also kommen wir zumindest eine Woche durch... vermutlich ...

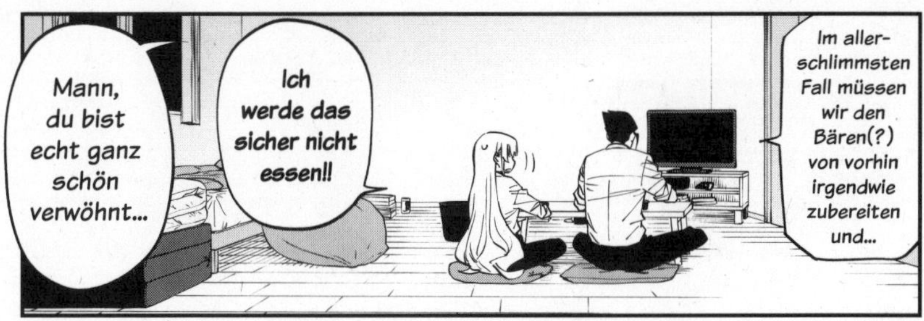
Im allerschlimmsten Fall müssen wir den Bären(?) von vorhin irgendwie zubereiten und...
Ich werde das sicher nicht essen!!
Mann, du bist echt ganz schön verwöhnt...

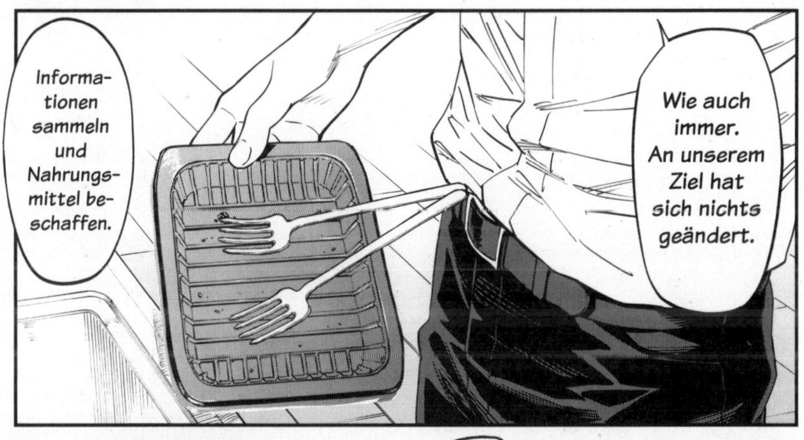
Wie auch immer. An unserem Ziel hat sich nichts geändert.
Informationen sammeln und Nahrungsmittel beschaffen.

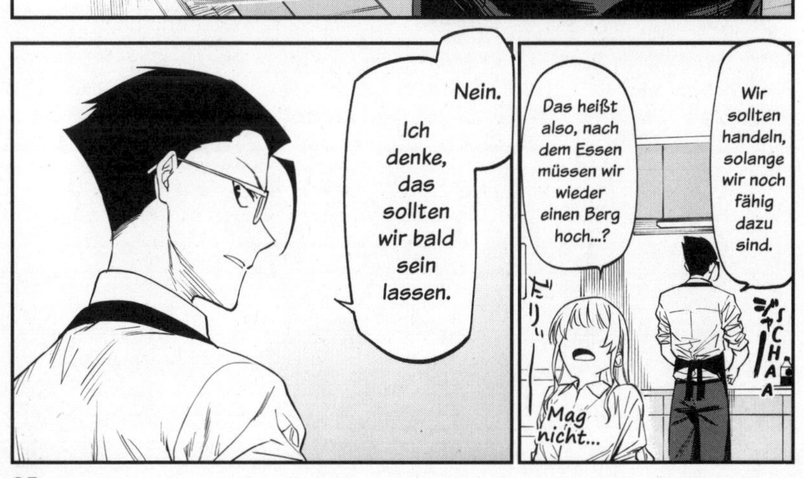
Wir sollten handeln, solange wir noch fähig dazu sind.
SCHAA
Das heißt also, nach dem Essen müssen wir wieder einen Berg hoch...?
Mag nicht...
Nein.
Ich denke, das sollten wir bald sein lassen.

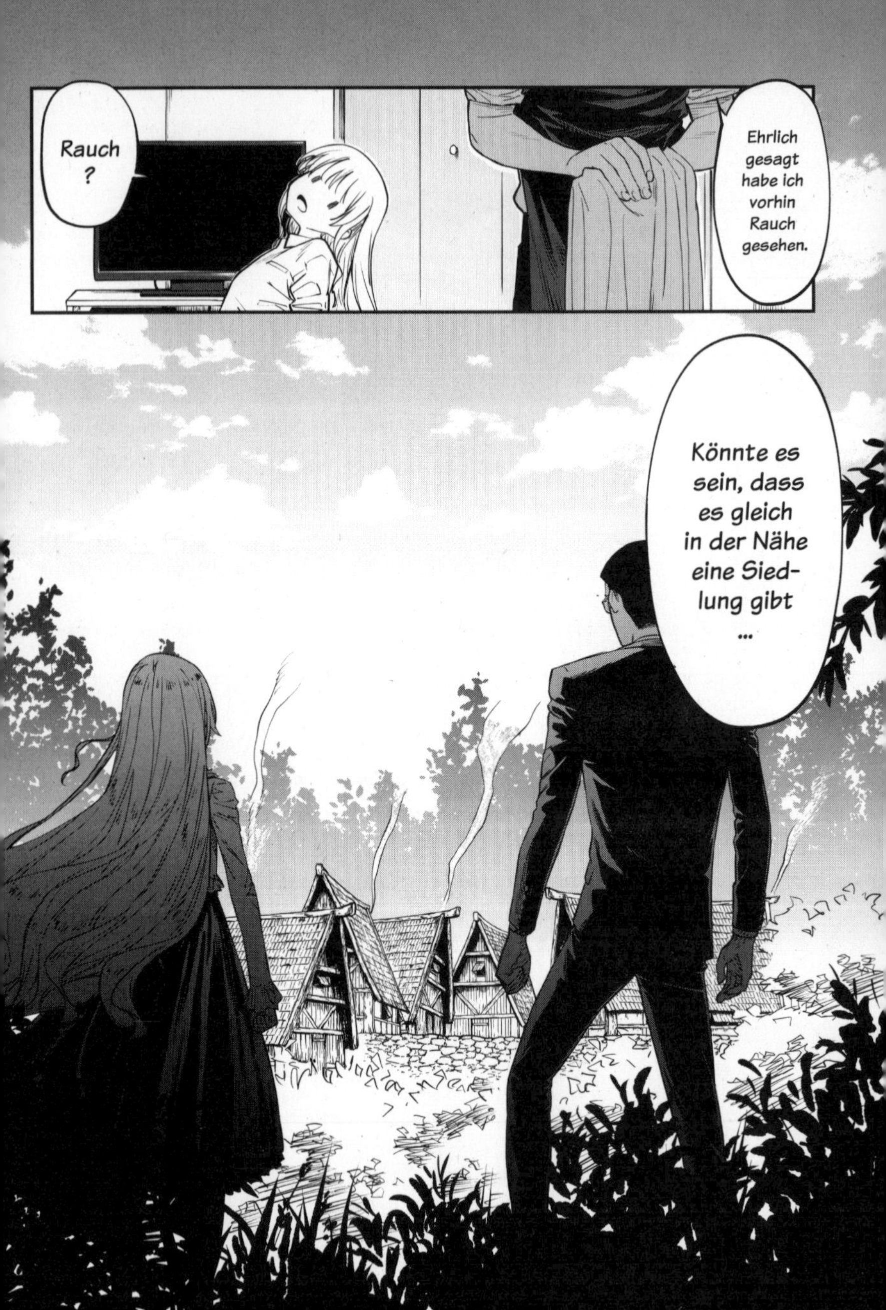
Ehrlich gesagt habe ich vorhin Rauch gesehen.
Rauch ?
Könnte es sein, dass es gleich in der Nähe eine Sied-lung gibt ...

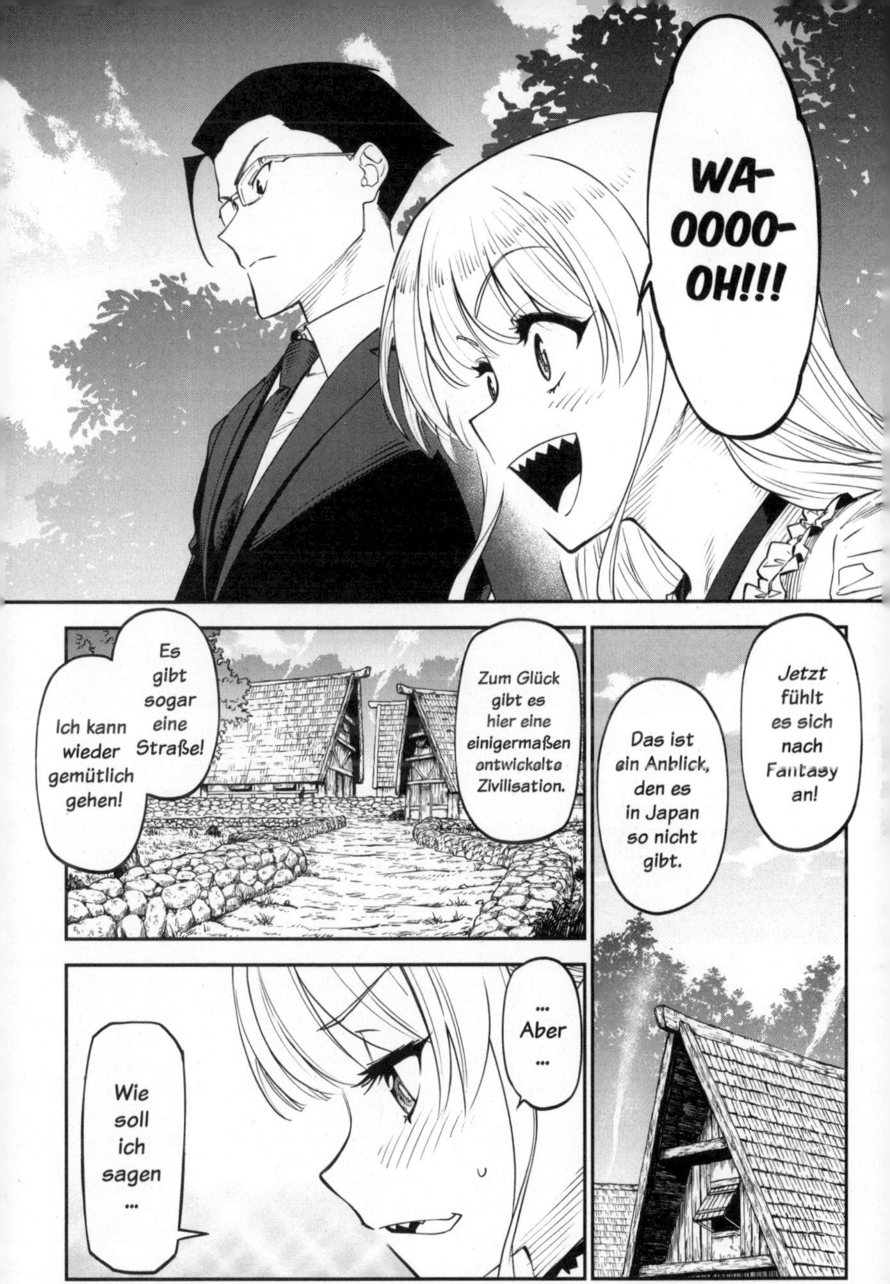

WA-OOOO-OH!!!

Jetzt fühlt es sich nach Fantasy an!

Das ist ein Anblick, den es in Japan so nicht gibt.

Zum Glück gibt es hier eine einigermaßen entwickelte Zivilisation.

Es gibt sogar eine Straße!

Ich kann wieder gemütlich gehen!

... Aber ...

Wie soll ich sagen ...

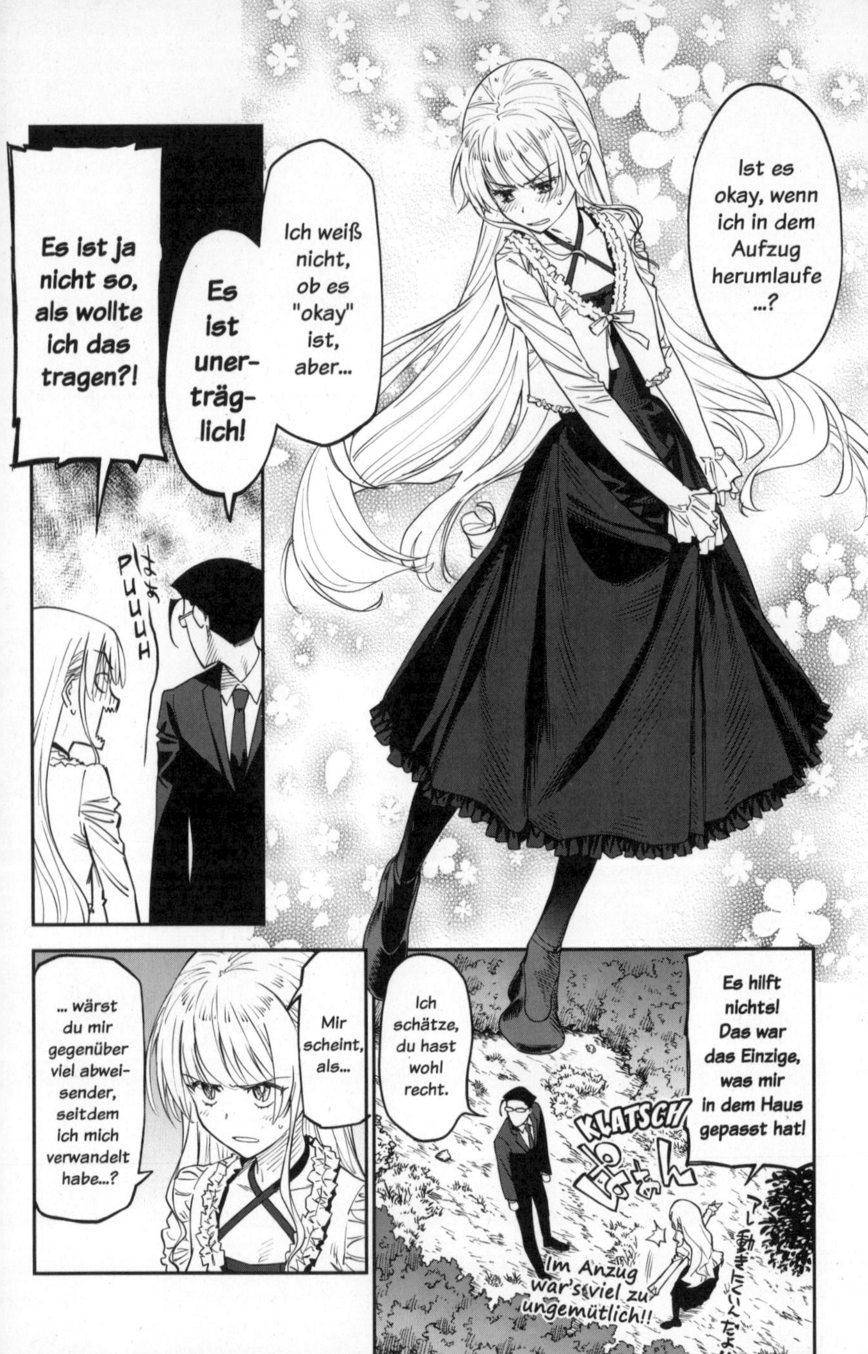
Ist es okay, wenn ich in dem Aufzug herumlaufe ...?
Ich weiß nicht, ob es "okay" ist, aber...
Es ist unerträglich!
Es ist ja nicht so, als wollte ich das tragen?!
PUUUUH
Es hilft nichts! Das war das Einzige, was mir in dem Haus gepasst hat!
KLATSCH
Im Anzug war's viel zu ungemütlich!!
Ich schätze, du hast wohl recht.
Mir scheint, als...
... wärst du mir gegenüber viel abweisender, seitdem ich mich verwandelt habe...?

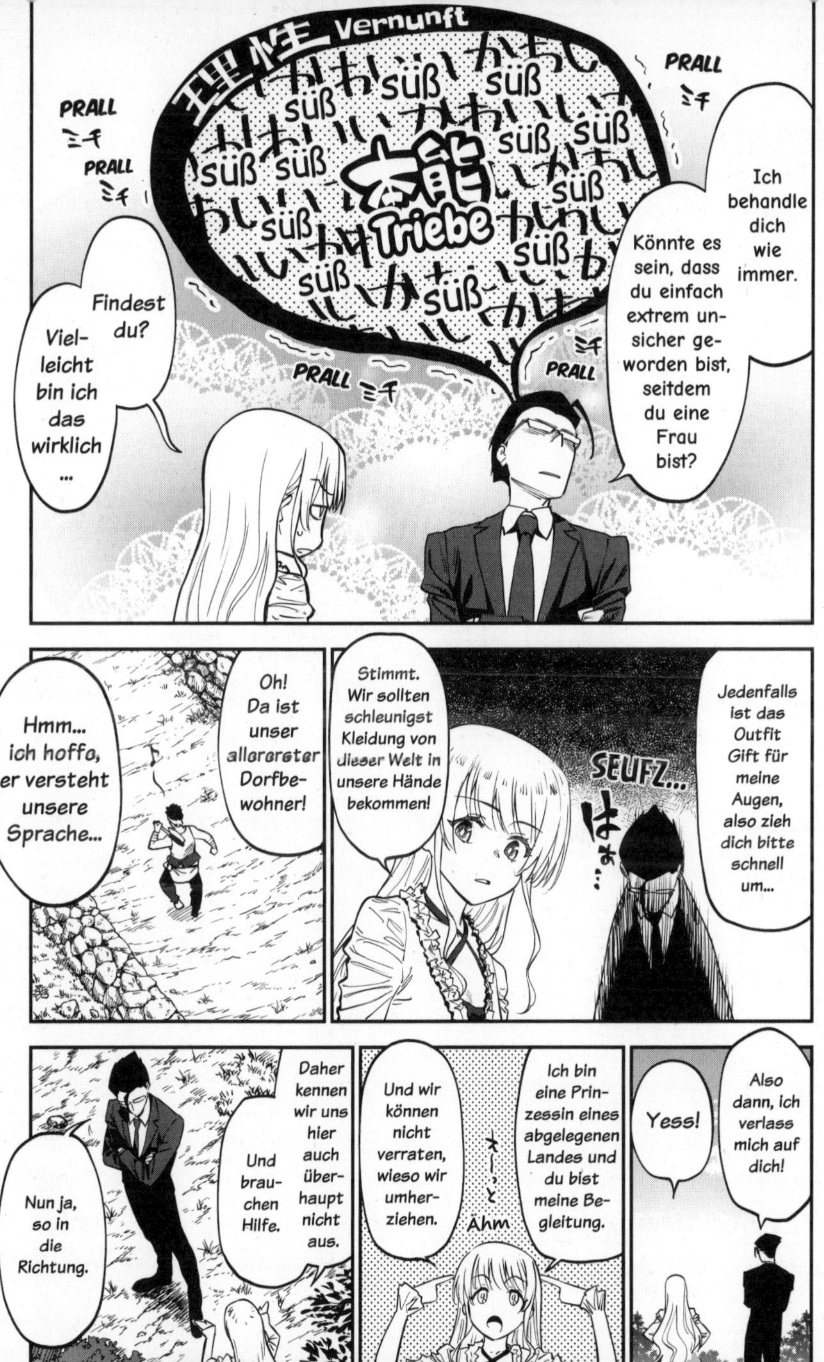
PRALL ミチ
Ich behandle dich wie immer.
Könnte es sein, dass du einfach extrem unsicher geworden bist, seitdem du eine Frau bist?
理性 Vernunft
süß süß süß süß süß süß süß süß süß süß süß süß
本能 Triebe
PRALL ミチ
PRALL ミチ
PRALL ミチ
PRALL ミチ
Findest du?
Vielleicht bin ich das wirklich ...
Jedenfalls ist das Outfit Gift für meine Augen, also zieh dich bitte schnell um...
SEUFZ... はぁ…
Stimmt. Wir sollten schleunigst Kleidung von dieser Welt in unsere Hände bekommen!
Oh! Da ist unser allererster Dorfbewohner!
Hmm... ich hoffe, er versteht unsere Sprache...
Also dann, ich verlass mich auf dich!
Yess!
Ich bin eine Prinzessin eines abgelegenen Landes und du bist meine Begleitung.
えー、と Ähm
Und wir können nicht verraten, wieso wir umherziehen.
Daher kennen wir uns hier auch überhaupt nicht aus.
Und brauchen Hilfe.
Nun ja, so in die Richtung.

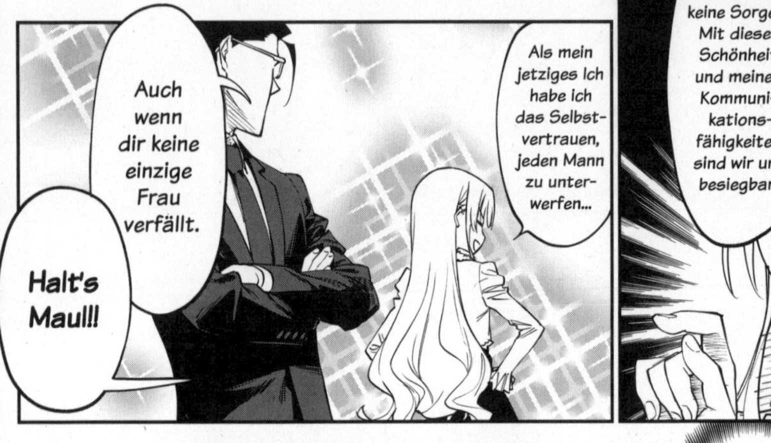
Mach dir keine Sorgen. Mit dieser Schönheit und meinen Kommunikationsfähigkeiten sind wir unbesiegbar!
Als mein jetziges Ich habe ich das Selbstvertrauen, jeden Mann zu unterwerfen...
Auch wenn dir keine einzige Frau verfällt.
Halt's Maul!!

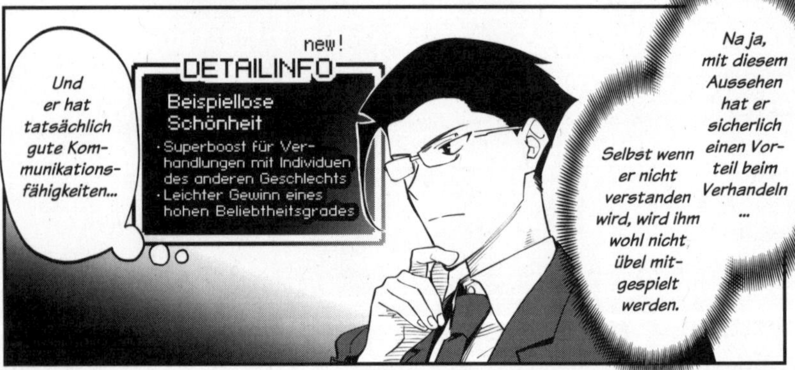
Na ja, mit diesem Aussehen hat er sicherlich einen Vorteil beim Verhandeln ...
Selbst wenn er nicht verstanden wird, wird ihm wohl nicht übel mitgespielt werden.
new!
DETAILINFO
Beispiellose Schönheit
· Superboost für Verhandlungen mit Individuen des anderen Geschlechts
· Leichter Gewinn eines hohen Beliebtheitsgrades
Und er hat tatsächlich gute Kommunikationsfähigkeiten...

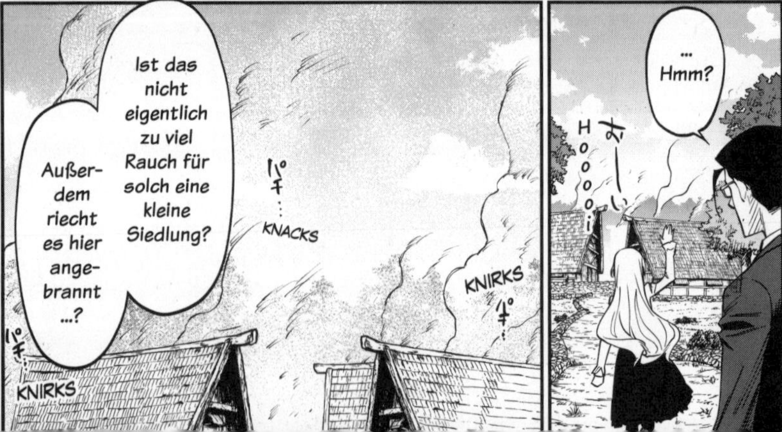
... Hmm?
Hooooi
Ist das nicht eigentlich zu viel Rauch für solch eine kleine Siedlung?
Außerdem riecht es hier angebrannt ...?
KNACKS
KNIRKS
KNIRKS

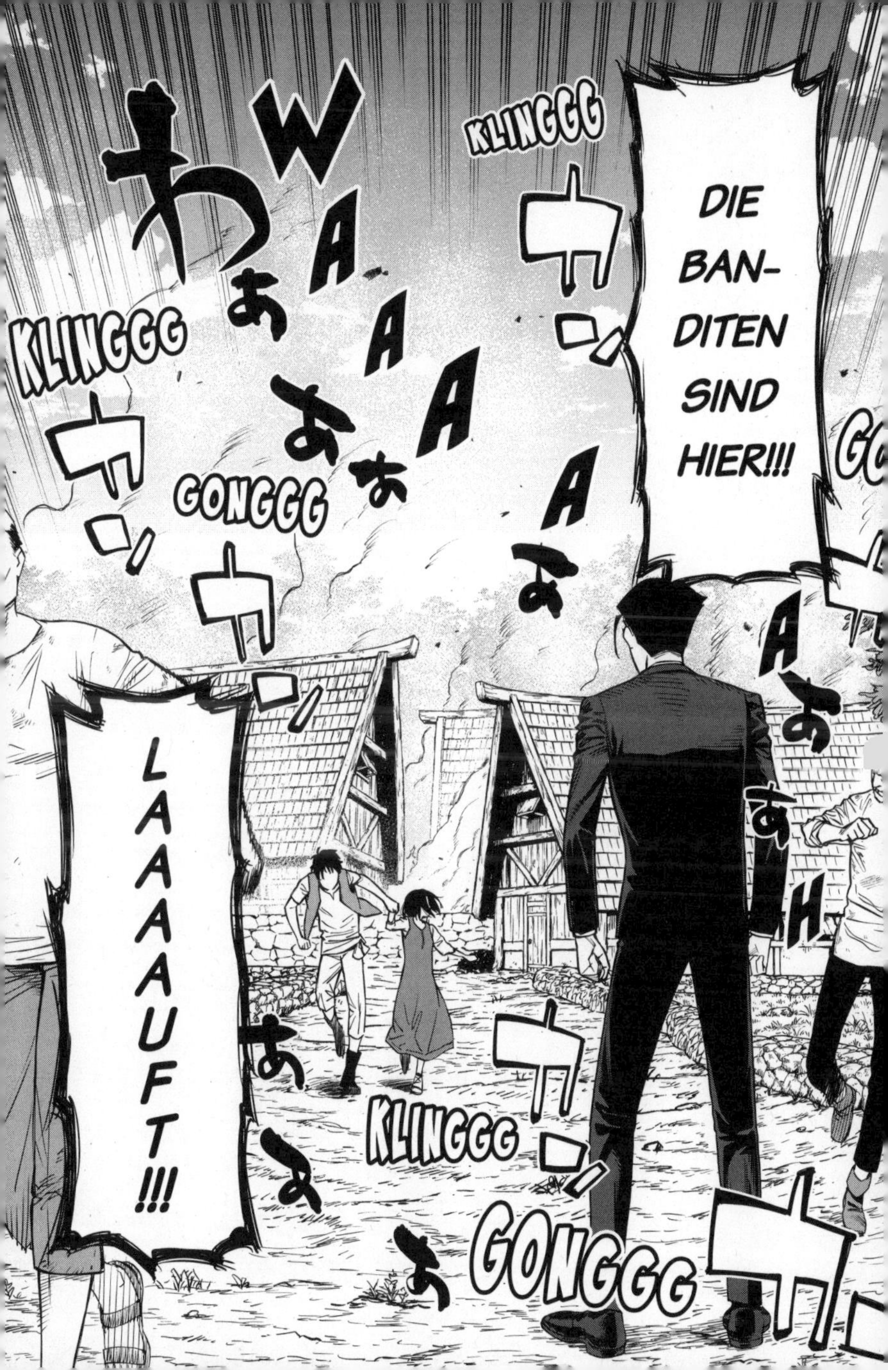
DIE BANDITEN SIND HIER!!!
KLINGGG
WAAAAA
KLINGGG
GONGGG
LAAAAAUFT!!!
KLINGGG
GONGGG
AH

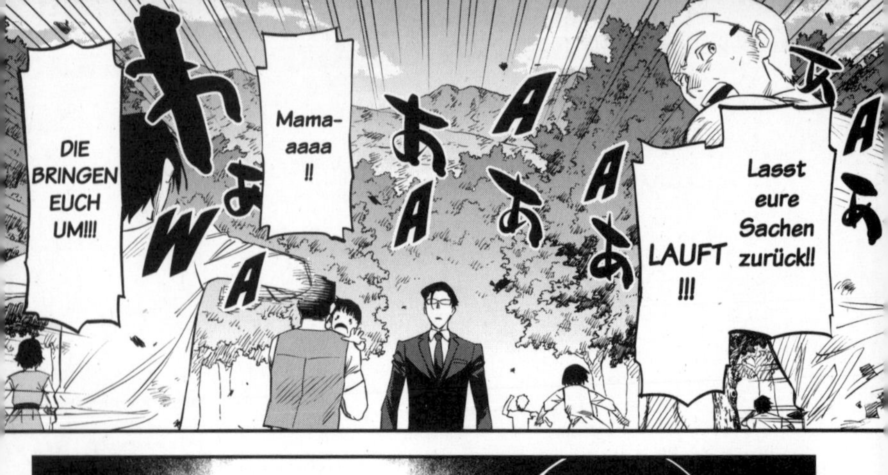

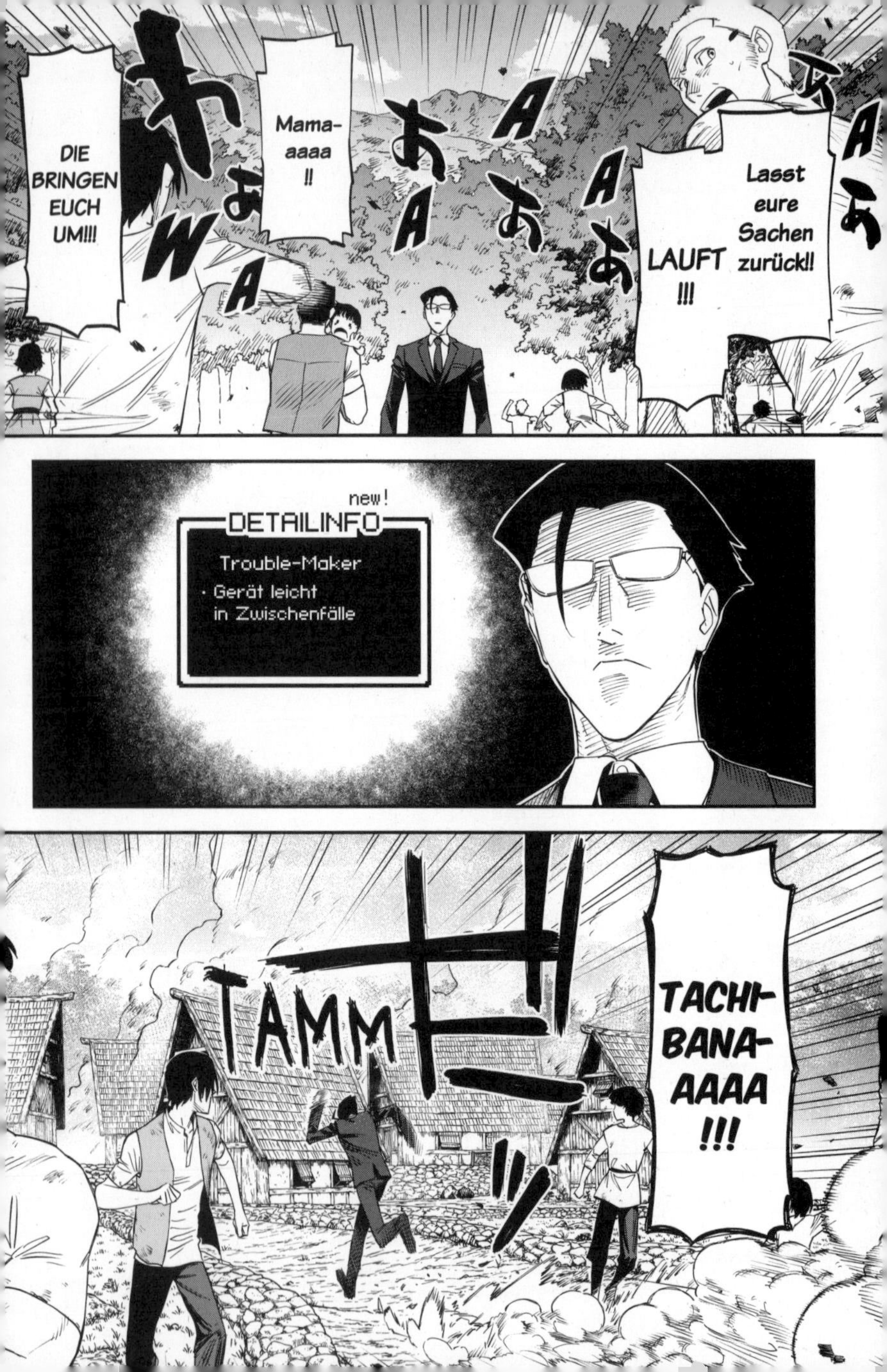

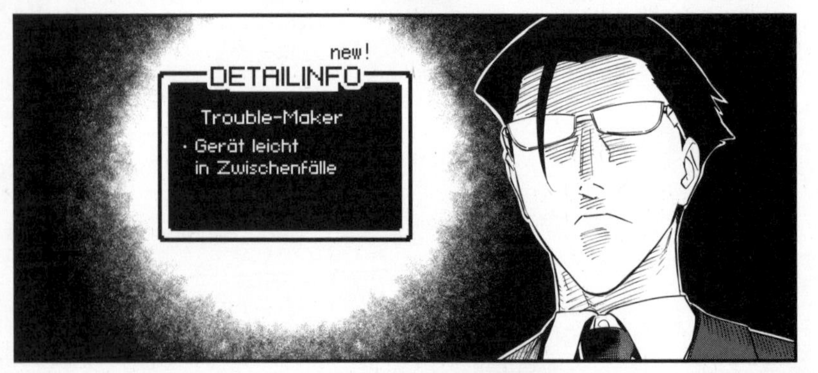

TAMM

TACHI-BANA-AAAA !!!

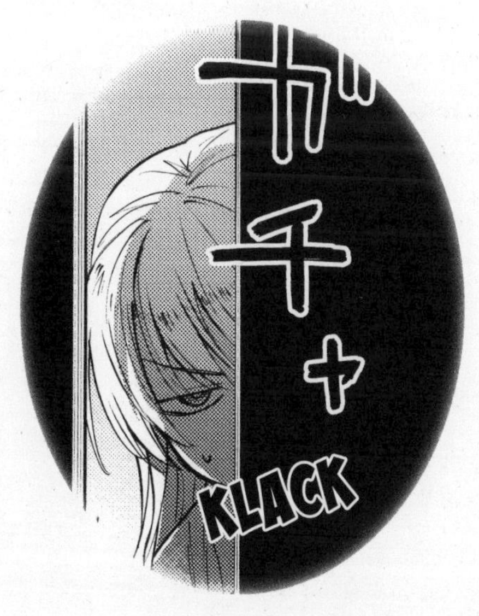
ガチャ
KLACK

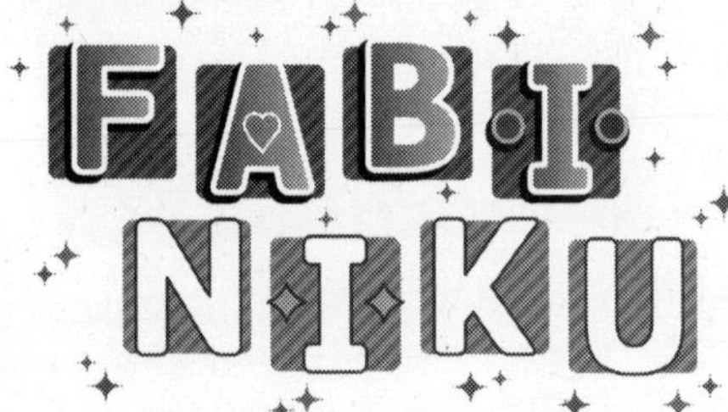
FABI
NIKU

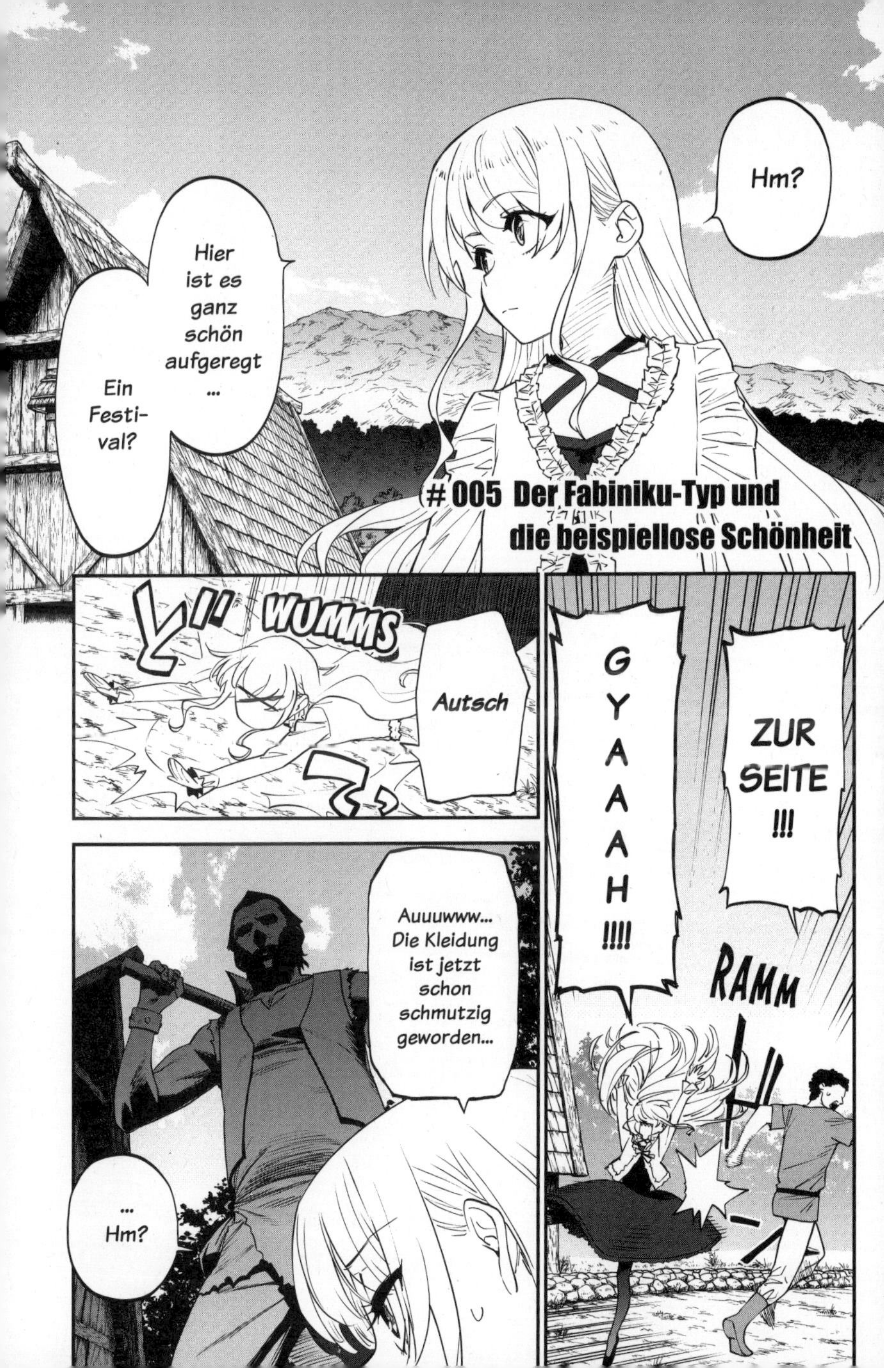
Hm?
Hier ist es ganz schön aufgeregt ...
Ein Festi-val?
005 Der Fabiniku-Typ und die beispiellose Schönheit
ZUR SEITE !!!
GYAAAAH !!!!
RAMM
WUMMS
Autsch
Auuuwww... Die Kleidung ist jetzt schon schmutzig geworden...
... Hm?

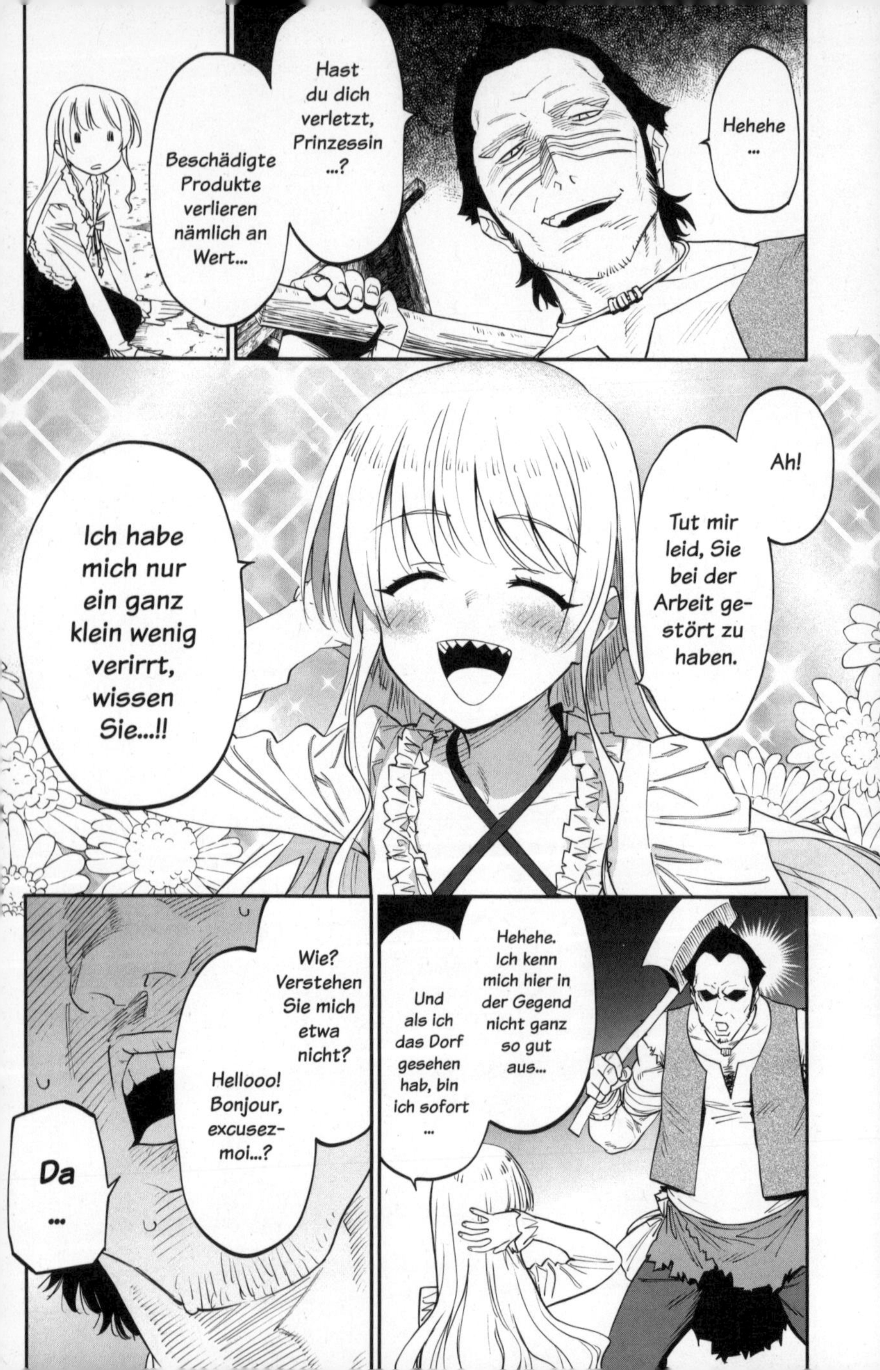
Hehehe ...
Hast du dich verletzt, Prinzessin ...?
Beschädigte Produkte verlieren nämlich an Wert...
Ah!
Tut mir leid, Sie bei der Arbeit gestört zu haben.
Ich habe mich nur ein ganz klein wenig verirrt, wissen Sie...!!
Hehehe. Ich kenn mich hier in der Gegend nicht ganz so gut aus...
Und als ich das Dorf gesehen hab, bin ich sofort ...
Wie? Verstehen Sie mich etwa nicht?
Hellooo! Bonjour, excusez-moi...?
Da ...

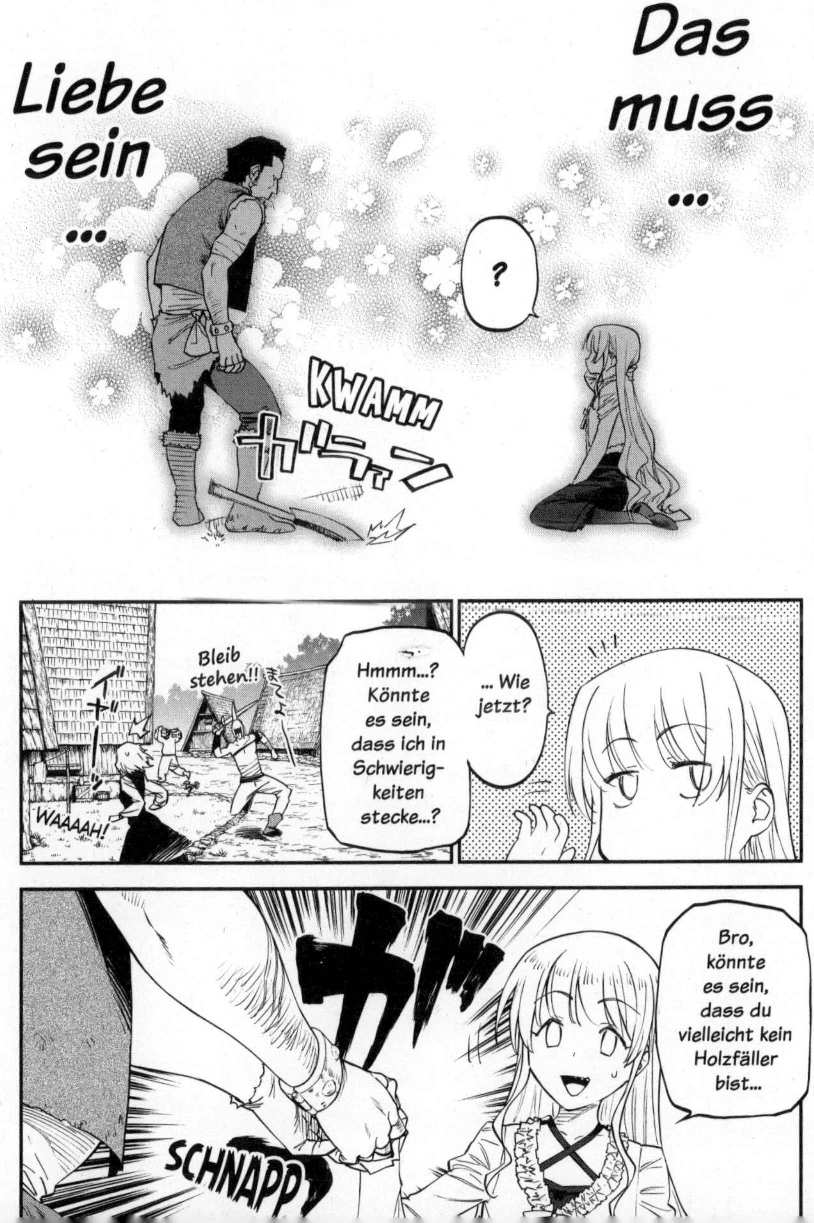

Das muss ...

Liebe sein ...

?

KWAMM

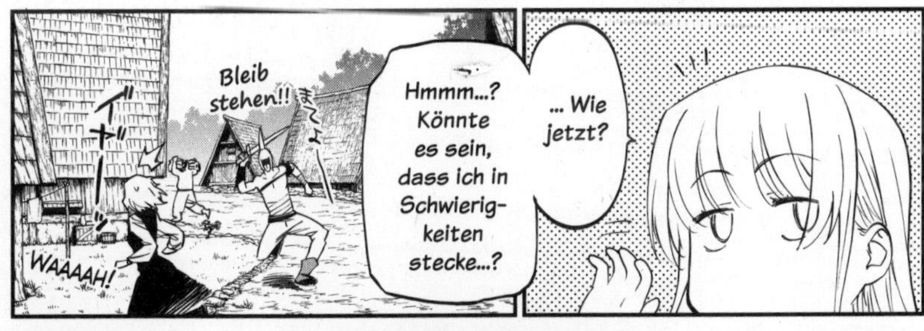

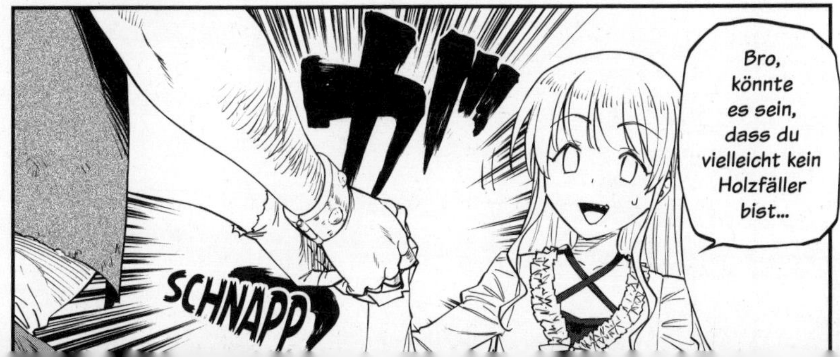

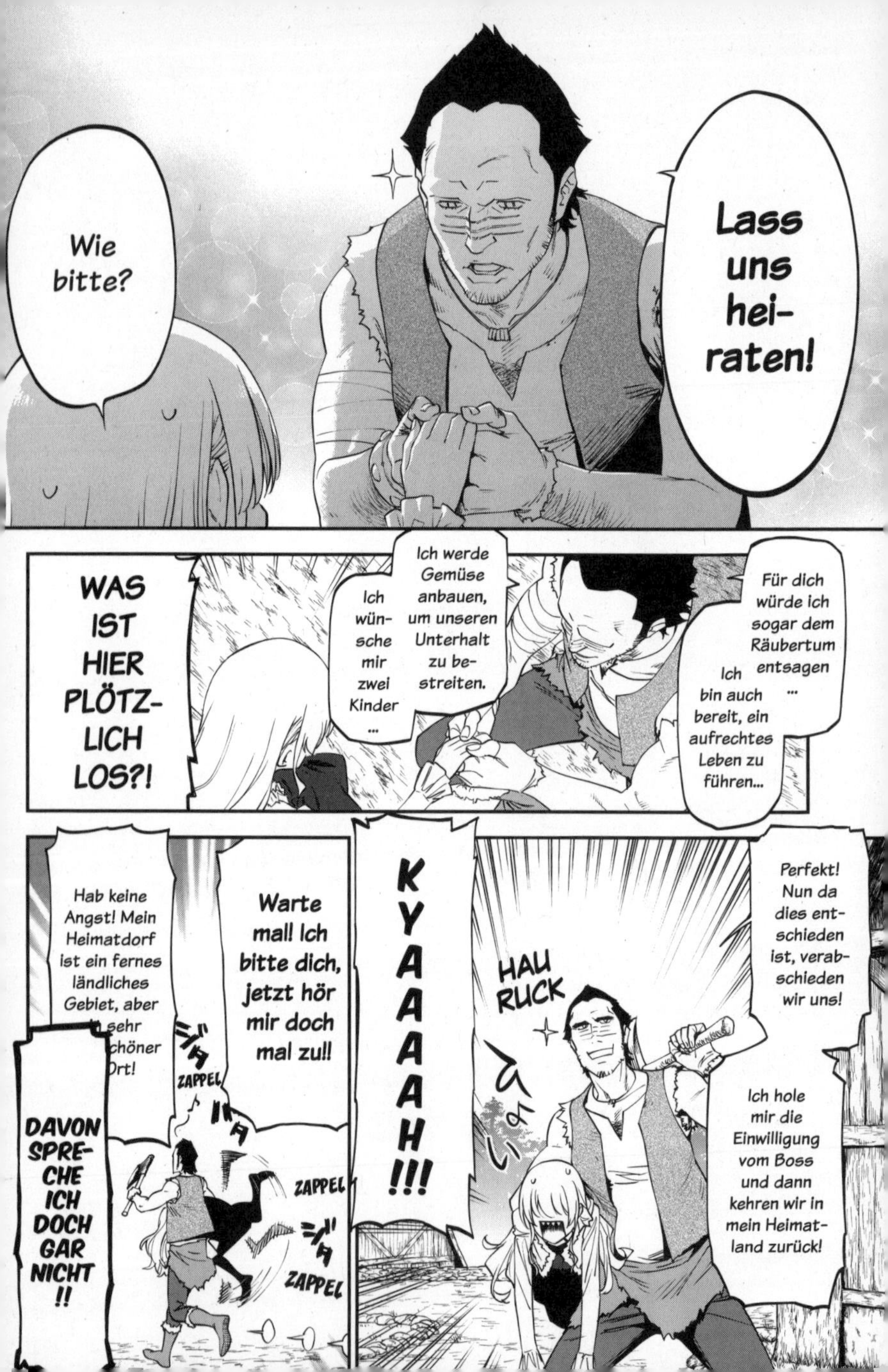

Lass uns hei-raten!
Wie bitte?
Für dich würde ich sogar dem Räubertum entsagen ...
Ich bin auch bereit, ein aufrechtes Leben zu führen...
Ich werde Gemüse anbauen, um unseren Unterhalt zu be-streiten.
Ich wün-sche mir zwei Kinder ...
WAS IST HIER PLÖTZ-LICH LOS?!
Perfekt! Nun da dies ent-schieden ist, verab-schieden wir uns!
Ich hole mir die Einwilligung vom Boss und dann kehren wir in mein Heimat-land zurück!
HAU RUCK
KYAAAAAH!!!
Warte mal! Ich bitte dich, jetzt hör mir doch mal zu!!
Hab keine Angst! Mein Heimatdorf ist ein fernes ländliches Gebiet, aber
ZAPPEL
ZAPPEL
ZAPPEL
DAVON SPRE-CHE ICH DOCH GAR NICHT !!

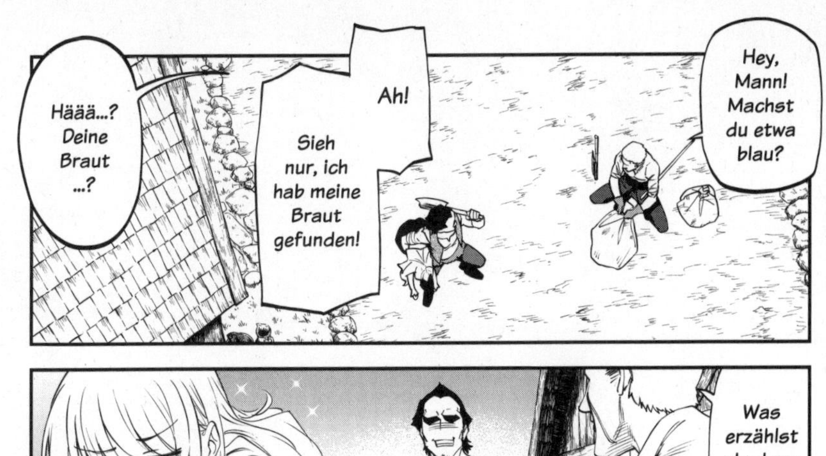
Hey, Mann! Machst du etwa blau?
Ah!
Sieh nur, ich hab meine Braut gefunden!
Häää...? Deine Braut ...?
Was erzählst du denn da, Mann...

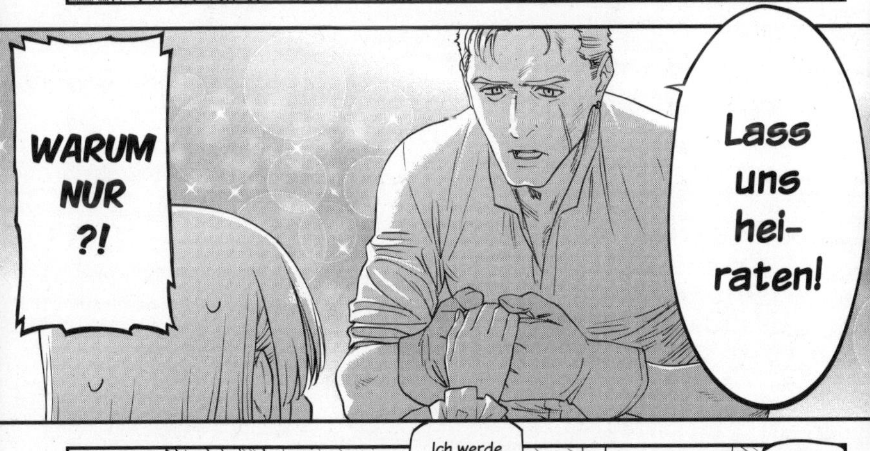
Lass uns hei-raten!
WARUM NUR ?!

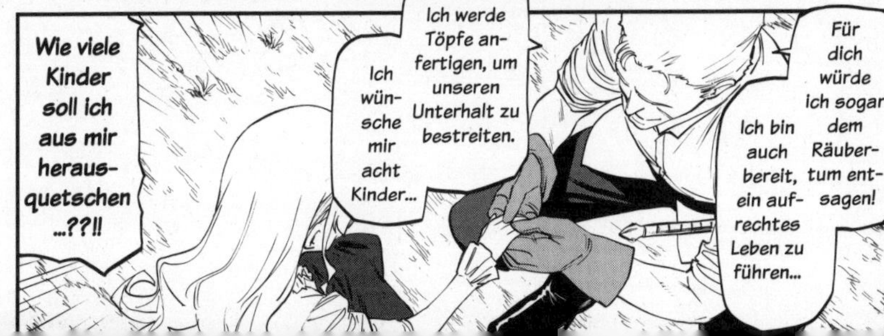
Für dich würde ich sogar dem Räuber-tum ent-sagen!
Ich bin auch bereit, ein auf-rechtes Leben zu führen...
Ich werde Töpfe an-fertigen, um unseren Unterhalt zu bestreiten.
Ich wün-sche mir acht Kinder...
Wie viele Kinder soll ich aus mir heraus-quetschen ...??!!

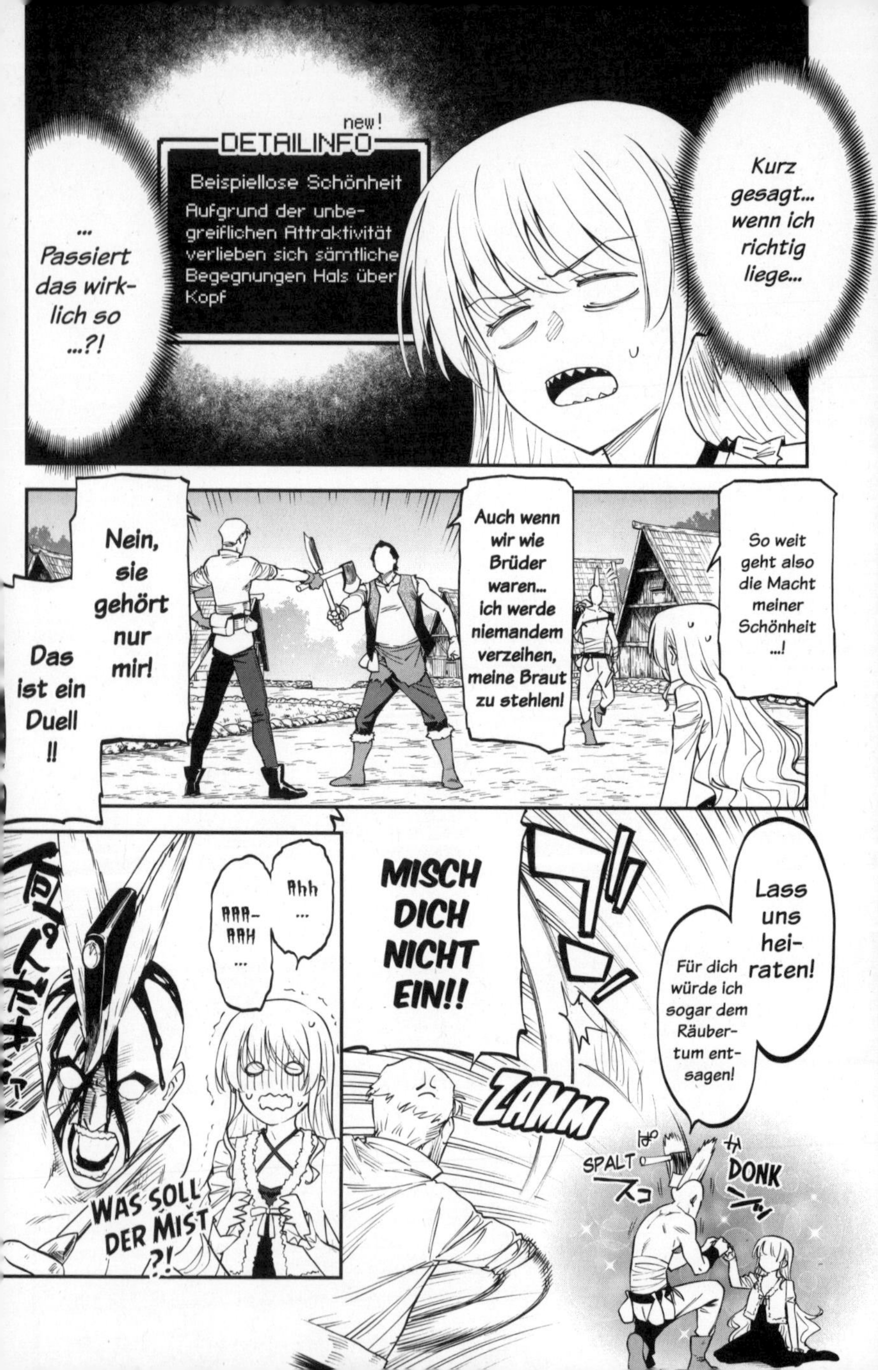
Kurz gesagt... wenn ich richtig liege...
new!
DETAILINFO
Beispiellose Schönheit
Aufgrund der unbegreiflichen Attraktivität verlieben sich sämtliche Begegnungen Hals über Kopf
... Passiert das wirklich so ...?!
So weit geht also die Macht meiner Schönheit ...!
Auch wenn wir wie Brüder waren... ich werde niemandem verzeihen, meine Braut zu stehlen!
Nein, sie gehört nur mir!
Das ist ein Duell !!
Lass uns heiraten!
Für dich würde ich sogar dem Räubertum entsagen!
ZAMM
SPALT
DONK
MISCH DICH NICHT EIN!!
Ahh ...
AAA-AAH ...
WAS SOLL DER MIST ?!

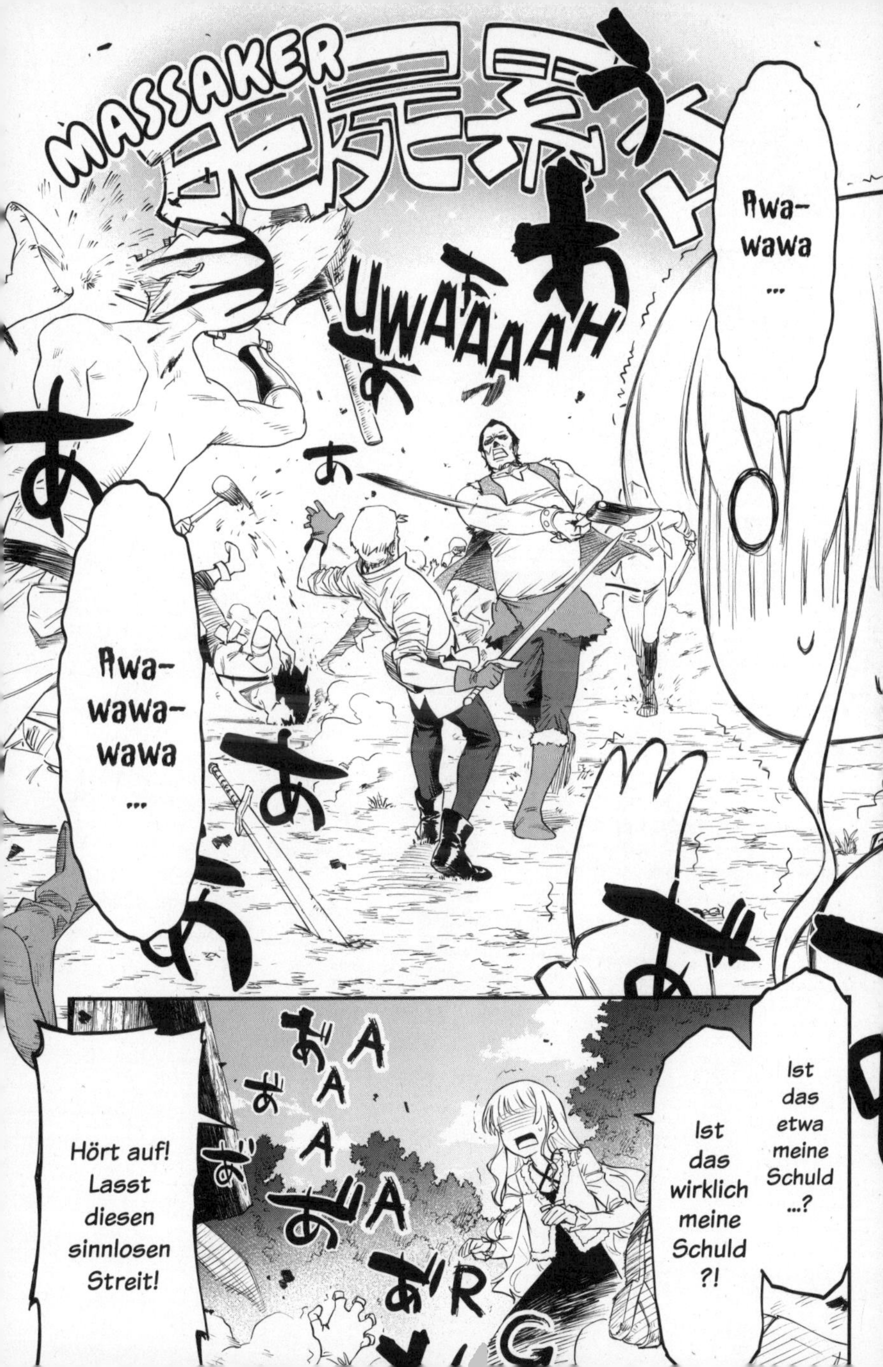
Awa-
wawa
...
MASSAKER
UWAAAAAH
Awa-
wawa-
wawa
...
Ist
das
etwa
meine
Schuld
...?
Ist
das
wirklich
meine
Schuld
?!
AAAAARG
Hört auf!
Lasst
diesen
sinnlosen
Streit!

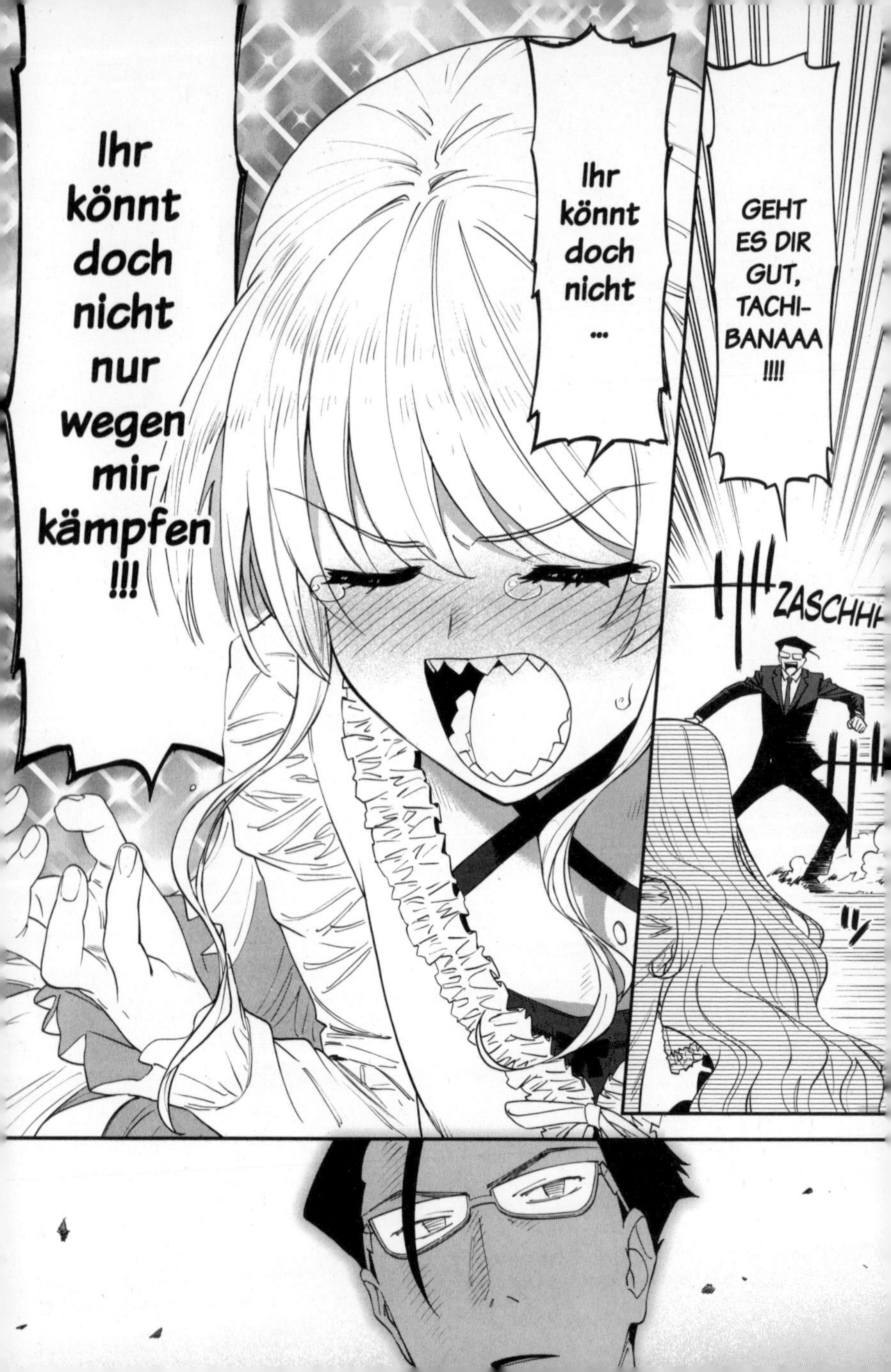
GEHT ES DIR GUT, TACHI-BANAAA !!!!
ZASCHHH
Ihr könnt doch nicht ...
Ihr könnt doch nicht nur wegen mir kämpfen !!!

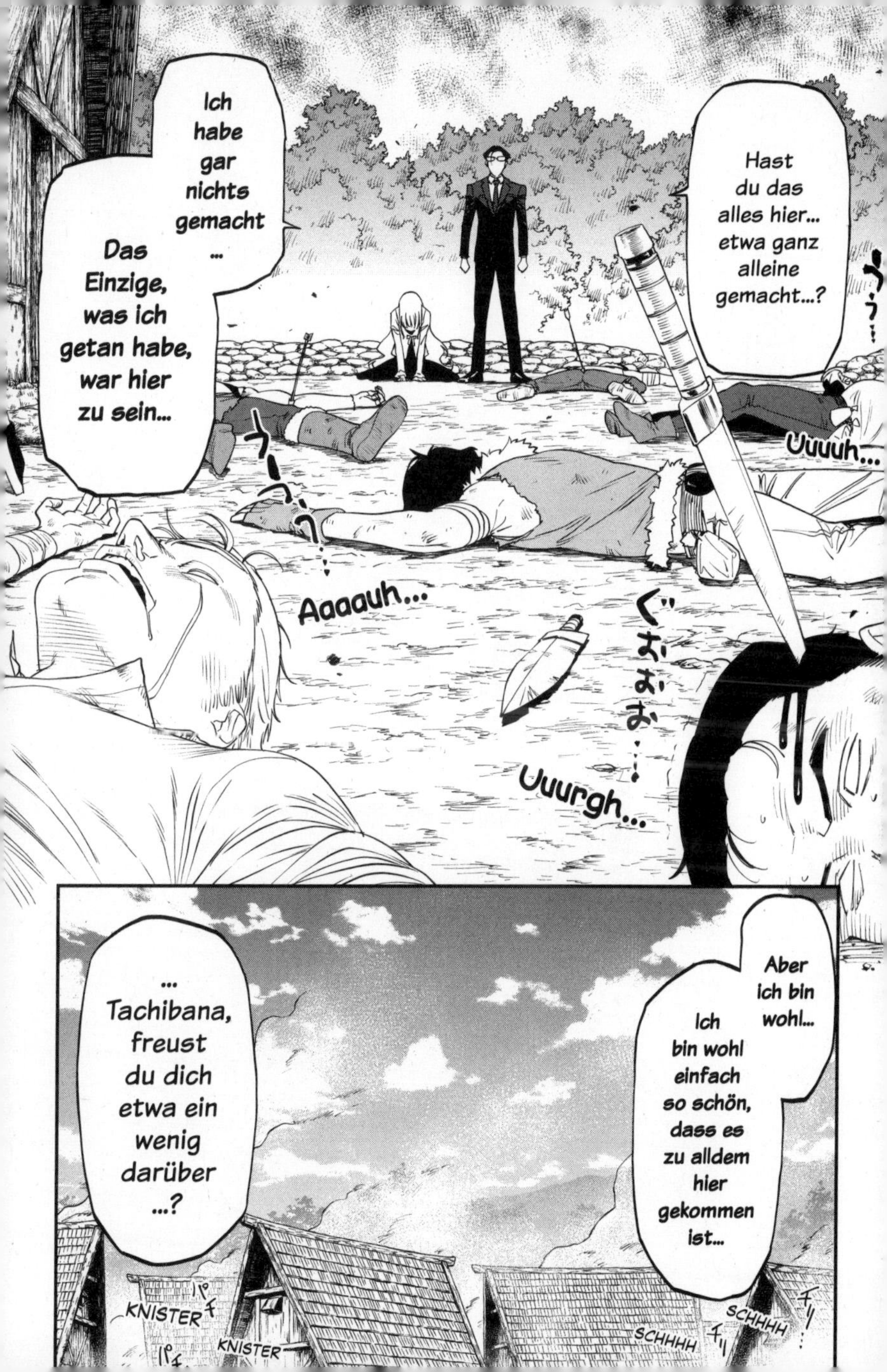
Hast du das alles hier... etwa ganz alleine gemacht...?
Ich habe gar nichts gemacht ...
Das Einzige, was ich getan habe, war hier zu sein...
Uuuuh...
Aaaauh...
Uuurgh...
Aber ich bin wohl...
Ich bin wohl einfach so schön, dass es zu alldem hier gekommen ist...
... Tachibana, freust du dich etwa ein wenig darüber ...?
SCHHHH
SCHHHH
KNISTER
KNISTER

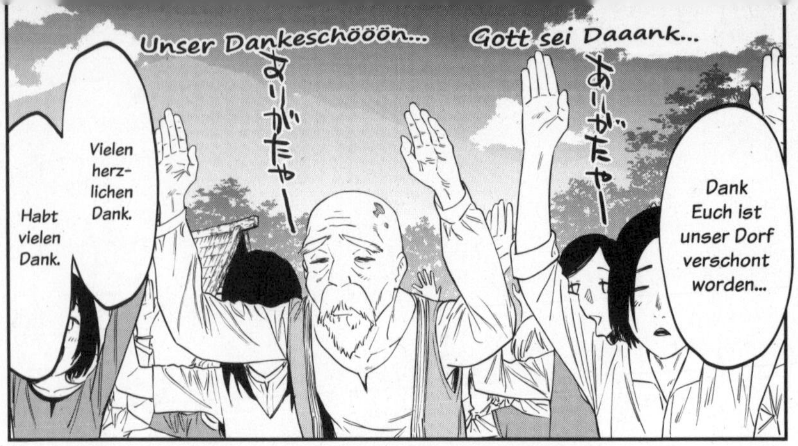
Gott sei Daaank...
ありがたやー
Unser Dankeschöööön...
ありがたやー
Dank Euch ist unser Dorf verschont worden...
Vielen herzlichen Dank.
Habt vielen Dank.

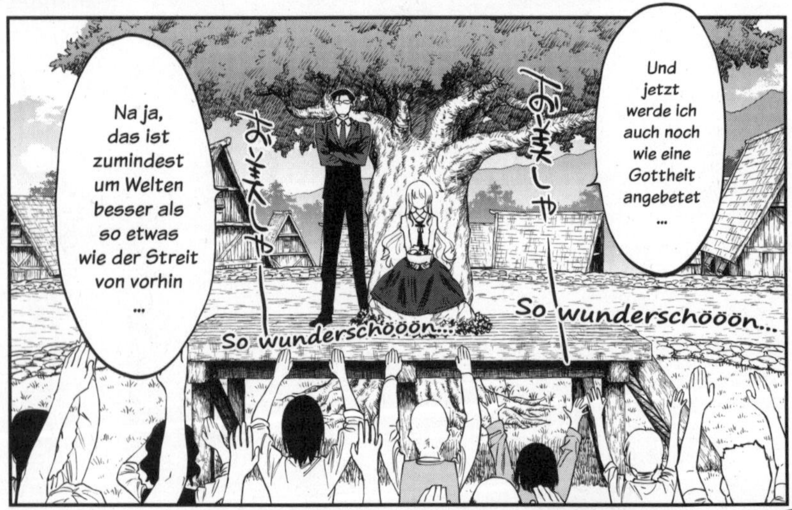
Und jetzt werde ich auch noch wie eine Gottheit angebetet ...
So wunderschööön...
お美しやー
So wunderschööön...
お美しやー
Na ja, das ist zumindest um Welten besser als so etwas wie der Streit von vorhin ...

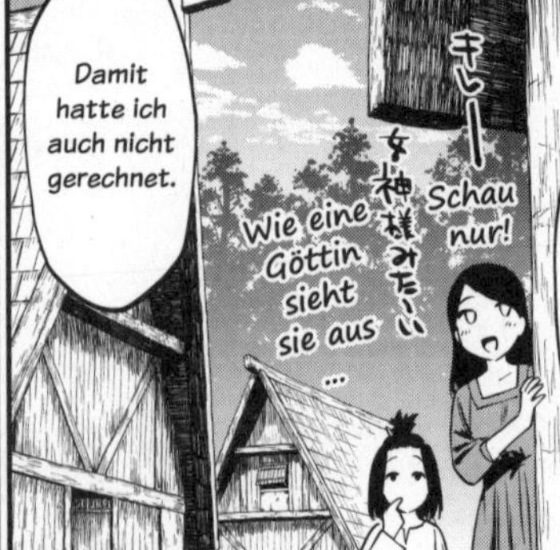
Und ich dachte bisher nur, ich würde vielleicht ein wenig beliebter werden, aber...
Scheint so, als wäre ich tatsächlich zu einer unvorstellbaren Schönheit geworden.
キレー
Schau nur!
女神様みたい
Wie eine Göttin sieht sie aus ...
Damit hatte ich auch nicht gerechnet.

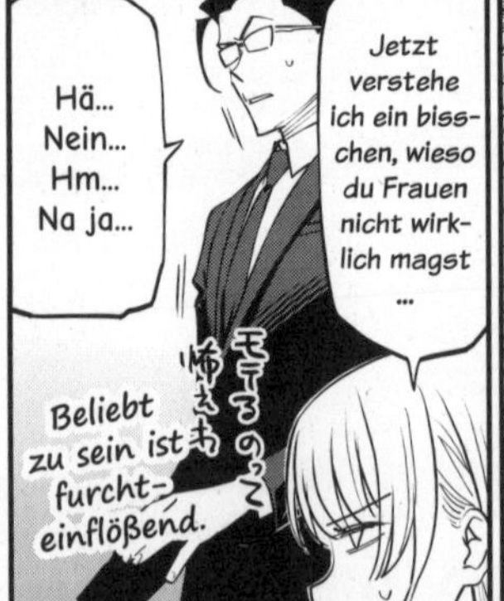
Jetzt verstehe ich ein bisschen, wieso du Frauen nicht wirklich magst ...
Hä... Nein... Hm... Na ja...
モテるのって怖きれ
Beliebt zu sein ist furchteinflößend.

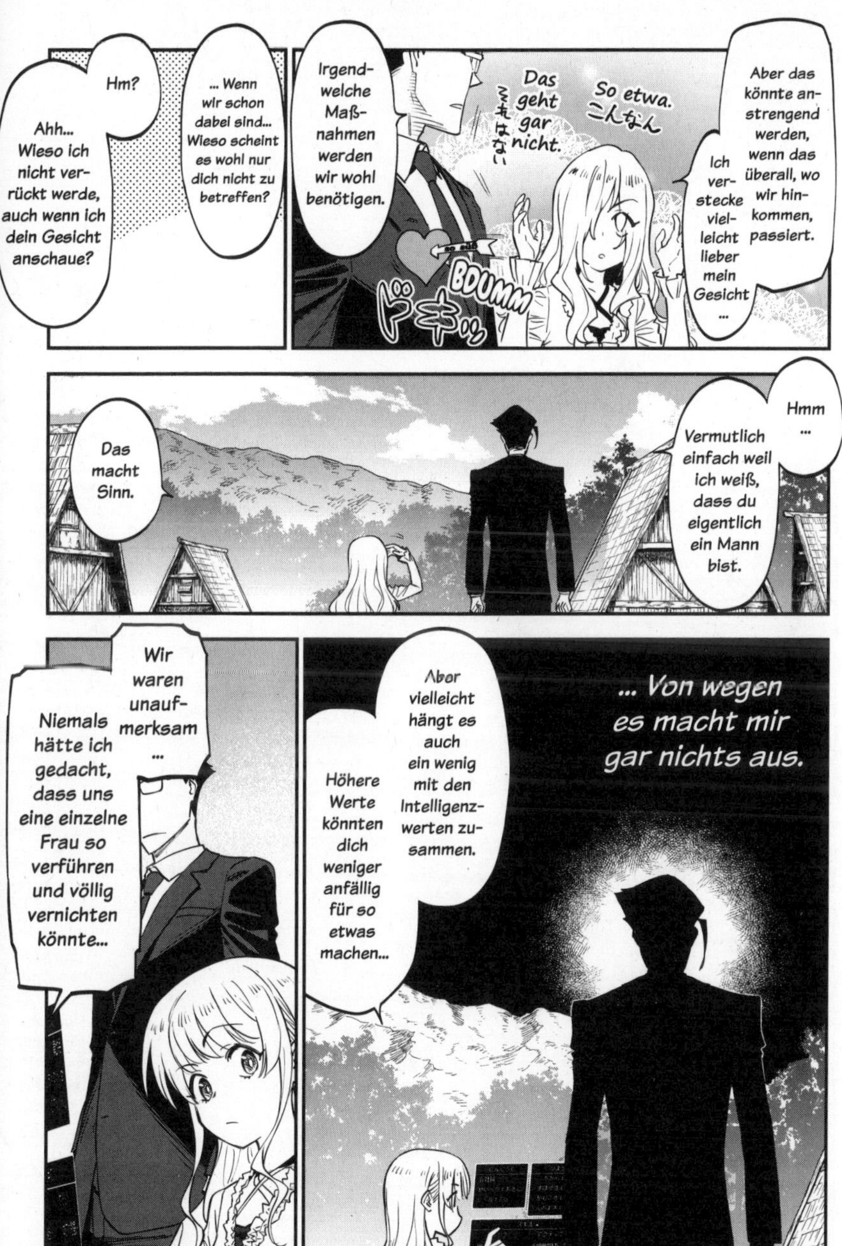

Aber das könnte anstrengend werden, wenn das überall, wo wir hinkommen, passiert.
Ich verstecke vielleicht lieber mein Gesicht ...
So etwa. こんなん
Das geht gar nicht. それはない
Irgendwelche Maßnahmen werden wir wohl benötigen.
so süß
BDUMM
ドキッ
... Wenn wir schon dabei sind... Wieso scheint es wohl nur dich nicht zu betreffen?
Hm?
Ahh... Wieso ich nicht verrückt werde, auch wenn ich dein Gesicht anschaue?
Hmm ...
Vermutlich einfach weil ich weiß, dass du eigentlich ein Mann bist.
Das macht Sinn.
... Von wegen es macht mir gar nichts aus.
Aber vielleicht hängt es auch ein wenig mit den Intelligenzwerten zusammen.
Höhere Werte könnten dich weniger anfällig für so etwas machen...
Wir waren unaufmerksam ...
Niemals hätte ich gedacht, dass uns eine einzelne Frau so verführen und völlig vernichten könnte...

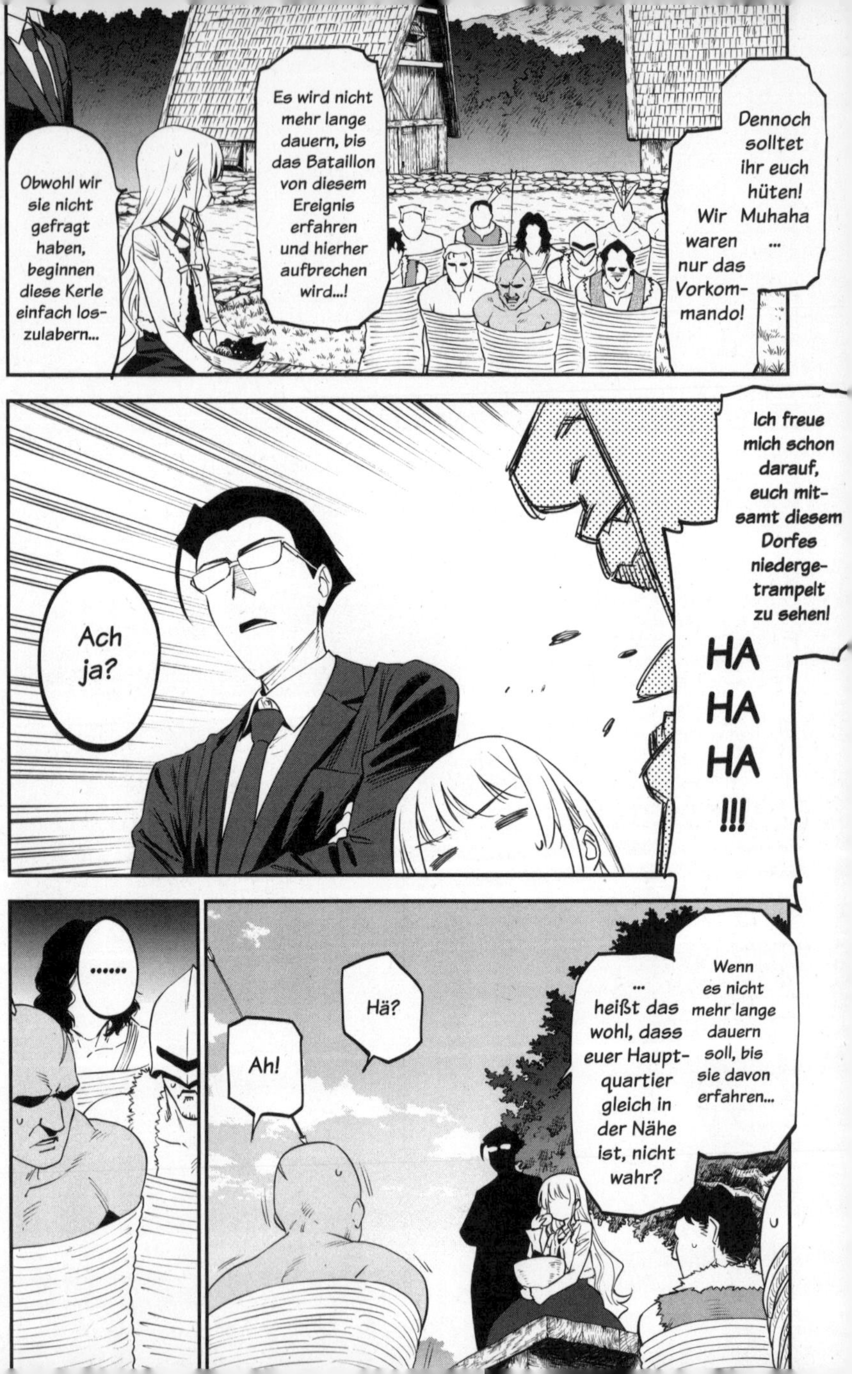

Dennoch solltet ihr euch hüten! Muhaha ...

Wir waren nur das Vorkommando!

Es wird nicht mehr lange dauern, bis das Bataillon von diesem Ereignis erfahren und hierher aufbrechen wird...!

Obwohl wir sie nicht gefragt haben, beginnen diese Kerle einfach loszulabern...

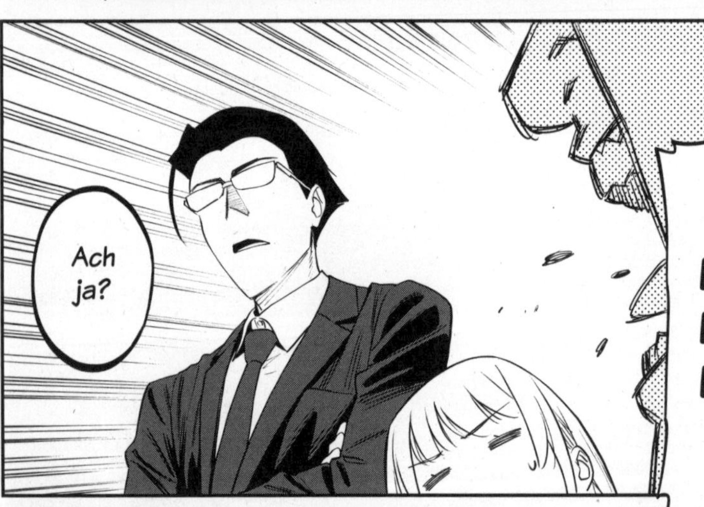

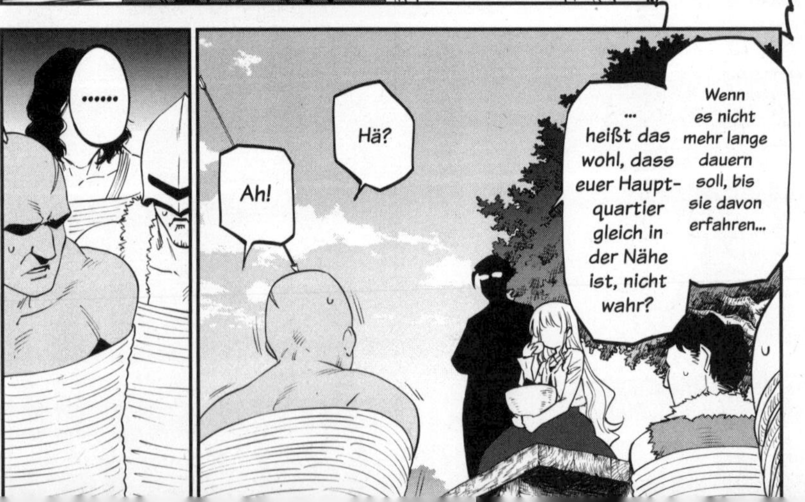

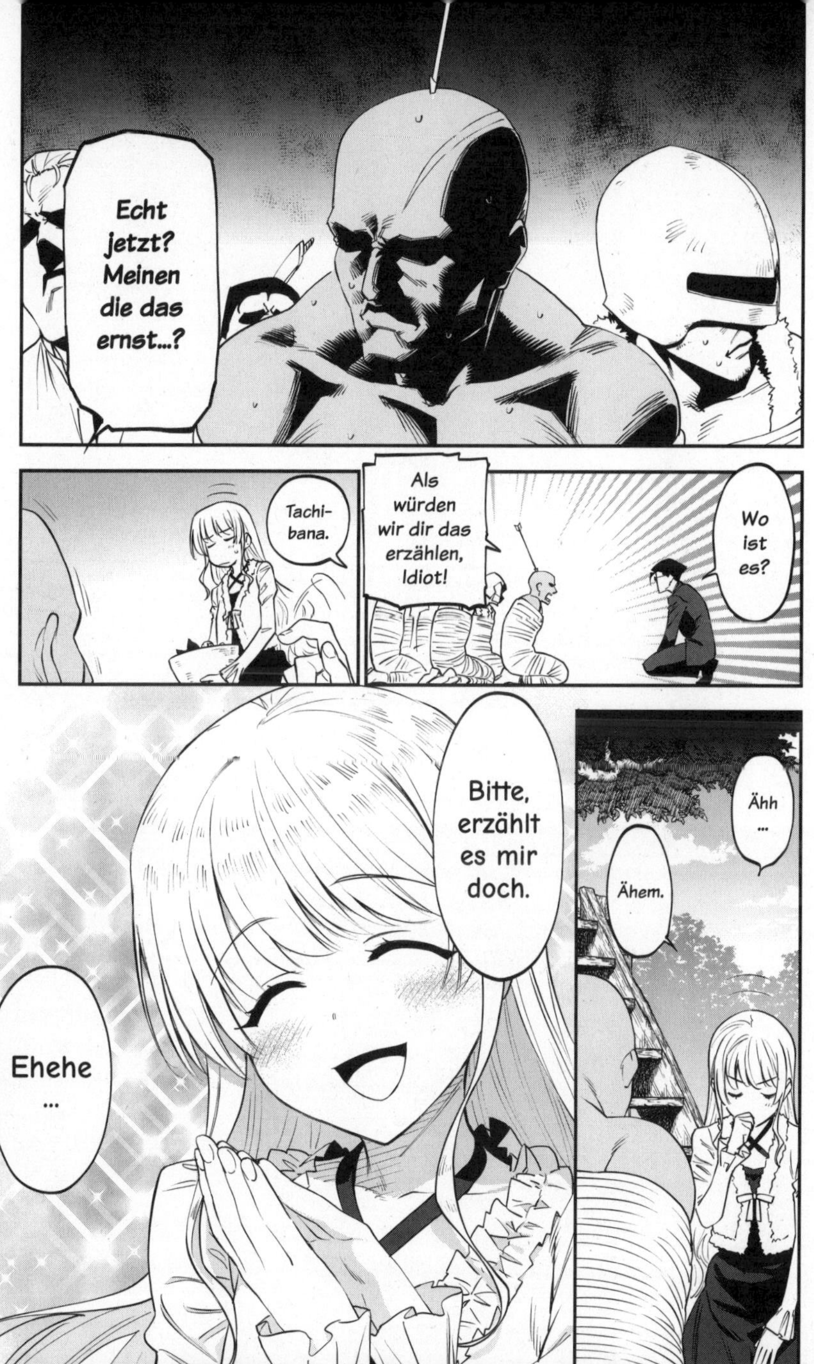
Echt jetzt? Meinen die das ernst...?
Wo ist es?
Als würden wir dir das erzählen, Idiot!
Tachi-bana.
Ähh ...
Ähem.
Bitte, erzählt es mir doch.
Ehehe ...

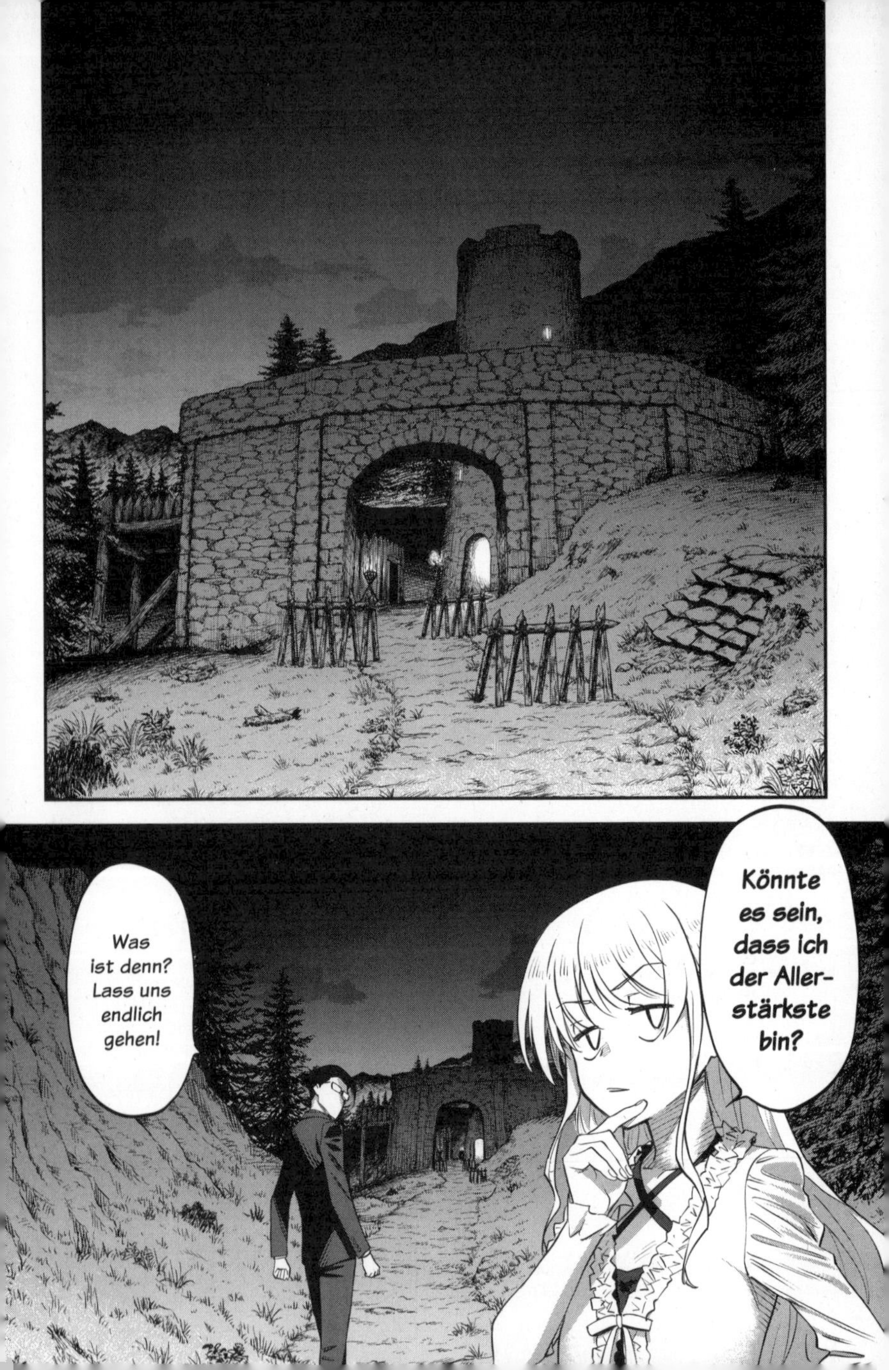

Könnte es sein, dass ich der Aller-stärkste bin?

Was ist denn? Lass uns endlich gehen!

006 Der Fabiniku-Typ und die Verführung

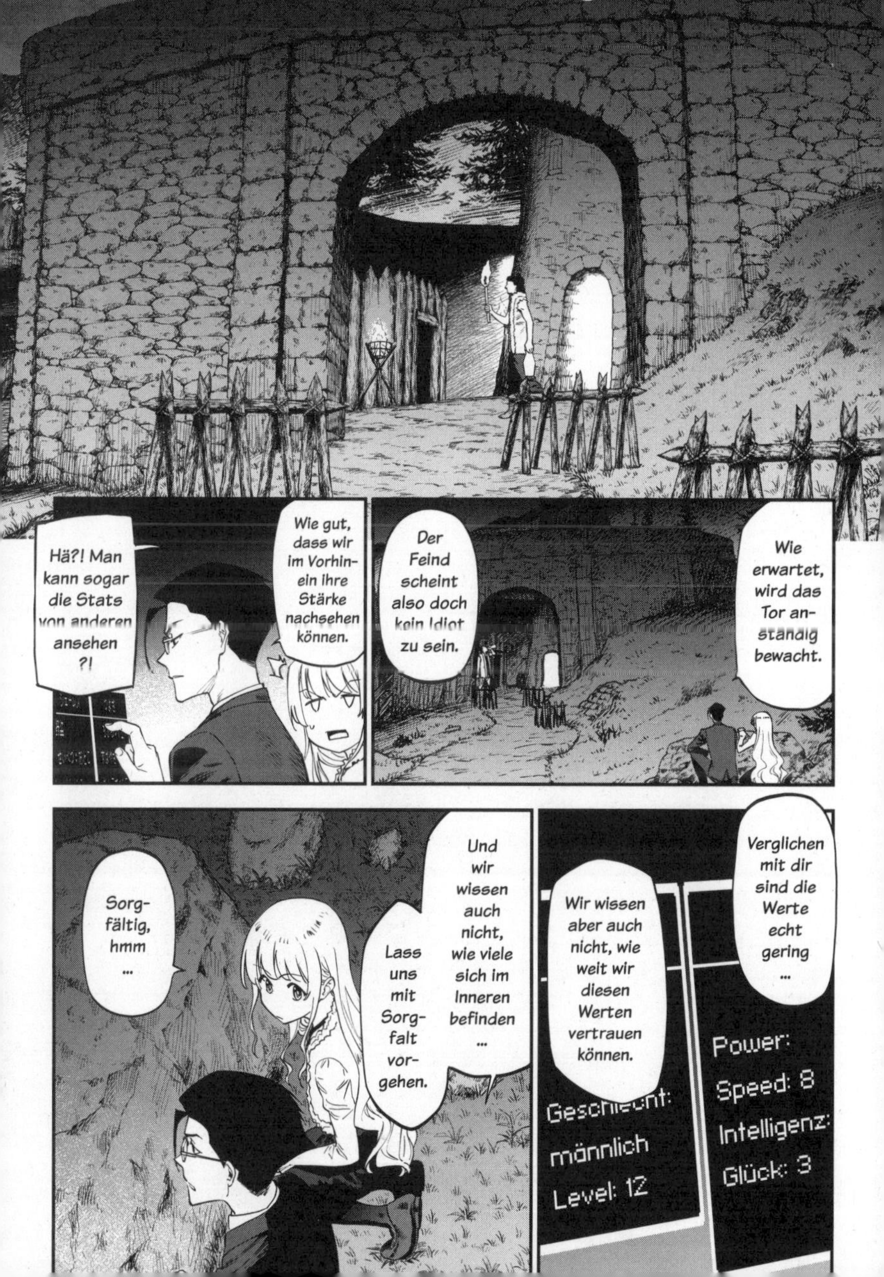

Wie erwartet, wird das Tor anständig bewacht.

Der Feind scheint also doch kein Idiot zu sein.

Wie gut, dass wir im Vorhinein ihre Stärke nachsehen können.

Hä?! Man kann sogar die Stats von anderen ansehen ?!

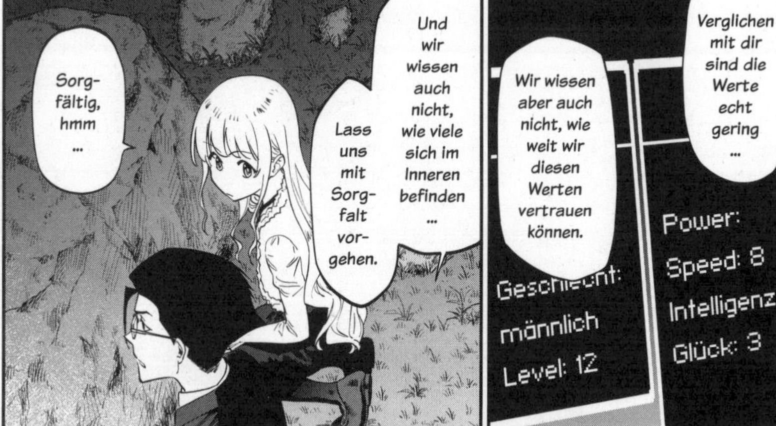

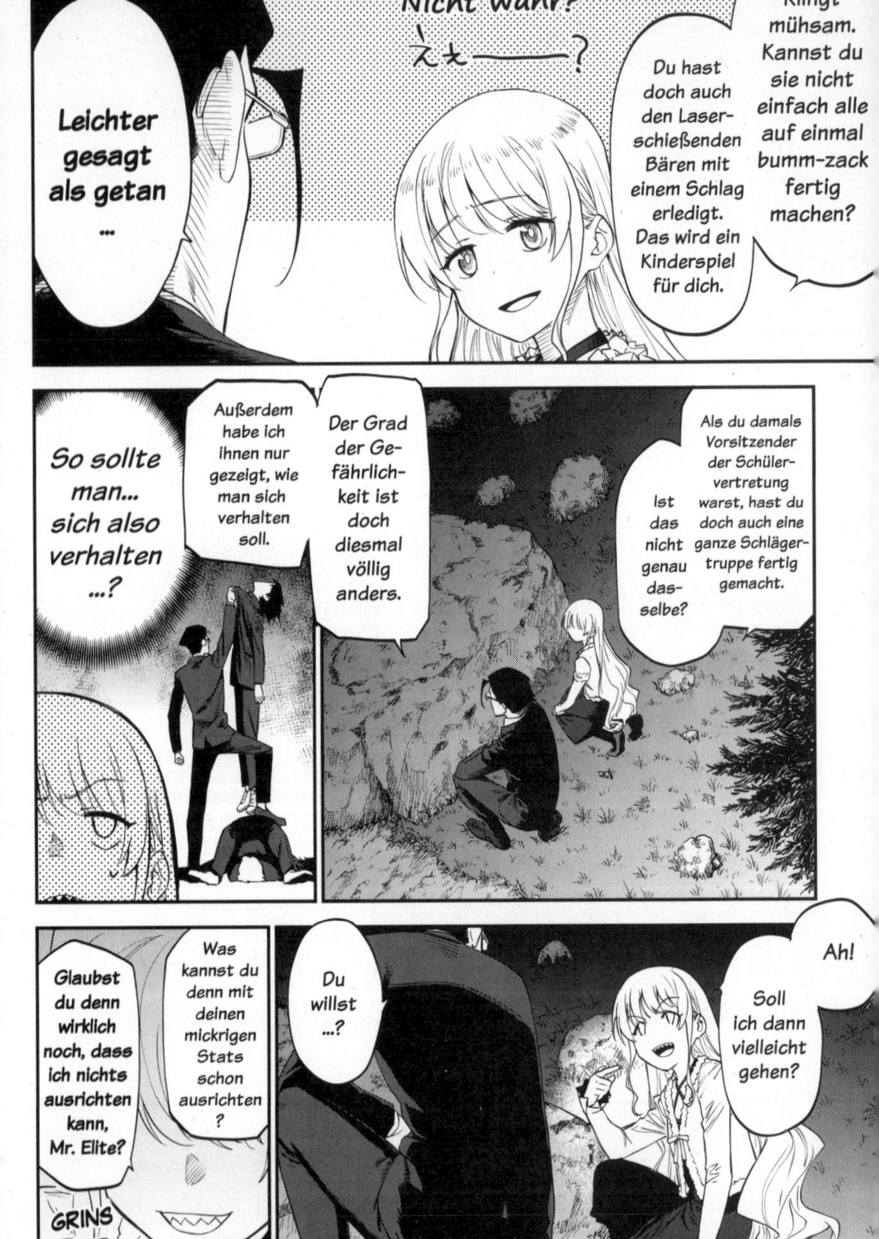

Klingt mühsam. Kannst du sie nicht einfach alle auf einmal bumm-zack fertig machen?
Du hast doch auch den Laser-schießenden Bären mit einem Schlag erledigt. Das wird ein Kinderspiel für dich.
Nicht wahr?
えぇ――?
Leichter gesagt als getan …
Als du damals Vorsitzender der Schüler-vertretung warst, hast du doch auch eine ganze Schläger-truppe fertig gemacht.
Ist das nicht genau das-selbe?
Der Grad der Ge-fährlich-keit ist doch diesmal völlig anders.
Außerdem habe ich ihnen nur gezeigt, wie man sich verhalten soll.
So sollte man… sich also verhalten …?
Ah!
Soll ich dann vielleicht gehen?
Du willst …?
Was kannst du denn mit deinen mickrigen Stats schon ausrichten ?
Glaubst du denn wirklich noch, dass ich nichts ausrichten kann, Mr. Elite?
GRINS

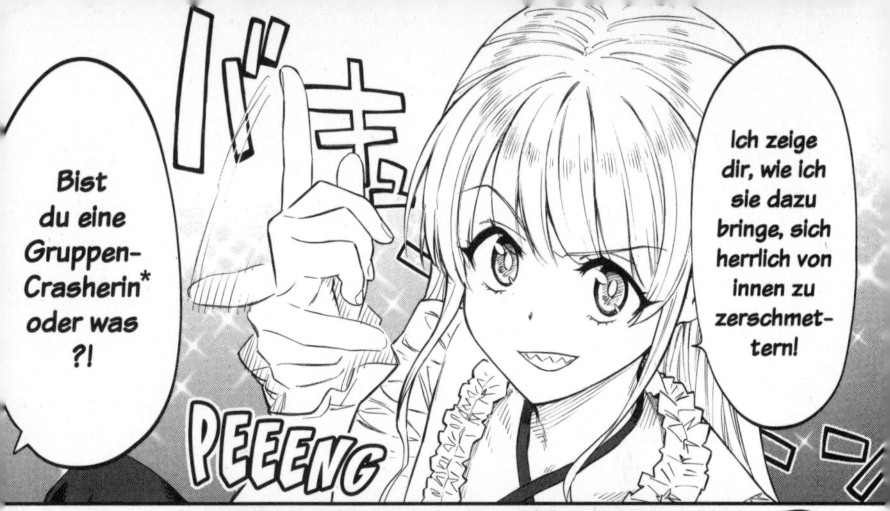

Ich zeige dir, wie ich sie dazu bringe, sich herrlich von innen zu zerschmettern!

PEEENG

Bist du eine Gruppen-Crasherin* oder was ?!

*Das Wort bezeichnet in Japan Personen, die Mitglieder einer Clique gegeneinander aufhetzen und die Gruppendynamik zerstören. Unheimlich.

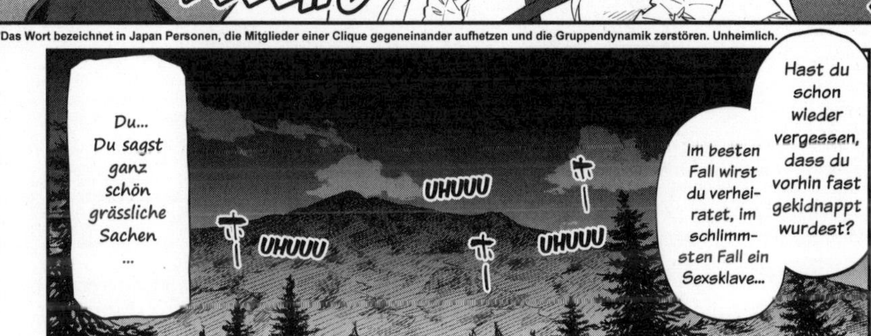

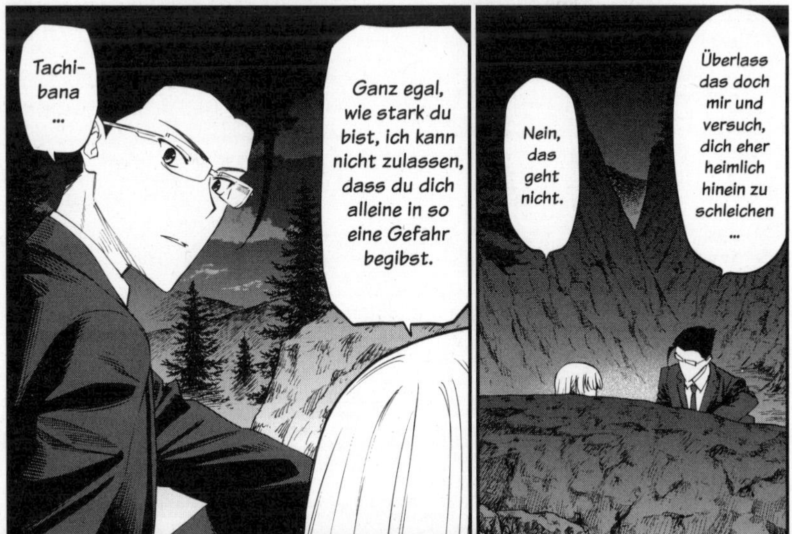

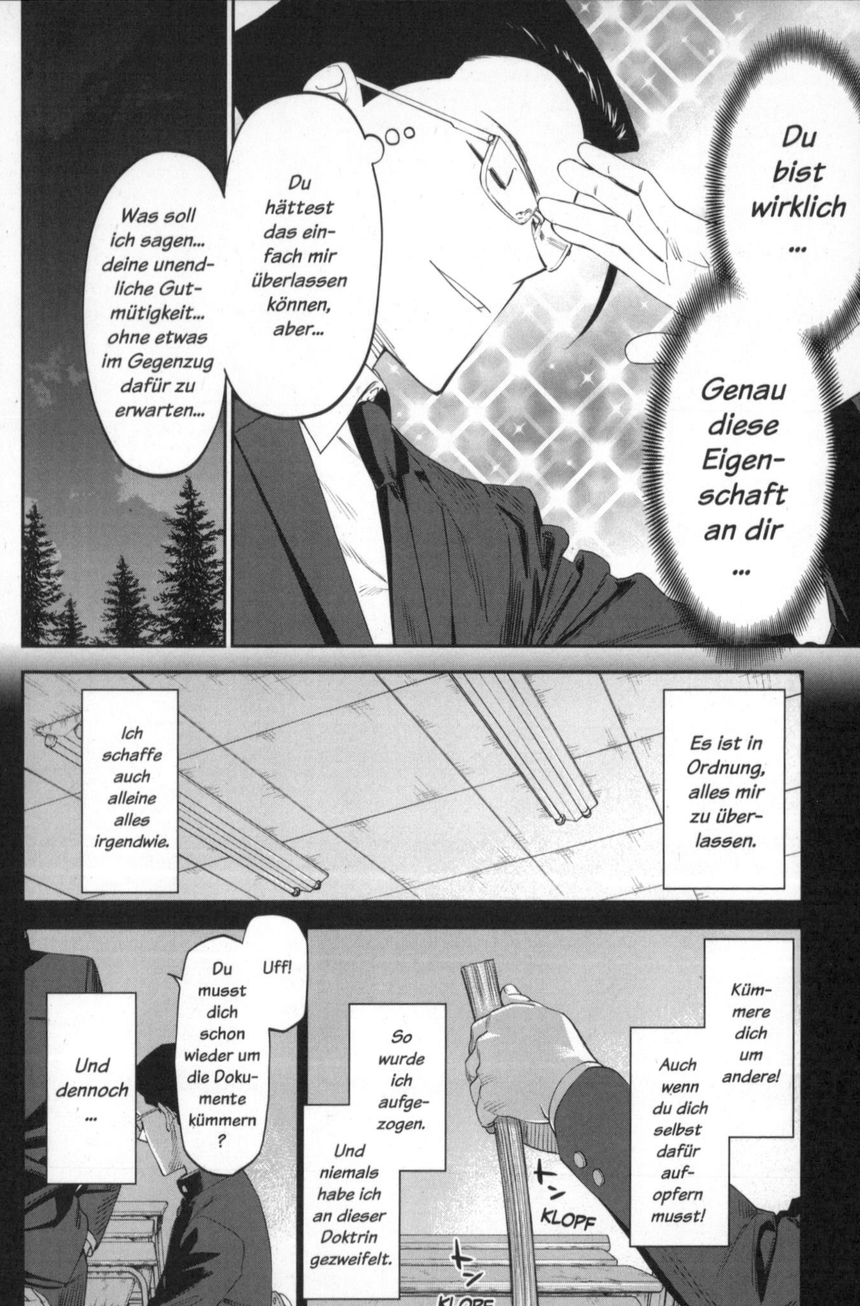

Du bist wirklich ...
Genau diese Eigenschaft an dir ...
Du hättest das einfach mir überlassen können, aber...
Was soll ich sagen... deine unendliche Gutmütigkeit... ohne etwas im Gegenzug dafür zu erwarten...
Es ist in Ordnung, alles mir zu überlassen.
Ich schaffe auch alleine alles irgendwie.
Kümmere dich um andere!
Auch wenn du dich selbst dafür aufopfern musst!
So wurde ich aufgezogen.
Und niemals habe ich an dieser Doktrin gezweifelt.
KLOPF
KLOPF
Uff!
Du musst dich schon wieder um die Dokumente kümmern?
Und dennoch ...

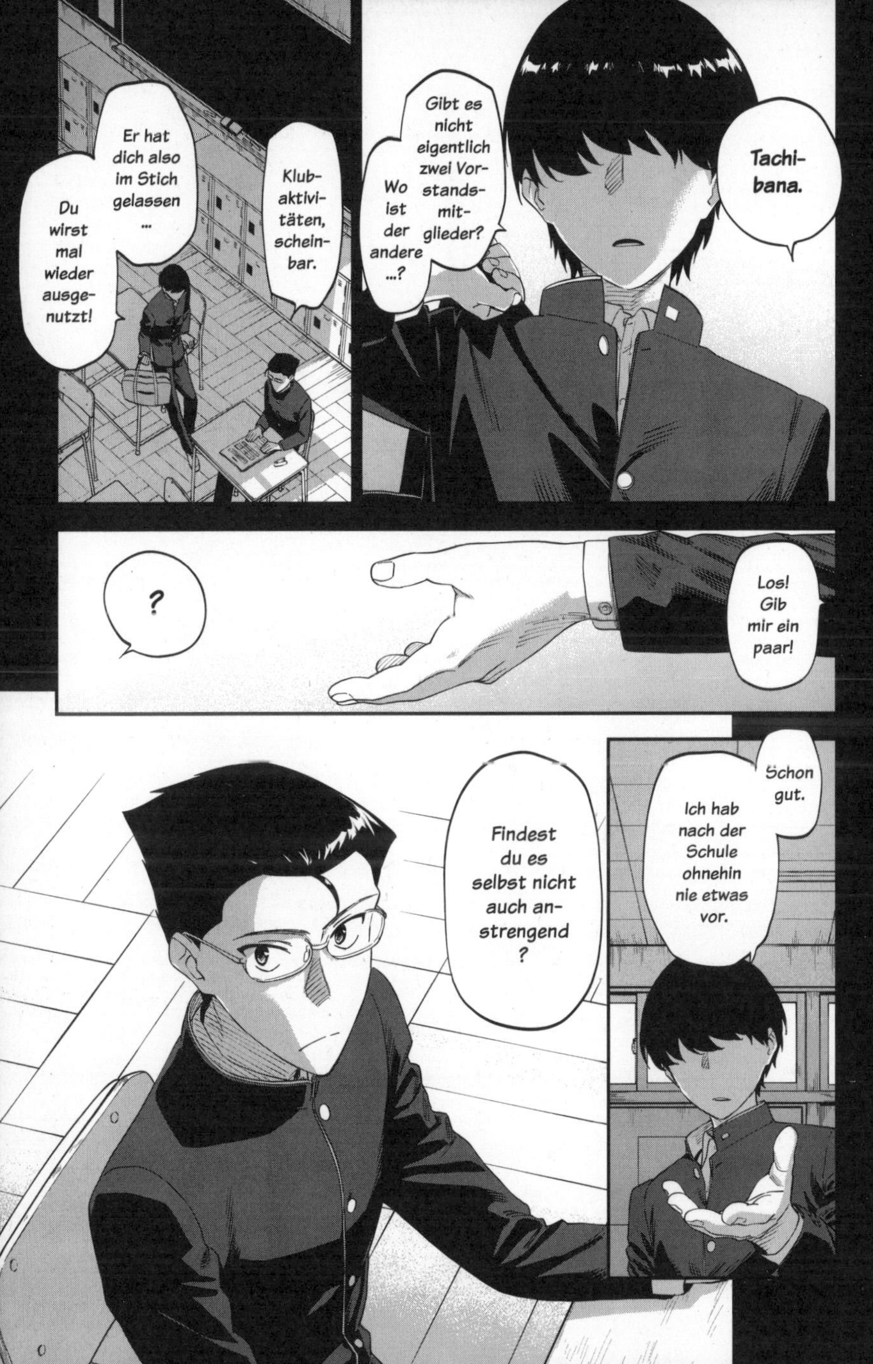
Tachibana.
Gibt es nicht eigentlich zwei Vorstandsmitglieder?
Wo ist der andere ...?
Klubaktivitäten, scheinbar.
Er hat dich also im Stich gelassen ...
Du wirst mal wieder ausgenutzt!
Los! Gib mir ein paar!
?
Schon gut.
Ich hab nach der Schule ohnehin nie etwas vor.
Findest du es selbst nicht auch anstrengend ?

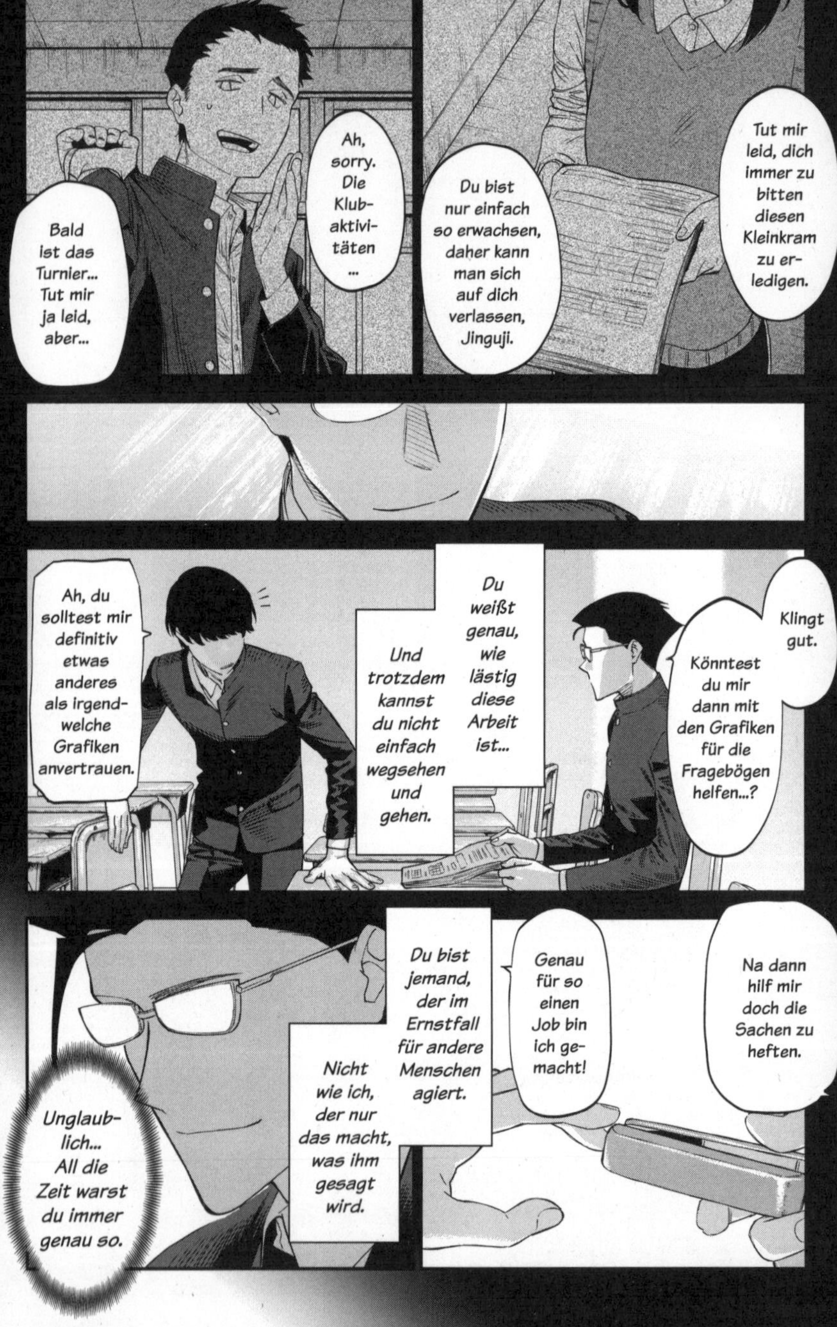
Tut mir leid, dich immer zu bitten diesen Kleinkram zu erledigen.
Du bist nur einfach so erwachsen, daher kann man sich auf dich verlassen, Jinguji.
Ah, sorry. Die Klubaktivitäten ...
Bald ist das Turnier... Tut mir ja leid, aber...
Klingt gut.
Könntest du mir dann mit den Grafiken für die Fragebögen helfen...?
Du weißt genau, wie lästig diese Arbeit ist...
Und trotzdem kannst du nicht einfach wegsehen und gehen.
Ah, du solltest mir definitiv etwas anderes als irgendwelche Grafiken anvertrauen.
Na dann hilf mir doch die Sachen zu heften.
Genau für so einen Job bin ich gemacht!
Du bist jemand, der im Ernstfall für andere Menschen agiert.
Nicht wie ich, der nur das macht, was ihm gesagt wird.
Unglaublich... All die Zeit warst du immer genau so.

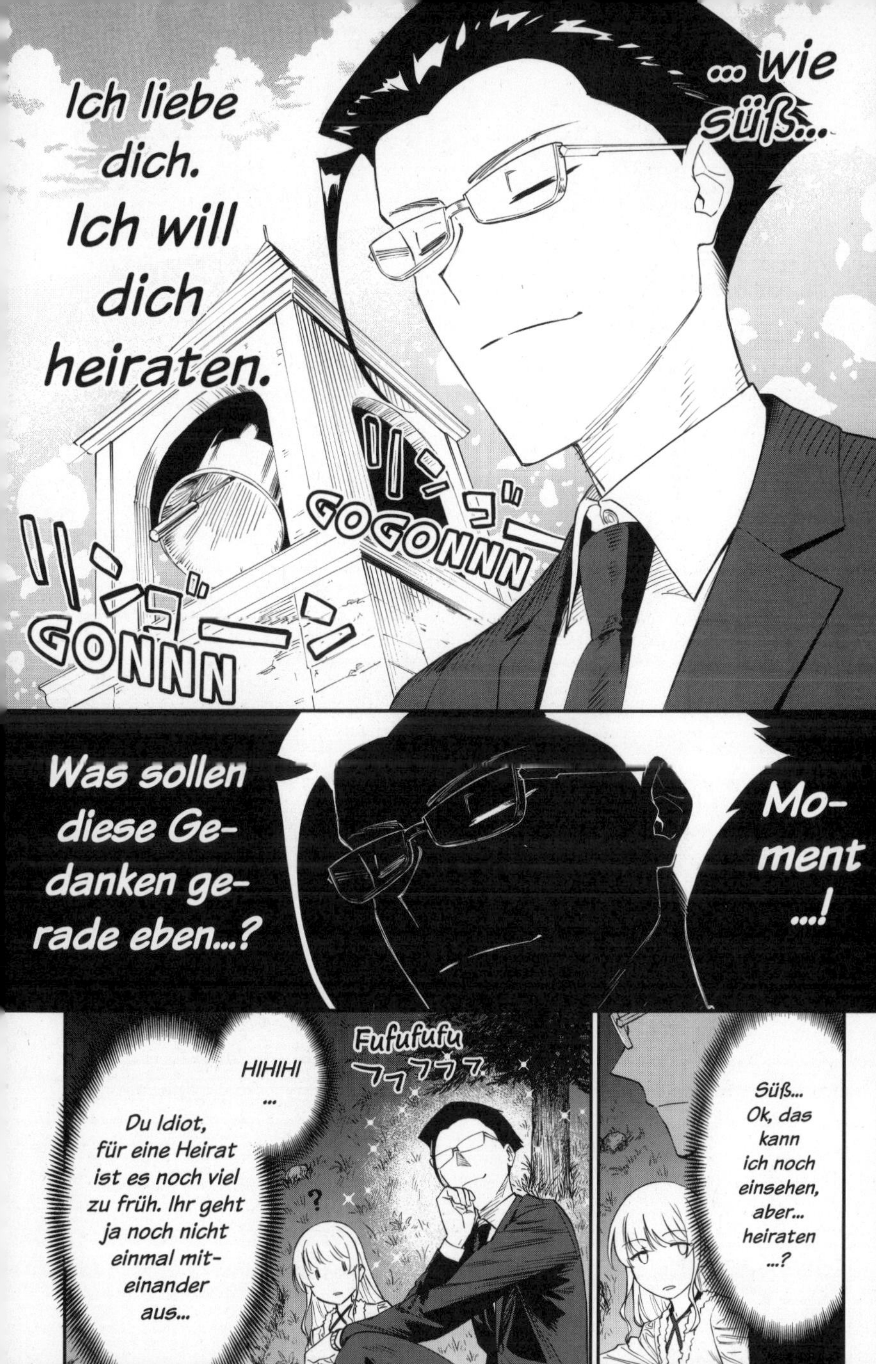
... wie süß...
Ich liebe dich. Ich will dich heiraten.
GOGONNN
GONNN
Moment ...!
Was sollen diese Gedanken gerade eben...?
Süß... Ok, das kann ich noch einsehen, aber... heiraten ...?
Fufufufu
HIHIHI ...
Du Idiot, für eine Heirat ist es noch viel zu früh. Ihr geht ja noch nicht einmal miteinander aus...
?

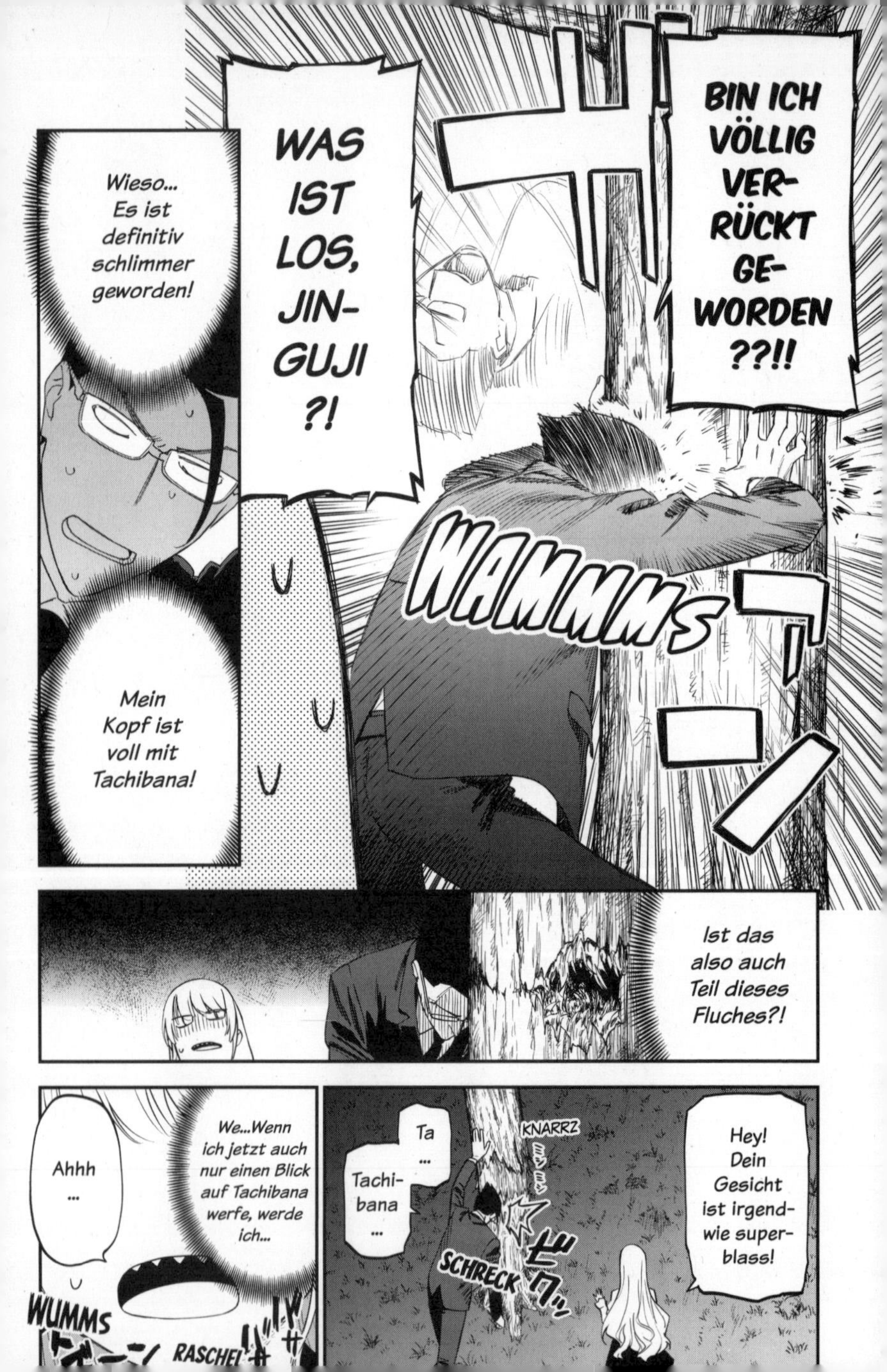

BIN ICH VÖLLIG VERRÜCKT GEWORDEN??!!

WAS IST LOS, JINGUJI?!

WAMMMMS

Wieso... Es ist definitiv schlimmer geworden!

Mein Kopf ist voll mit Tachibana!

Ist das also auch Teil dieses Fluches?!

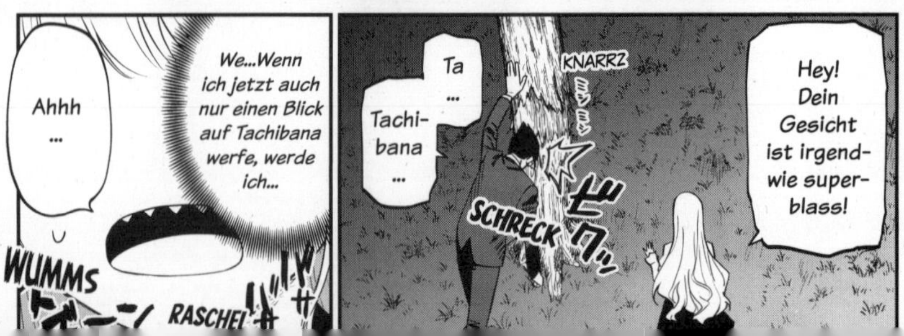

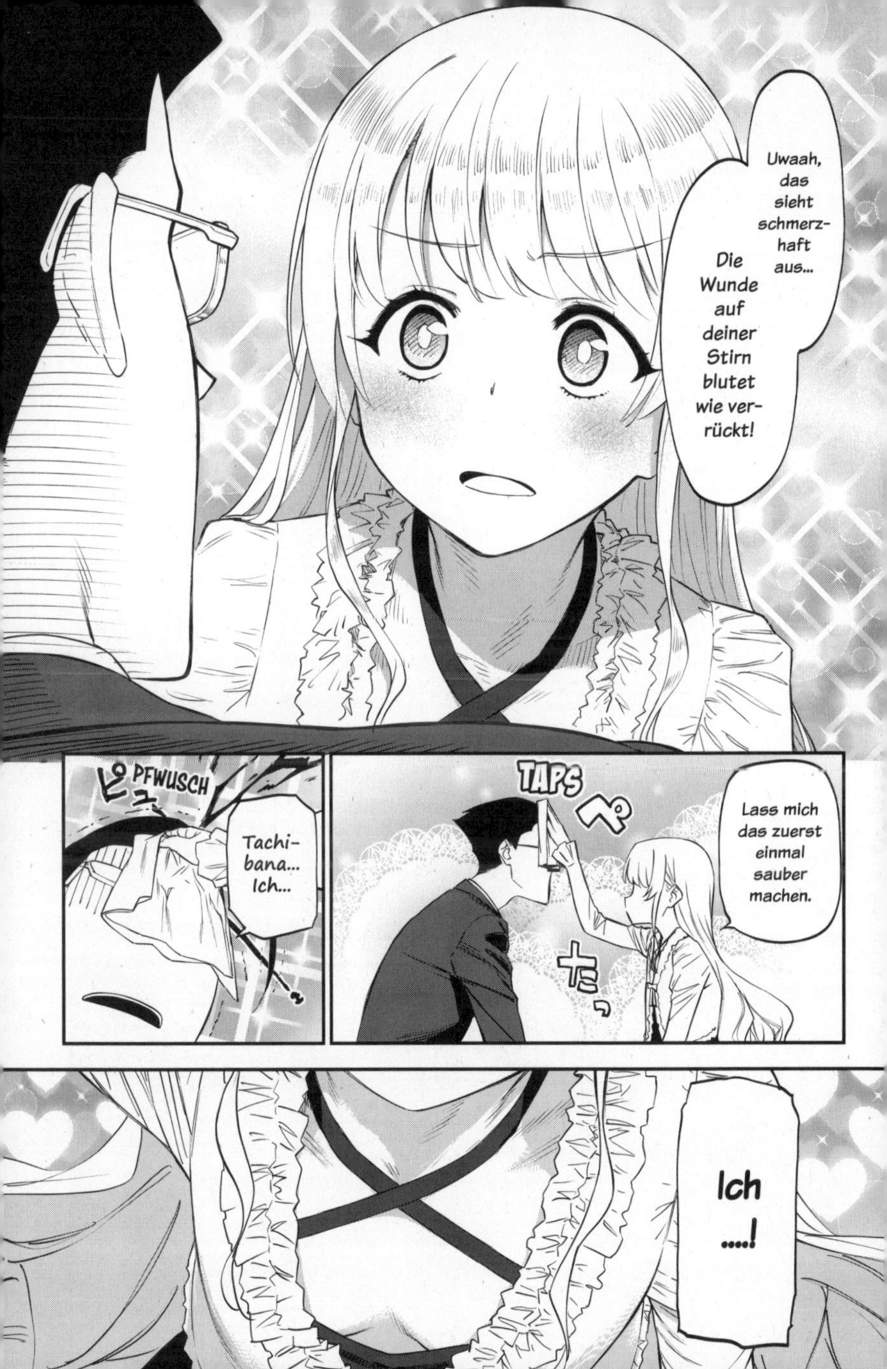
Uwaah, das sieht schmerz-haft aus...
Die Wunde auf deiner Stirn blutet wie ver-rückt!
TAPS
ぺ
Lass mich das zuerst einmal sauber machen.
たっ
ピュ
PFWUSCH
Tachi-bana... Ich...
Ich ....!

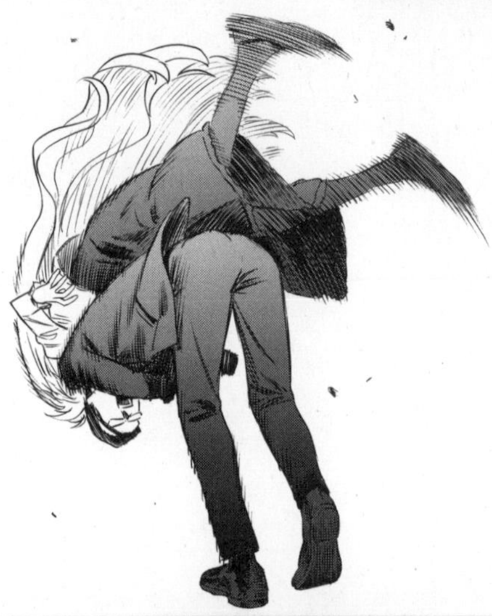
Ich....!

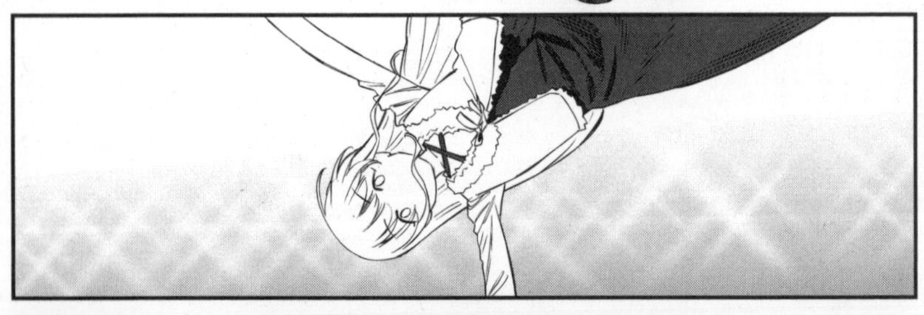

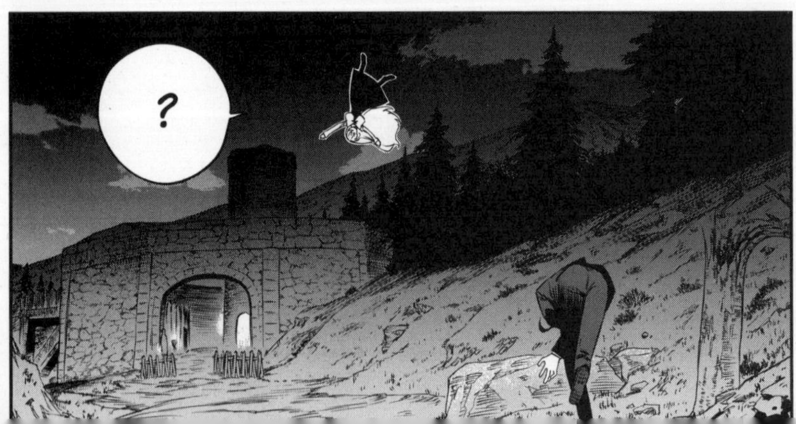
?

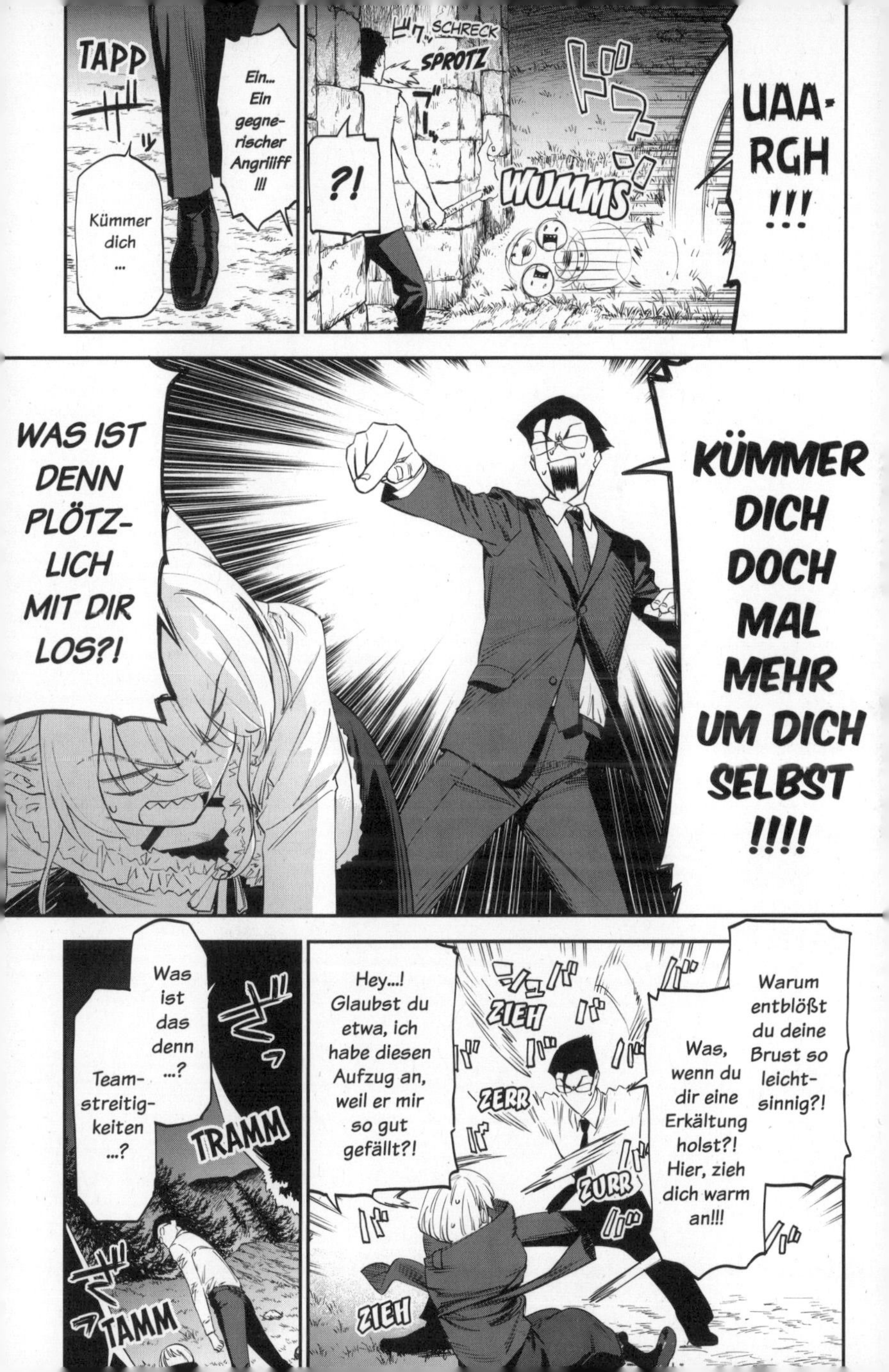

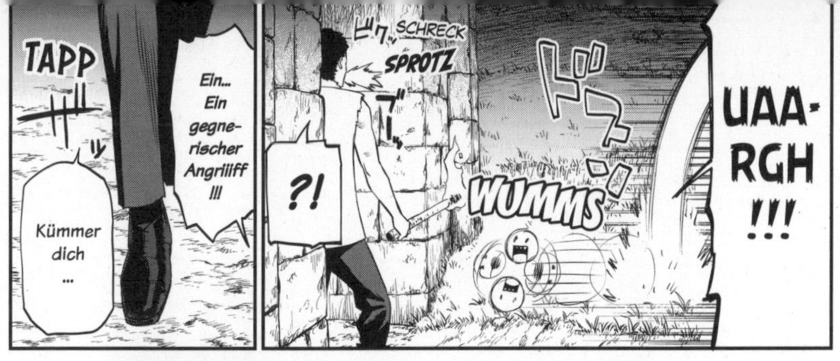

KÜMMER DICH DOCH MAL MEHR UM DICH SELBST!!!!

WAS IST DENN PLÖTZLICH MIT DIR LOS?!

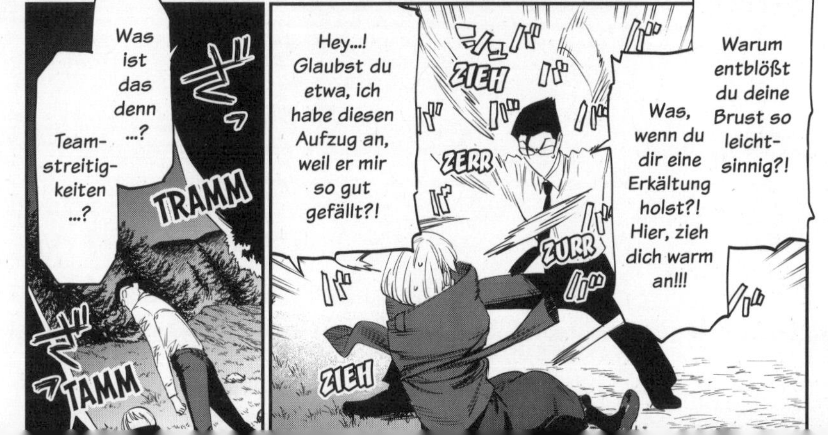

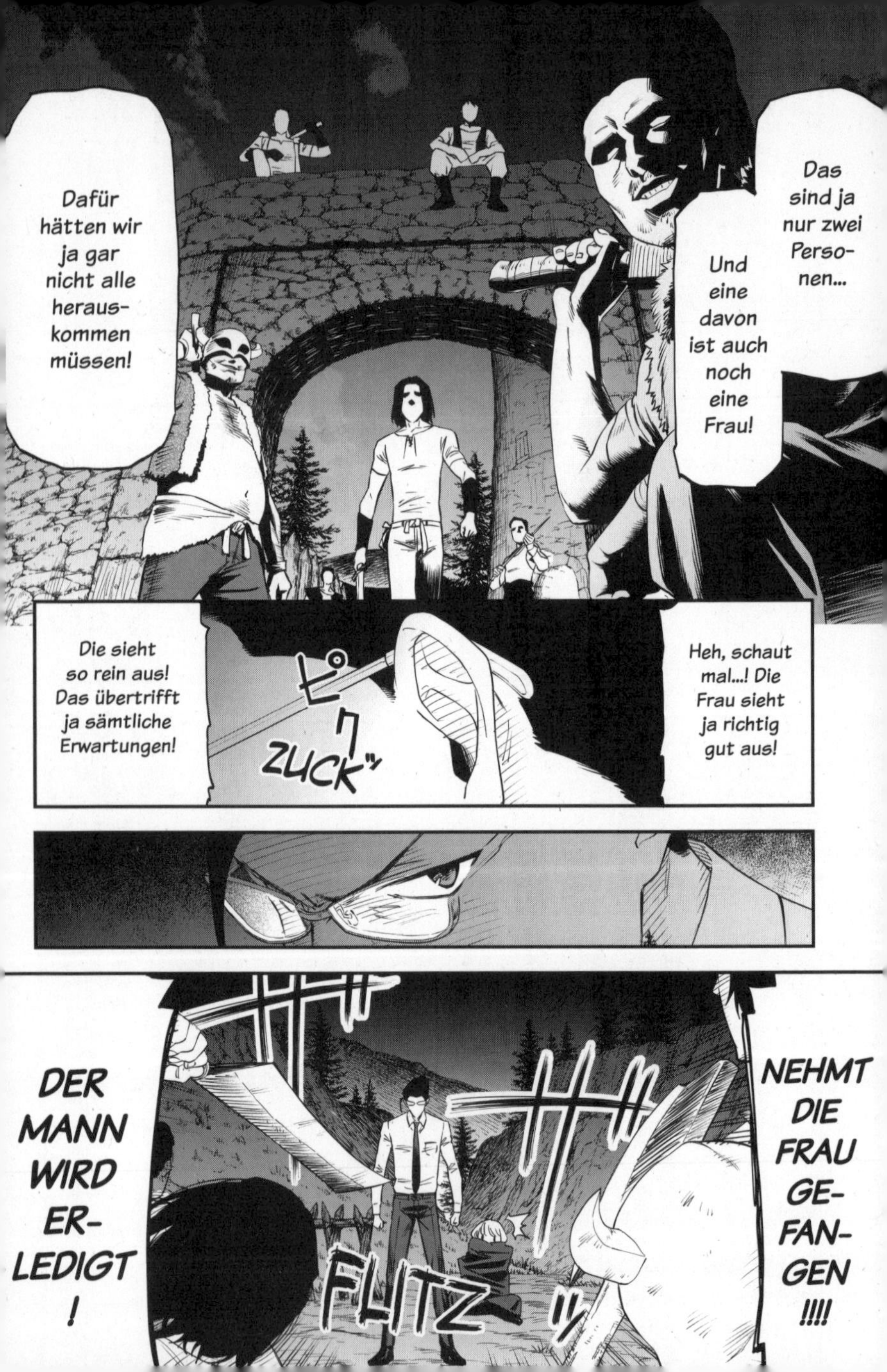

Das sind ja nur zwei Personen...

Und eine davon ist auch noch eine Frau!

Dafür hätten wir ja gar nicht alle herauskommen müssen!

Heh, schaut mal...! Die Frau sieht ja richtig gut aus!

ピク ZUCK

Die sieht so rein aus! Das übertrifft ja sämtliche Erwartungen!

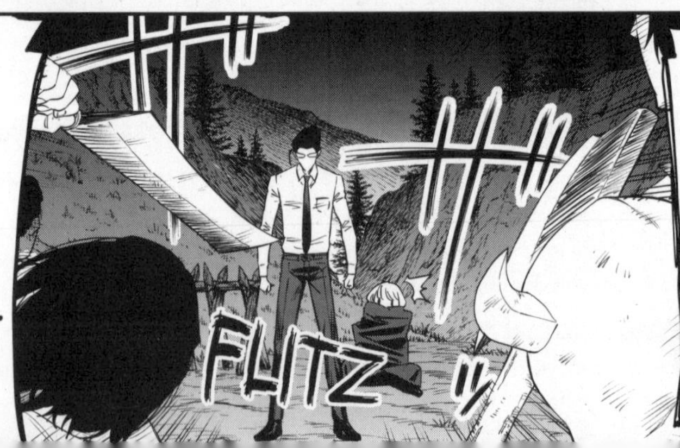

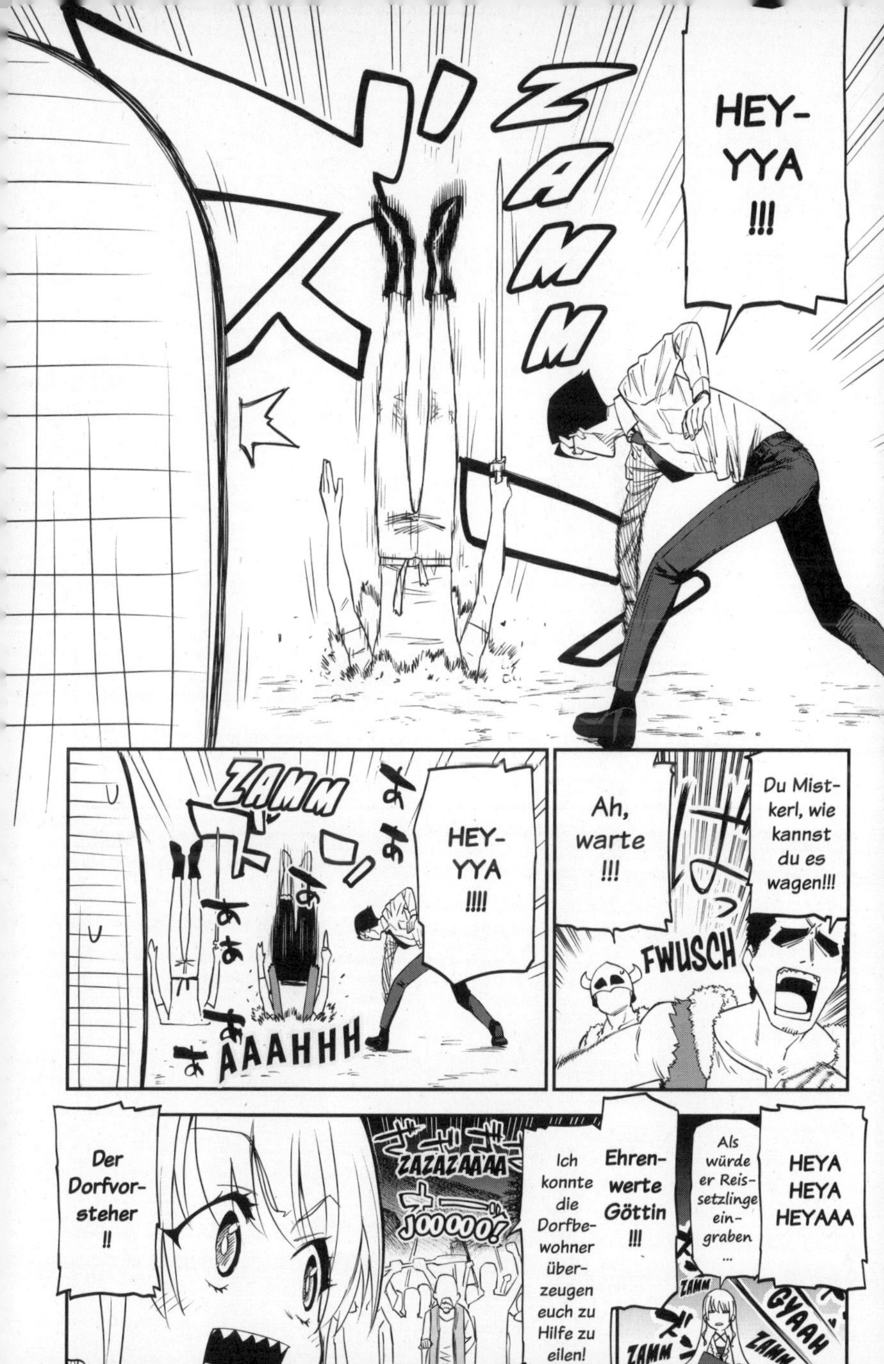
HEY-YYA !!!
ZAMMM
HEY-YYA !!!!
ZAMM
AAAHHH
Du Mistkerl, wie kannst du es wagen!!!
Ah, warte !!!
FWUSCH
HEYA HEYA HEYAAA
Als würde er Reissetzlinge eingraben …
GYAAH
ZAMM
ZAMM
ZAMM
Ehrenwerte Göttin !!!
Ich konnte die Dorfbewohner überzeugen euch zu Hilfe zu eilen!
ZAZAZAA'AA
JOOOOO!
Der Dorfvorsteher !!

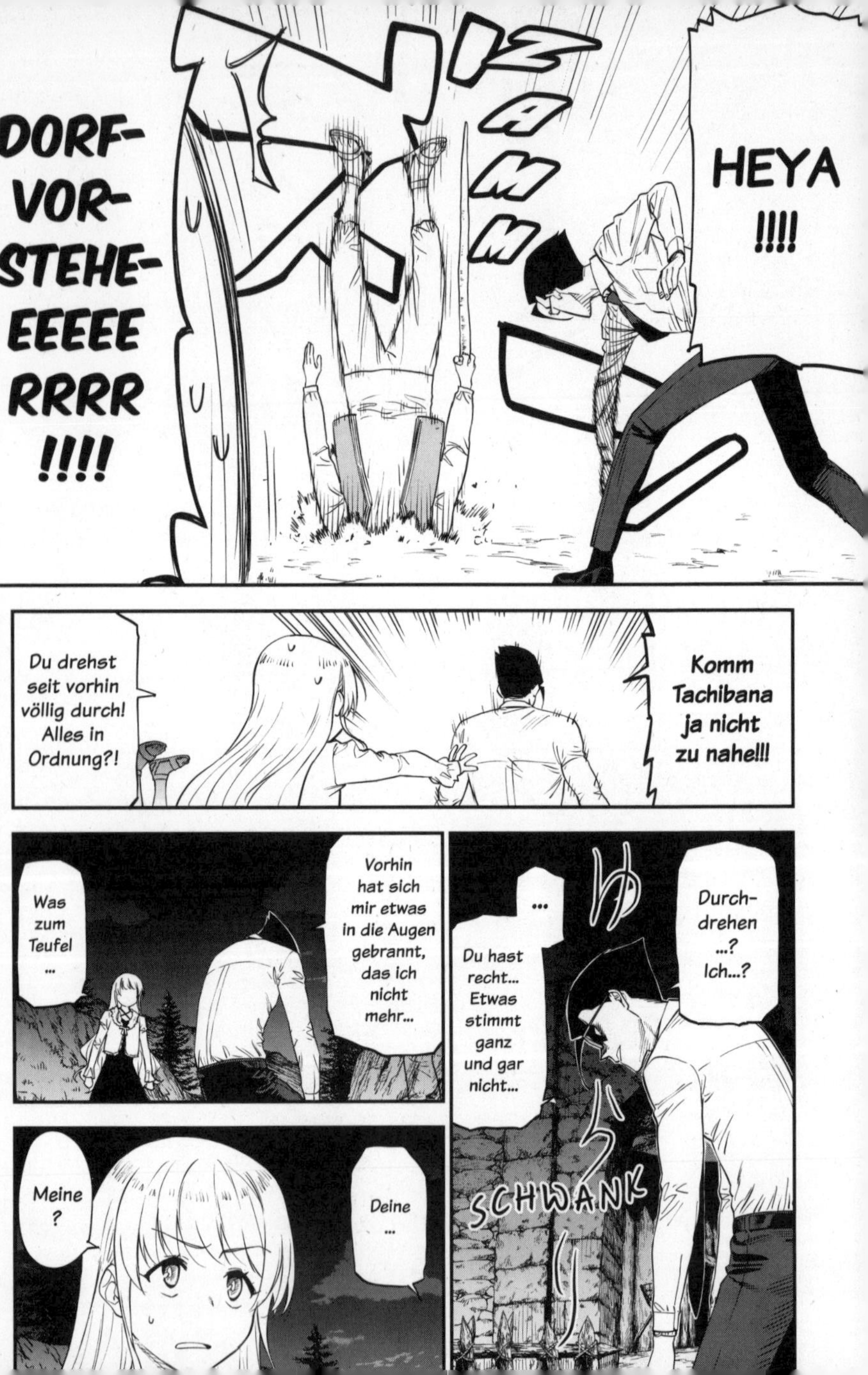

HEYA
!!!!

ZAMMM

DORF-
VOR-
STEHE-
EEEEE
RRRR
!!!!

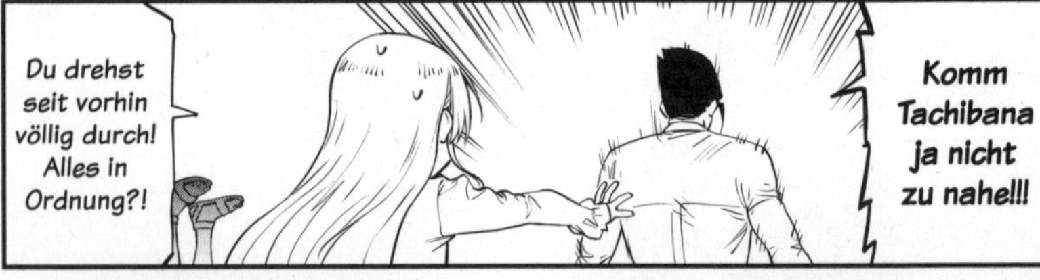

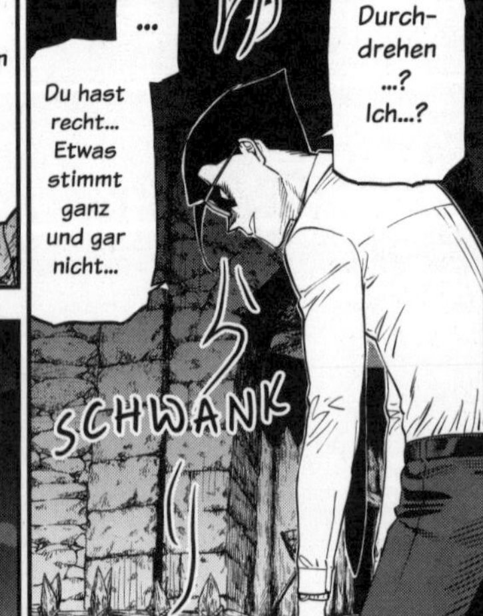

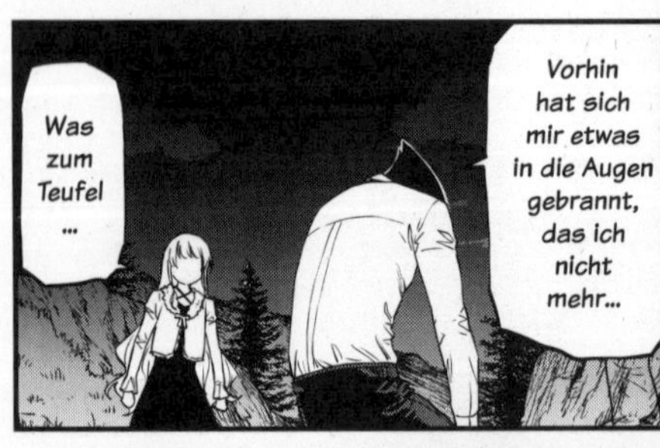

Deine ...

Meine ?

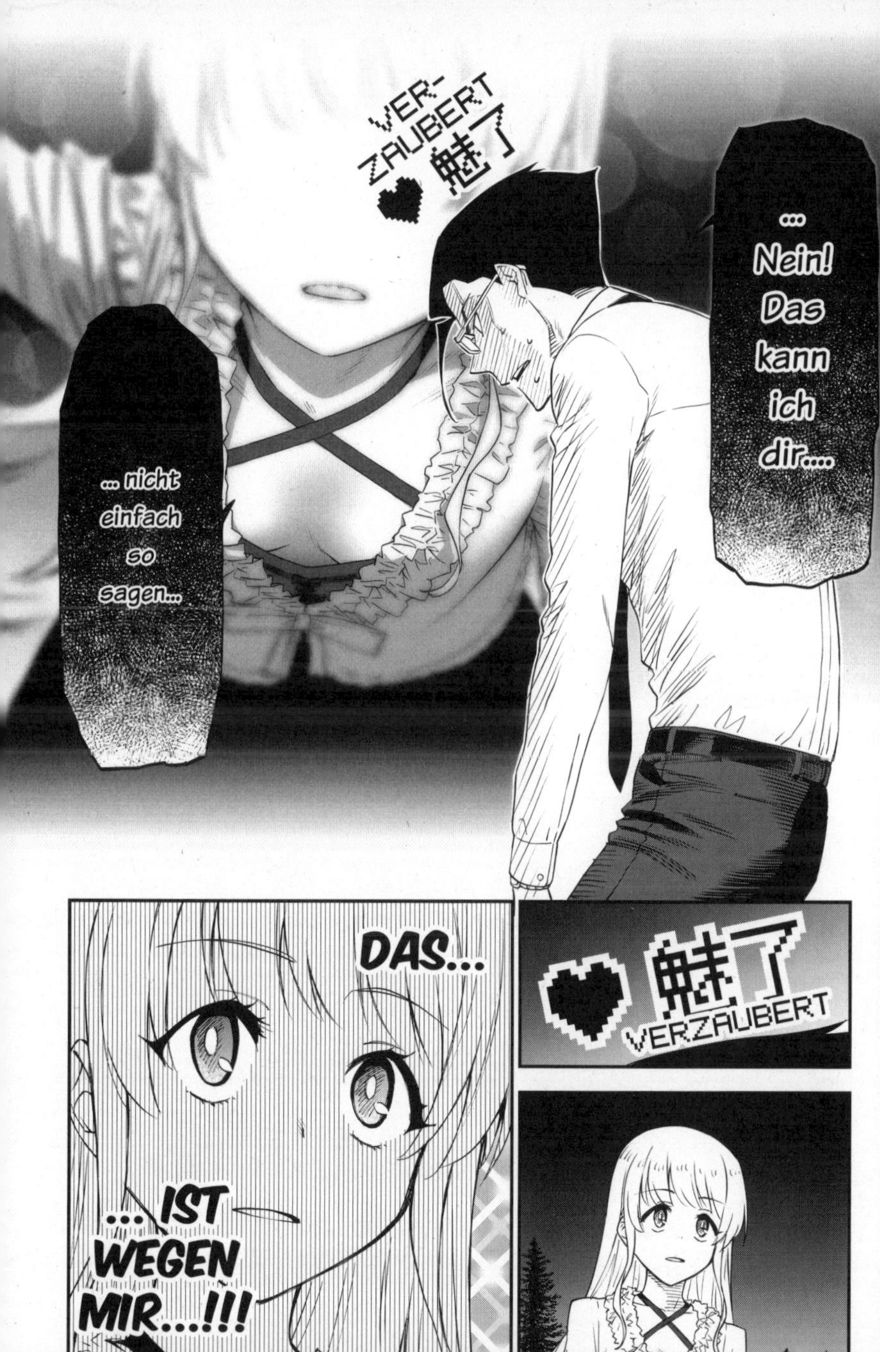
VER-
ZAUBERT
魅了
... Nein! Das kann ich dir...
... nicht einfach so sagen...
魅了
VERZAUBERT
DAS...
... IST WEGEN MIR...!!!

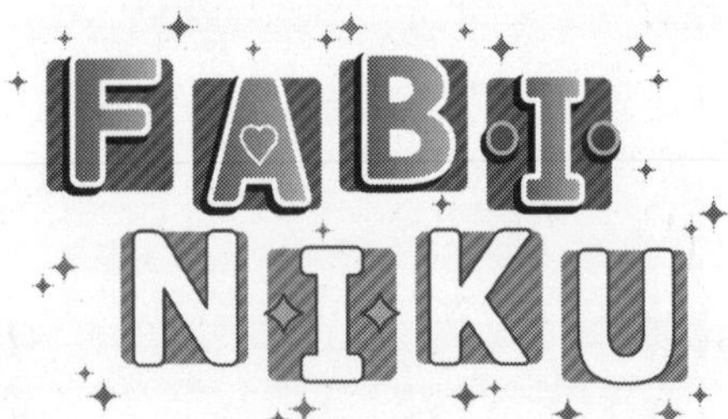
FABI
NIKU

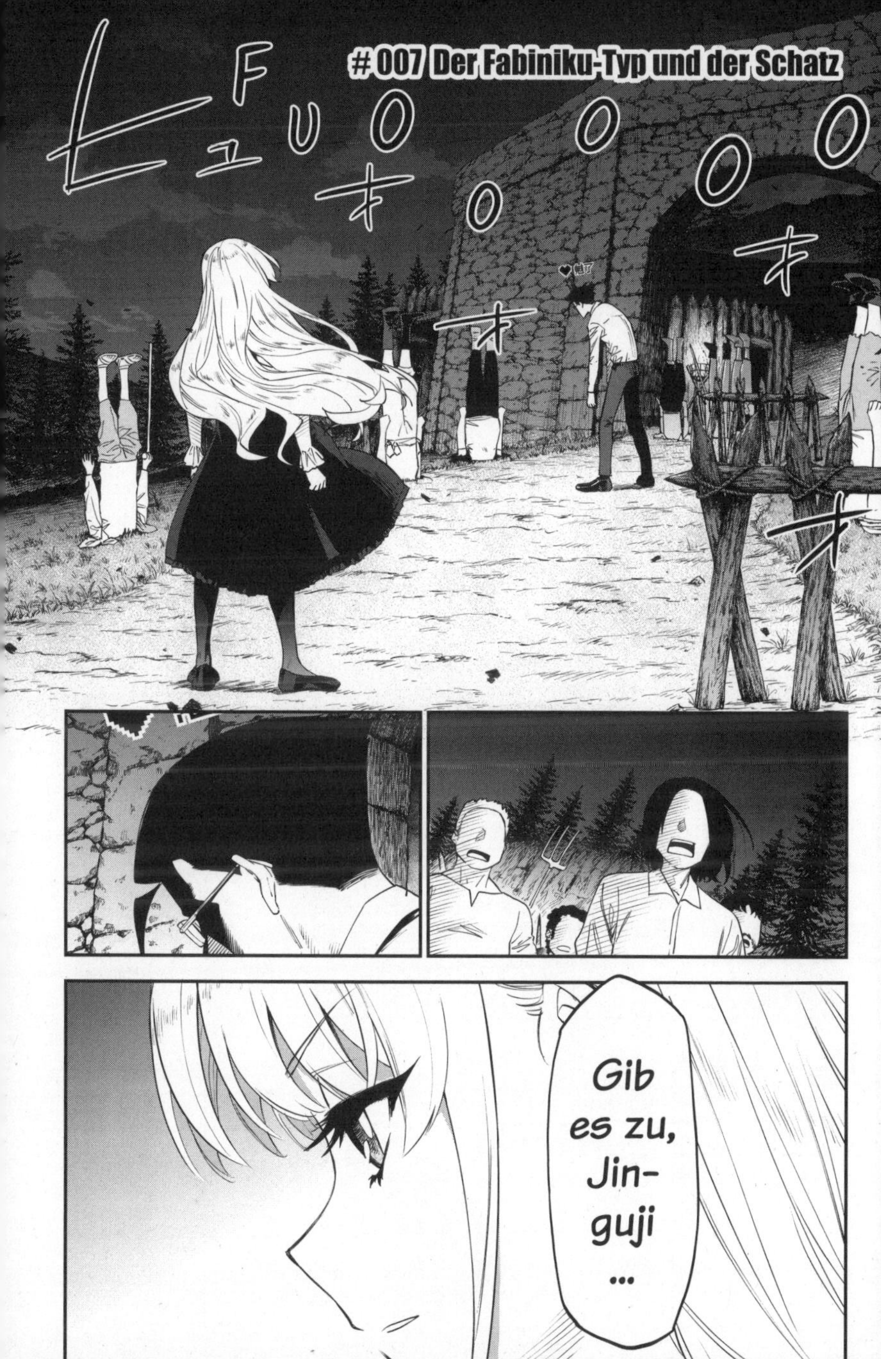

007 Der Fabiniku-Typ und der Schatz
FUOOOO
Gib es zu, Jin-guji ...

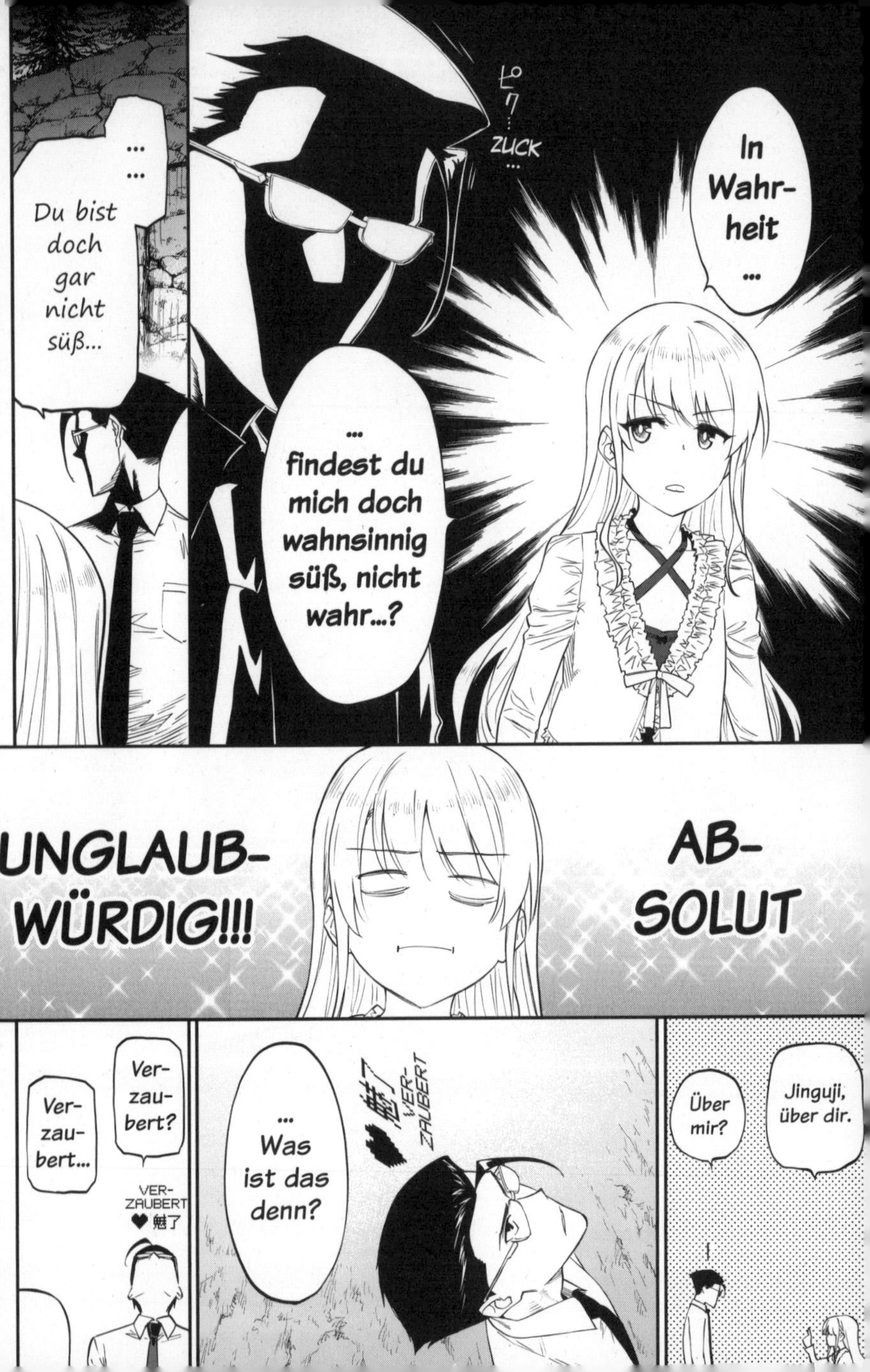

In Wahrheit ...
... findest du mich doch wahnsinnig süß, nicht wahr...?
ピク… ZUCK …
... ... Du bist doch gar nicht süß...

AB-SOLUT UNGLAUB-WÜRDIG!!!

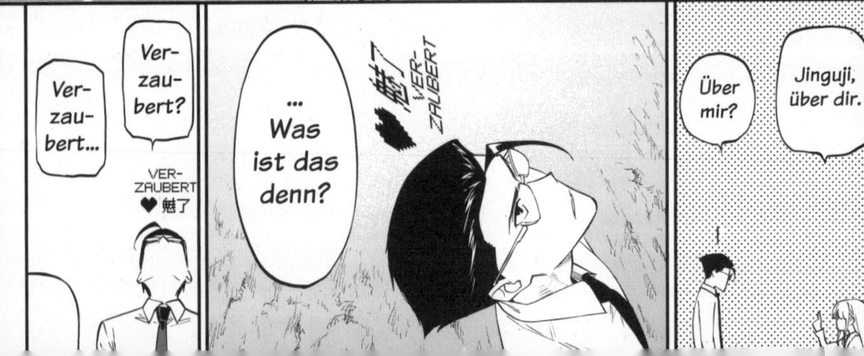

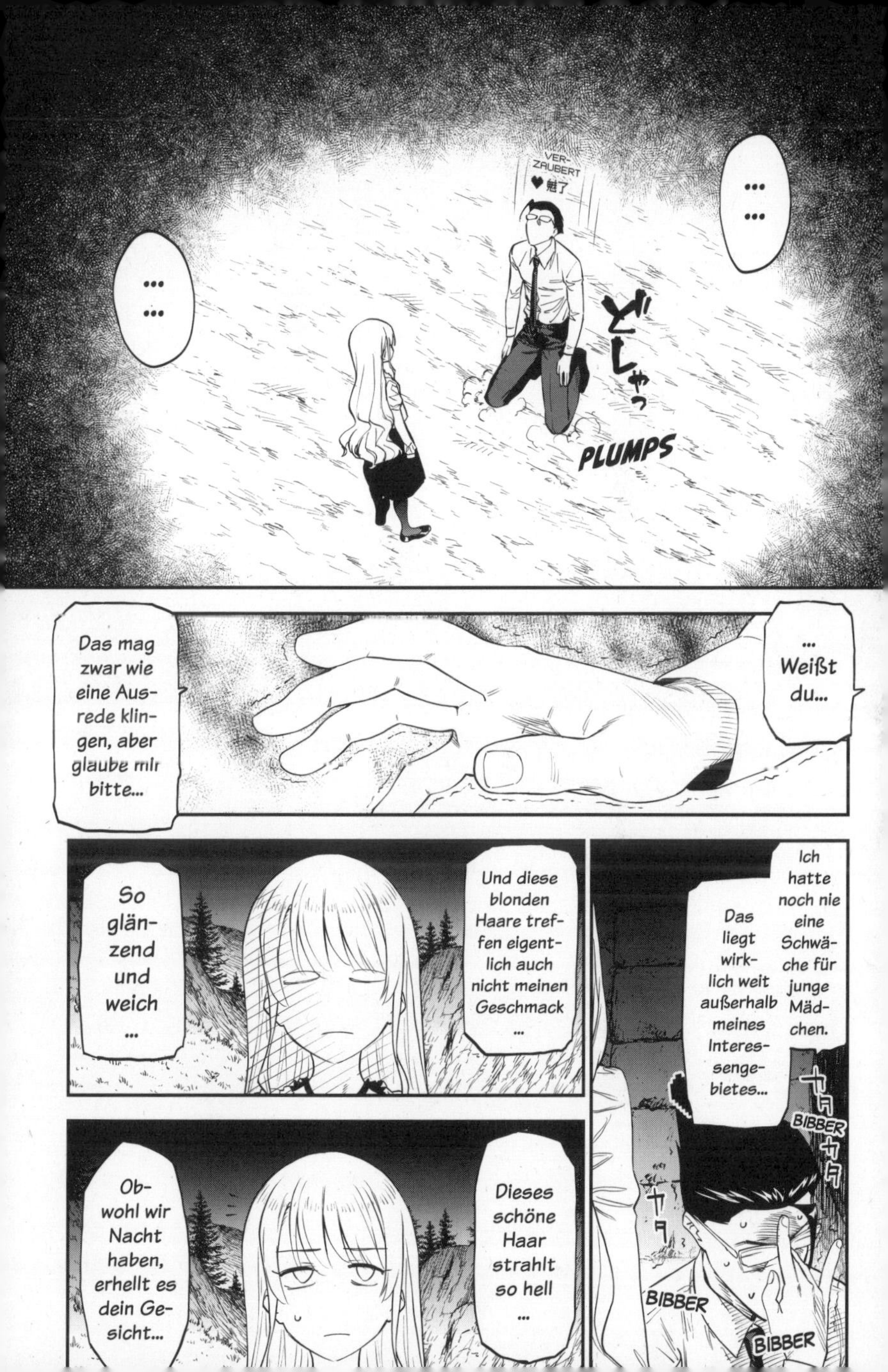

……
……
VERZAUBERT
♥ 魅了
どしゃっ
PLUMPS

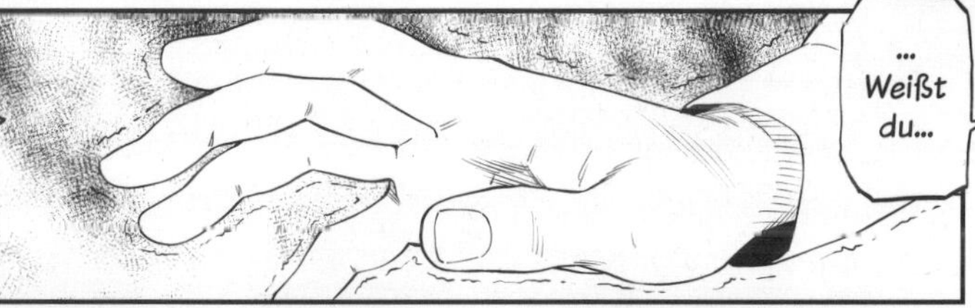

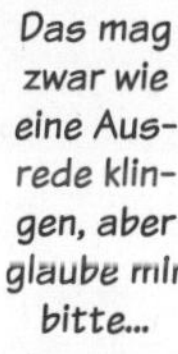

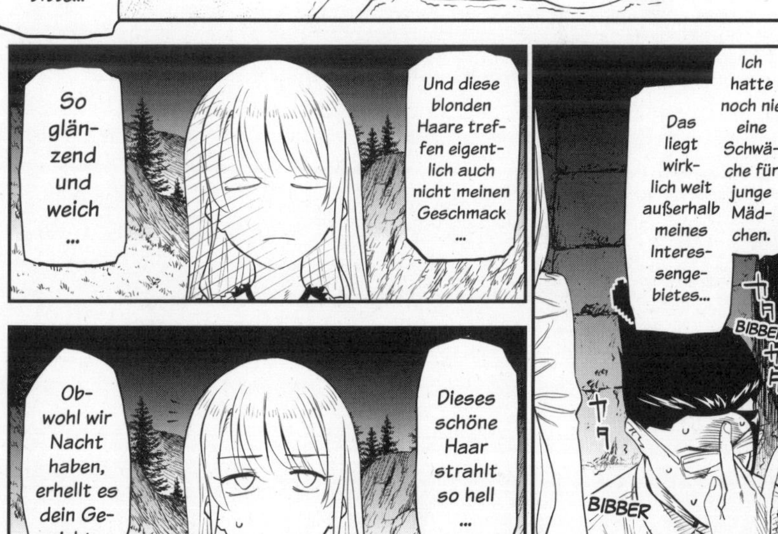

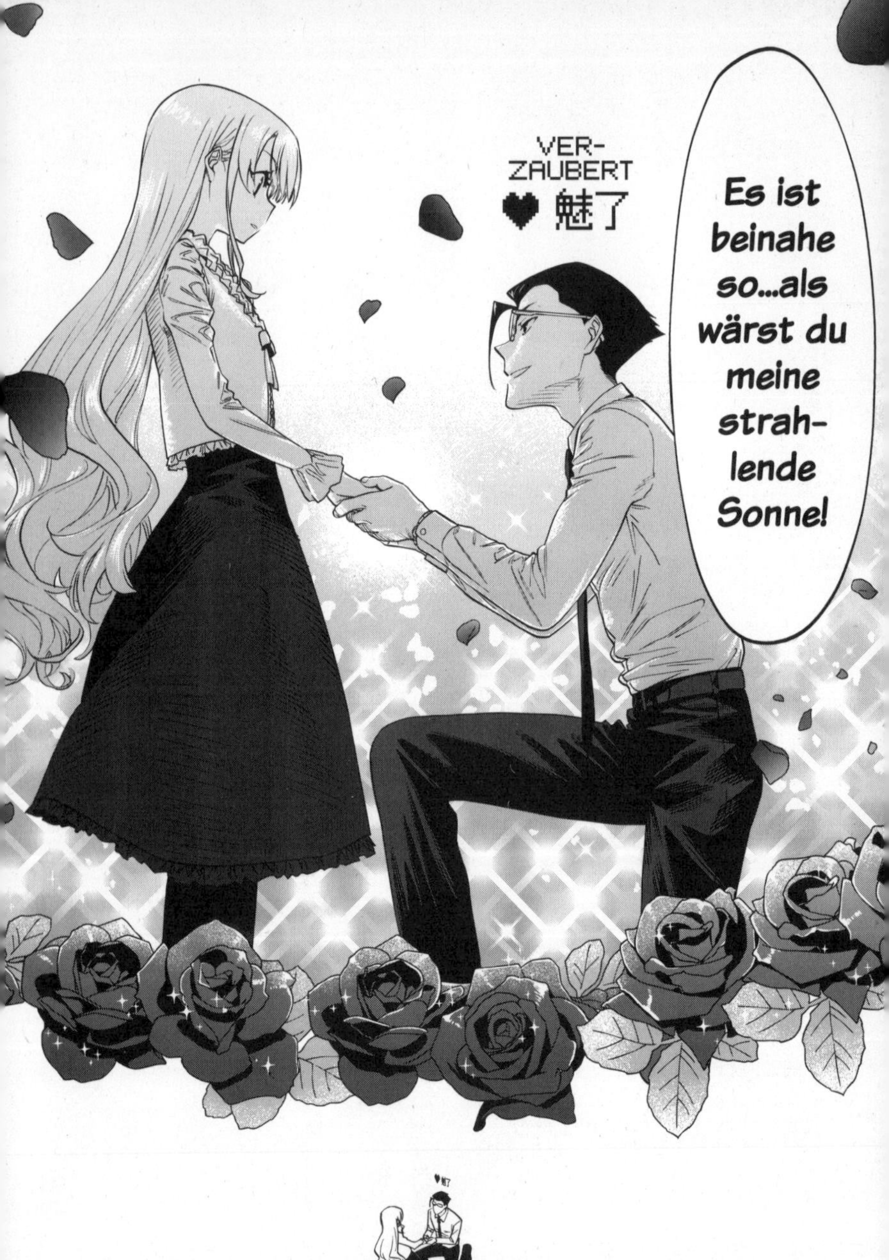
Es ist beinahe so...als wärst du meine strahlende Sonne!
VER-ZAUBERT
♥ 魅了

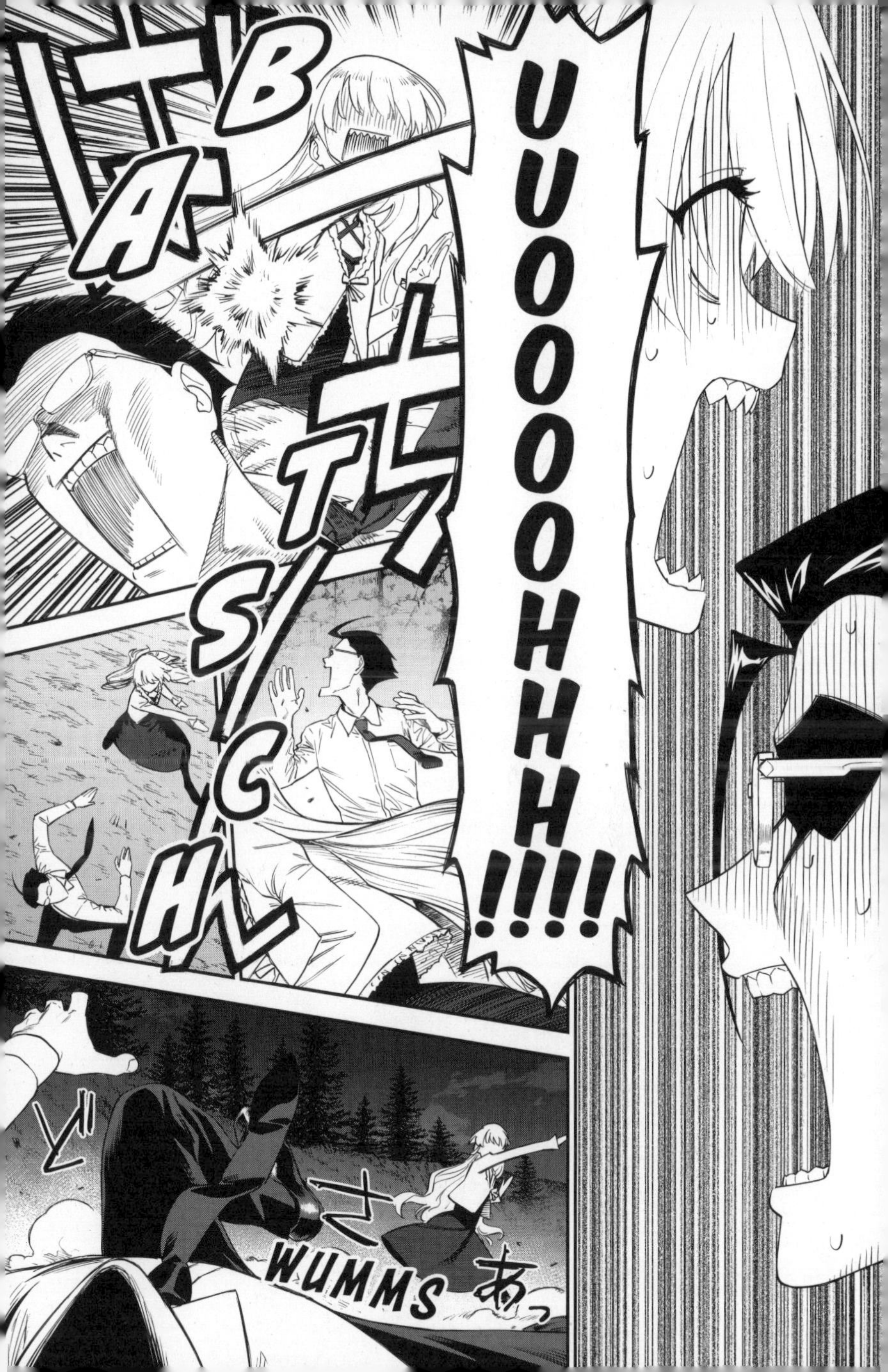

UUOOOOOHHHH!!!!
BA
TSCH
WUMMS
あっ

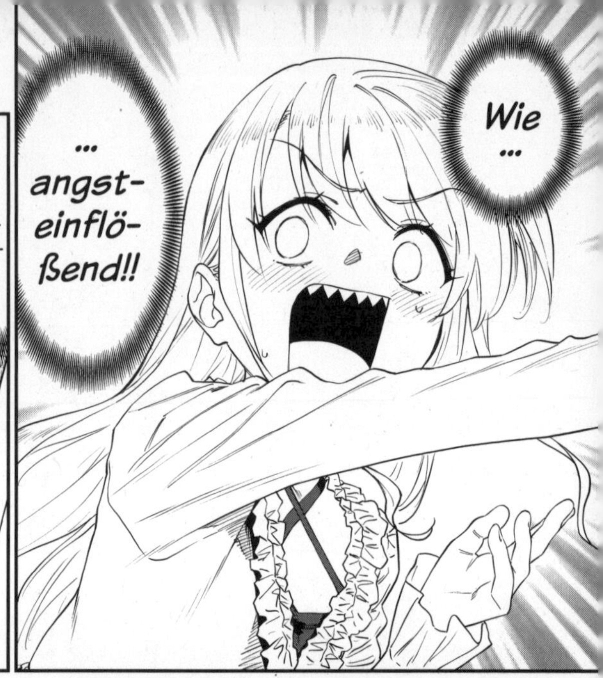
Wie ...
... angsteinflößend!!

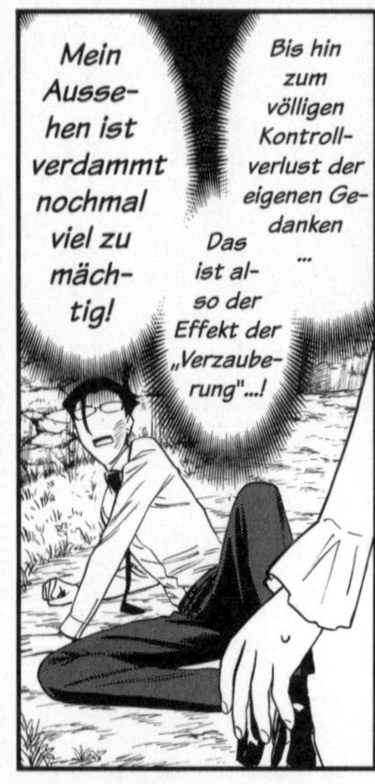
Bis hin zum völligen Kontrollverlust der eigenen Gedanken ...
Das ist also der Effekt der „Verzauberung"...!
Mein Aussehen ist verdammt nochmal viel zu mächtig!

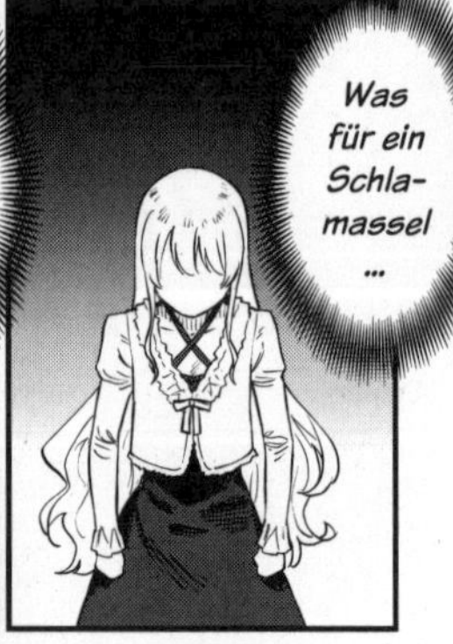
Was für ein Schlamassel ...

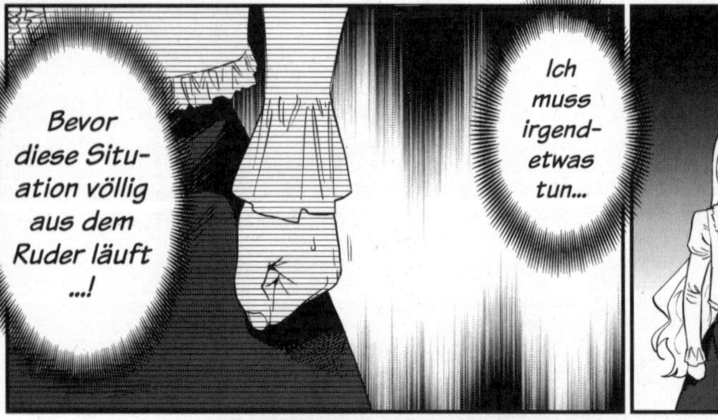
Ich muss irgendetwas tun...
Bevor diese Situation völlig aus dem Ruder läuft ...!

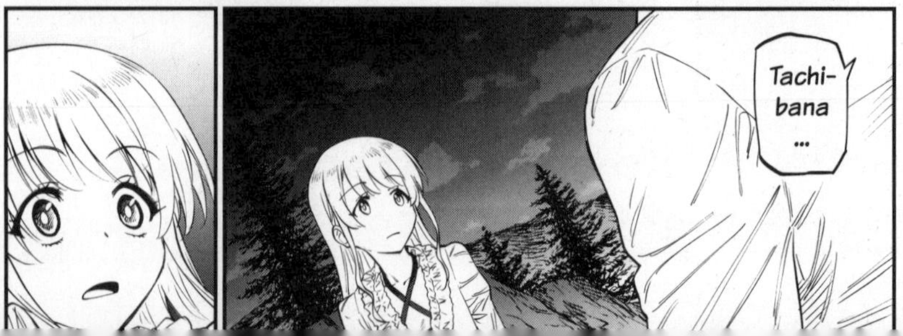
Tachibana ...

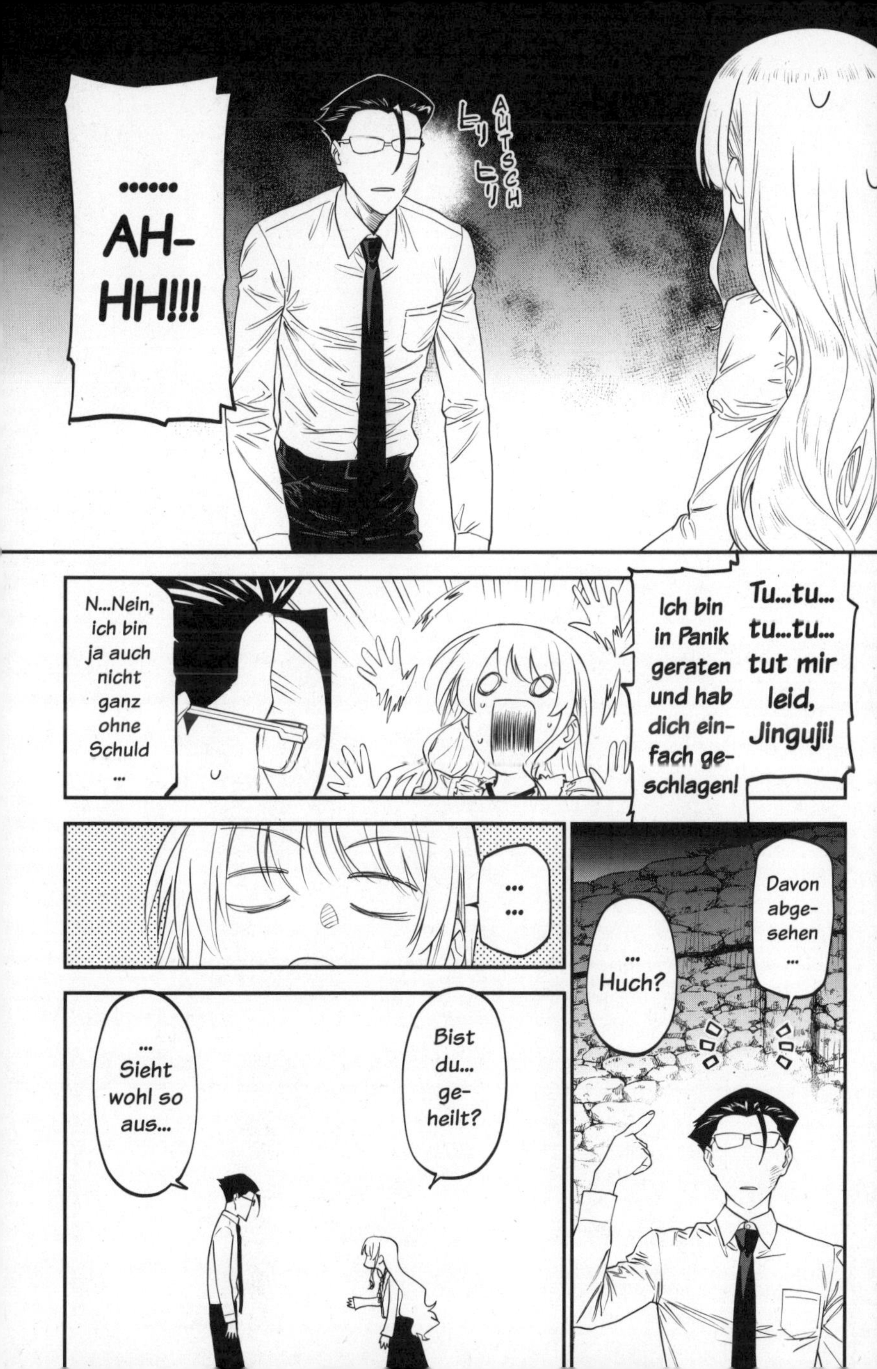
AUTSCH
......
AH-
HH!!!
Tu...tu...
tu...tu...
tut mir
leid,
Jinguji!
Ich bin
in Panik
geraten
und hab
dich ein-
fach ge-
schlagen!
N...Nein,
ich bin
ja auch
nicht
ganz
ohne
Schuld
...
Davon
abge-
sehen
...
...
Huch?
...
...
Bist
du...
ge-
heilt?
...
Sieht
wohl so
aus...

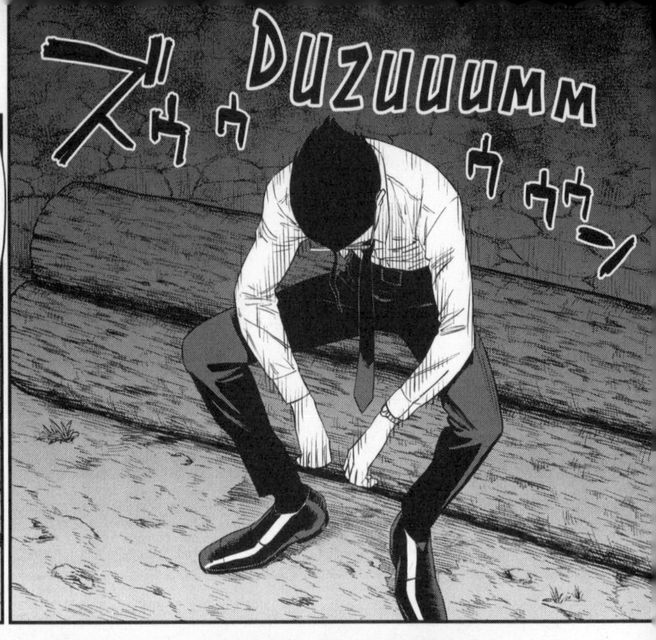

DUZUUUUMM

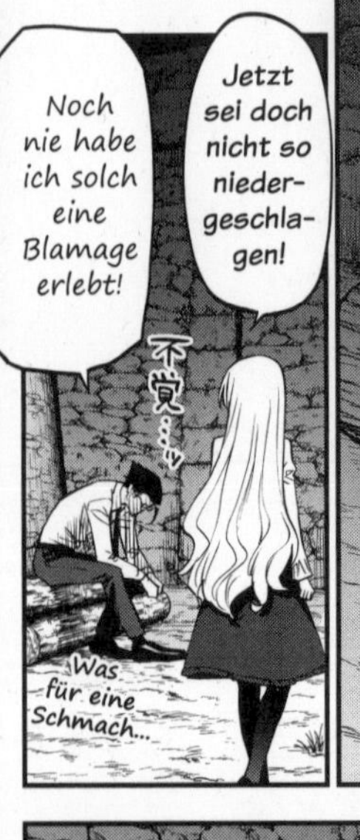

Jetzt sei doch nicht so nieder-geschlagen!
Noch nie habe ich solch eine Blamage erlebt!
不覚…
Was für eine Schmach…

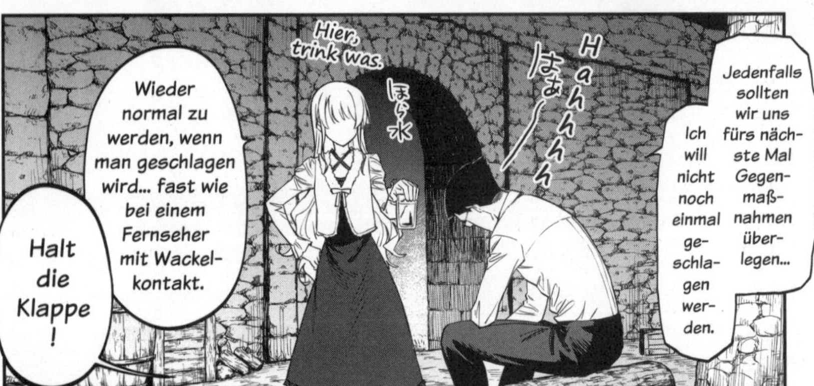

Jedenfalls sollten wir uns fürs nächste Mal Gegen-maßnahmen über-legen…
Ich will nicht noch einmal ge-schla-gen wer-den.
Hannnnn
はあ〜
Hier, trink was.
ほら水
Wieder normal zu werden, wenn man geschlagen wird… fast wie bei einem Fernseher mit Wackel-kontakt.
Halt die Klappe!

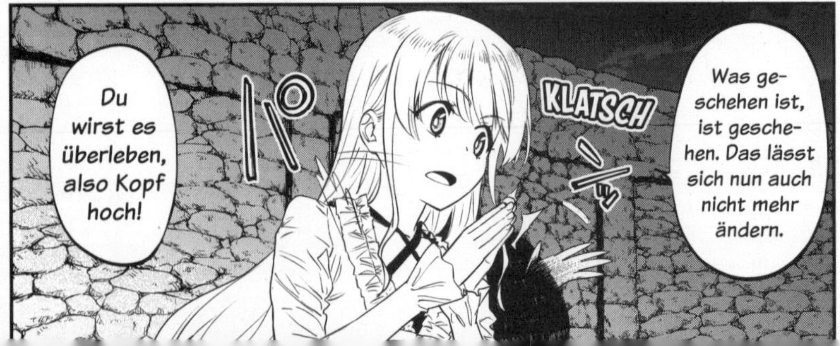

Was ge-schehen ist, ist gesche-hen. Das lässt sich nun auch nicht mehr ändern.
KLATSCH
パン
Du wirst es überleben, also Kopf hoch!

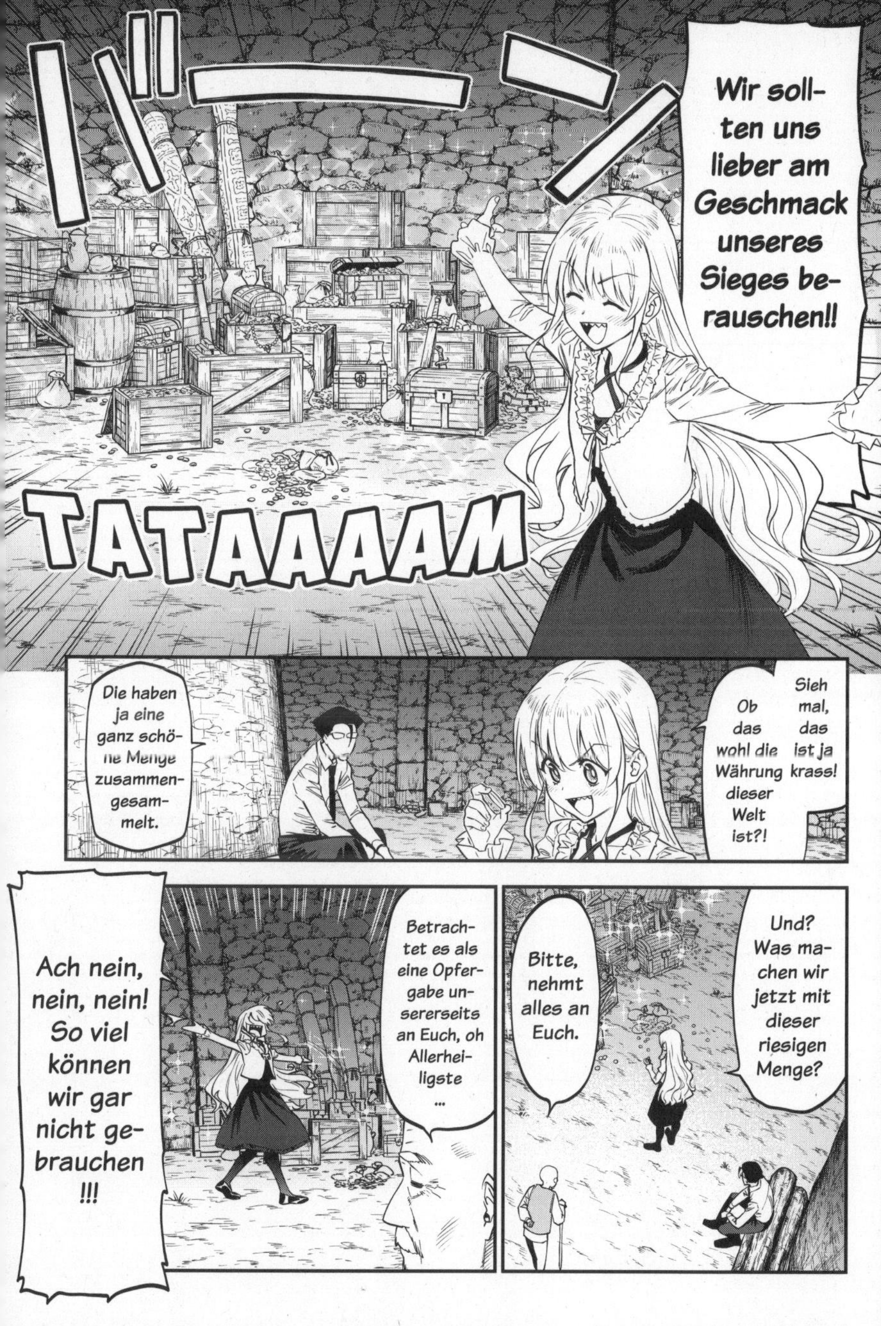

Wir sollten uns lieber am Geschmack unseres Sieges berauschen!!
TATAAAAM
Sieh mal, das ist ja krass!
Ob das wohl die Währung dieser Welt ist?!
Die haben ja eine ganz schöne Menge zusammengesammelt.
Und? Was machen wir jetzt mit dieser riesigen Menge?
Bitte, nehmt alles an Euch.
Betrachtet es als eine Opfergabe unsererseits an Euch, oh Allerheiligste ...
Ach nein, nein, nein! So viel können wir gar nicht gebrauchen!!!

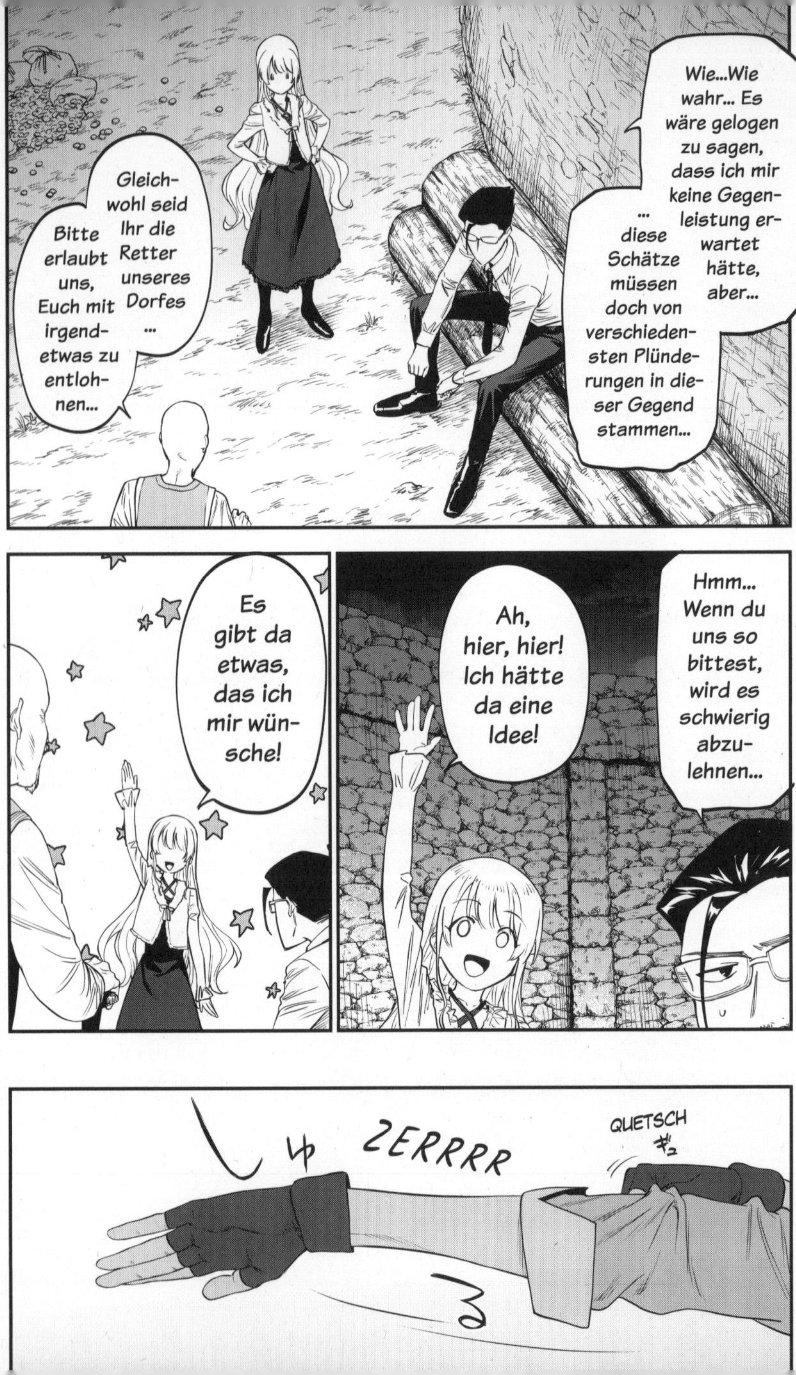

Wie...Wie wahr... Es wäre gelogen zu sagen, dass ich mir keine Gegenleistung erwartet hätte, aber...

... diese Schätze müssen doch von verschiedensten Plünderungen in dieser Gegend stammen...

Gleichwohl seid Ihr die Retter unseres Dorfes ...

Bitte erlaubt uns, Euch mit irgendetwas zu entlohnen...

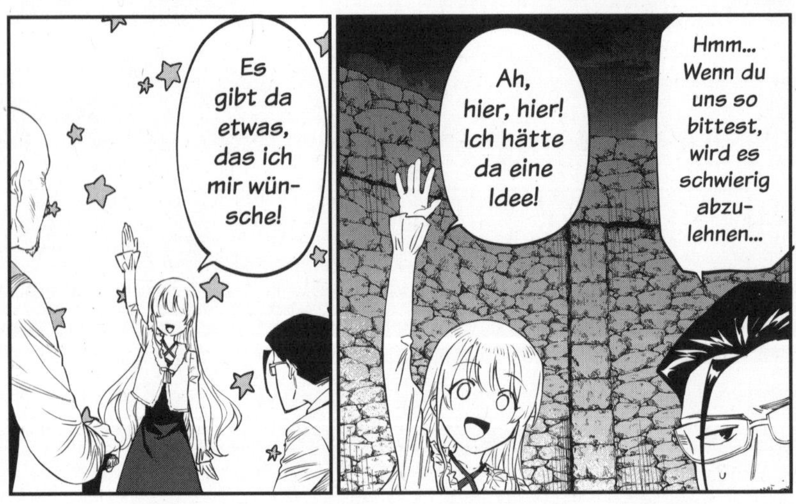

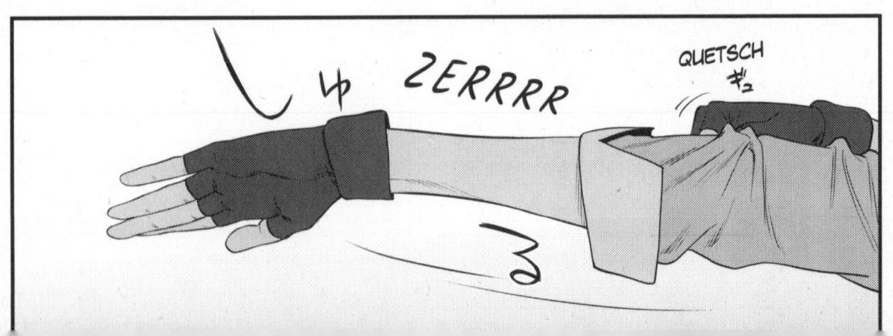

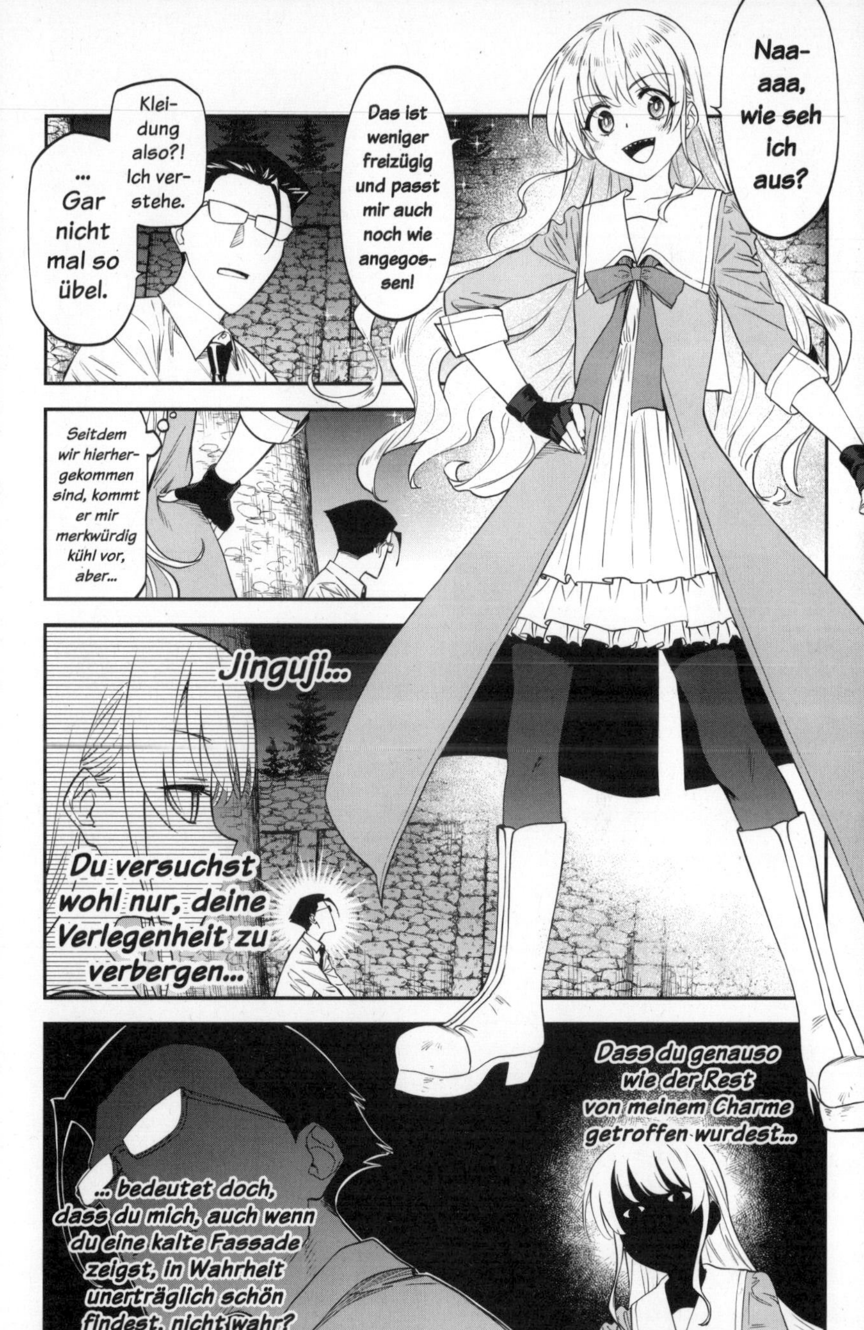
Naa-aaa, wie seh ich aus?
Das ist weniger freizügig und passt mir auch noch wie angegos-sen!
Klei-dung also?! Ich ver-stehe.
... Gar nicht mal so übel.
Seitdem wir hierher-gekommen sind, kommt er mir merkwürdig kühl vor, aber...
Jinguji...
Du versuchst wohl nur, deine Verlegenheit zu verbergen...
Dass du genauso wie der Rest von meinem Charme getroffen wurdest...
... bedeutet doch, dass du mich, auch wenn du eine kalte Fassade zeigst, in Wahrheit unerträglich schön findest, nicht wahr?

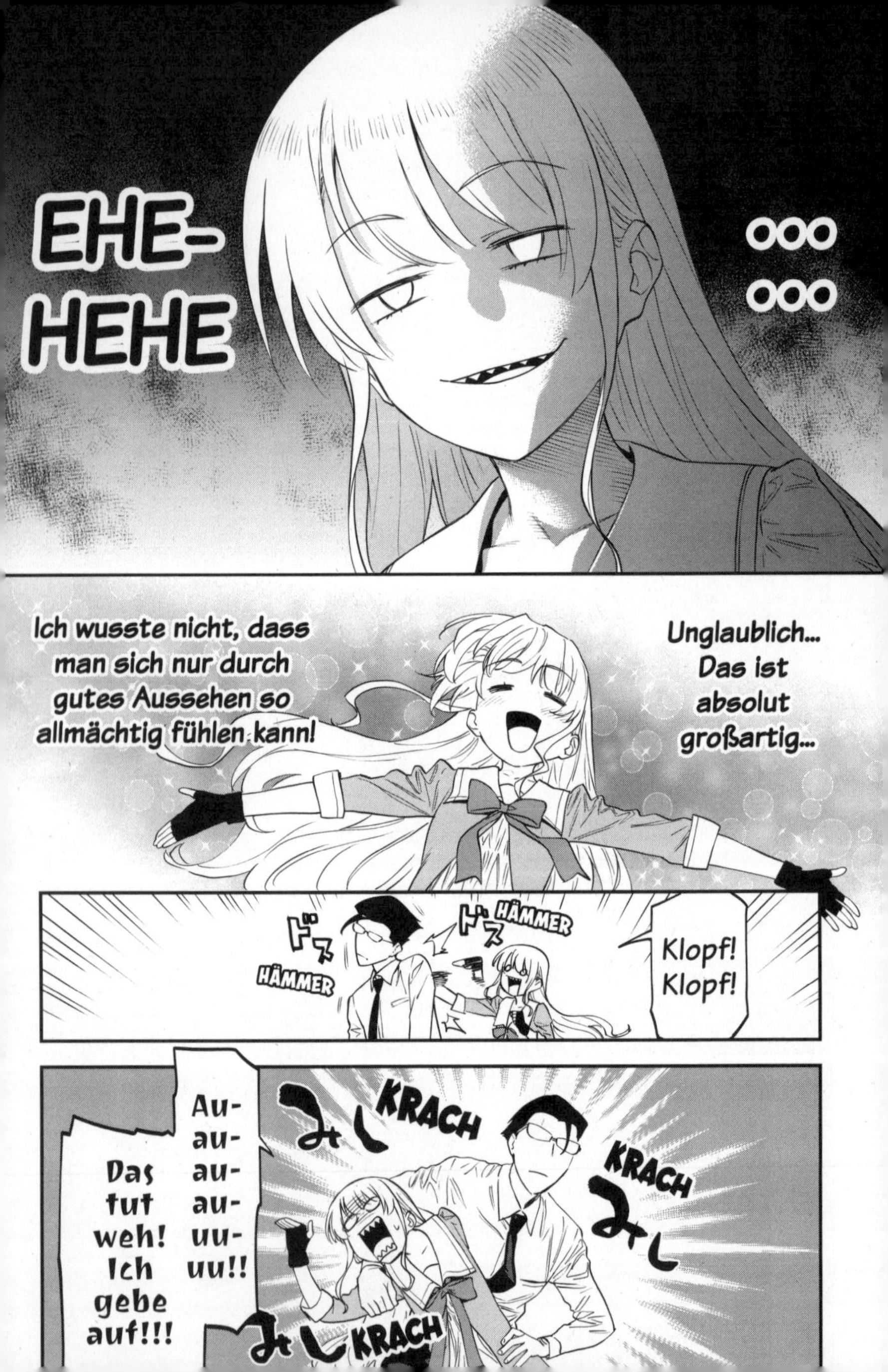

ooo ooo

EHE-HEHE

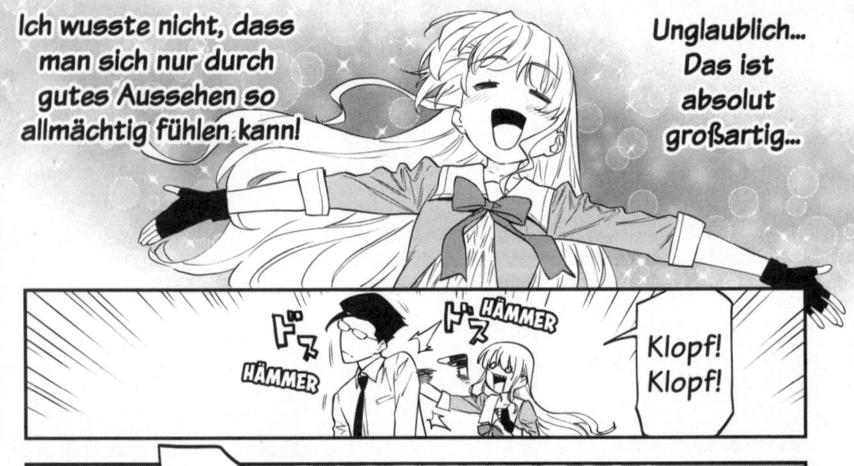

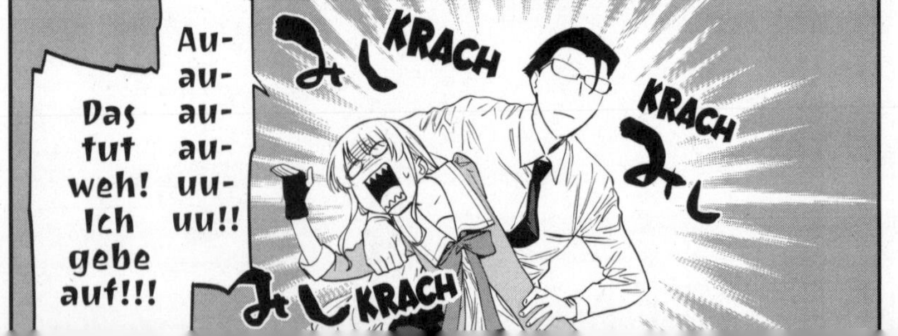

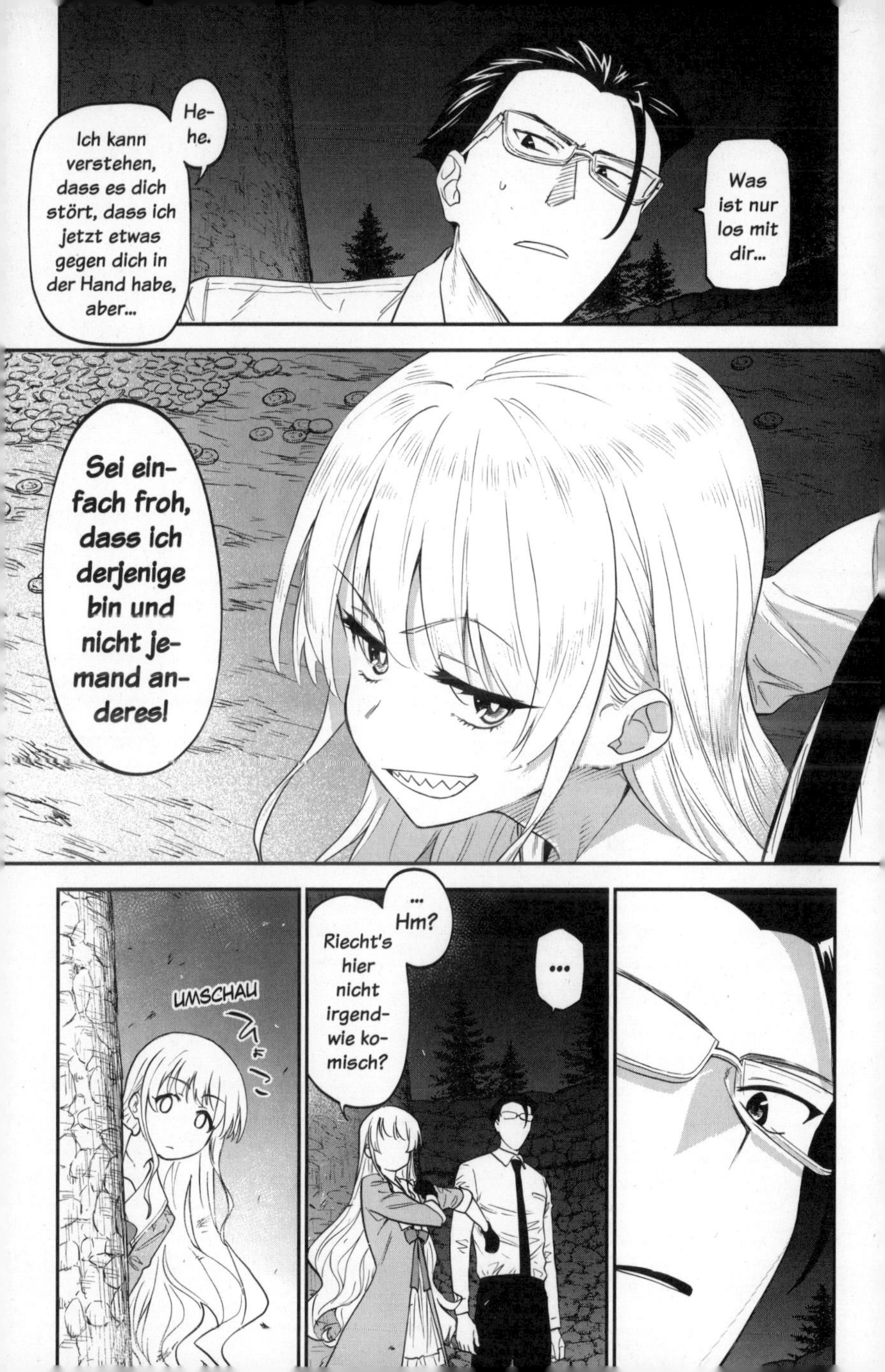

Was ist nur los mit dir…

He-he.

Ich kann verstehen, dass es dich stört, dass ich jetzt etwas gegen dich in der Hand habe, aber…

Sei einfach froh, dass ich derjenige bin und nicht jemand anderes!

…

… Hm? Riecht's hier nicht irgendwie komisch?

UMSCHAU

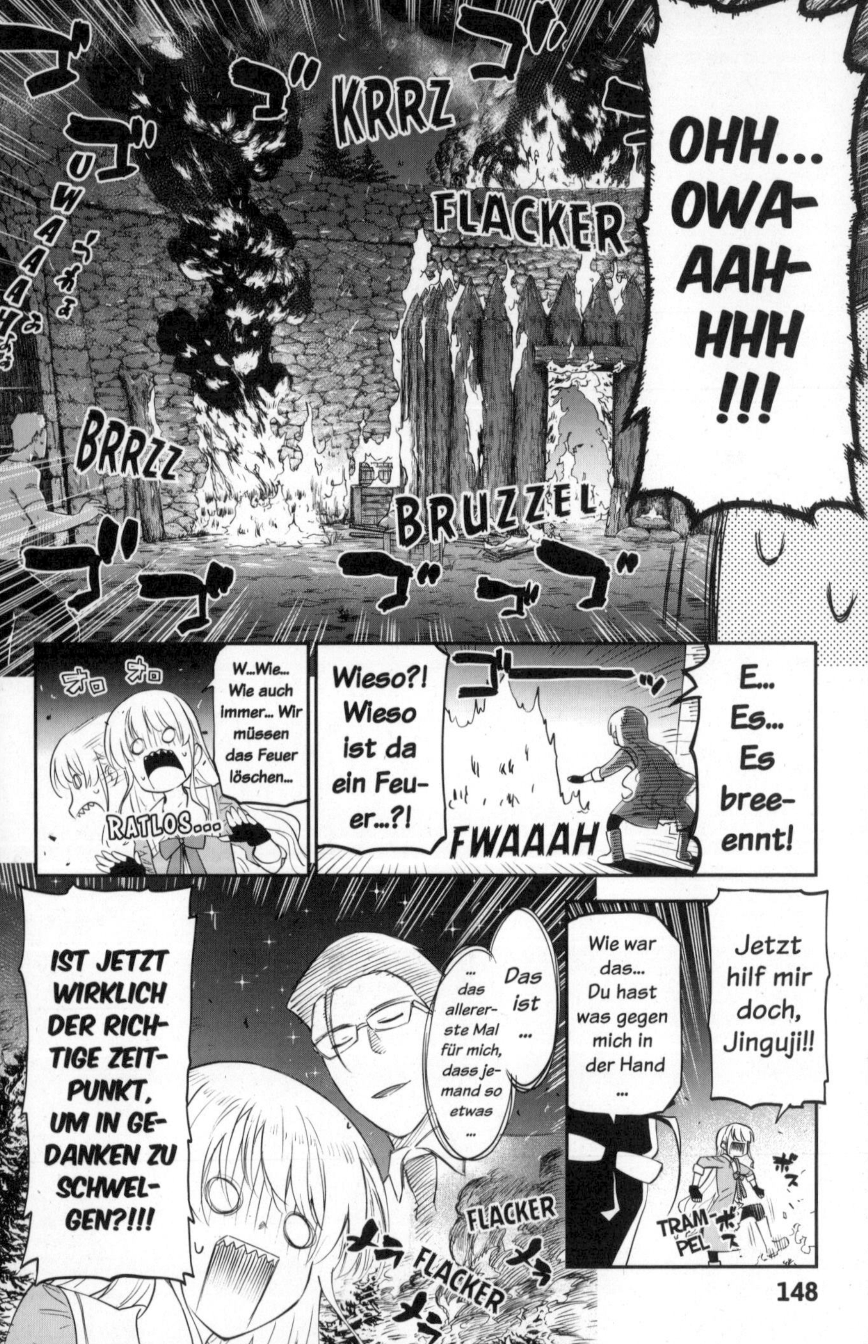

OHH... OWAAAHHHH!!!
FLACKER
KRRZ
UWAAAAAH
BRRZZ
BRUZZEL
E... Es... Es breeennt!
Wieso?! Wieso ist da ein Feuer...?!
FWAAAH
W...Wie... Wie auch immer... Wir müssen das Feuer löschen...
RATLOS...
Jetzt hilf mir doch, Jinguji!!
Wie war das... Du hast was gegen mich in der Hand ...
TRAMPEL
Das ist ...
... das allererste Mal für mich, dass jemand so etwas ...
IST JETZT WIRKLICH DER RICHTIGE ZEITPUNKT, UM IN GEDANKEN ZU SCHWELGEN?!!!
FLACKER
FLACKER

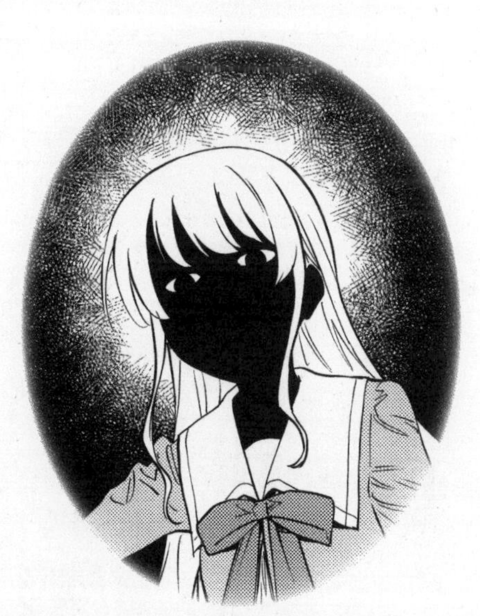

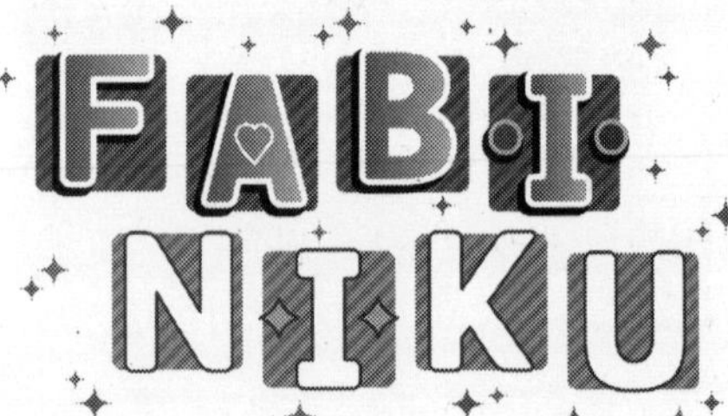
FABI
NIKU

008 Der Fabiniku-Typ und die Elfe

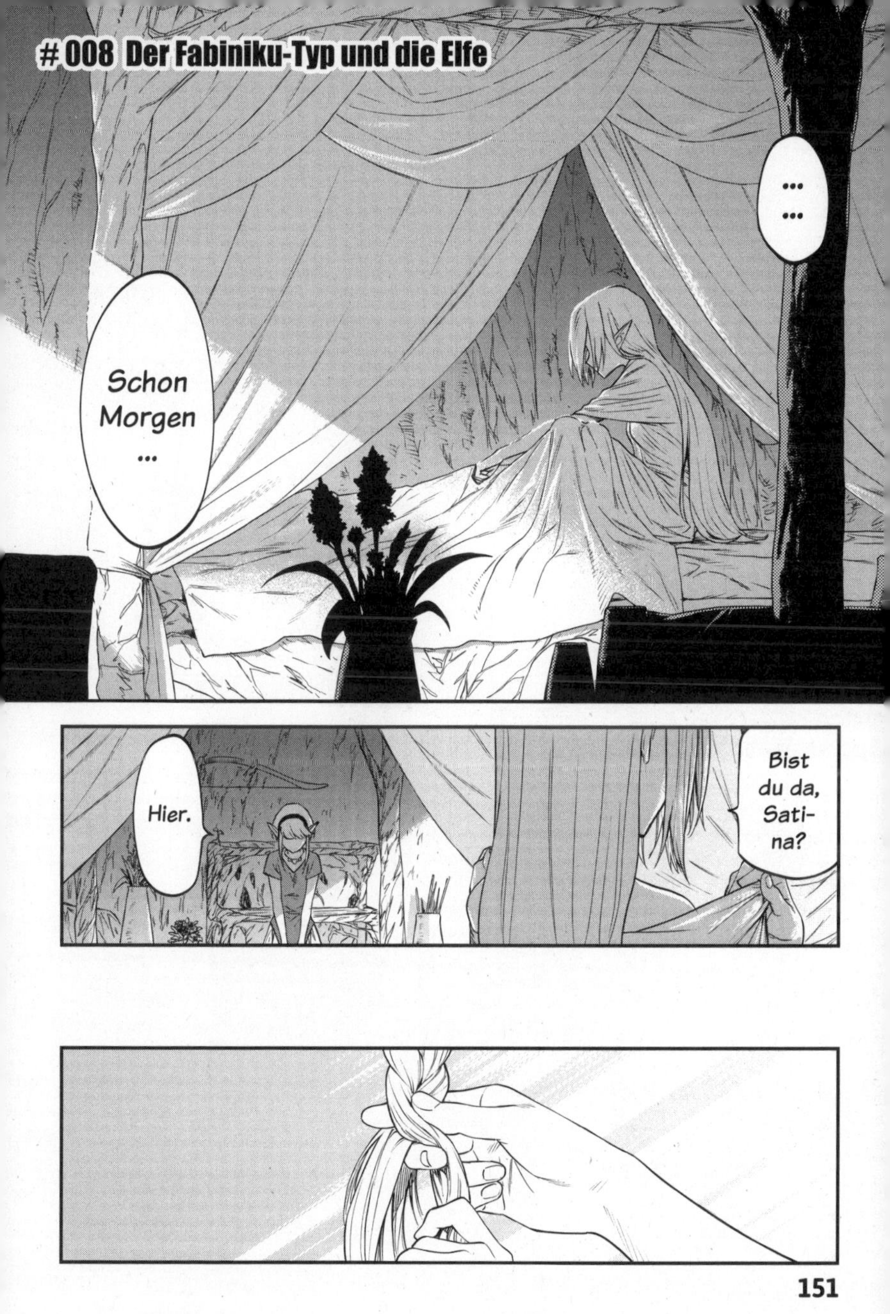

……

Schon Morgen …

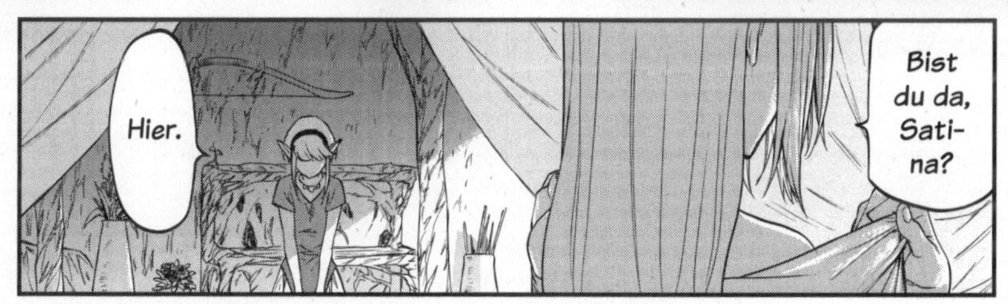

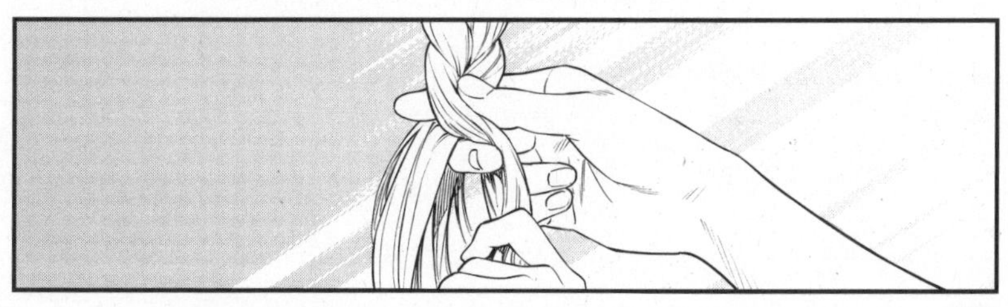

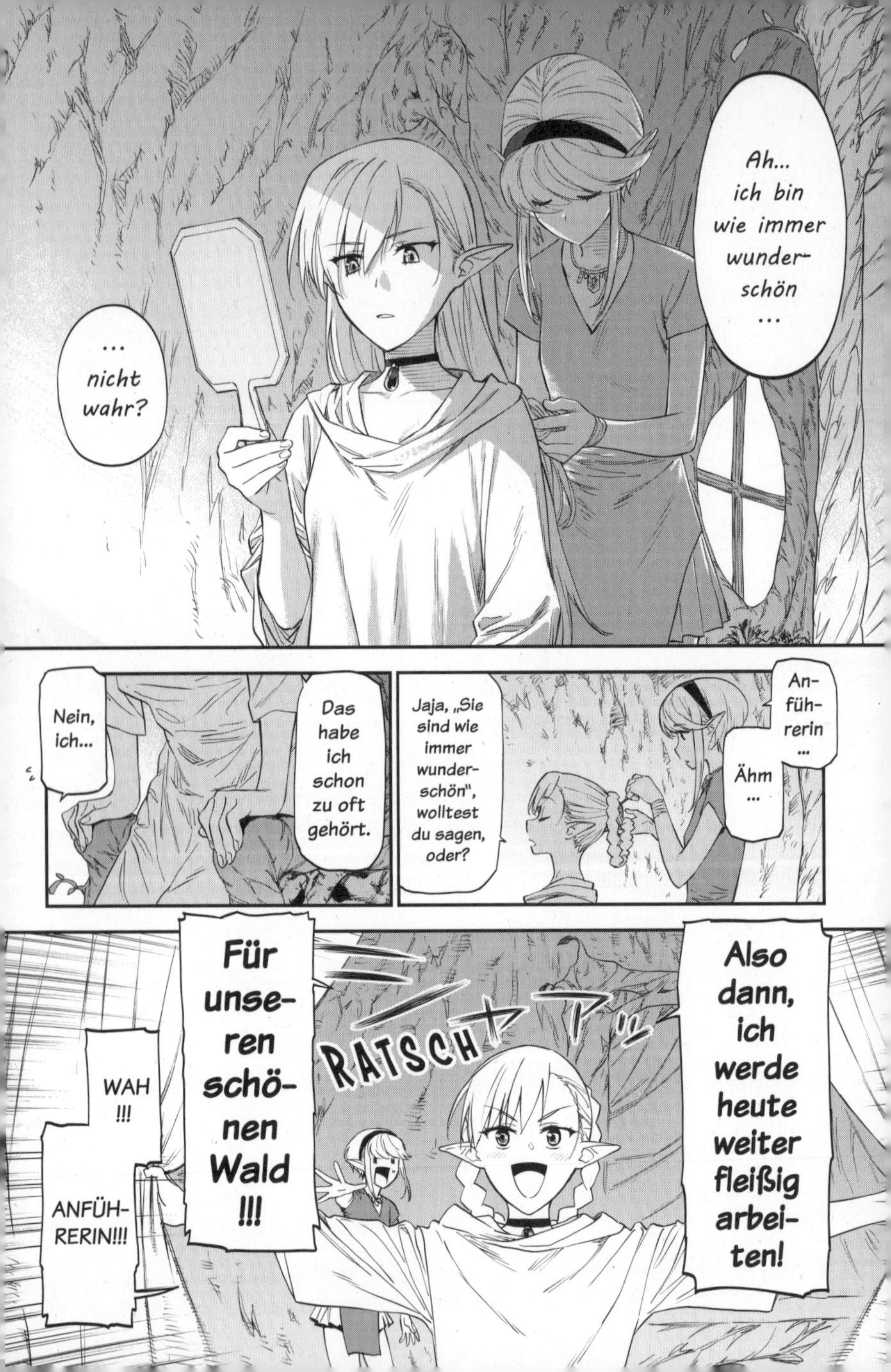

Ah... ich bin wie immer wunderschön ...

... nicht wahr?

Anführerin ...

Ähm ...

Jaja, „Sie sind wie immer wunderschön", wolltest du sagen, oder?

Das habe ich schon zu oft gehört.

Nein, ich...

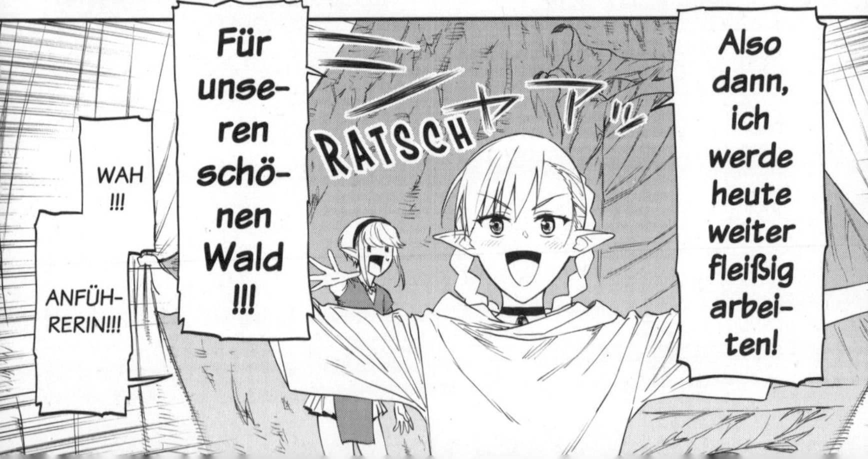

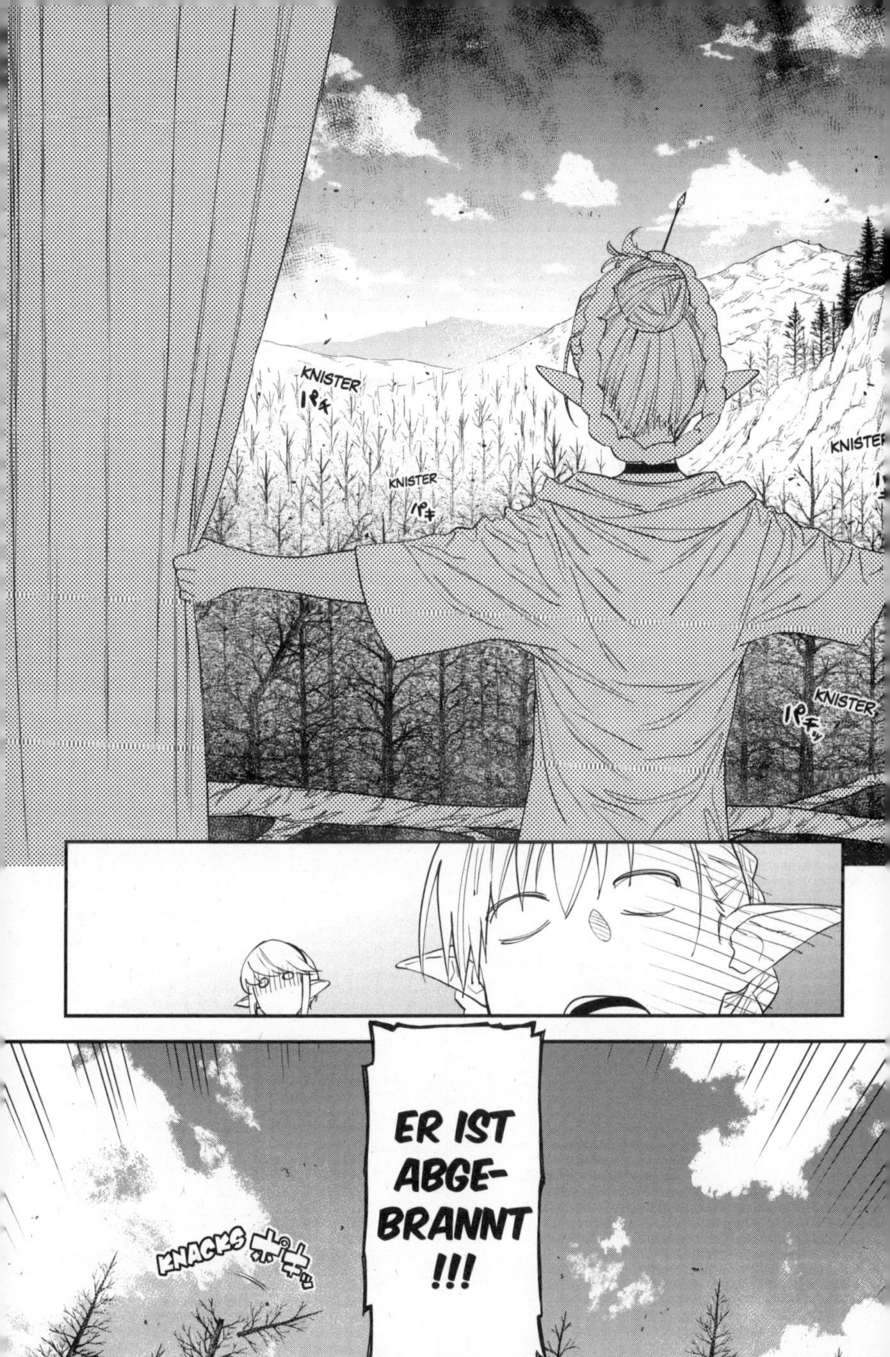
KNISTER
パキ
KNISTER
パキ
KNISTER
KNISTER
パチッ
ER IST ABGE-BRANNT !!!
KNACKS
ポキッ

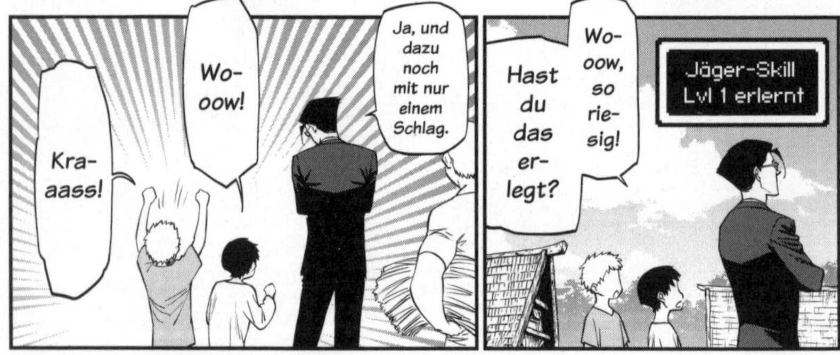
Jäger-Skill Lvl 1 erlernt
Wo-oow, so riesig!
Hast du das erlegt?
Ja, und dazu noch mit nur einem Schlag.
Wo-oow!
Kraaass!

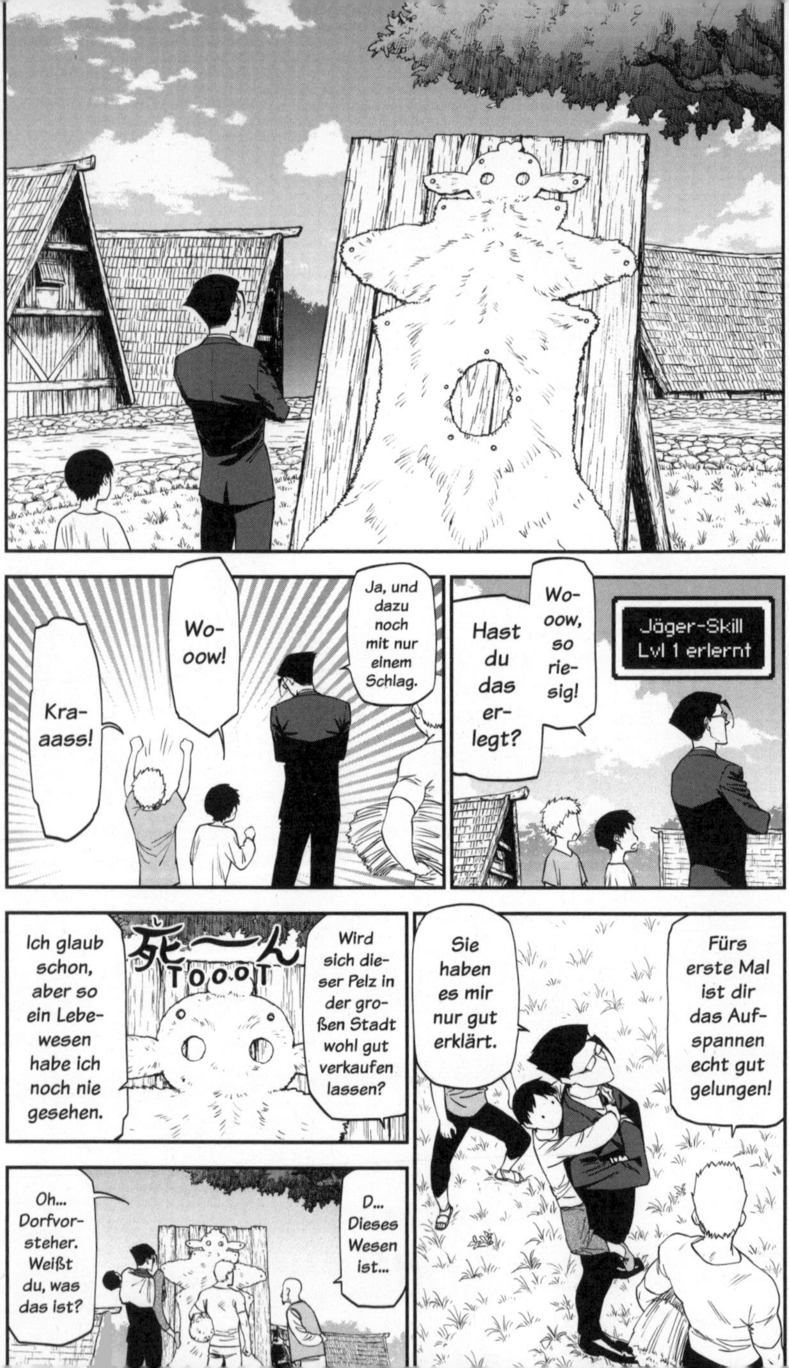

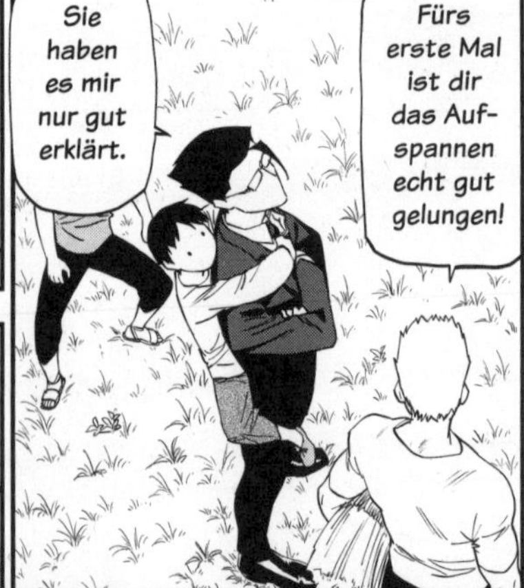
Fürs erste Mal ist dir das Aufspannen echt gut gelungen!
Sie haben es mir nur gut erklärt.

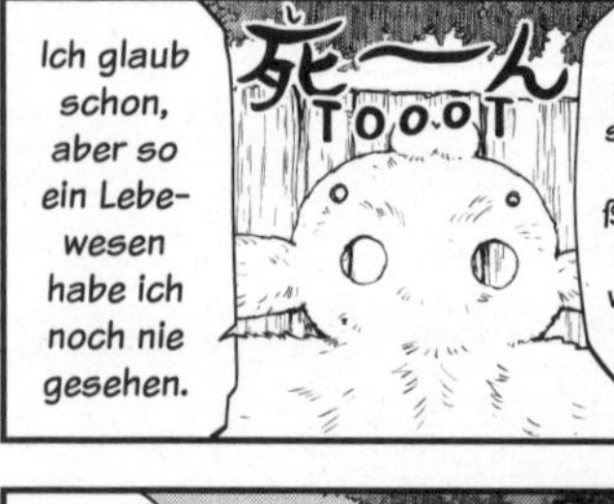
Wird sich dieser Pelz in der großen Stadt wohl gut verkaufen lassen?
死ーん
TOOOT
Ich glaub schon, aber so ein Lebewesen habe ich noch nie gesehen.

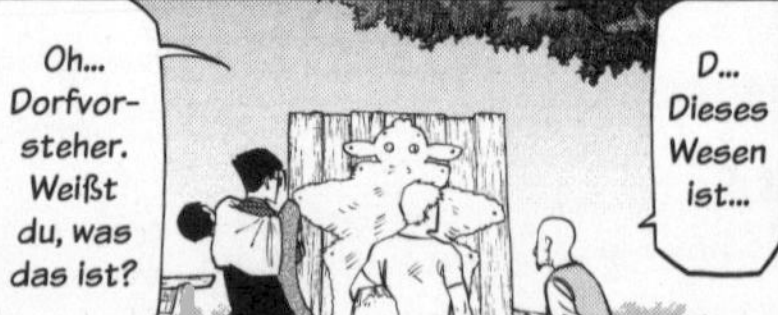
D... Dieses Wesen ist...
Oh... Dorfvorsteher. Weißt du, was das ist?

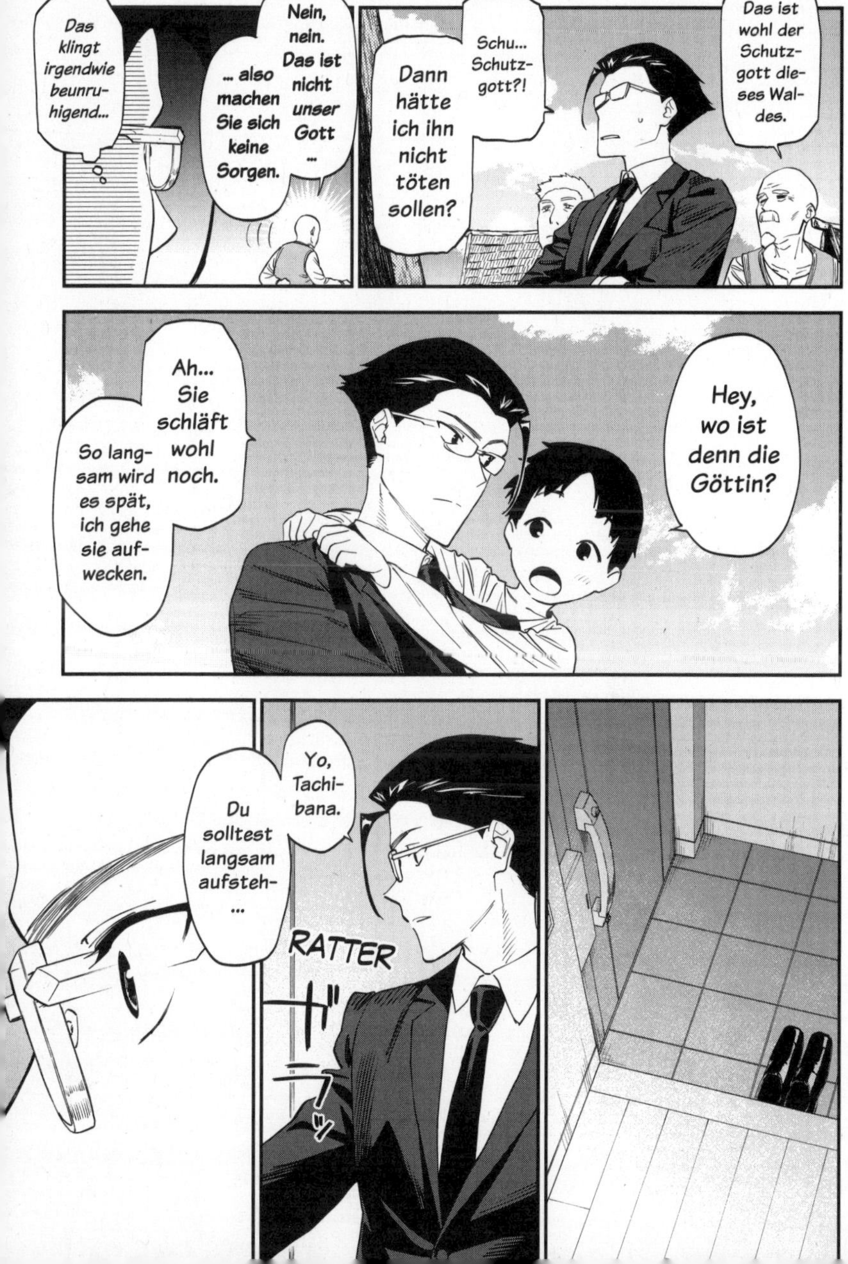

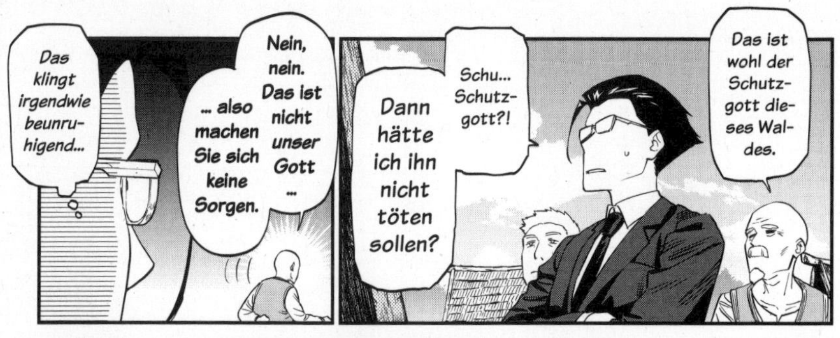

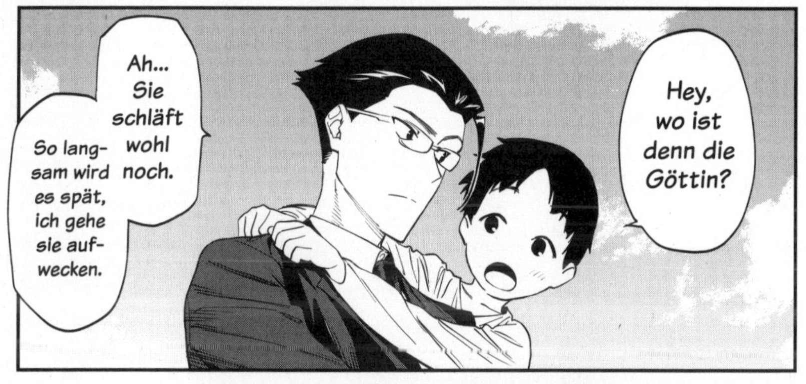

Yo, Tachibana.

Du solltest langsam aufsteh- ...

RATTER

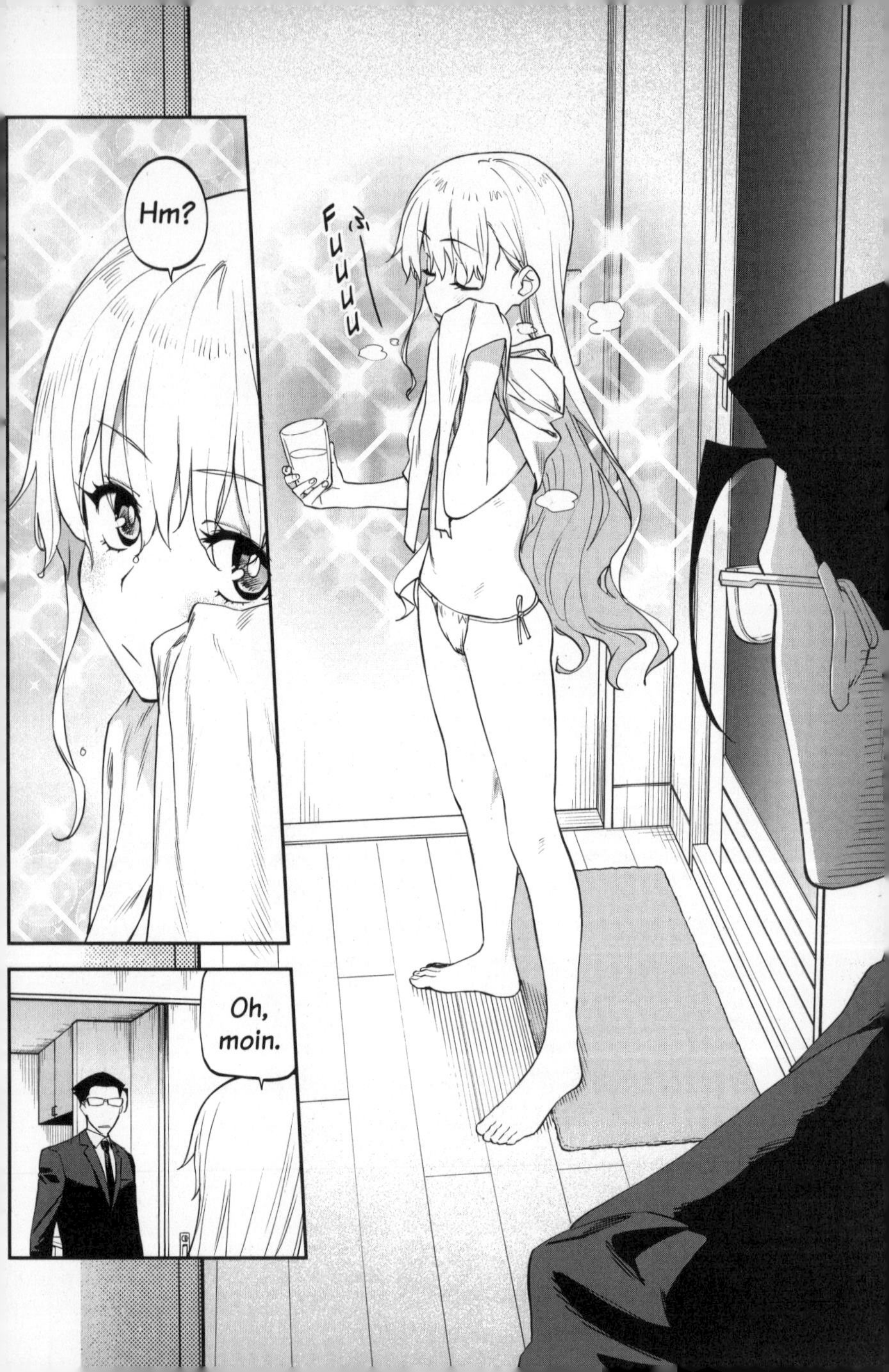
Fuuuuu
Hm?
Oh, moin.

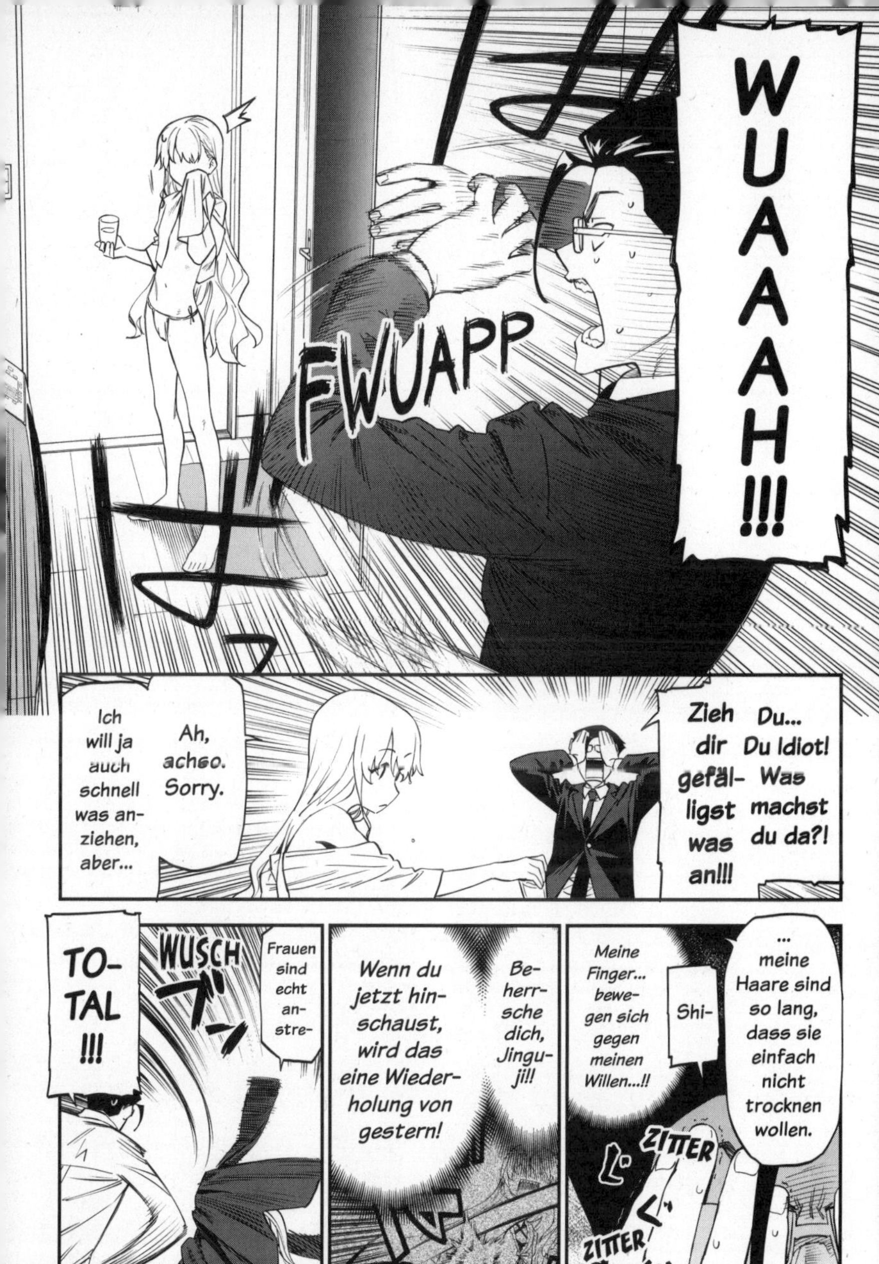

WUAAAAH!!!
FWUAPP
Du... Du Idiot! Was machst du da?!
Zieh dir gefälligst was an!!!
Ah, achso. Sorry.
Ich will ja auch schnell was anziehen, aber...
... meine Haare sind so lang, dass sie einfach nicht trocknen wollen.
Shi-
Meine Finger... bewegen sich gegen meinen Willen...!!
ZITTER
ZITTER
ZITTER
Beherrsche dich, Jinguji!!
Wenn du jetzt hinschaust, wird das eine Wiederholung von gestern!
Frauen sind echt anstre-
WUSCH
TOTAL!!!
PUFF

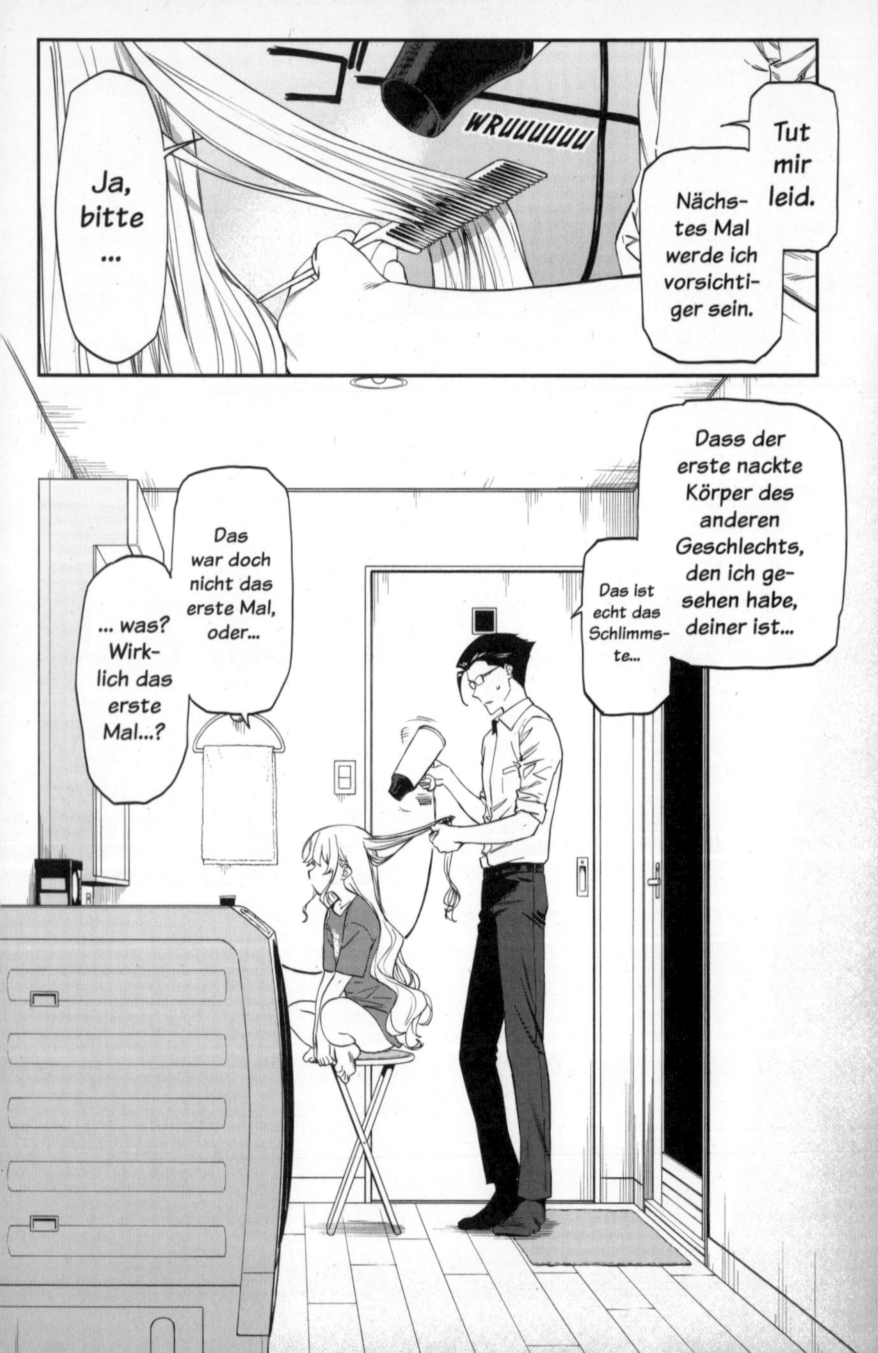
Tut mir leid.
Nächstes Mal werde ich vorsichtiger sein.
WRUUUUUU
Ja, bitte ...
Dass der erste nackte Körper des anderen Geschlechts, den ich gesehen habe, deiner ist...
Das ist echt das Schlimmste...
Das war doch nicht das erste Mal, oder...
... was? Wirklich das erste Mal...?

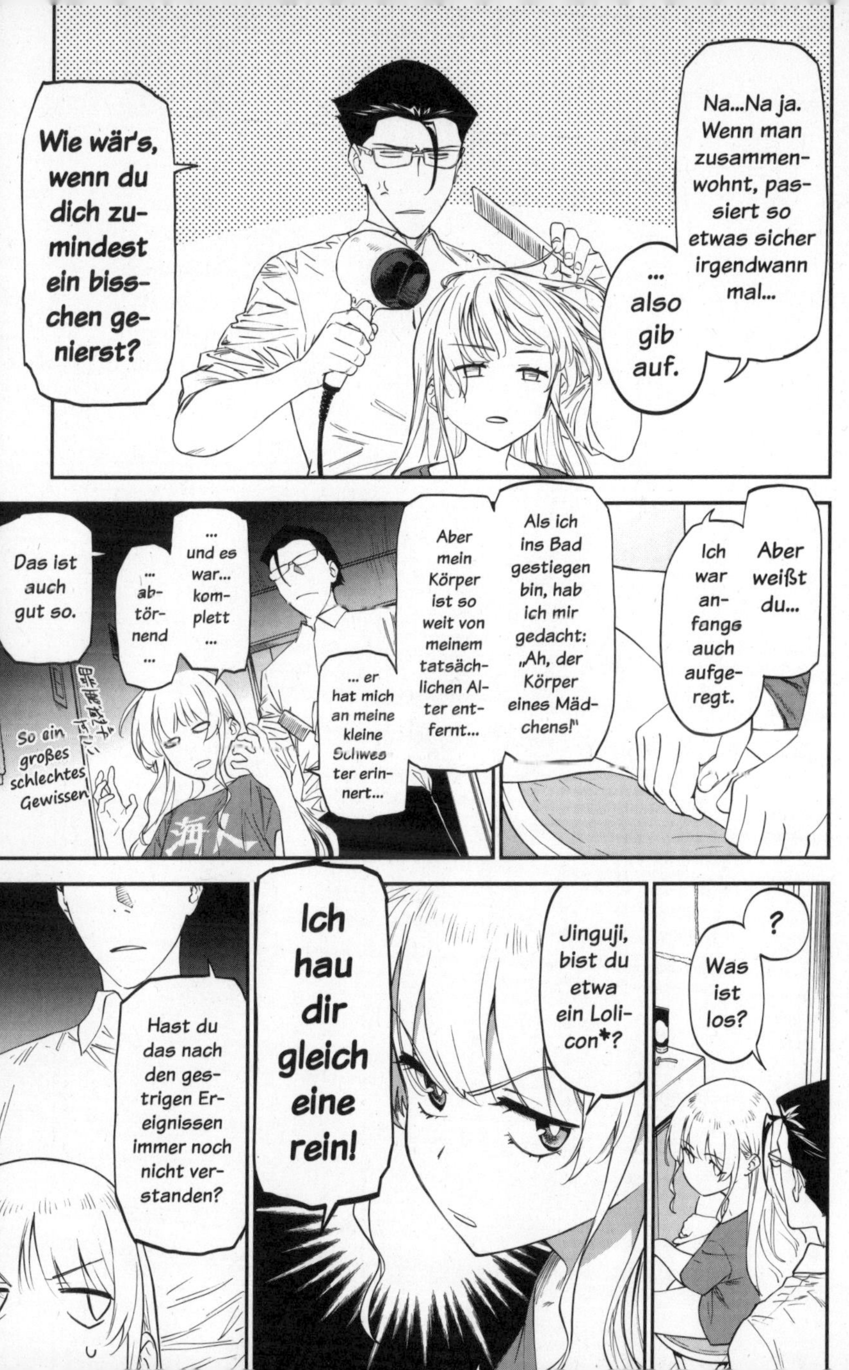

Na...Na ja. Wenn man zusammenwohnt, passiert so etwas sicher irgendwann mal...
... also gib auf.
Wie wär's, wenn du dich zumindest ein bisschen genierst?
Aber weißt du...
Ich war anfangs auch aufgeregt.
Als ich ins Bad gestiegen bin, hab ich mir gedacht: „Ah, der Körper eines Mädchens!"
Aber mein Körper ist so weit von meinem tatsächlichen Alter entfernt...
... er hat mich an meine kleine Schwester erinnert...
... und es war... komplett ...
... abtörnend ...
Das ist auch gut so.
So ein großes schlechtes Gewissen
?
Was ist los?
Jinguji, bist du etwa ein Lolicon*?
Ich hau dir gleich eine rein!
Hast du das nach den gestrigen Ereignissen immer noch nicht verstanden?

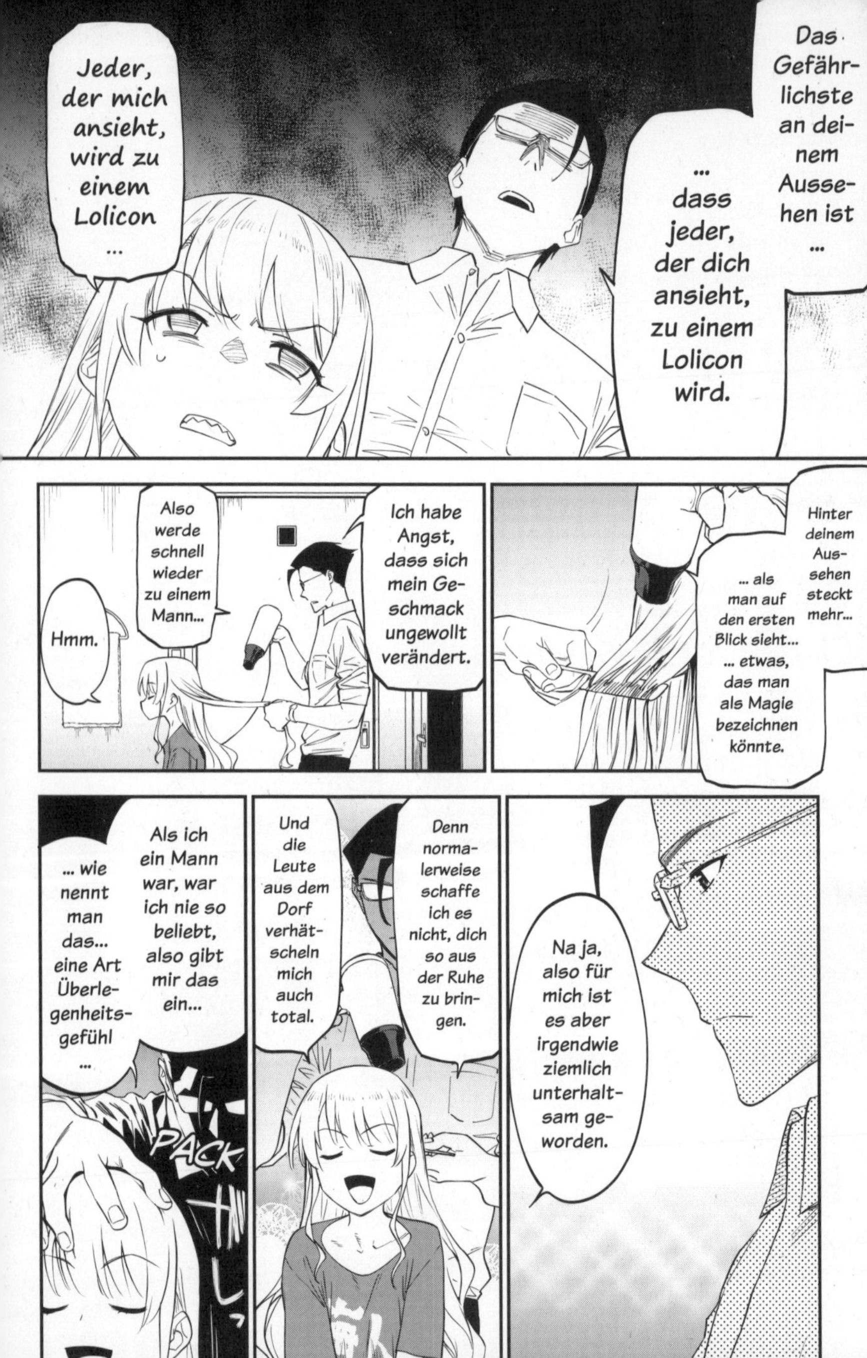
Das Gefährlichste an deinem Aussehen ist …
… dass jeder, der dich ansieht, zu einem Lolicon wird.
Jeder, der mich ansieht, wird zu einem Lolicon …
Ich habe Angst, dass sich mein Geschmack ungewollt verändert.
Also werde schnell wieder zu einem Mann…
Hmm.
Hinter deinem Aussehen steckt mehr…
… als man auf den ersten Blick sieht…
… etwas, das man als Magie bezeichnen könnte.
Na ja, also für mich ist es aber irgendwie ziemlich unterhaltsam geworden.
Denn normalerweise schaffe ich es nicht, dich so aus der Ruhe zu bringen.
Und die Leute aus dem Dorf verhätscheln mich auch total.
Als ich ein Mann war, war ich nie so beliebt, also gibt mir das ein…
… wie nennt man das… eine Art Überlegenheitsgefühl …
PACK

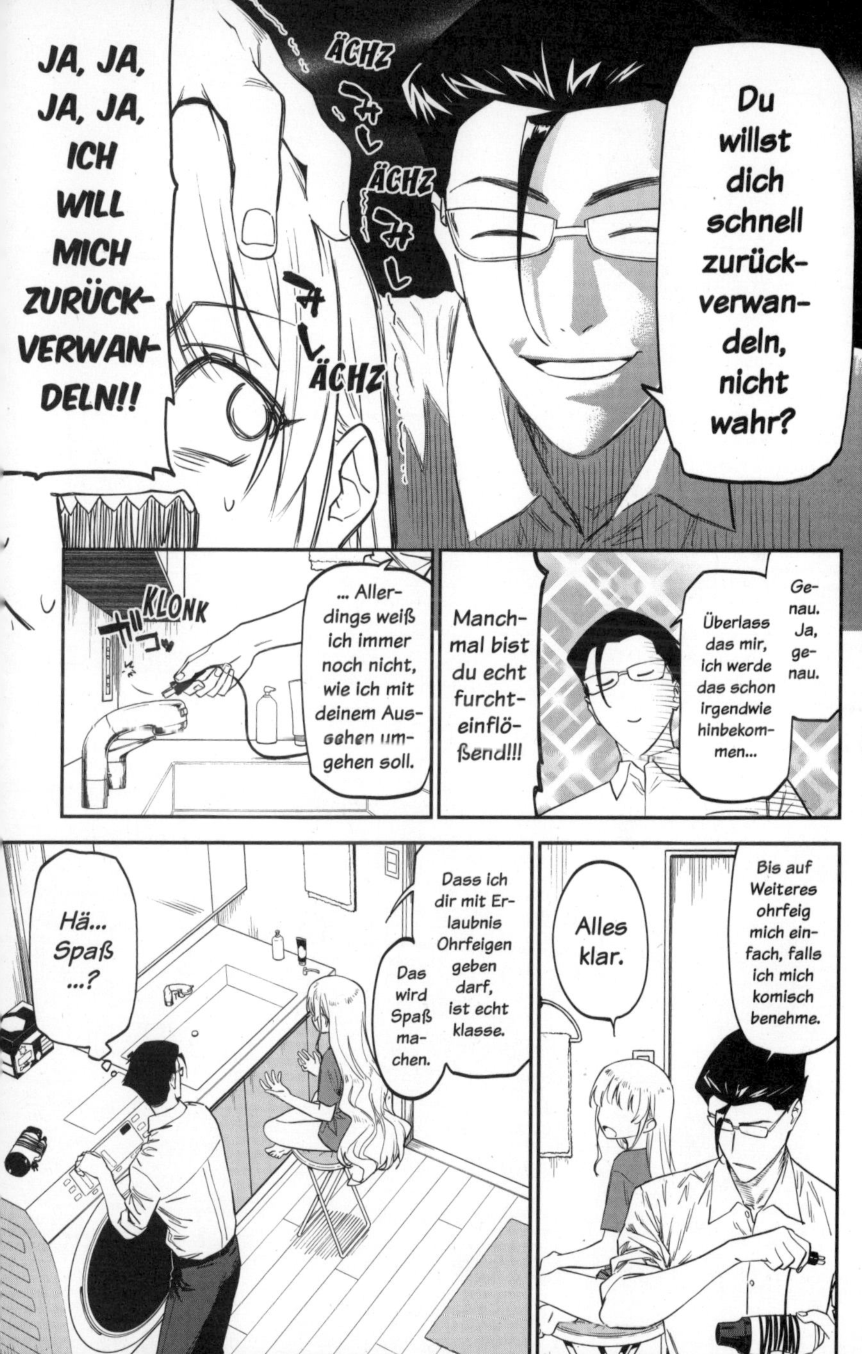
Du willst dich schnell zurückverwandeln, nicht wahr?
ÄCHZ
ÄCHZ
ÄCHZ
JA, JA, JA, JA, ICH WILL MICH ZURÜCKVERWANDELN!!
Genau. Ja, genau.
Überlass das mir, ich werde das schon irgendwie hinbekommen...
Manchmal bist du echt furchteinflößend!!!
... Allerdings weiß ich immer noch nicht, wie ich mit deinem Aussehen umgehen soll.
KLONK
Bis auf Weiteres ohrfeig mich einfach, falls ich mich komisch benehme.
Alles klar.
Dass ich dir mit Erlaubnis Ohrfeigen geben darf, ist echt klasse.
Das wird Spaß machen.
Hä... Spaß ...?

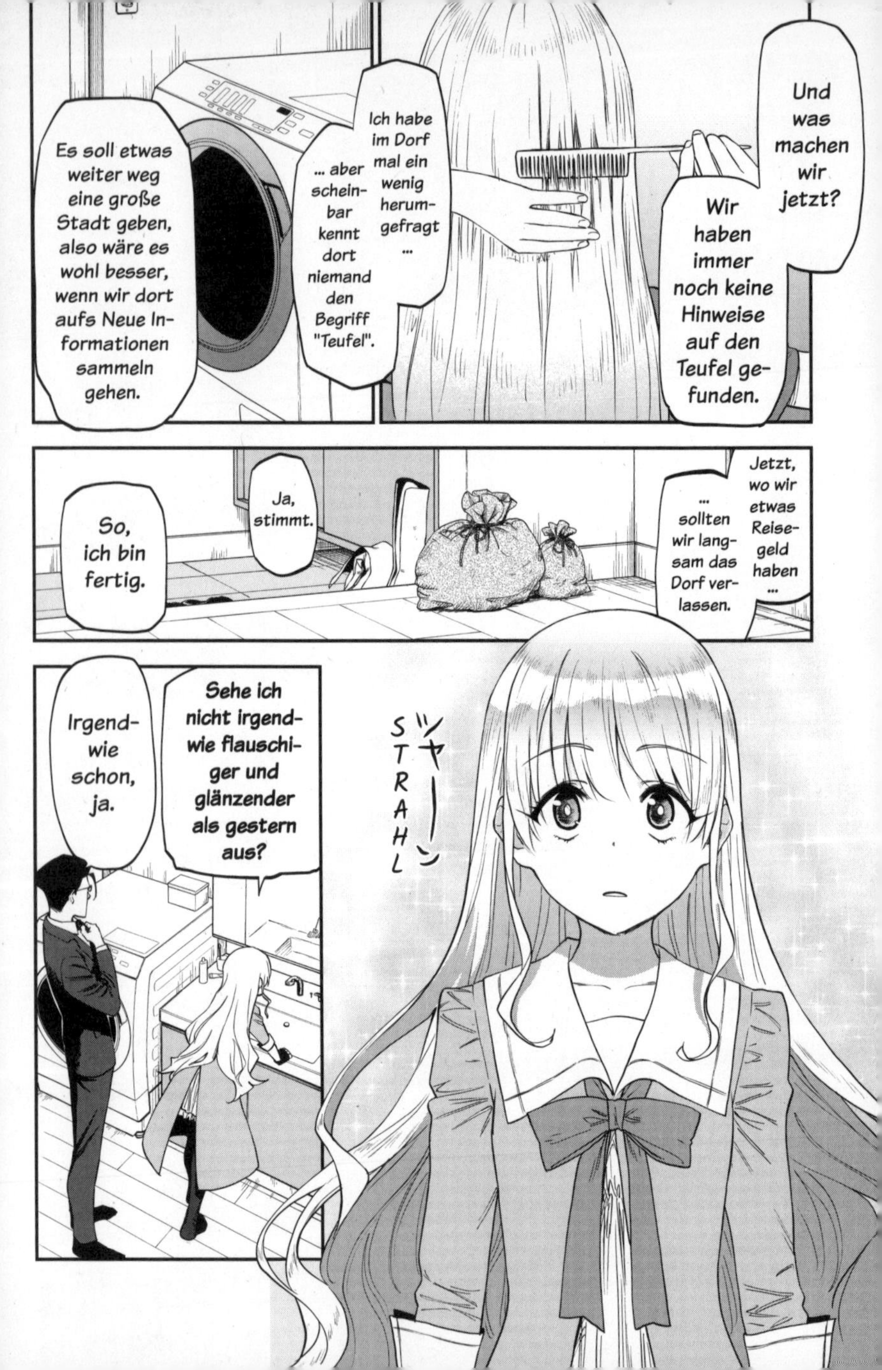

Und was machen wir jetzt?
Wir haben immer noch keine Hinweise auf den Teufel gefunden.
Ich habe im Dorf mal ein wenig herumgefragt ...
... aber scheinbar kennt dort niemand den Begriff "Teufel".
Es soll etwas weiter weg eine große Stadt geben, also wäre es wohl besser, wenn wir dort aufs Neue Informationen sammeln gehen.
Jetzt, wo wir etwas Reisegeld haben ...
... sollten wir langsam das Dorf verlassen.
Ja, stimmt.
So, ich bin fertig.
ツヤーン
STRAHL
Sehe ich nicht irgendwie flauschiger und glänzender als gestern aus?
Irgendwie schon, ja.

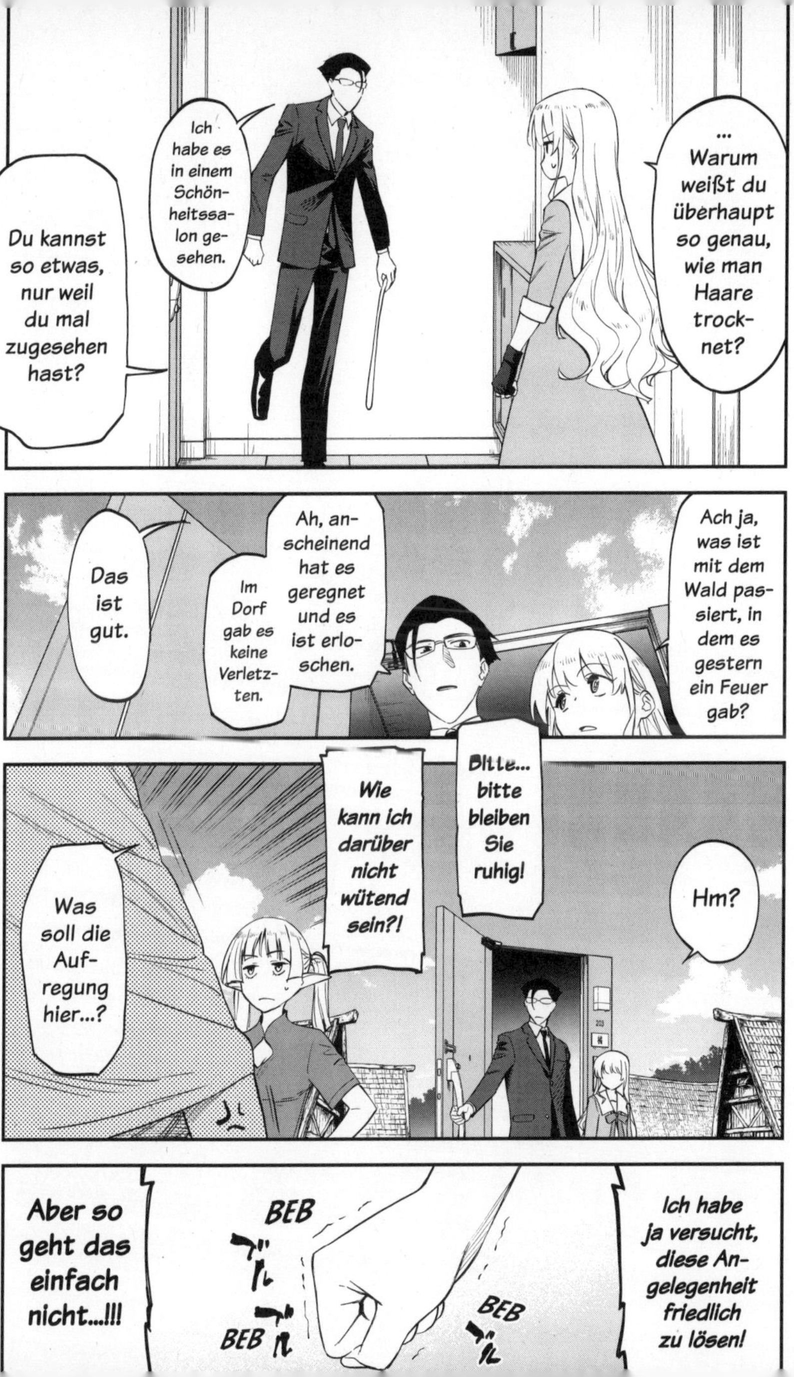

...
Warum weißt du überhaupt so genau, wie man Haare trocknet?

Ich habe es in einem Schönheitssalon gesehen.

Du kannst so etwas, nur weil du mal zugesehen hast?

Ach ja, was ist mit dem Wald passiert, in dem es gestern ein Feuer gab?

Ah, anscheinend hat es geregnet und es ist erloschen.

Im Dorf gab es keine Verletzten.

Das ist gut.

Hm?

Bitte... bitte bleiben Sie ruhig!

Wie kann ich darüber nicht wütend sein?!

Was soll die Aufregung hier...?

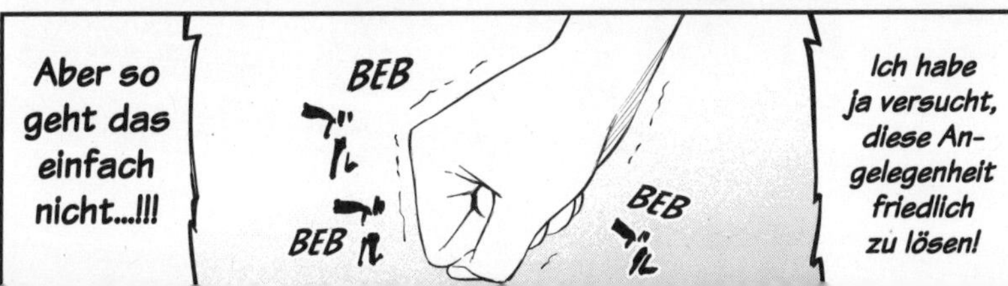

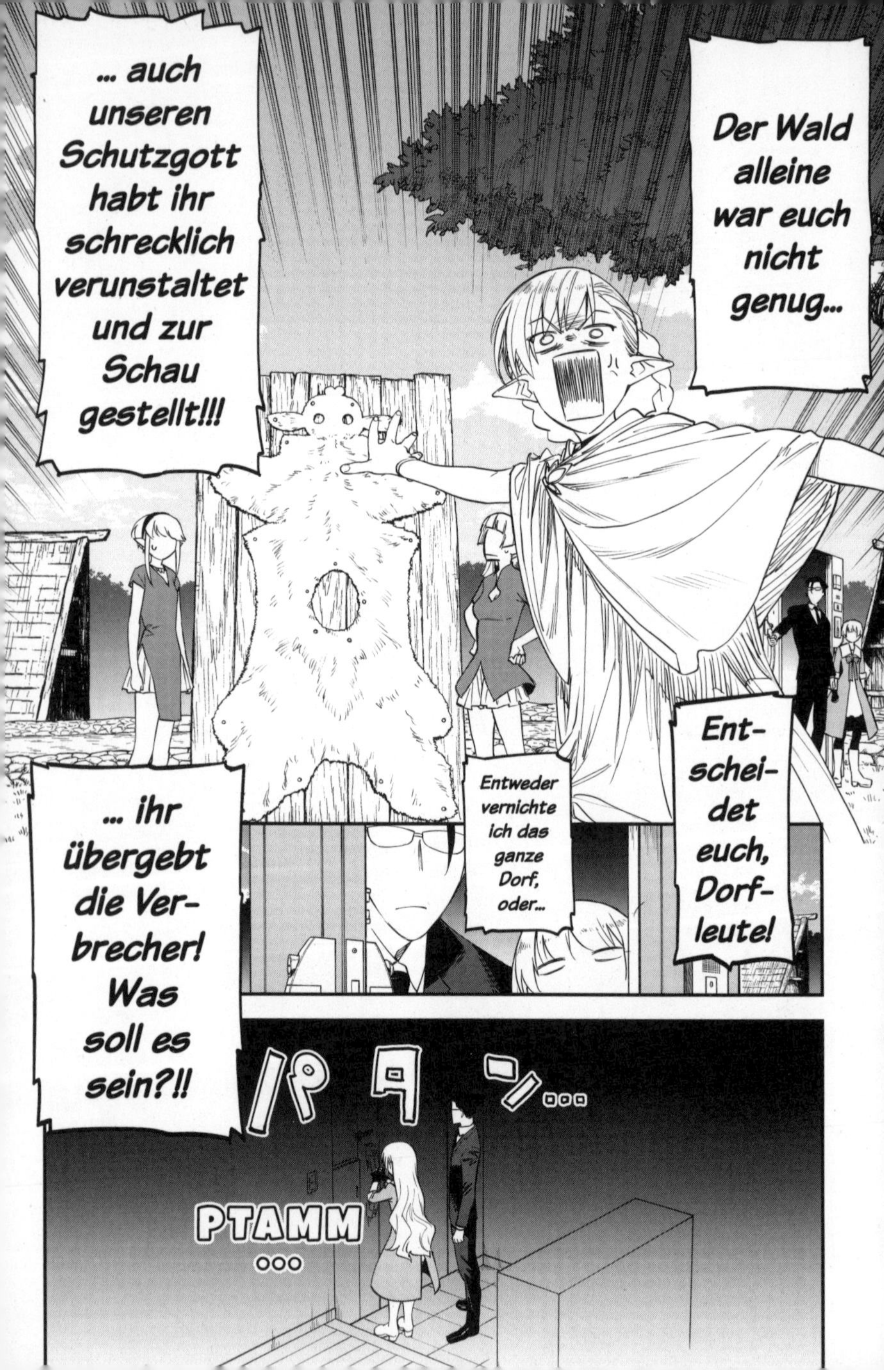
Der Wald alleine war euch nicht genug...
... auch unseren Schutzgott habt ihr schrecklich verunstaltet und zur Schau gestellt!!!
Entscheidet euch, Dorfleute!
Entweder vernichte ich das ganze Dorf, oder...
... ihr übergebt die Verbrecher! Was soll es sein?!!
パタン...
PTAMM ...

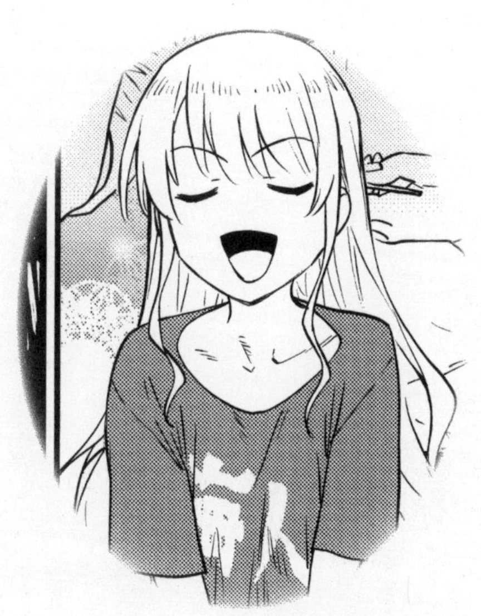

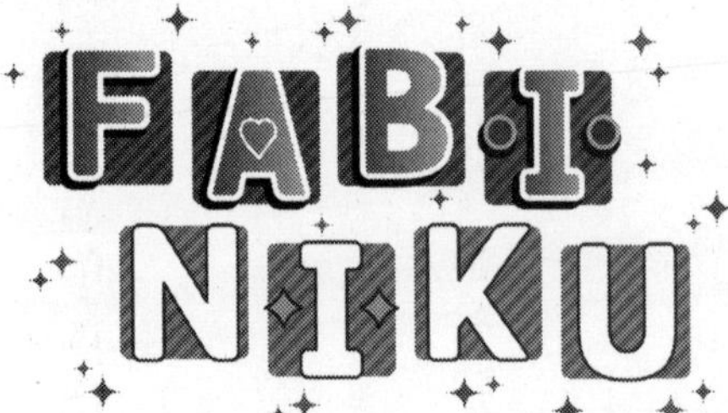
FABI
NIKU

009 Der Fabiniku-Typ und das Beauty-Battle

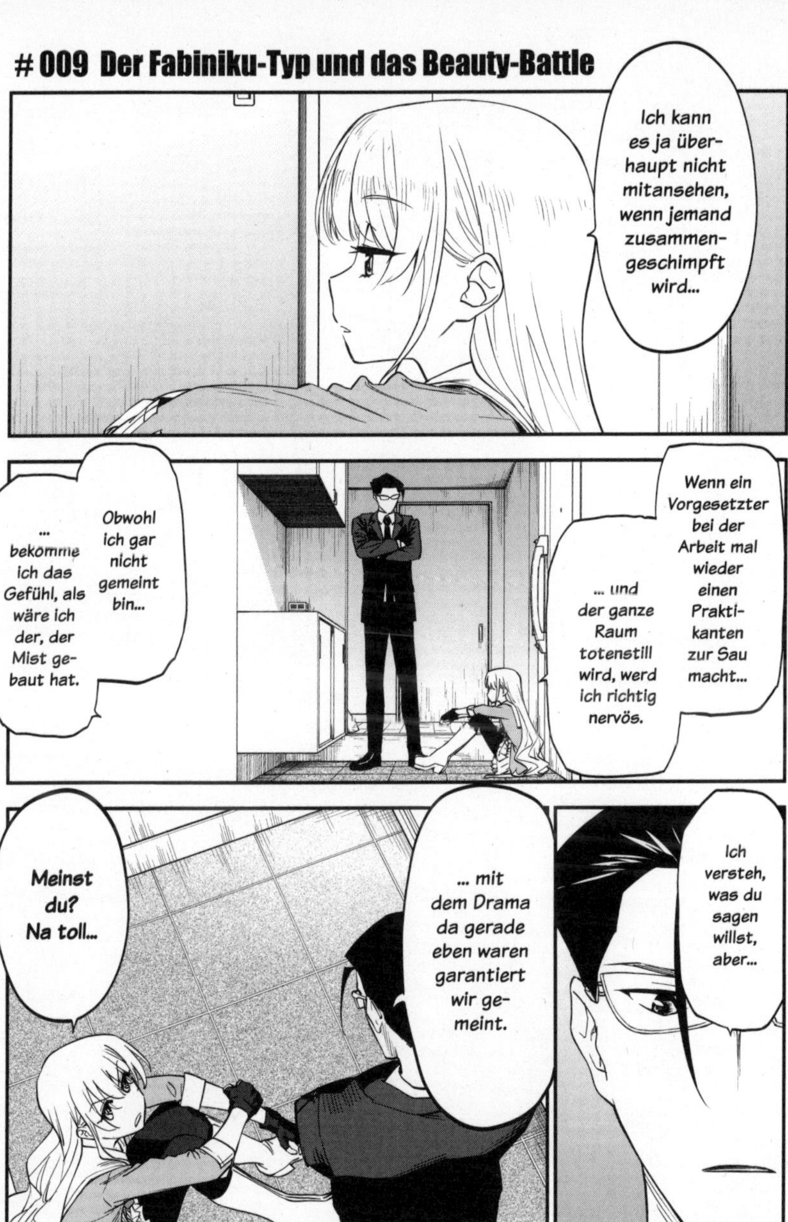

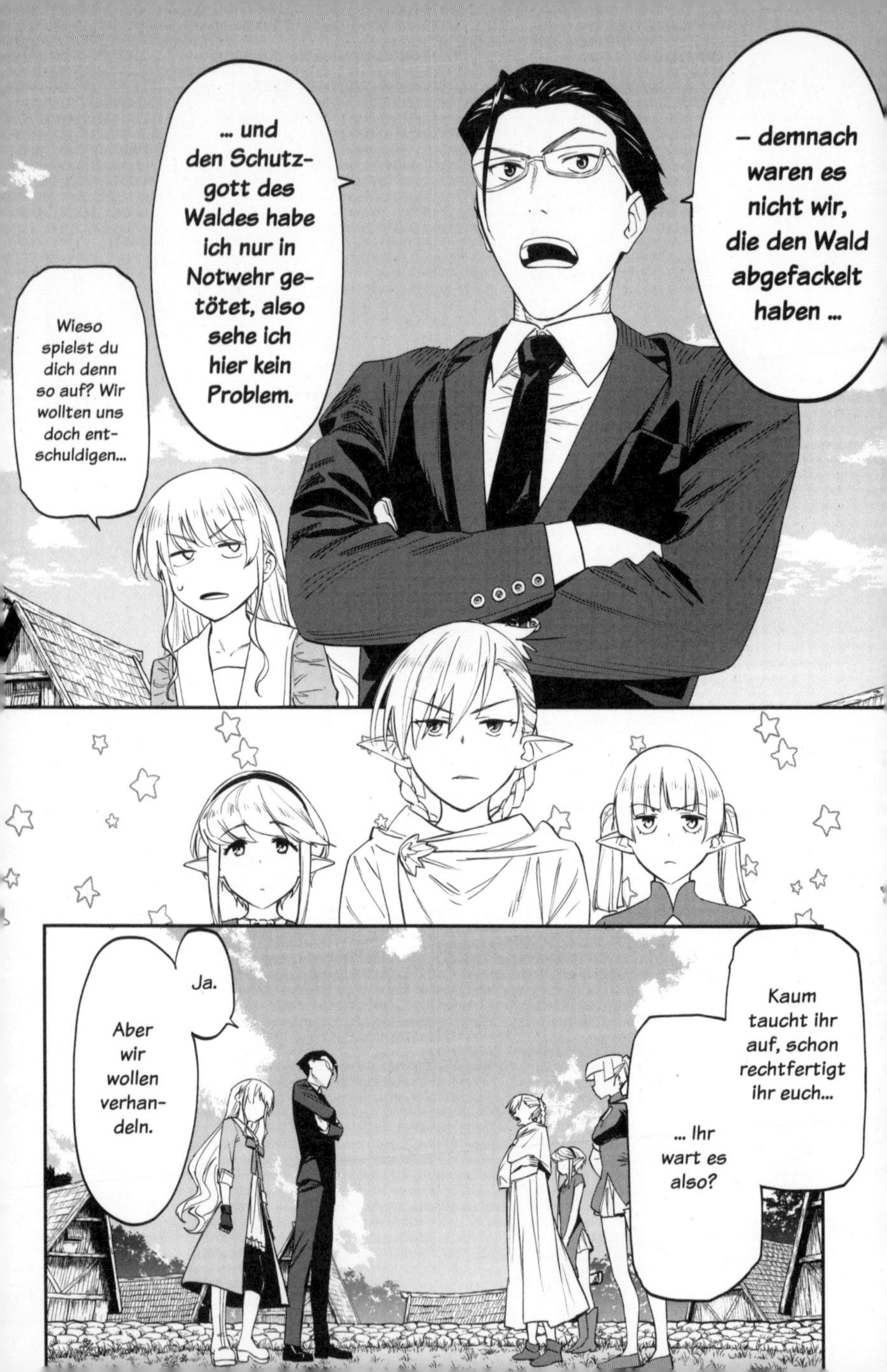
– demnach waren es nicht wir, die den Wald abgefackelt haben ...
... und den Schutzgott des Waldes habe ich nur in Notwehr getötet, also sehe ich hier kein Problem.
Wieso spielst du dich denn so auf? Wir wollten uns doch entschuldigen...
Kaum taucht ihr auf, schon rechtfertigt ihr euch...
... Ihr wart es also?
Ja.
Aber wir wollen verhandeln.

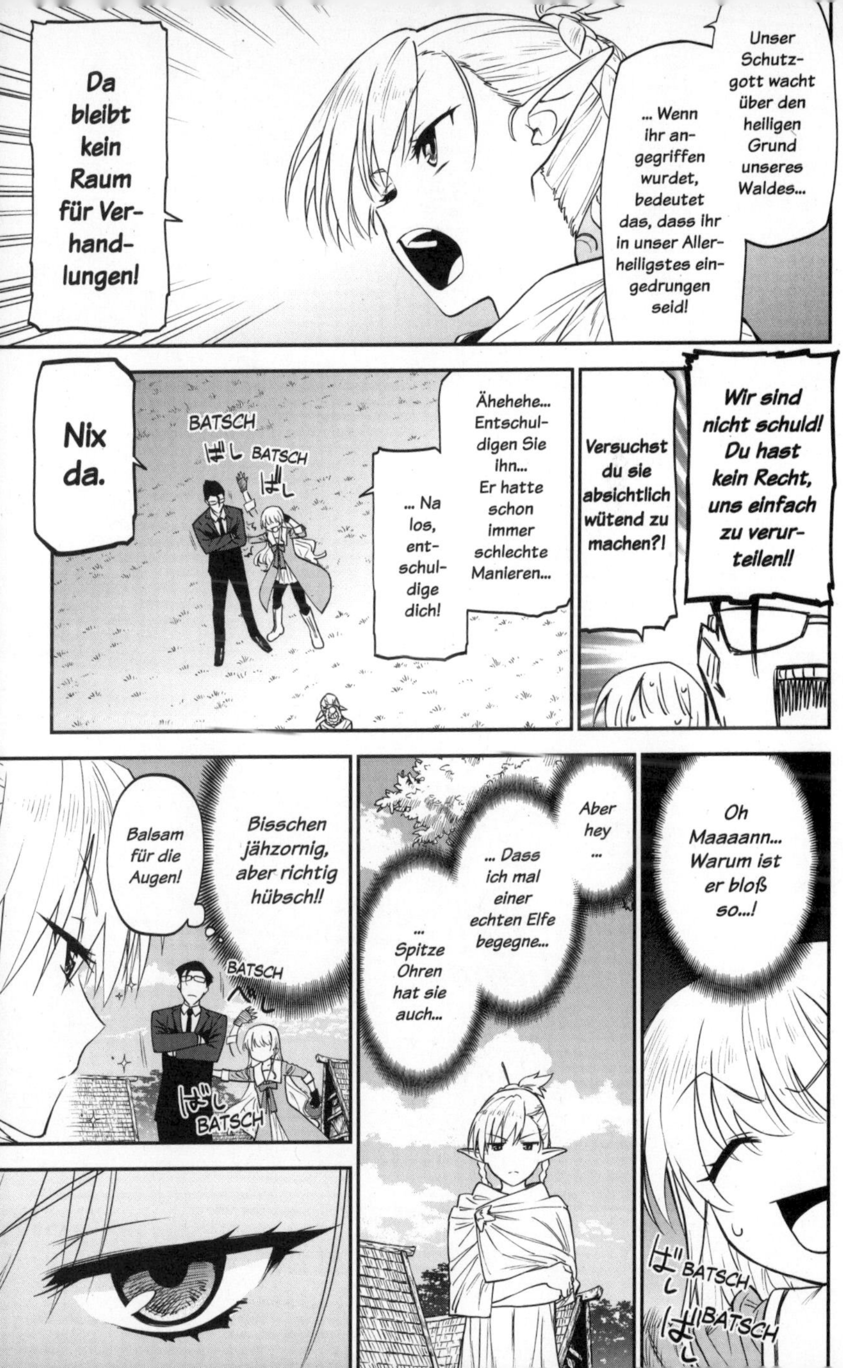
Unser Schutzgott wacht über den heiligen Grund unseres Waldes...
... Wenn ihr angegriffen wurdet, bedeutet das, dass ihr in unser Allerheiligstes eingedrungen seid!
Da bleibt kein Raum für Verhandlungen!
Wir sind nicht schuld! Du hast kein Recht, uns einfach zu verurteilen!!
Versuchst du sie absichtlich wütend zu machen?!
Ähehehe... Entschuldigen Sie ihn... Er hatte schon immer schlechte Manieren...
... Na los, entschuldige dich!
BATSCH
ばし
BATSCH
ばし
Nix da.
Oh Maaaann... Warum ist er bloß so...!
Aber hey ...
... Dass ich mal einer echten Elfe begegne...
... Spitze Ohren hat sie auch...
Bisschen jähzornig, aber richtig hübsch!!
Balsam für die Augen!
BATSCH
ばし
BATSCH
ばし
BATSCH
ばし
BATSCH
ばし
BATSCH

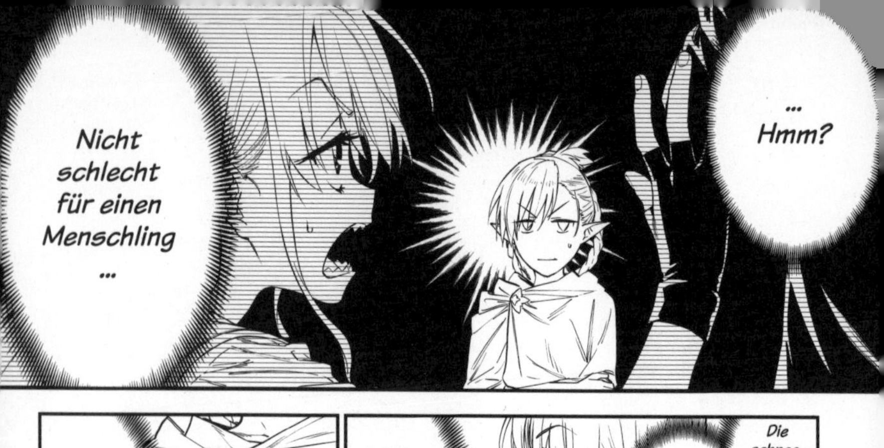

Die schneeweiße Haut und glasklaren blauen Augen ...

... und die goldenen Haare und dieses wohlgeformte Gesicht...

... Mühe gibt sie sich, das muss ich ihr lassen.

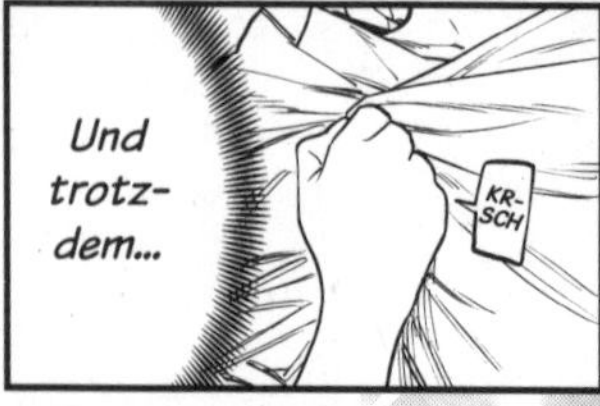

... bin ich...

... viel schöner.

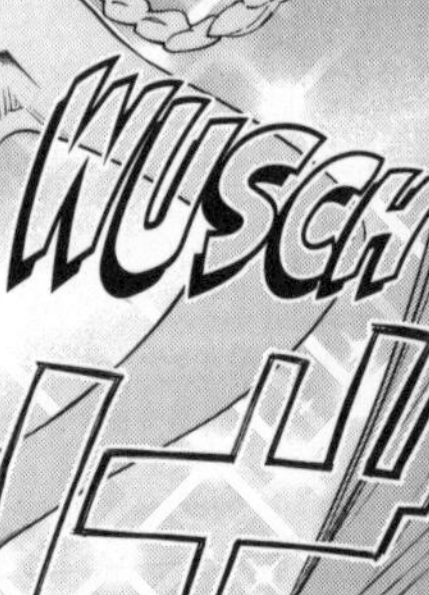

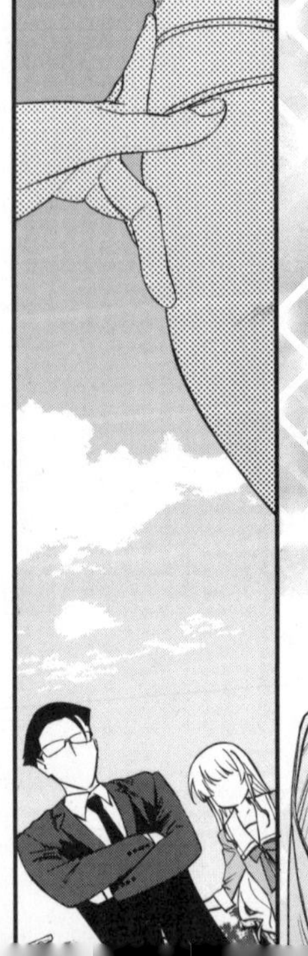

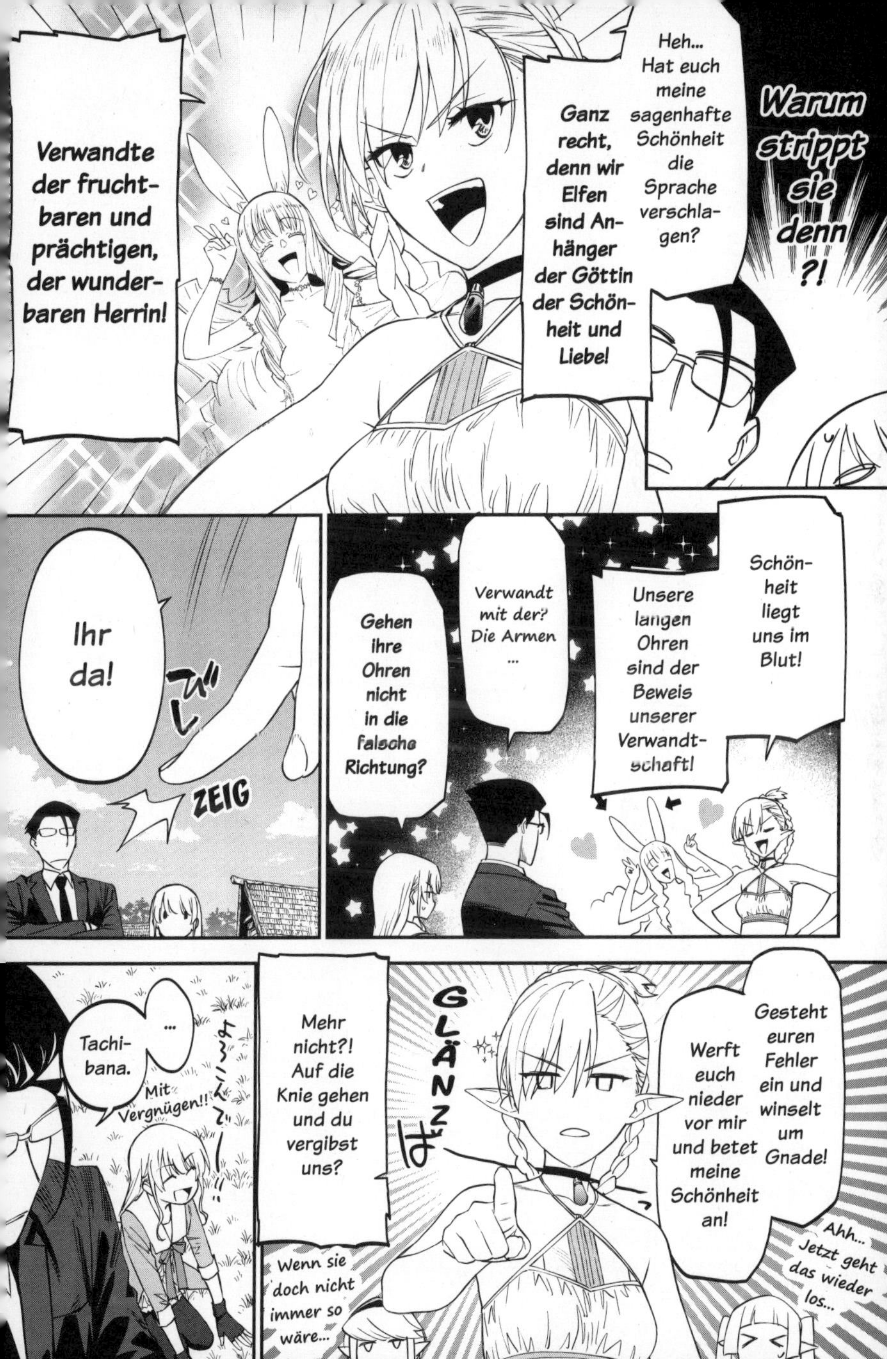

Warum strippt sie denn?!
Heh... Hat euch meine sagenhafte Schönheit die Sprache verschlagen?
Ganz recht, denn wir Elfen sind Anhänger der Göttin der Schönheit und Liebe!
Verwandte der fruchtbaren und prächtigen, der wunderbaren Herrin!
Schönheit liegt uns im Blut!
Unsere langen Ohren sind der Beweis unserer Verwandtschaft!
Verwandt mit der? Die Armen ...
Gehen ihre Ohren nicht in die falsche Richtung?
Ihr da!
ZEIG
Gesteht euren Fehler ein und winselt um Gnade!
Werft euch nieder vor mir und betet meine Schönheit an!
GLÄNZ
Ahh... Jetzt geht das wieder los...
Mehr nicht?! Auf die Knie gehen und du vergibst uns?
Wenn sie doch nicht immer so wäre...
...
Tachibana.
Mit Vergnügen!!

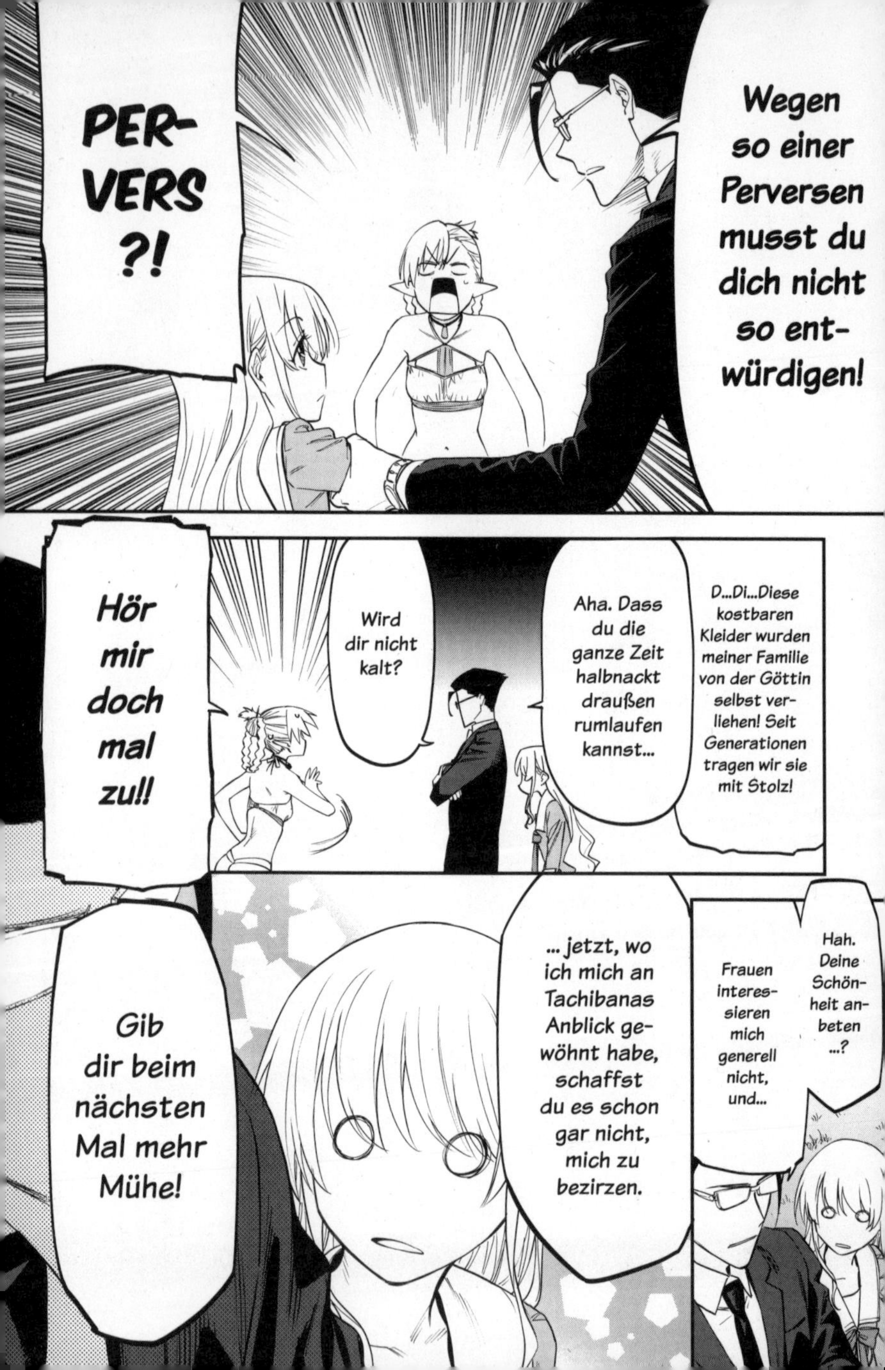

Wegen so einer Perversen musst du dich nicht so entwürdigen!
PERVERS?!
D...Di...Diese kostbaren Kleider wurden meiner Familie von der Göttin selbst verliehen! Seit Generationen tragen wir sie mit Stolz!
Aha. Dass du die ganze Zeit halbnackt draußen rumlaufen kannst...
Wird dir nicht kalt?
Hör mir doch mal zu!!
Hah. Deine Schönheit anbeten ...?
Frauen interessieren mich generell nicht, und...
... jetzt, wo ich mich an Tachibanas Anblick gewöhnt habe, schaffst du es schon gar nicht, mich zu bezirzen.
Gib dir beim nächsten Mal mehr Mühe!

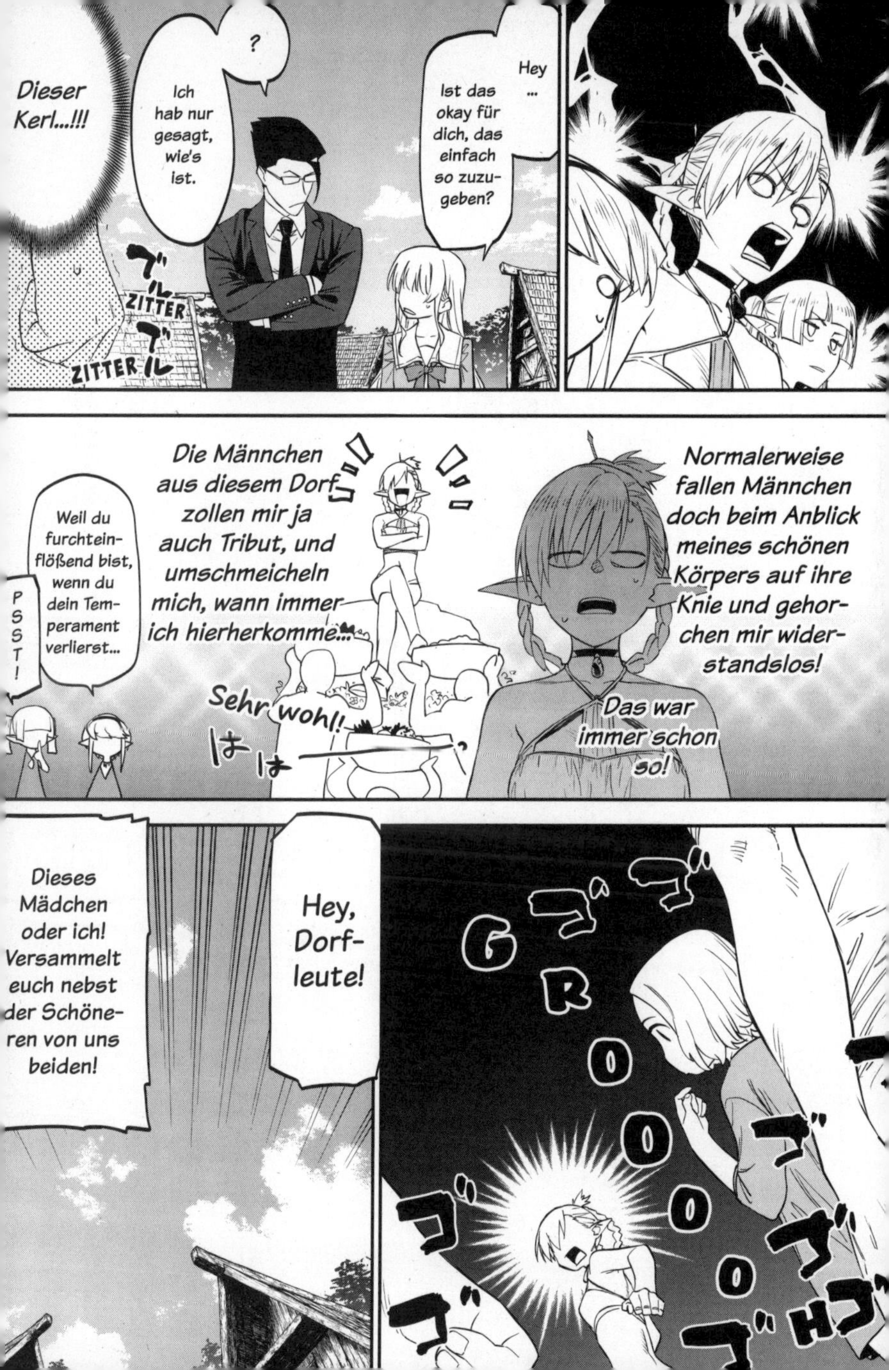
Hey …
Ist das okay für dich, das einfach so zuzugeben?
?
Ich hab nur gesagt, wie's ist.
Dieser Kerl…!!!
ZITTER
ZITTER
Normalerweise fallen Männchen doch beim Anblick meines schönen Körpers auf ihre Knie und gehorchen mir widerstandslos!
Das war immer schon so!
Die Männchen aus diesem Dorf zollen mir ja auch Tribut, und umschmeicheln mich, wann immer ich hierherkomme…
Sehr wohl!
Weil du furchteinflößend bist, wenn du dein Temperament verlierst…
PSST!
GROOOOOOH
Hey, Dorfleute!
Dieses Mädchen oder ich! Versammelt euch nebst der Schöneren von uns beiden!

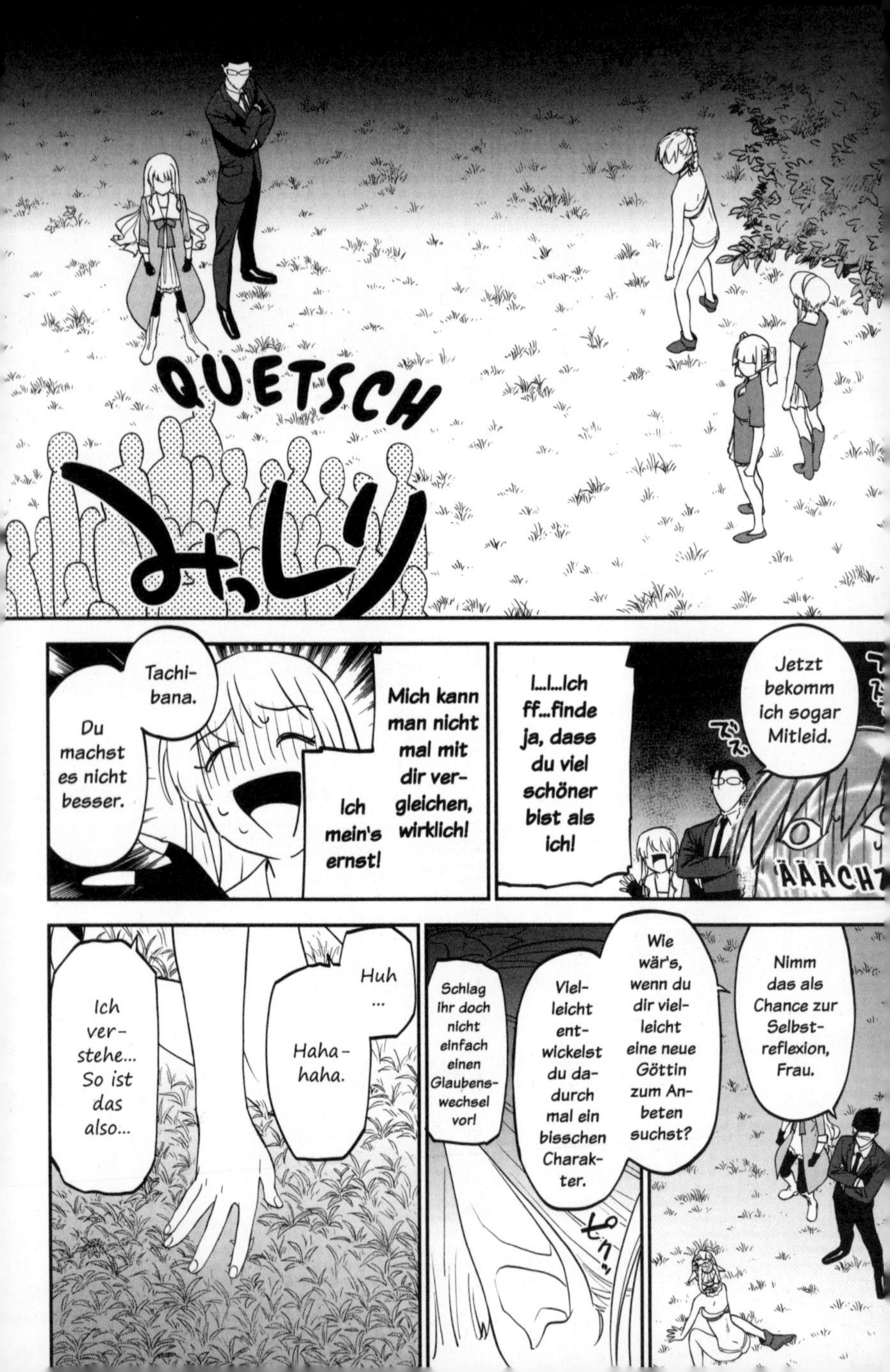

QUETSCH
みっしり

Jetzt bekomm ich sogar Mitleid.
ÄÄÄCHZ
I...I...Ich ff...finde ja, dass du viel schöner bist als ich!
Mich kann man nicht mal mit dir vergleichen, wirklich!
Ich mein's ernst!
Tachibana.
Du machst es nicht besser.

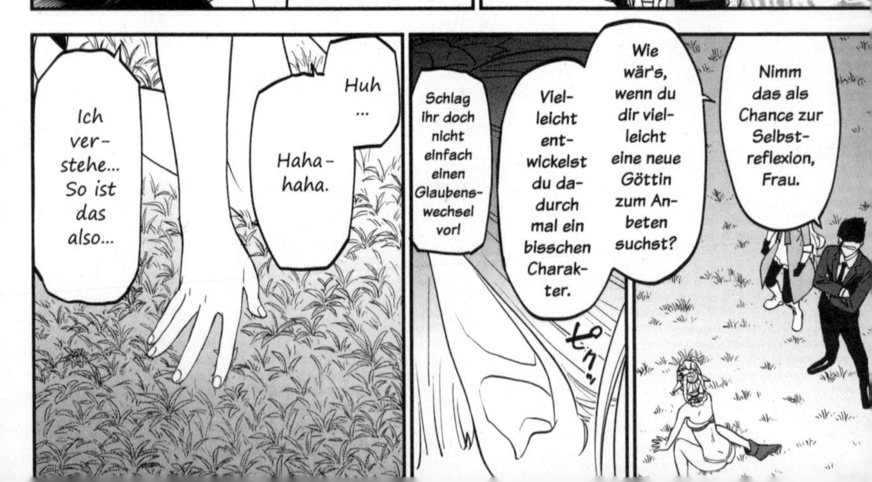

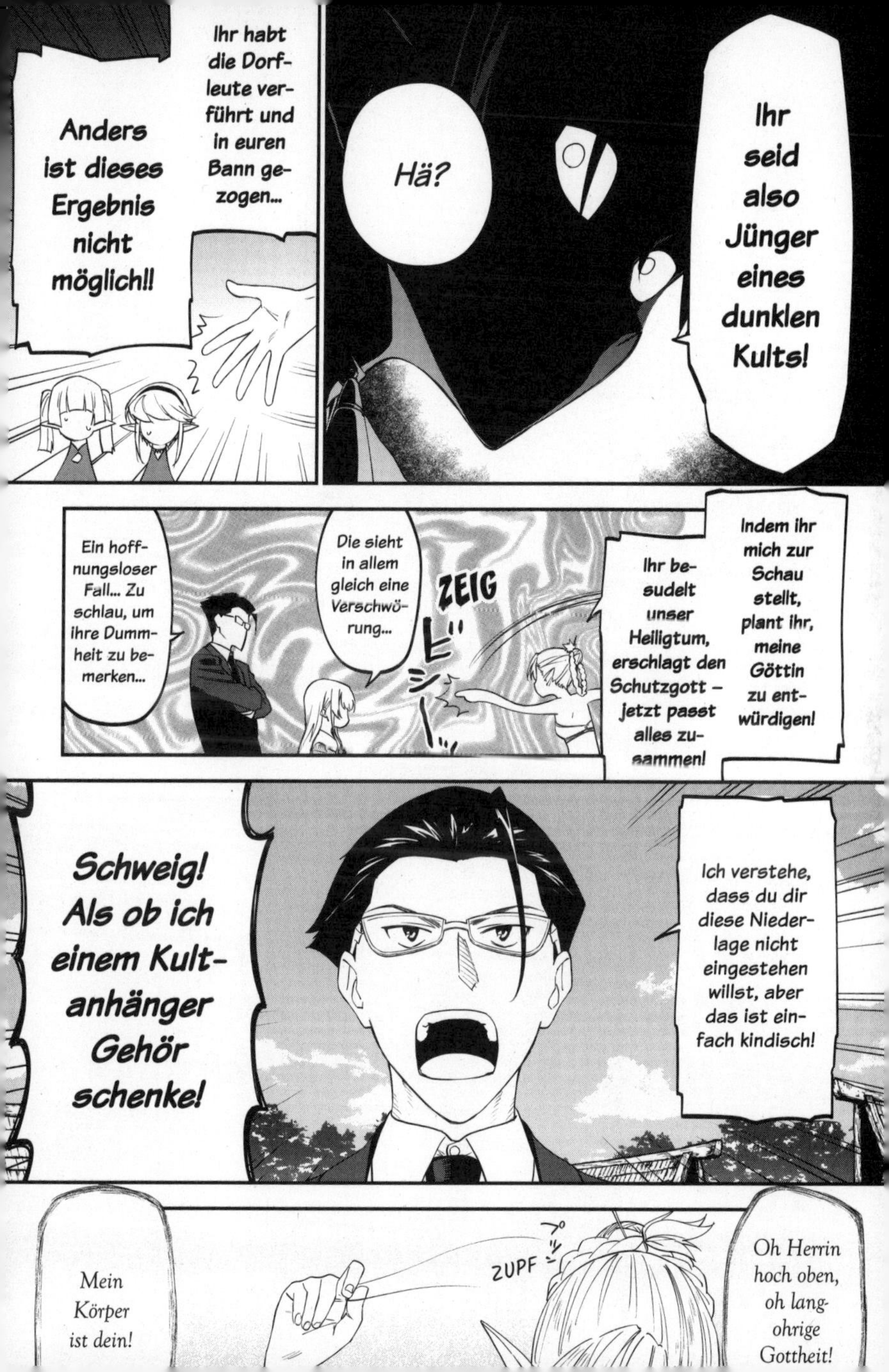

Ihr seid also Jünger eines dunklen Kults!

Hä?

Ihr habt die Dorfleute verführt und in euren Bann gezogen...

Anders ist dieses Ergebnis nicht möglich!!

Indem ihr mich zur Schau stellt, plant ihr, meine Göttin zu entwürdigen!

Ihr besudelt unser Heiligtum, erschlagt den Schutzgott – jetzt passt alles zusammen!

ZEIG

Die sieht in allem gleich eine Verschwörung...

Ein hoffnungsloser Fall... Zu schlau, um ihre Dummheit zu bemerken...

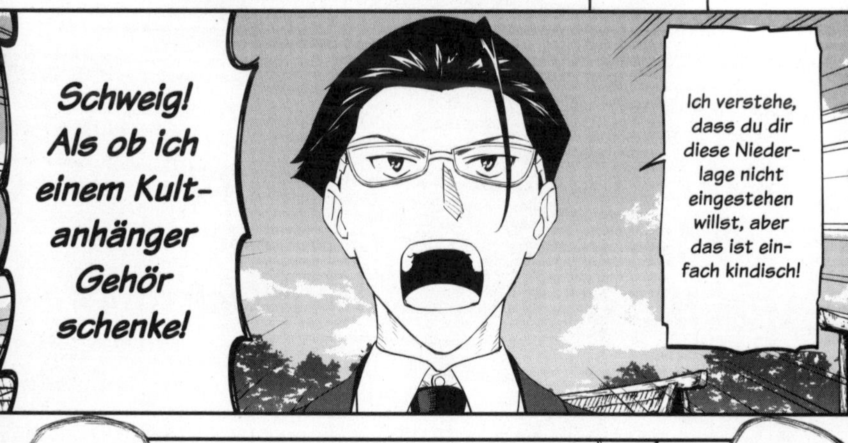

Oh Herrin hoch oben, oh langohrige Gottheit!

ZUPF

Mein Körper ist dein!

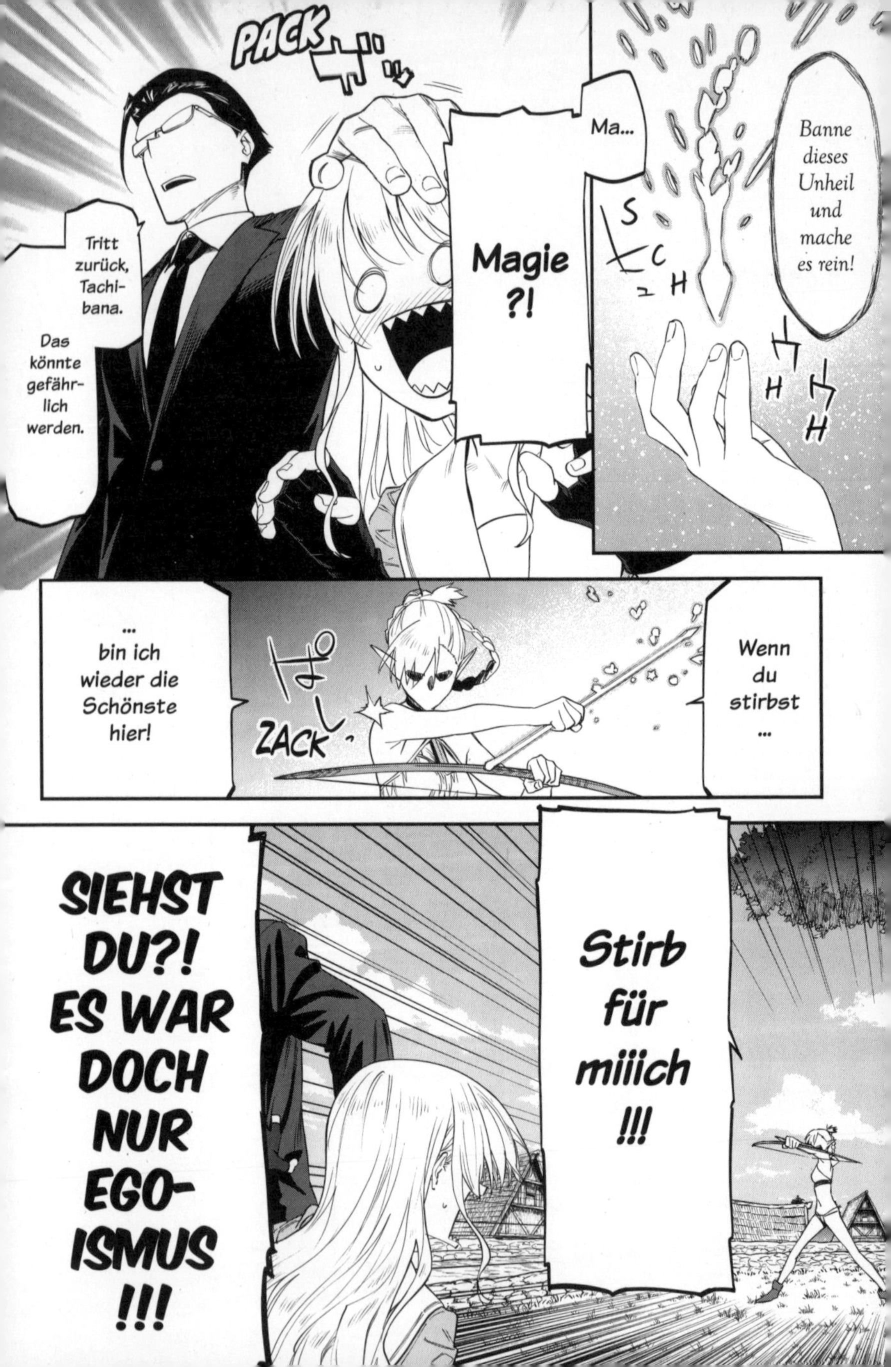

Banne dieses Unheil und mache es rein!
SCHH
Ma...
Magie ?!
PACK
Tritt zurück, Tachibana.
Das könnte gefährlich werden.
Wenn du stirbst ...
... bin ich wieder die Schönste hier!
ZACK
Stirb für miiich !!!
SIEHST DU?! ES WAR DOCH NUR EGOISMUS !!!

010 Fabiniku-Typ und die wütende Elfe

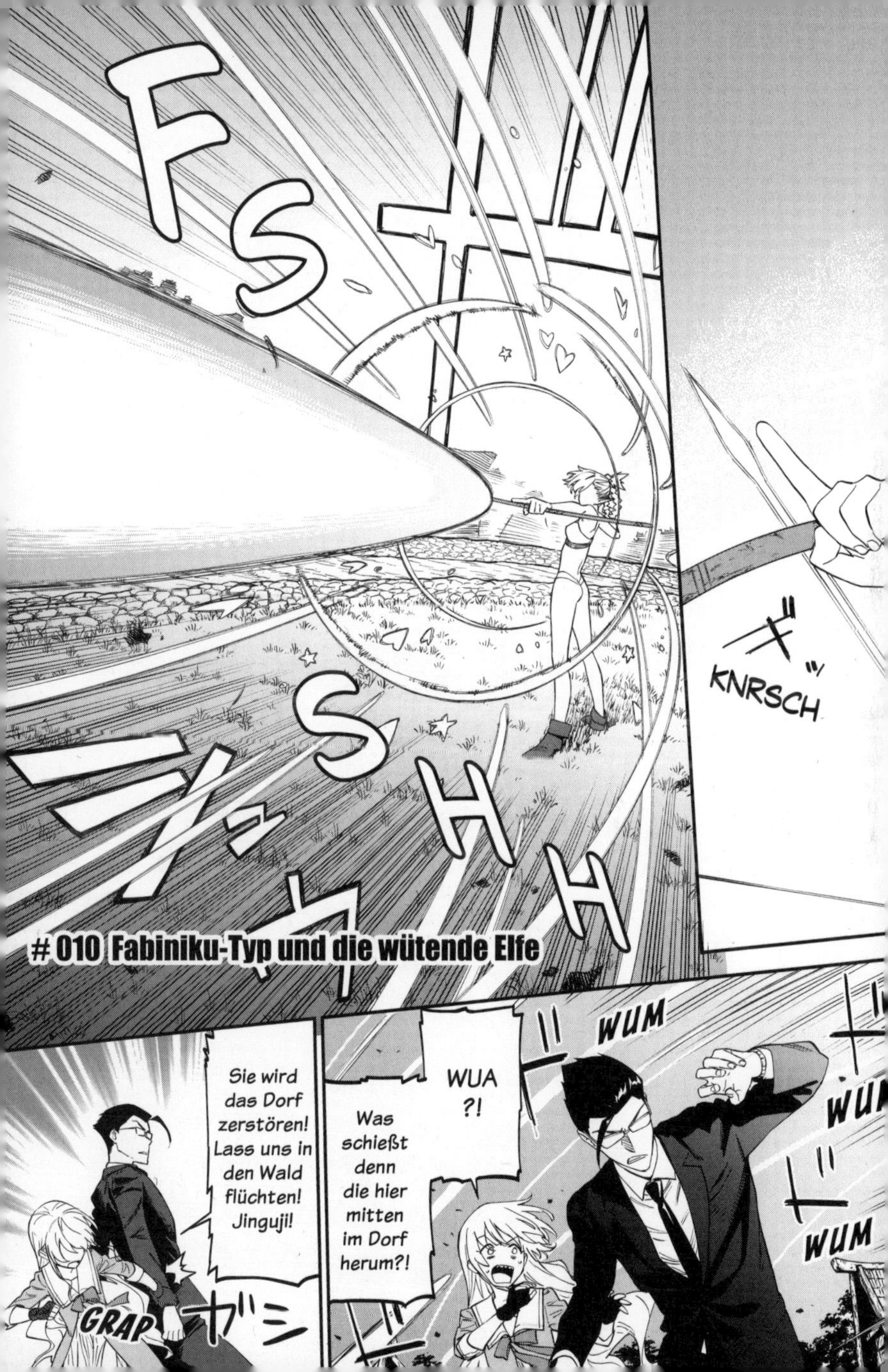

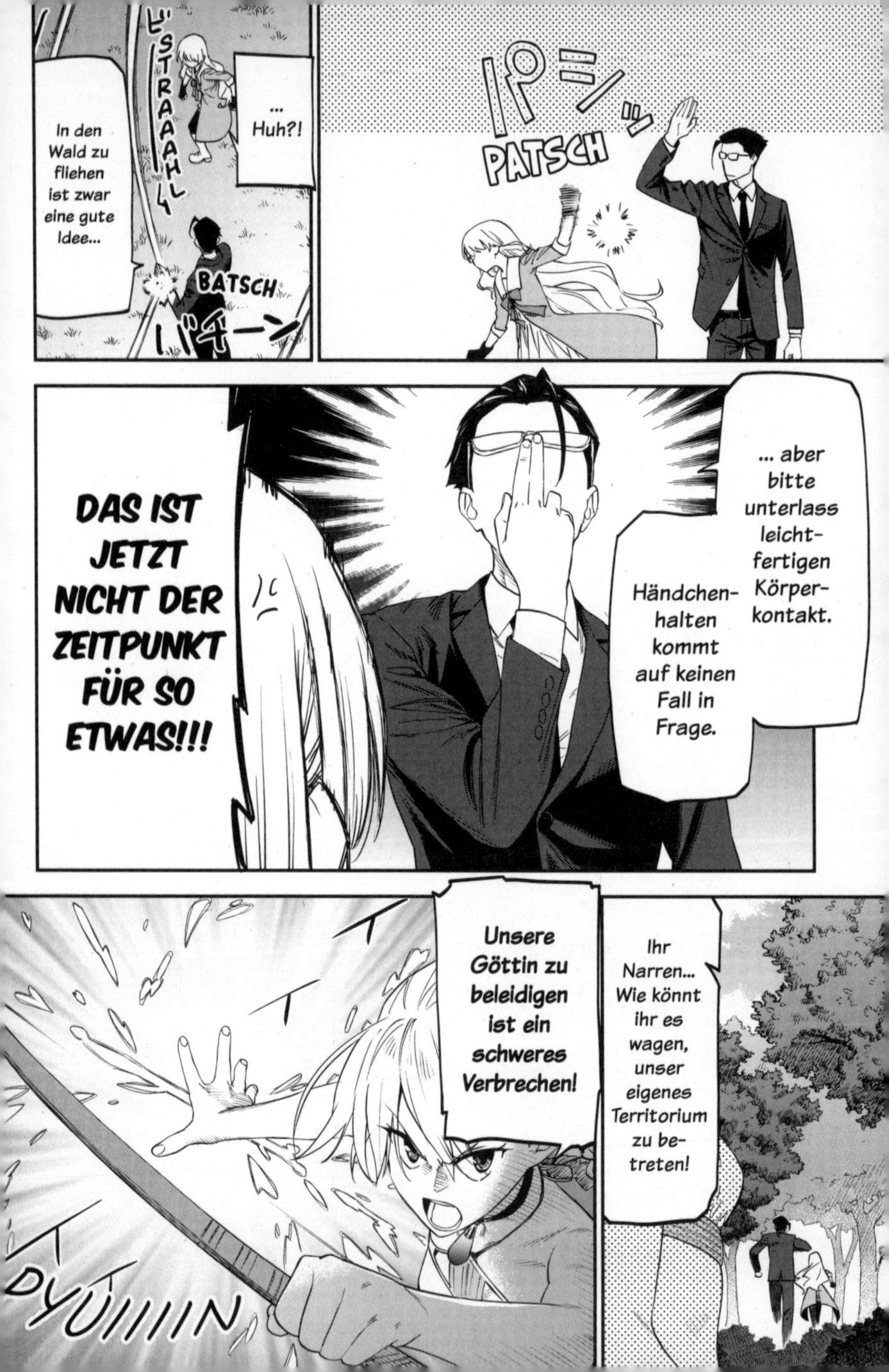

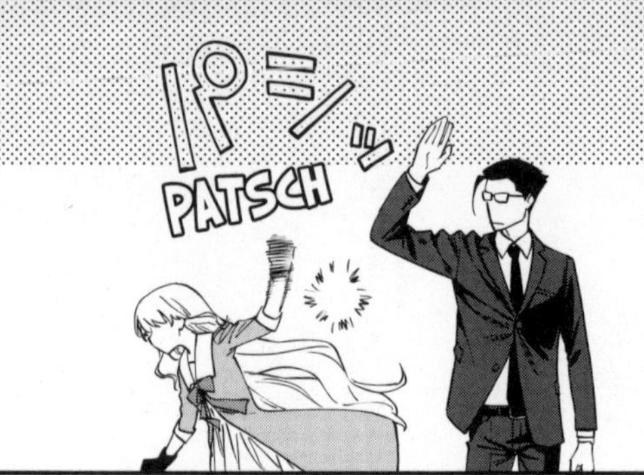

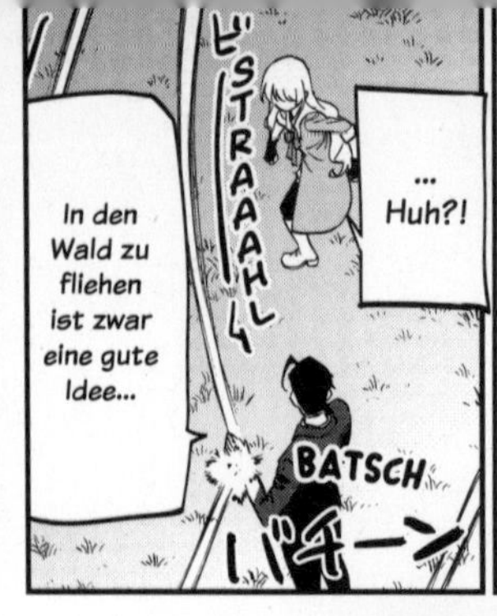

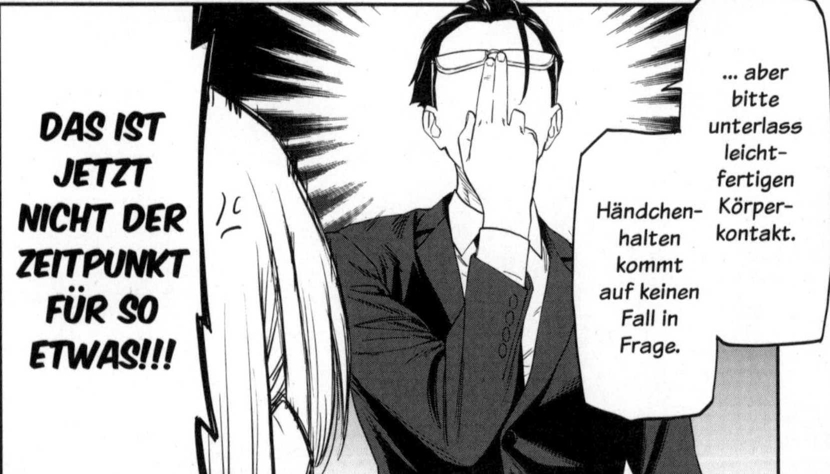

Ihr Narren... Wie könnt ihr es wagen, unser eigenes Territorium zu betreten!

Unsere Göttin zu beleidigen ist ein schweres Verbrechen!

DYUIIIIN

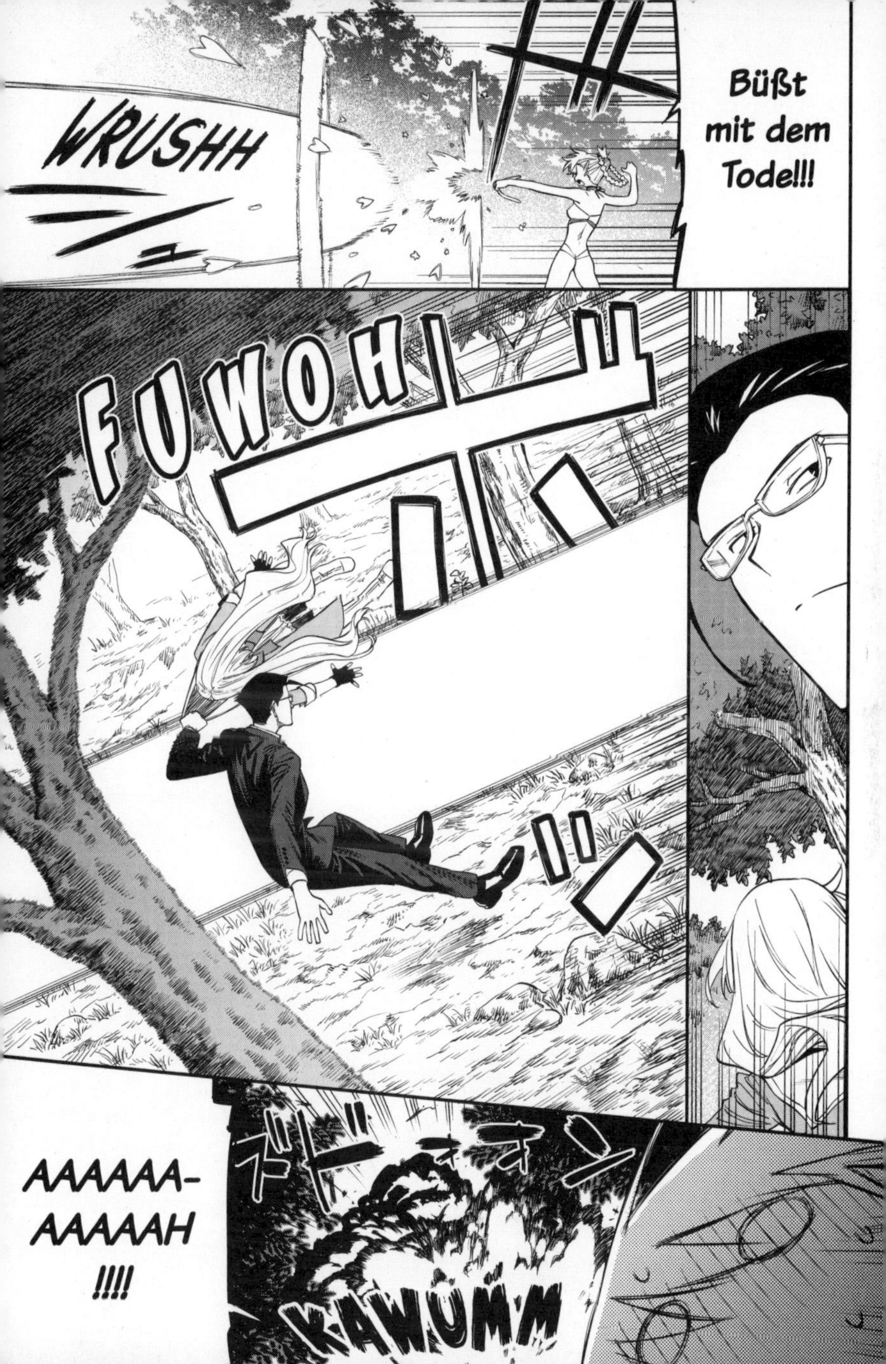
Büßt mit dem Tode!!!
WRUSHH
FUWOH
ズドォン
KAWUMM
AAAAAA-AAAAAH !!!!

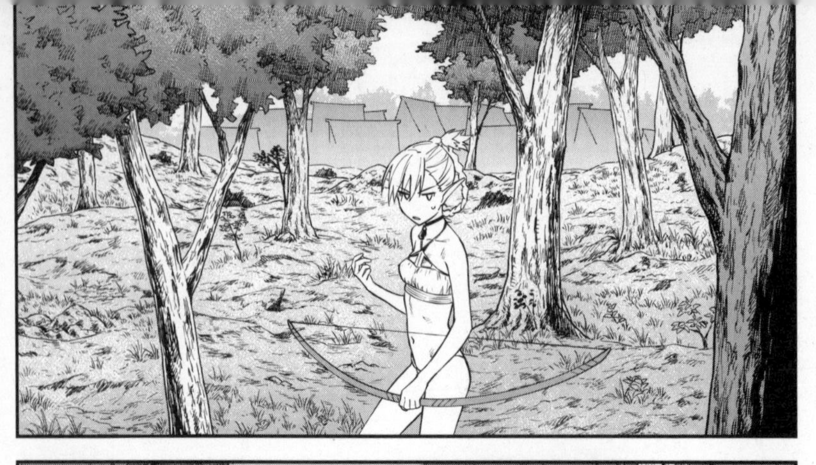

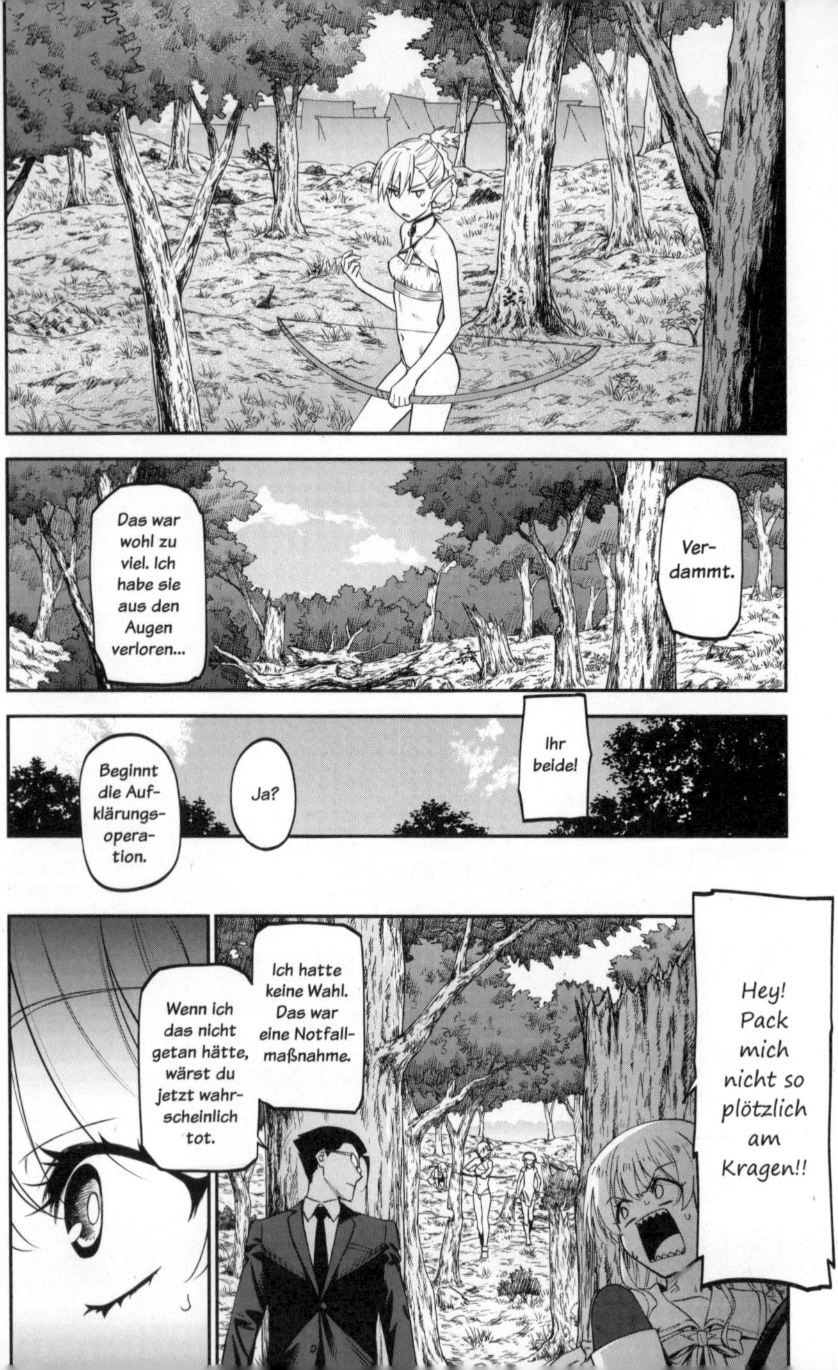

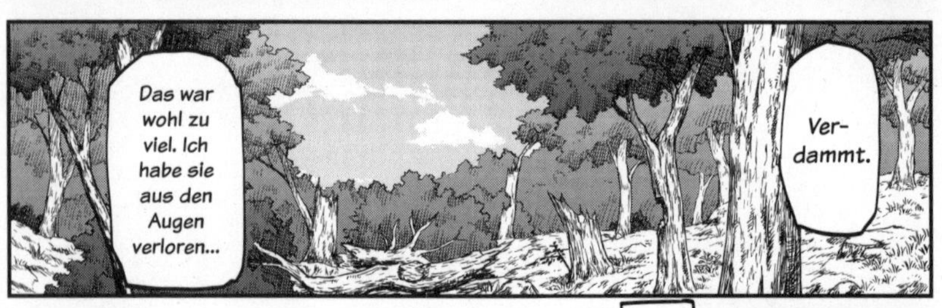
Verdammt.
Das war wohl zu viel. Ich habe sie aus den Augen verloren...

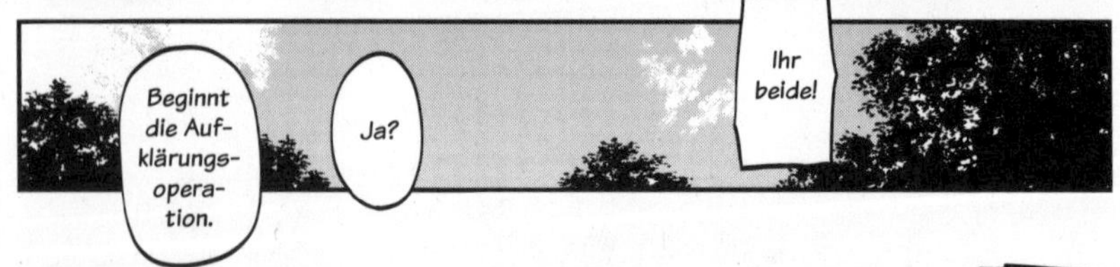
Ihr beide!
Ja?
Beginnt die Aufklärungsoperation.

Hey! Pack mich nicht so plötzlich am Kragen!!
Ich hatte keine Wahl. Das war eine Notfallmaßnahme.
Wenn ich das nicht getan hätte, wärst du jetzt wahrscheinlich tot.

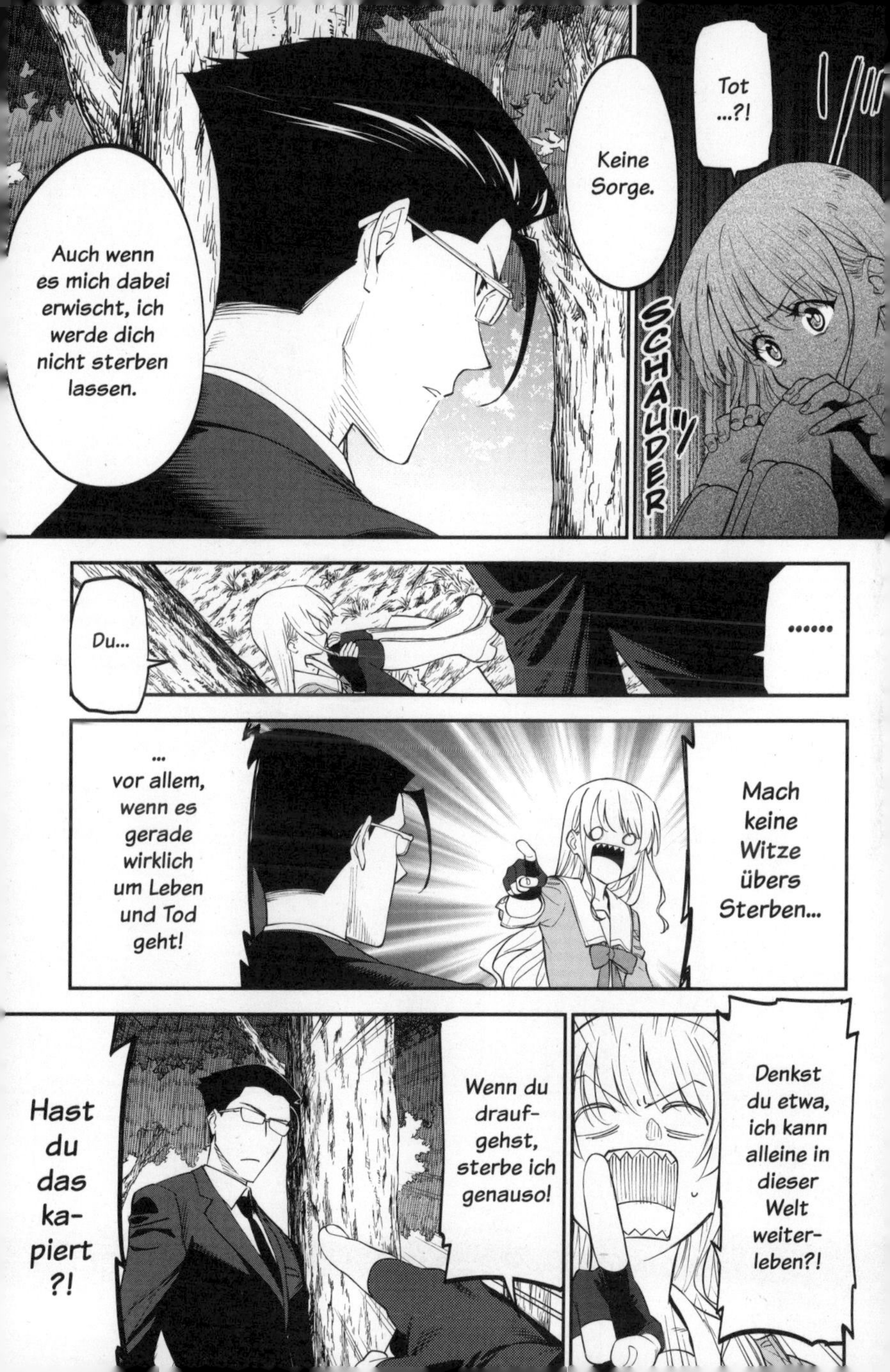

Tot ...?!
Keine Sorge.
Auch wenn es mich dabei erwischt, ich werde dich nicht sterben lassen.
SCHAUDER

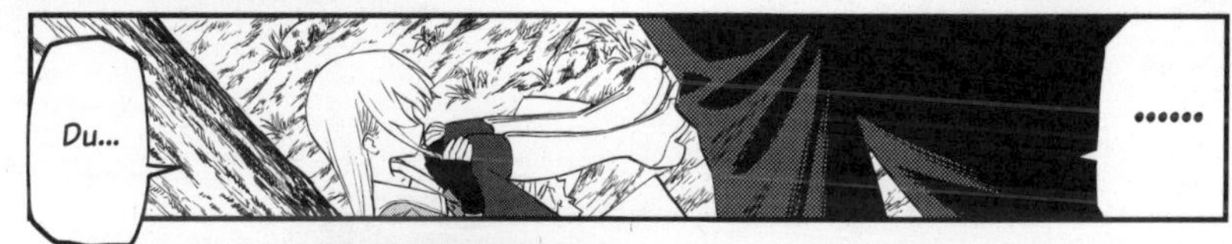

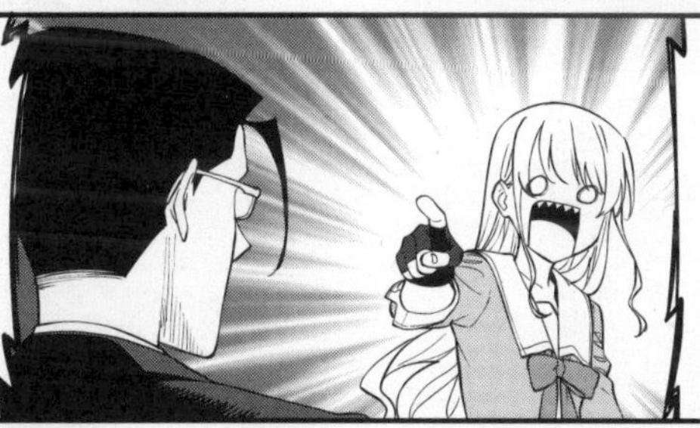

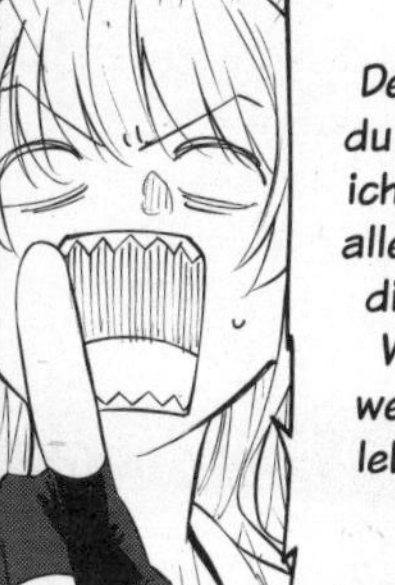

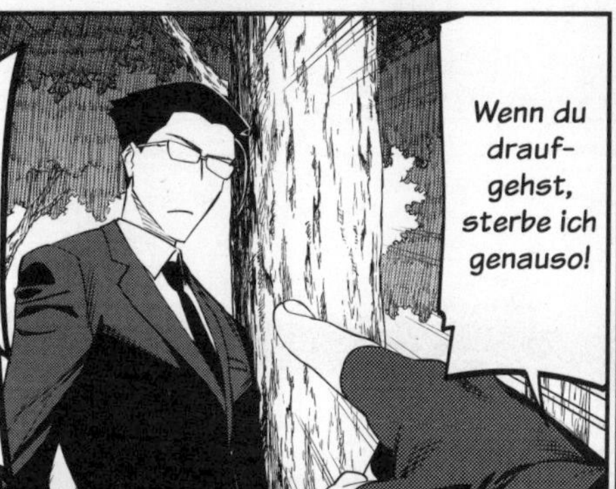

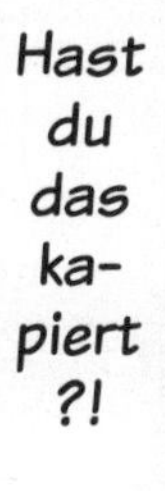

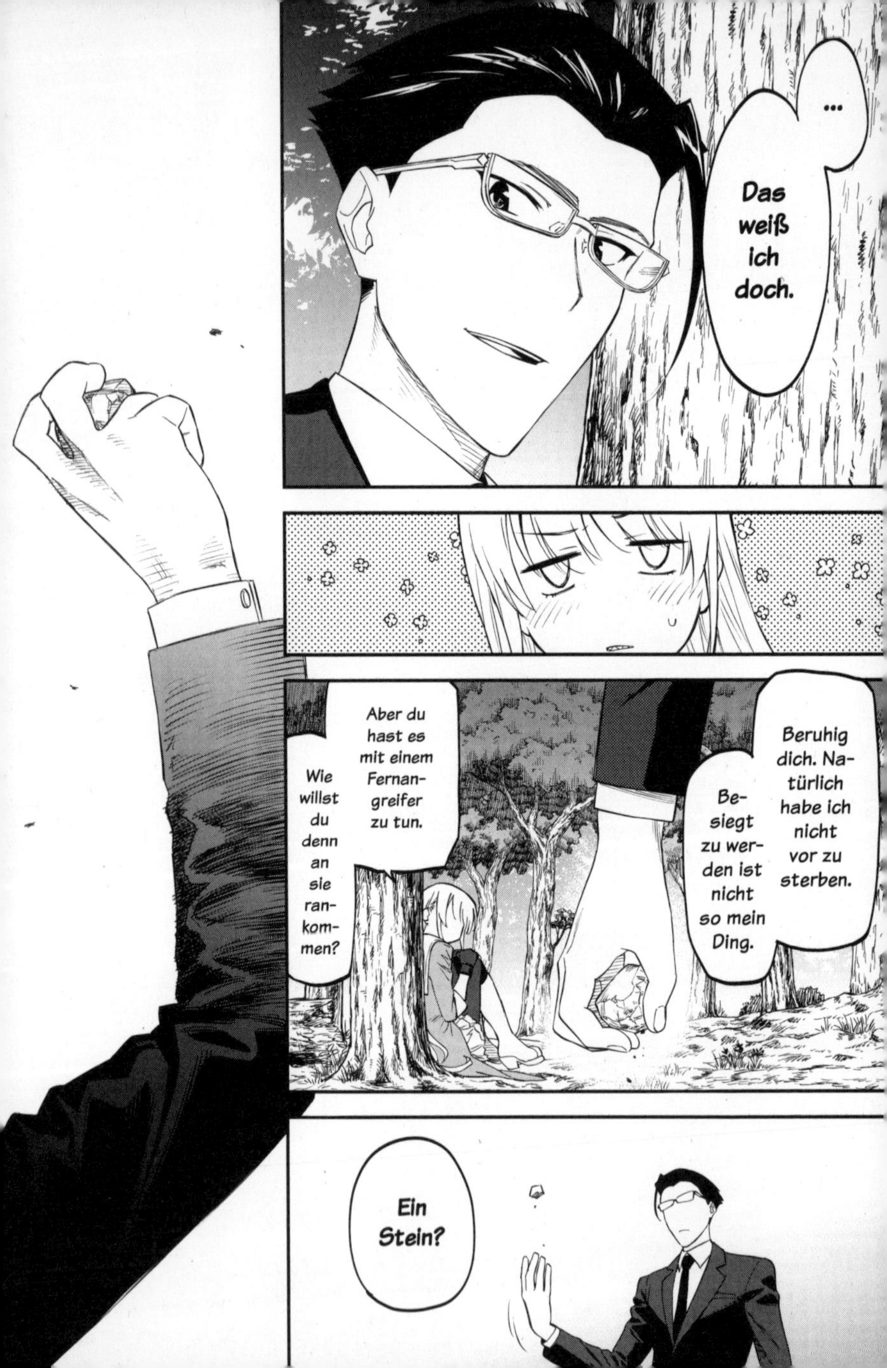
...
Das weiß ich doch.
Beruhig dich. Natürlich habe ich nicht vor zu sterben.
Besiegt zu werden ist nicht so mein Ding.
Aber du hast es mit einem Fernangreifer zu tun.
Wie willst du denn an sie rankommen?
Ein Stein?

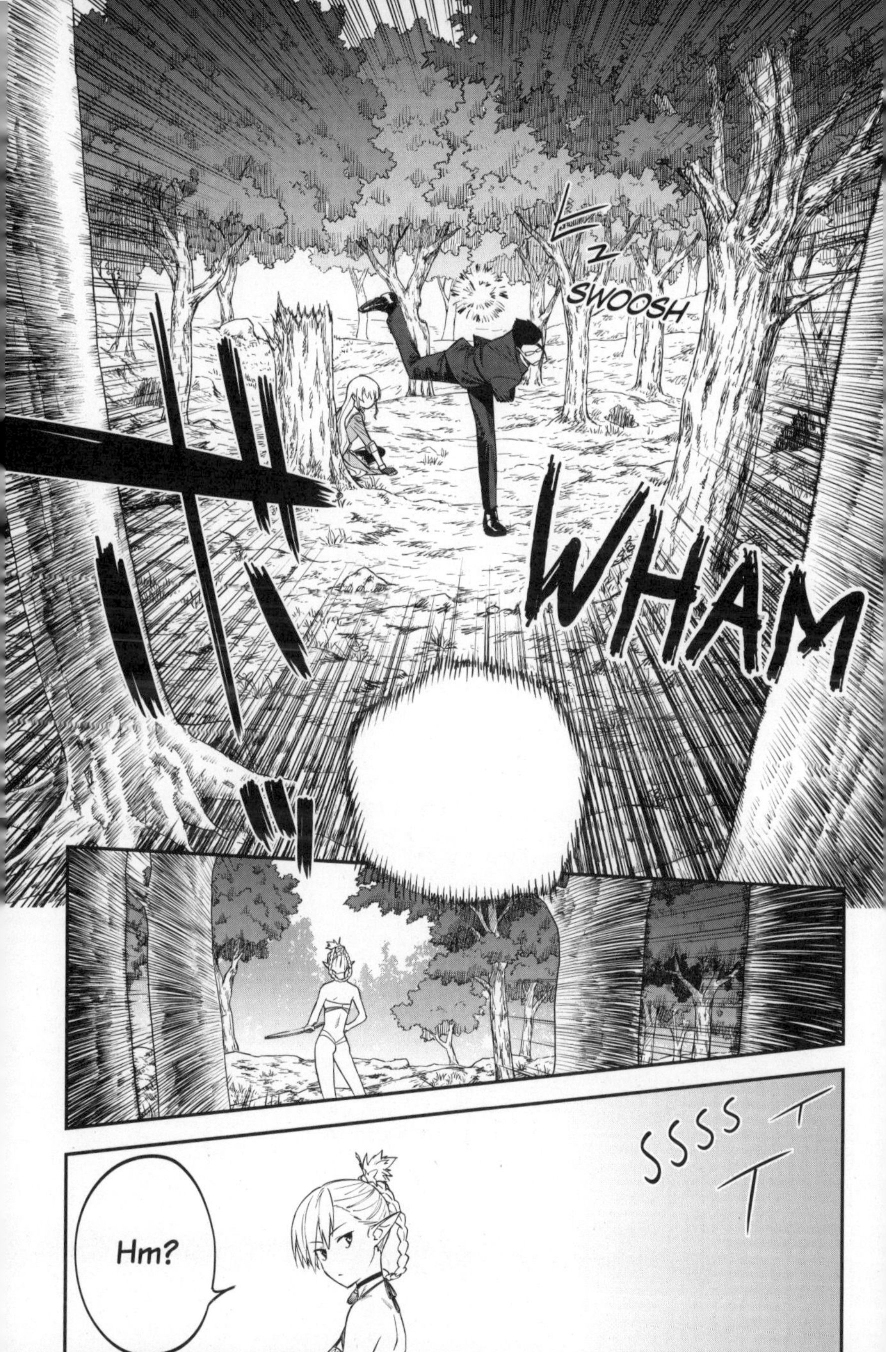
SWOOSH
WHAM
SSSST
Hm?

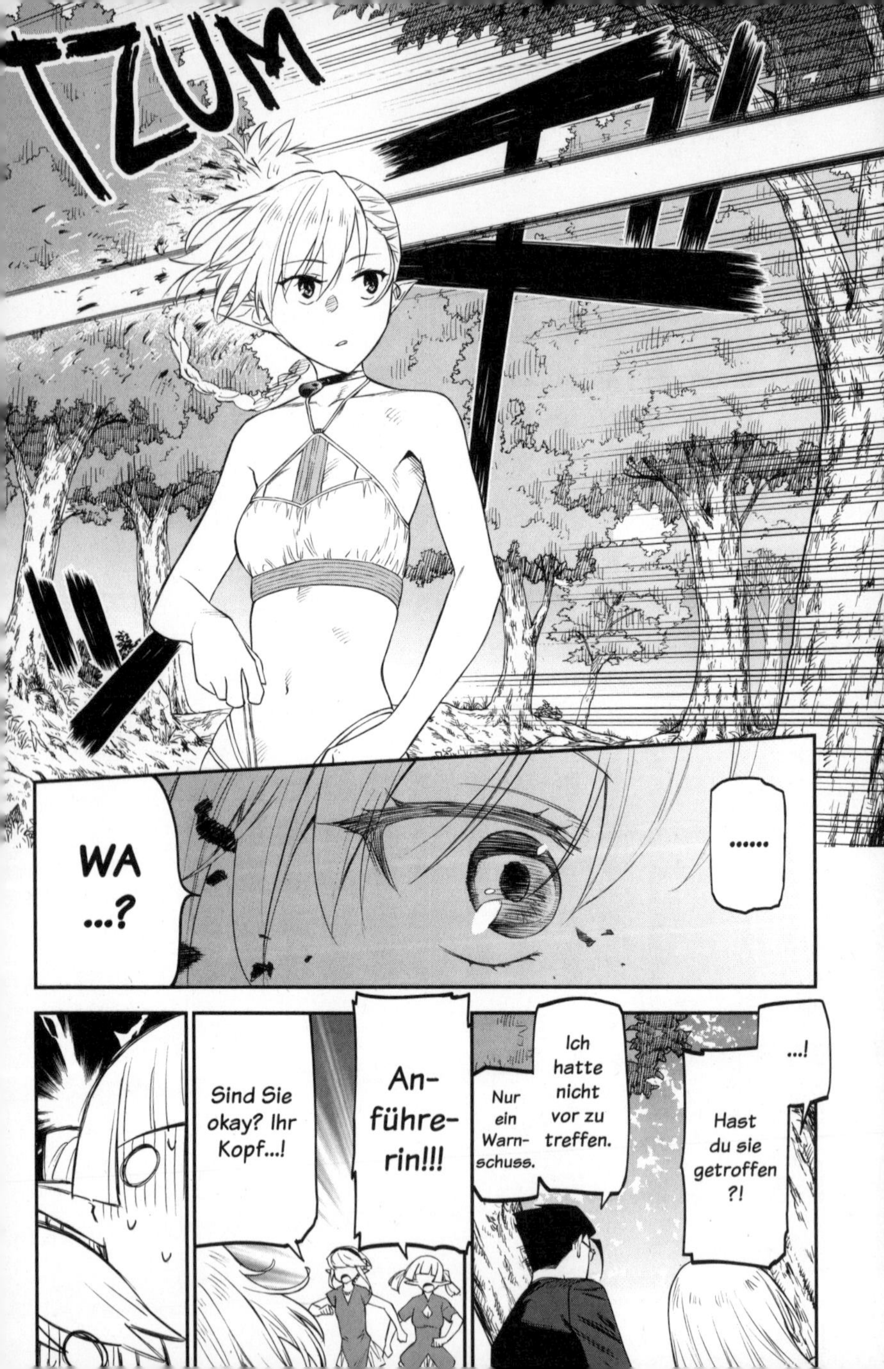
TZUM
......
WA ...?
...!
Hast du sie getroffen ?!
Ich hatte nicht vor zu treffen.
Nur ein Warnschuss.
Anführerin!!!
Sind Sie okay? Ihr Kopf...!

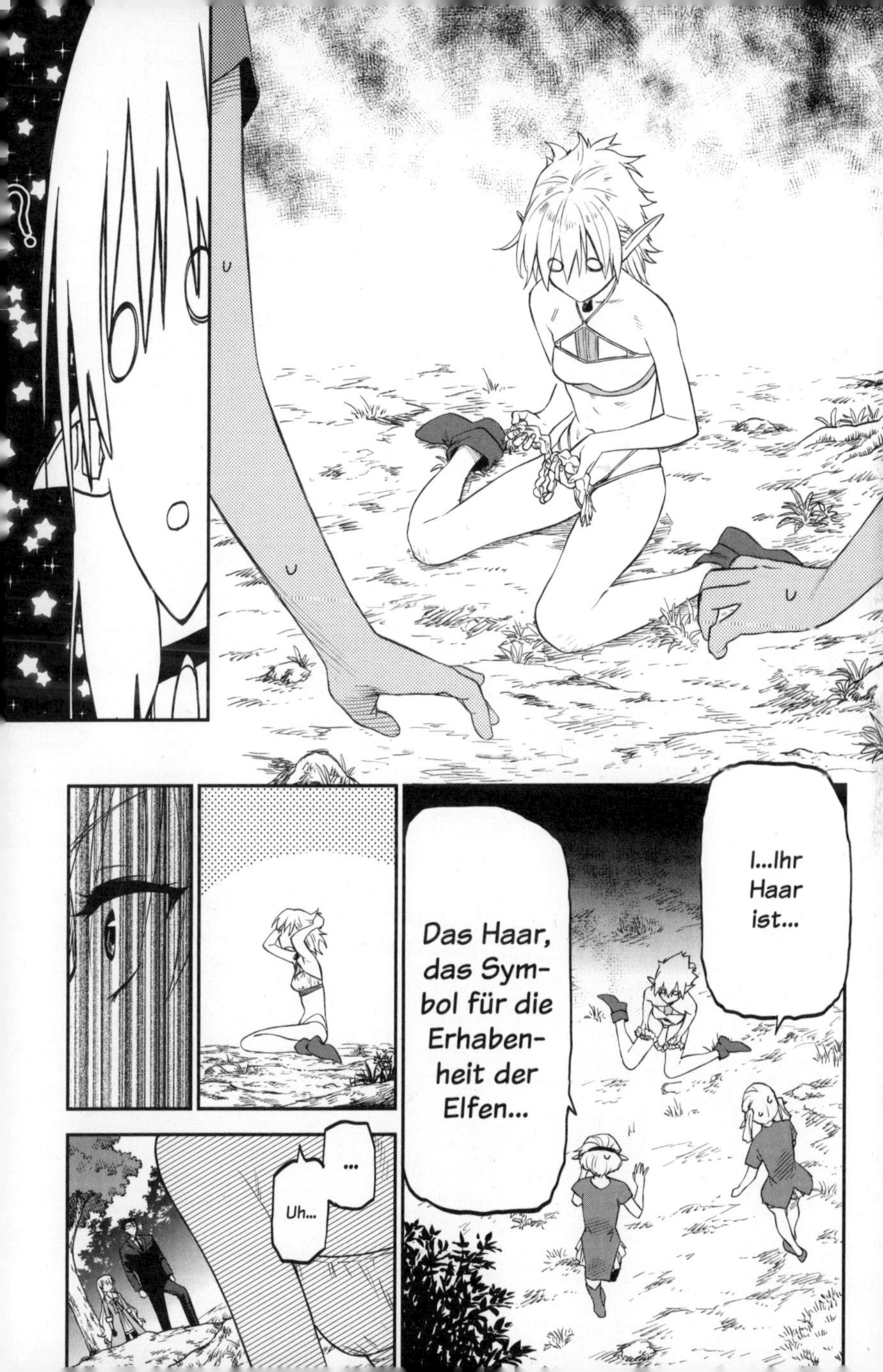
I...Ihr Haar ist...
Das Haar, das Symbol für die Erhabenheit der Elfen...
...
Uh...

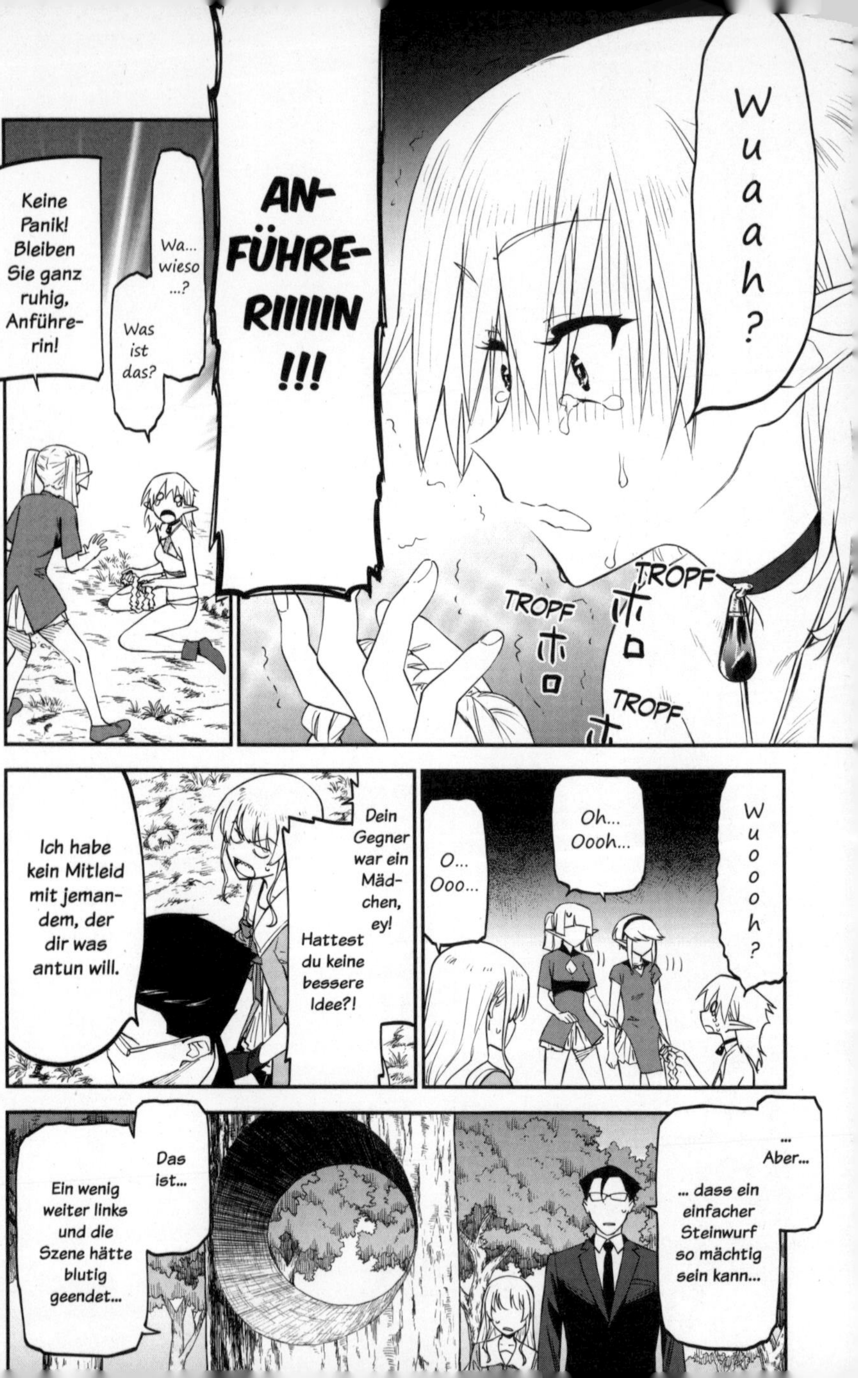

Wuaah?

AN-FÜHRE-RIIIIIN!!!

TROPF

TROPF

TROPF

Wa... wieso ...?

Was ist das?

Keine Panik! Bleiben Sie ganz ruhig, Anführerin!

Wuooooh?

Oh... Oooh...

O... Ooo...

Dein Gegner war ein Mädchen, ey!

Hattest du keine bessere Idee?!

Ich habe kein Mitleid mit jemandem, der dir was antun will.

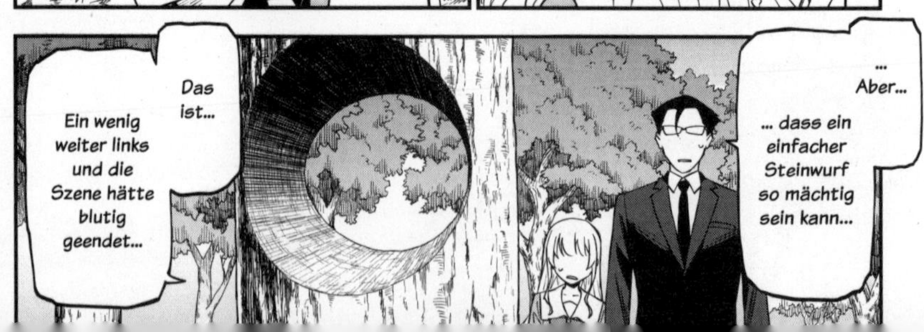

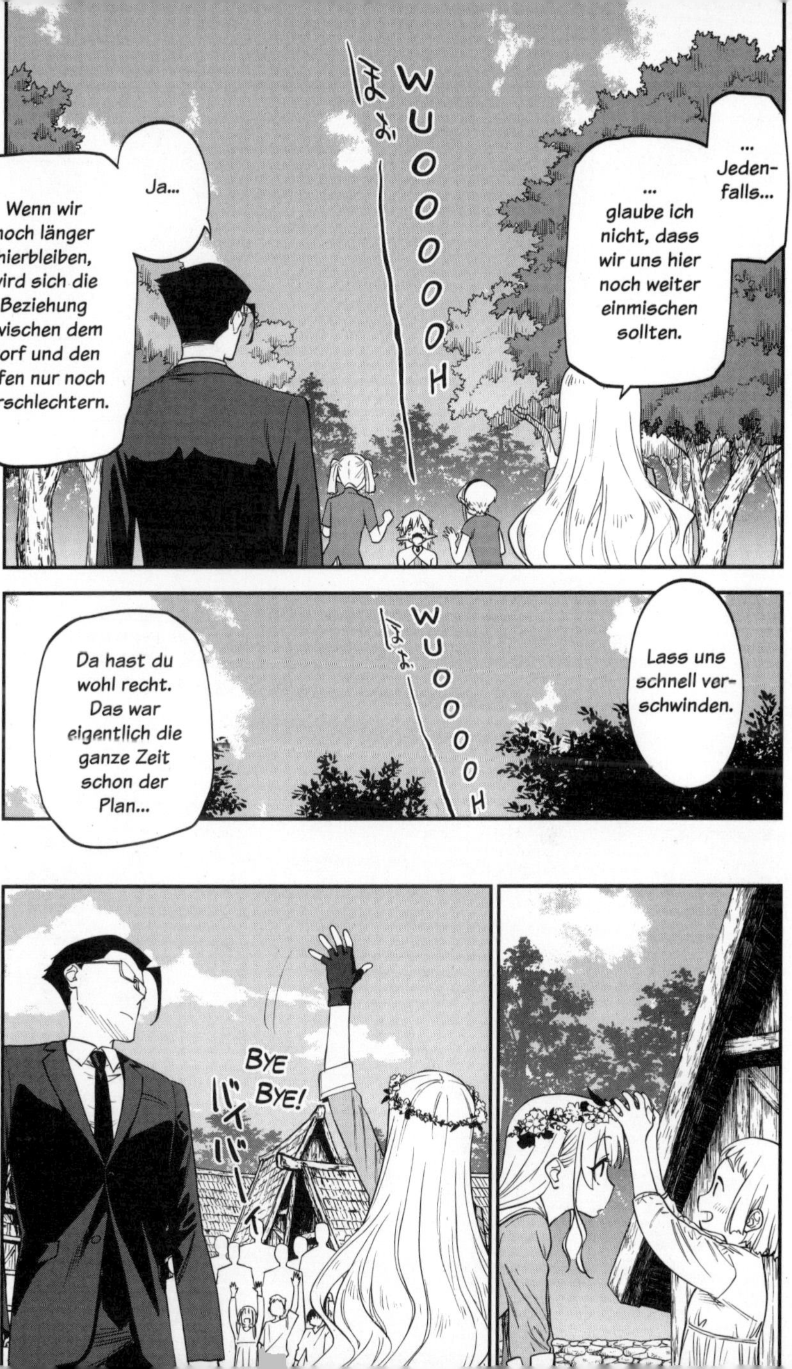

... Jedenfalls...
... glaube ich nicht, dass wir uns hier noch weiter einmischen sollten.
WUOOOOOOH
ほぉ—
Ja...
Wenn wir noch länger hierbleiben, wird sich die Beziehung zwischen dem Dorf und den Elfen nur noch verschlechtern.

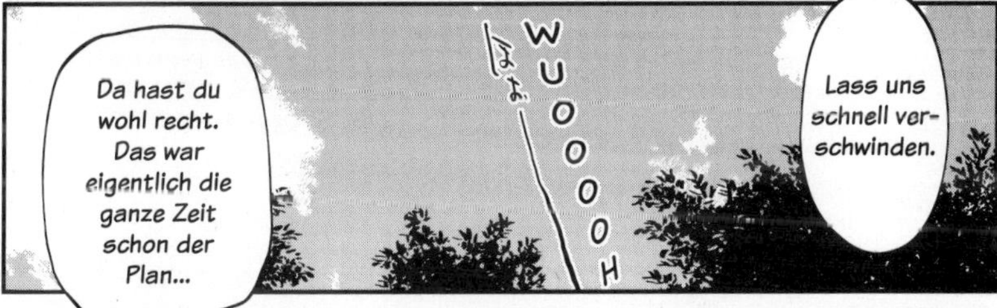

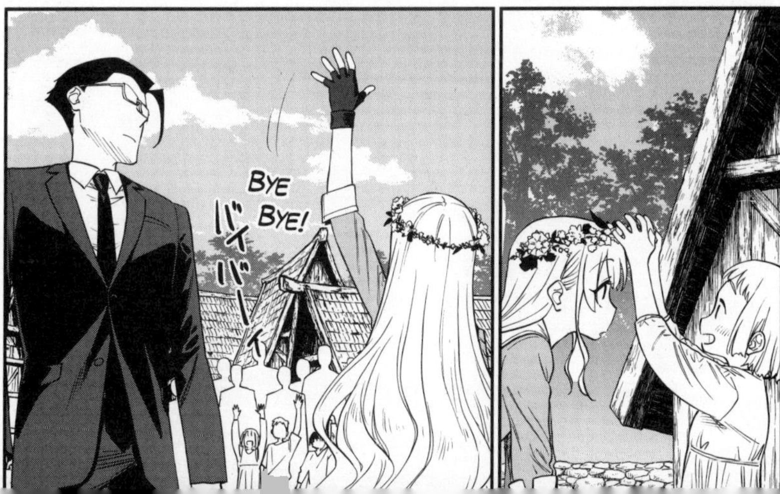

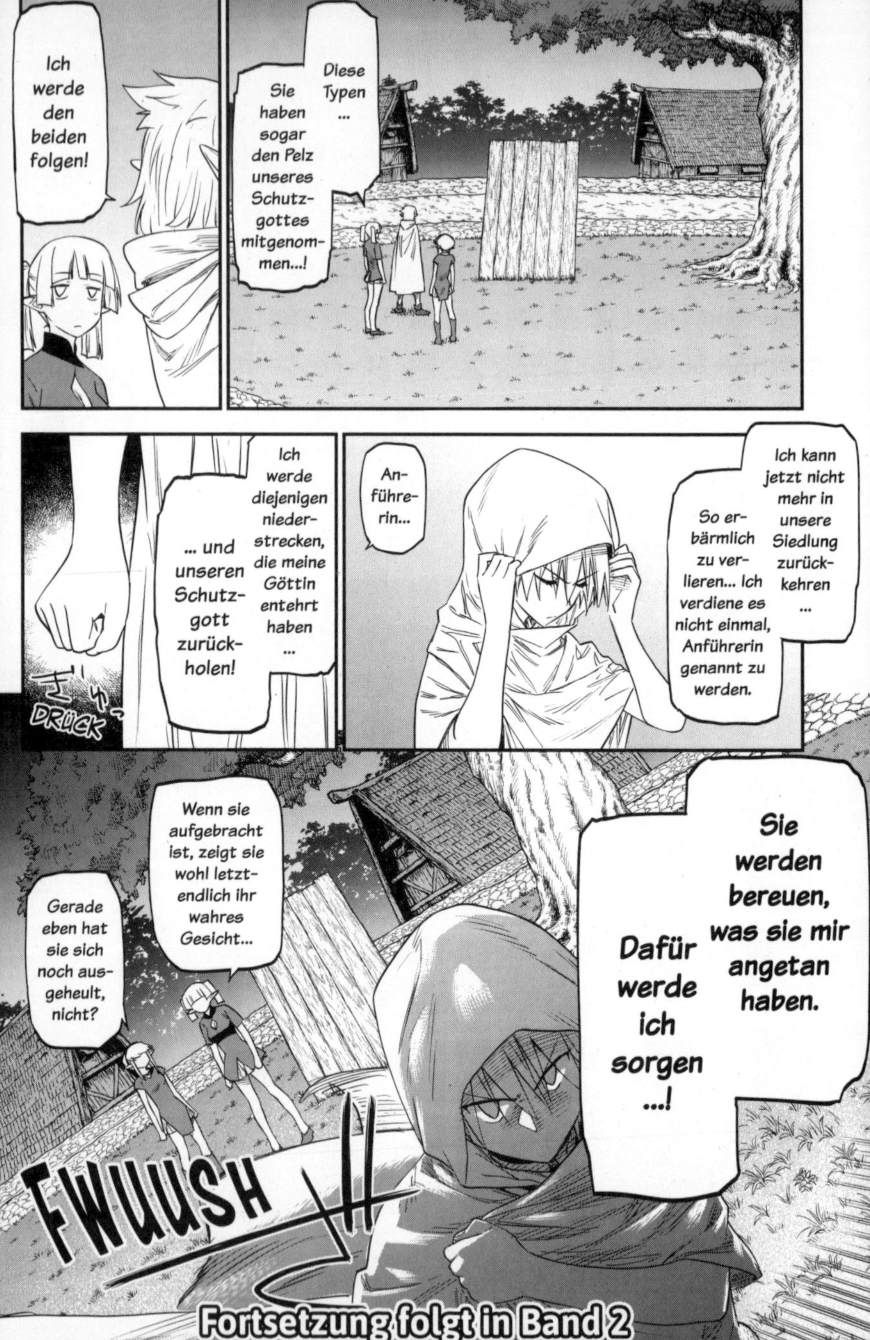
Diese Typen ...
Sie haben sogar den Pelz unseres Schutzgottes mitgenommen...!
Ich werde den beiden folgen!
Ich kann jetzt nicht mehr in unsere Siedlung zurückkehren ...
So erbärmlich zu verlieren... Ich verdiene es nicht einmal, Anführerin genannt zu werden.
Anführerin...
Ich werde diejenigen niederstrecken, die meine Göttin entehrt haben ...
... und unseren Schutzgott zurückholen!
DRÜCK
Sie werden bereuen, was sie mir angetan haben.
Dafür werde ich sorgen ...!
Wenn sie aufgebracht ist, zeigt sie wohl letztendlich ihr wahres Gesicht...
Gerade eben hat sie sich noch ausgeheult, nicht?
FWUUSH
Fortsetzung folgt in Band 2

NACHWORT

Yu Tsurusaki

Ich weiß nicht mehr genau, wie lange es her ist, dass ich zu meinem Redakteur zum ersten Mal Folgendes sagte: „Ich möchte einen Manga zeichnen, in dem der Protagonist in einer anderen Welt wiedergeboren wird, sich in ein Mädchen verwandelt und sich eine romantische Beziehung zwischen ihm und seinem männlichen besten Freund entwickelt, der mit ihm gemeinsam in diese fremde Welt beschworen wurde." Ich glaube, mich zumindest daran zu erinnern, dass wir in unserem üblichen Restaurant waren, wo wir immer unsere Meetings abhielten.

Zuerst sagte mein Redakteur: „Das ist zu speziell..." Aber dann fragte er mich: „Hätten Sie schon einen packenden Slogan parat, den wir auf die Buchbinde* drucken könnten?", woraufhin ich zögerlich antwortete: „Fa...Fabiniku: Meine Wiedergeburt als schönes Fantasy-Mädchen...?" Es war nur eine spontane Idee von mir, aber seine Augen leuchteten auf und er antwortete: „Wagen wir es!" Ich denke, das war der Startschuss für „Fabiniku".

Von da an brauchte es mehr als ein halbes Jahr und mehrere hundert Seiten Text und Storyboards, bis ich schließlich das erste Kapitel annähernd fertig bekommen hatte. So viel Zeit kostete es, ein handelsfähiges Werk zu schaffen. Ich habe wirklich hart daran gearbeitet. **Dafür dürft ihr mich gerne loben!**

Letztendlich jedoch wurde das Storyboard drei oder vier Monate nach Beginn des Projekts nicht akzeptiert und ich wurde zu einem geistigen Wrack. Deswegen bat ich einen anderen Redakteur, nach einem Meeting für ein anderes Projekt, um seine Meinung. „Ich arbeite gerade an diesem Projekt, aber ich bin mir nicht sicher, ob es interessant genug ist." (Hätte mein Redakteur von Cycomics** davon gewusst, hätte er sicher gedacht, ich würde ihm nicht vertrauen. Ich fühle mich heute noch schlecht deswegen und möchte mich entschuldigen.) Jedenfalls antwortete besagter Redakteur: „Von solchen Nischen-Manga wie Ihrem gibt es da draußen eine ganz schöne Menge. Ich würde Ihnen empfehlen, einfach eine normale romantische Komödie zu schreiben." Diese Worte blieben mir im Gedächtnis.

„Nischenprodukte kommen bei Kunden nicht an." Ist das wirklich so? Würde ein Nischenthema, das wie ein regulärer Manga gezeichnet wird, nicht genau in die heutige Zeit passen? Ich, ein Mangaka mit dem Ruf, gut mit Widrigkeiten umgehen zu können, verstrickte mich um meiner selbst Willen in Widersprüche. Schlussendlich wollte ich aber wohl einfach nur nicht als Verlierer dastehen.

*In Japan werden Manga meist zusätzlich mit einer Binde versehen, auf der Werbungen und Ankündigungen Platz finden.
**Cycomics ist eine Online-Plattform für Manga, welche auch Fabiniku in Japan serialisierte.

Als jener Redakteur dann mein fertiges erstes Kapitel gelesen hatte, sagte er: „Das, was ich zuvor bei der Erklärung ihres Vorhabens und durch die Bilder und Storyboards nicht verstanden habe, ist mir jetzt vollkommen klar. Es ist unglaublich witzig!" und ich dachte wirklich „Ich habe gewonnen!" Ich bin dem Redakteur dankbar…! Danke für Ihr fortwährendes Lob.

Ich denke, ihr könnt euch nun ungefähr vorstellen, wie schwierig es ist, einen neuen Manga (und noch dazu mit so einem Nischenthema) durch Verlagssitzungen bis hin zur Serialisierung durchzuboxen.

Ikezawa-Sensei sprach schon lange davon, dass er mit mir an einer neuen Geschichte, die ich verfasse, arbeiten wollte. Trotzdem fragte ich mich, ob es mit einer Geschichte mit derartigem Inhalt funktionieren würde. Zu meinem Glück war er aber schließlich ein überraschend großer Fan von Gender-Bender-Storys und zeichnet nun mit Lust und Liebe diese bezaubernden Bilder für Fabiniku. Und mein Redakteur hat diesen „absoluten Nischen-Manga" so weit gebracht, dass er als Fortsetzungsmanga erscheinen kann. Dafür bin ich den beiden endlos dankbar.

Für mich ist kreatives Schöpfen immer ein Kampf. Und meine Motivation für mein Schaffen kommt von dem Gedanken, dass ich einen Wettkampf bestreite – einen Wettkampf, in dem ich alle anderen davon überzeuge, dass das, was ich für interessant halte, auch für die Leser interessant ist. Deshalb ist es bereits ein Sieg, wenn ich es durch die Sitzungen zur Serialisierung schaffe. Aber der nächste Kampf besteht darin, dass der Manga von mehr und mehr Menschen gelesen wird und die Weiterentwicklung voranschreitet. Um die Anzahl meiner Siege weiter zu erhöhen, und um den Wettkampf gegen mich selbst zu gewinnen, bitte ich euch von ganzem Herzen, den Manga weiterhin zu unterstützen!

Ich möchte nur noch Folgendes sagen: **Es sind letztendlich die Zeichnungen, die zählen! Die Zeichnungen sind das Wichtigste!**

Ich will damit nicht sagen, dass der Inhalt der Geschichte nichts mit den guten Reaktionen, die wir erhalten haben, zu tun hat, aber die Kraft von Ikezawa-Senseis Zeichnungen ist unglaublich. Ich glaube nicht, dass meine Zeichnungen eine so große Resonanz gefunden hätten. Im Ernst, die Welt ist wirklich gemein, gemeiner als gemein. Warum nur bin ich so was von schlecht im Zeichnen!!!

Shin Ikezawa

Mein Name ist Shin Ikezawa und ich mache die Zeichnungen.

Das hier ist Band 1 von „Fabiniku“. Es sollte eine einfache Aufgabe sein, das total lustige Storyboard, das Tsurusaki-Sensei geschrieben hat, zu lediglich skizzieren und zu tuschen! Tja, „sollte“...!

Es macht mir viel Spaß, die Figuren Tachibana und Jinguji zu zeichnen. In ihre Charakterdesigns habe ich sehr viel von **meinen eigenen Vorstellungen und Vorlieben** einfließen lassen, wie zum Beispiel Loli mit gezackten Zähnen und Typen in Anzug mit Brille und zurückgekämmtem Haar und so. Auch das Elfengefolge mit ihren halbgeöffneten Augen und ihren Doppelzöpfen spiegeln meinen merkwürdigen Geschmack wider. Das Design der Elfenanführerin wiederum ist nach einer Skizze von Tsurusaki-Sensei erstellt, auch wenn sie ja nun leider ihre Haarpracht verloren hat.

Ich weiß nicht, wie lange der Manga weitergehen wird, aber ich freue mich, wenn ihr ihn weiterhin lest! Bitte! Ich werde auch weiterhin mein Bestes geben beim Zeichnen! Schließlich ist das mein allererster Manga, der wöchentlich veröffentlicht wird. Hey! Ich habe immer nur an monatlichen Veröffentlichungen gearbeitet! Aber jetzt kommt jede Woche eine neue Deadline! Ich werde nicht rechtzeitig fertig! Ich entschuldige mich bei verschiedensten Menschen, dass ich immer wieder Fristen versäumt habe... Ich...Ich bin das Letzte...! Aber ich gebe verzweifelt mein Bestes! Und das hier ist das Ergebnis! Was soll ich sonst noch tun... Ich werde mehr Assistenten brauchen.

Ihr müsst unbedingt schauen, ob ihr ähnliche entschuldigende Worte bezüglich der Deadlines auch im Nachwort zu Band 2 findet. Er wird kommen! Band 2! Freut euch darauf!

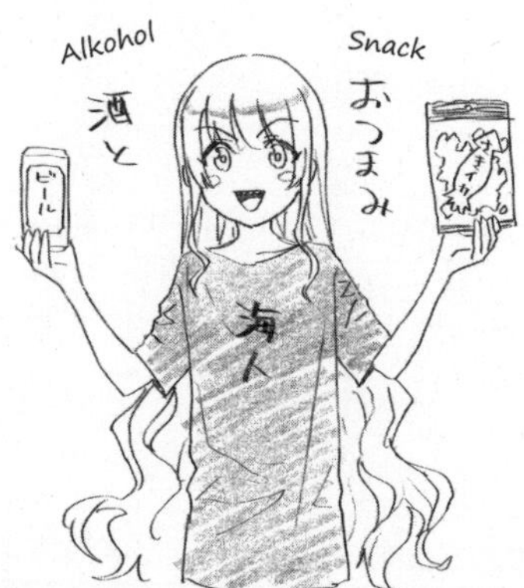

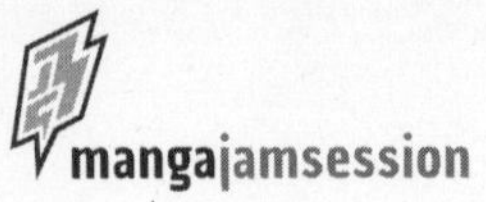

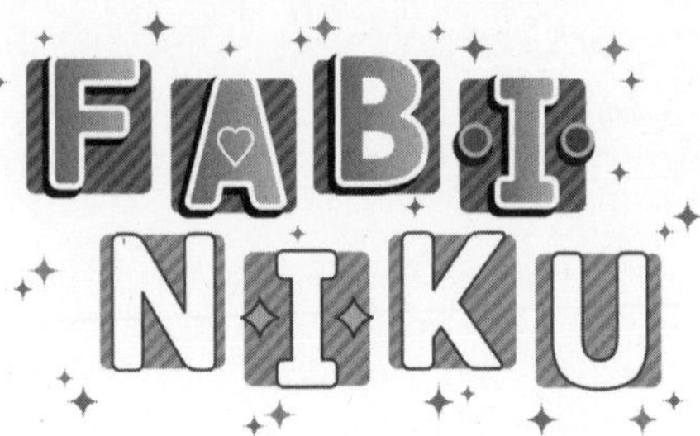

Original Japanese edition published by SHOGAKUKAN.
German translation rights in Germany, Austria, Liechtenstein,
German speaking area in the Switzerland, Belgium,
Italy and Luxembourg arranged with SHOGAKUKAN
through VME PLB SAS.

Original Cover Design: FUKA OKAZAWA (Y's)

Redaktion und Herstellung: Taito Yoshino
Lettering: Mario Peschen, Bernadette Mészáros
und Maria Domschitz
Übersetzung aus dem Japanischen:
Fabian Bobich, Jonas Mair und Maximilian Kieberl
Grafikdesign: Fabian Bobich

Druck und Bindung:
GGP Media GmbH, Pößneck

ISBN 978-3-903427-03-7
1. Auflage 2022